JN133859

司法書士のための

犯罪収益移転防止法と本人確認の実務

末光祐一［著］

一般社団法人金融財政事情研究会

はしがき

平成20年３月、犯罪による収益の移転防止に関する法律（犯罪収益移転防止法）が司法書士にも適用された。マネー・ローンダリング等の巧妙化、組織犯罪への助長、なりすまし犯の増大等、昨今の国内外の情勢を受けて、以来、同法は、より厳格に改正されてきており、犯罪収益移転防止法は、好むと好まざるとに関わらず、司法書士の実務に大きな影響を与えている。

司法書士は、その制度的歴史の中において、業務の依頼を受けるに当たっては、「人、物、意思の確認」として、その職責に基づいて、依頼者の「本人確認」を行ってきたが、犯罪収益移転防止法に基づく「本人確認（取引時確認）」は、犯罪による収益の移転を防止すること、すなわち、マネー・ローンダリング等を防止することを目的としている。両者の「本人確認」は、その方法、記録などでは一致する事項もあるものの、司法書士は、その差異に留意しながら日常業務の中で、「本人確認」を行っていく必要がある。

犯罪収益移転防止法を順守することは、法令順守、コンプライアンスの観点からも欠かせないことであり、そのためには、犯罪収益移転防止法を読み解き、犯罪収益移転防止法に基づく特定事業者（司法書士を含む。）の義務を果たさなければならない。本書では、犯罪収益移転防止法、施行令、規則の難解な条文を、司法書士の日常業務に適用される場面に置き換え、事例を通して、できるだけわかりやすく、犯罪収益移転防止法の理解を深めていただけるよう努めたつもりである。

これまで、司法書士業務にあっては、マネー・ローンダリング等を意識することは多くはなかった、いや、ほとんどなかったかもしれないが、今後、司法書士もマネー・ローンダリング等の防止を意識しながら業務を遂行しなければならない時期に来ていると考えている。

本年は、我が国が、マネー・ローンダリング等の防止に関する国際的な機関であるFATFの審査（第４次）を受ける年であるところ、今まで以上に、司法書士が、マネー・ローンダリング等に関わらない、利用されないことが徹底されなければならず、そのためには、司法書士の職責に基づく「本人確認」を徹底することはもとより、犯罪収益移転防止法に基づく義務を正確に果たしていくことが、その第一歩となろう。

本書は、筆者が、月刊登記情報（金融財政事情研究会）において、平成21年７月（第572号）から平成22年12月（第589号）の間、「犯罪収益移転防止法と司法書士実務」と題して、また、平成27年11月（第648号）から平成29年10月（第671号）の間、「新・犯罪収益移転防止法と司法書士実務」と題して連載したものを、加筆し、Ｑ＆Ａとして整理したものである。司法書士業務と犯罪収益移転防止法との関係については、有権解釈や司法判断、関連書籍等が極めて少ない中、犯罪収益移転防止法に基づく取引時確認（本人確認）、特定業務、特定取引、本人特定事項の確認の方法、確認記録・取引記録等などの事項について、司法書士の職責に基づく本人確認との差異にも留意しながら、私見であることもおそれずに、本書において解説することを試みたものである。

本書が、司法書士の日常業務において、本人確認（取引時確認）の実務や、マネー・ローンダリング等の防止に多少でも資し、あるいは、特定業務の内容は特定事業者の職務ごとに異なるとはいえ、本人特定事項の確認の方法など共通する事項も少なくないことから、司法書士が、日頃から関わりのある他の特定事業者の犯罪による収益の移転防止の取り組みに対して、適切なアドバイスを行うための手助け等となることがあれば、筆者として、この上ない喜びである。

最後に、犯罪収益移転防止法と司法書士実務に関して、適切な助言をいただき、また、ともに議論を深めさせていただいた、日本司法書士会連合会司法書士執務調査室執務部会の中久保正晃氏、青垣幸仁氏、千野隆二氏、中村謙司氏には、心から感謝を申し上げ、また、連載中は長期にわたりお世話になった金融財政事情研究会の茂原崇氏、佐藤友紀氏、鈴木英介氏、そして、出版に向けてご尽力いただいた稲葉智洋氏の各氏に、お礼を申し上げる。

2019年（平成31年）３月

司法書士　**末光　祐一**

推薦の言葉

本書の著者は、これまで当連合会の組織である「司法書士執務調査室」の室委員として、司法書士の執務の在り方や他の資格者の執務との関係等について研究を続けている。一方、司法書士執務との関わりが深い「犯罪による収益の移転防止に関する法律」（以下、「犯罪収益移転防止法」という。）についても造詣が深く、法の解説や司法書士実務との関係等に関する多くの論考を世に送り出してきた。また、最近では著者により、月報「司法書士」において、マネー・ローンダリング防止及びテロ資金供与防止を中心として、その国内外の情勢や司法書士の対応等を含む犯罪収益移転防止法の解説が４回に渡り連載されたところである。

本書は、「マネー・ローンダリングとテロ資金供与の防止」から「司法書士の本人確認」まで、直近の法改正を含む犯罪収益移転防止法の全体について、「Ｑ＆Ａ形式」でわかりやすく解説をしたものであり、犯罪収益移転防止法について最も詳しい司法書士の１人である著者の集大成とも言える書である。

我が国では、FATF（マネー・ローンダリング対策やテロ資金対策の国際的な協調、指導、協力推進などを行う政府間機関＝金融活動作業部会）の第４次対日相互審査を目前に控え、金融機関や弁護士など様々な業界において迅速な対応が求められているが、それは司法書士界においても同じである。

司法書士が、本書の活用により犯罪収益移転防止法の内容を学び実務対応に役立てるとともに、犯罪収益移転防止法の立法の趣旨についても十分に理解をすることを願い、本書を推薦する。

2019年（平成31年）３月

日本司法書士会連合会会長

今川　嘉典

目　次

第１章　マネー・ローンダリングとテロ資金供与の防止

第２章　司法書士業務と犯罪収益移転防止法 ―特定業務、特定取引、特定受任行為の代理等―

第３章　取引時確認

第9章　司法書士の本人確認

第1章

マネー・ローンダリングとテロ資金供与の防止

第1節　マネー・ローンダリング等の防止に関する内外の取組み

問い1　「犯罪による収益の移転防止に関する法律」は、どのような目的で制定されたのか。

答え1　**犯罪による収益の移転防止を図り、併せてテロリズムに対する資金供与の防止に関する国際条約等の的確な実施を確保し、もって国民生活の安全と平穏を確保するとともに、経済活動の健全な発展に寄与することを目的として制定された。**

解説　マネー・ローンダリング等を放置することは、「犯罪による収益が組織的な犯罪を助長するために使用されるとともに、これが移転して事業活動に用いられることにより健全な経済活動に重大な悪影響を与えるものであること、及び犯罪による収益の移転が没収、追徴その他の手続によりこれを剥奪し、又は犯罪による被害の回復に充てることを困難にするものである（法１条）」ことから、犯罪による収益の移転を防止することがきわめて重要になっている。

そこで、「犯罪による収益の移転防止を図り、併せてテロリズムに対する資金供与の防止に関する国際条約等の的確な実施を確保し、もって国民生活の安全と平穏を確保するとともに、経済活動の健全な発展に寄与することを目的と（法１条）」して、犯罪による収益の移転防止に関する法律（犯罪収益移転防止法）が制定されたのである。

Q1　**マネー・ローンダリング等とは、どのような行為を指すのか。**

A1　**マネー・ローンダリングと、テロ資金供与の総称である。**

◇◇◇◇◇ **解説** ◇◇

マネー・ローンダリングとは、いわゆる資金洗浄（マネロン）のことであり、犯罪行為で得た資金（犯罪による収益）を正当な取引で得た資金のように見せかける行為や、口座を転々とさせたり、不動産などに形態を変えてその出所を隠したりすることをいう。

犯罪収益移転防止法では、「犯罪による収益」とは、組織的犯罪処罰法（組織的な犯罪の処罰及び犯罪収益の規制等に関する法律）２条４項に規定する犯罪収益等又は麻薬特例法（国際的な協力の下に規制薬物に係る不正行為を助長する行為等の防止を図るための麻薬及び向精神薬取締法等の特例等に関する法律）２条５項に規定する薬物犯罪収益等をいうと定義され（法２条１項）、具体的には、次のとおりとされている。

【組織的犯罪処罰法２条】

（定義）
第二条　この法律において「団体」とは、共同の目的を有する多数人の継続的結合体であって、その目的又は意思を実現する行為の全部又は一部が組織（指揮命令に基づき、あらかじめ定められた任務の分担に従って構成員が一体として行動する人の結合体をいう。以下同じ。）により反復して行われるものをいう。
２　この法律において「犯罪収益」とは、次に掲げる財産をいう。
一　財産上の不正な利益を得る目的で犯した次に掲げる罪の犯罪行為（日本国外でした行為であって、当該行為が日本国内において行われたとしたならばこれらの罪に当たり、かつ、当該行為地の法令により罪に当たるものを含む。）により生じ、若しくは当該犯罪行為により得た財産又は当該犯罪行為の報酬として得た財産
イ　死刑又は無期若しくは長期四年以上の懲役若しくは禁錮の刑が定められている罪（ロに掲げる罪及び国際的な協力の下に規制薬物に係る不正行為を助長する行為等の防止を図るための麻薬及び向精神薬取締法等の特例等に関する法律（平成三年法律第九十四号。以下「麻薬特例法」という。）第二条第二項各号に掲げる罪を除く。）
ロ　別表第一（第三号を除く。）又は別表第二に掲げる罪
二　次に掲げる罪の犯罪行為（日本国外でした行為であって、当該行為が日

本国内において行われたとしたならばイ、ロ又はニに掲げる罪に当たり、かつ、当該行為地の法令により罪に当たるものを含む。）により提供された資金

イ　覚せい剤取締法（昭和二十六年法律第二百五十二号）第四十一条の十（覚醒剤原料の輸入等に係る資金等の提供等）の罪

ロ　売春防止法（昭和三十一年法律第百十八号）第十三条（資金等の提供）の罪

ハ　銃砲刀剣類所持等取締法（昭和三十三年法律第六号）第三十一条の十三（資金等の提供）の罪

ニ　サリン等による人身被害の防止に関する法律（平成七年法律第七十八号）第七条（資金等の提供）の罪

三　次に掲げる罪の犯罪行為（日本国外でした行為であって、当該行為が日本国内において行われたとしたならばこれらの罪に当たり、かつ、当該行為地の法令により罪に当たるものを含む。）により供与された財産

イ　第七条の二（証人等買収）の罪

ロ　不正競争防止法（平成五年法律第四十七号）第十八条第一項の違反行為に係る同法第二十一条第二項第七号（外国公務員等に対する不正の利益の供与等）の罪

四　公衆等脅迫目的の犯罪行為のための資金等の提供等の処罰に関する法律（平成十四年法律第六十七号）第三条第一項若しくは第二項前段、第四条第一項若しくは第五条第一項（資金等の提供）の罪又はこれらの罪の未遂罪の犯罪行為（日本国外でした行為であって、当該行為が日本国内において行われたとしたならばこれらの罪に当たり、かつ、当該行為地の法令により罪に当たるものを含む。）により提供され、又は提供しようとした財産

五　第六条の二第一項又は第二項（テロリズム集団その他の組織的犯罪集団による実行準備行為を伴う重大犯罪遂行の計画）の罪の犯罪行為である計画（日本国外でした行為であって、当該行為が日本国内において行われたとしたならば当該罪に当たり、かつ、当該行為地の法令により罪に当たるものを含む。）をした者が、計画をした犯罪の実行のための資金として使用する目的で取得した財産

3　この法律において「犯罪収益に由来する財産」とは、犯罪収益の果実とし

て得た財産、犯罪収益の対価として得た財産、これらの財産の対価として得た財産その他犯罪収益の保有又は処分に基づき得た財産をいう。

4　この法律において「犯罪収益等」とは、犯罪収益、犯罪収益に由来する財産又はこれらの財産とこれらの財産以外の財産とが混和した財産をいう。

【麻薬特例法２条】

（定義）

第二条　この法律において「規制薬物」とは、麻薬及び向精神薬取締法に規定する麻薬及び向精神薬、大麻取締法に規定する大麻、あへん法に規定するあへん及びけしがら並びに覚せい剤取締法に規定する覚せい剤をいう。

2　この法律において「薬物犯罪」とは、次に掲げる罪をいう。

一　第五条、第八条又は第九条の罪

二　麻薬及び向精神薬取締法第六十四条、第六十四条の二、第六十五条、第六十六条、第六十六条の三、第六十六条の四、第六十八条の二又は第六十九条の五の罪

三　大麻取締法第二十四条、第二十四条の二又は第二十四条の七の罪

四　あへん法第五十一条、第五十二条又は第五十四条の三の罪

五　覚せい剤取締法第四十一条、第四十一条の二又は第四十一条の十一の罪

六　麻薬及び向精神薬取締法第六十七条若しくは第六十九条の二、大麻取締法第二十四条の四、あへん法第五十三条又は覚せい剤取締法第四十一条の六の罪

七　麻薬及び向精神薬取締法第六十八条若しくは第六十九条の四、大麻取締法第二十四条の六、あへん法第五十四条の二又は覚せい剤取締法第四十一条の九の罪

3　この法律において「薬物犯罪収益」とは、薬物犯罪の犯罪行為により得た財産若しくは当該犯罪行為の報酬として得た財産又は前項第七号に掲げる罪に係る資金をいう。

4　この法律において「薬物犯罪収益に由来する財産」とは、薬物犯罪収益の果実として得た財産、薬物犯罪収益の対価として得た財産、これらの財産の対価として得た財産その他薬物犯罪収益の保有又は処分に基づき得た財産をいう。

5　この法律において「薬物犯罪収益等」とは、薬物犯罪収益、薬物犯罪収益に由来する財産又はこれらの財産とこれらの財産以外の財産とが混和した財産をいう。

一方、テロ資金供与とは、テロ行為の実行を目的として、そのために必要な資金をテロリストに提供することをいう。

Q2　マネー・ローンダリング等の防止について、国際的には、どのような取組みがされてきたのか。

A2　**1988年の麻薬新条約の採択、1989年のサミットにおける合意により、OECDにおいて、マネー・ローンダリング対策としてFATFが設立され、1990年には「40の勧告」、2001年にはテロ資金対策の国際的な基準「８の特別勧告」が提言され、以来、相互審査の実施と、各国において国内法制が整備されていった。**

解説

(1)　これまでの経緯

1988年12月に麻薬及び向精神薬の不正取引の防止に関する国際連合条約（麻薬新条約）が採択され、その後、1989年７月のアルシュ・サミットにおける合意によりOECD（経済協力開発機構）において、マネー・ローンダリング対策に関する国際協調を推進するための政府間会合としてFATFが設立された。FATFとは、Financial Action Task Force on Money Laundering（金融活動作業部会）の略であり、1990年４月にFATFからマネー・ローンダリング対策の国際基準とも言うべき「40の勧告」が提言され、各国は麻薬新条約の早期批准やマネー・ローンダリングを取り締まる国内法制の整備、顧客の本人確認および疑わしい取引報告の措置を求められた。

「40の勧告」の概要は次のとおりである。

・資金洗浄の罪の範囲（勧告番号１～３）
・資金洗浄およびテロ資金供与防止のために金融機関ならびに非金融業者および職業専門家が取るべき措置（同４～25）

・資金洗浄対策およびテロ資金対策に必要な制度的措置およびその他の措置権限ある当局、その権限および資源（同26～34）

・国際協力（同35～40）

1995年6月のハリファクス・サミットを受けて、翌年6月にFATF「40の勧告」の一部が改正され、前提犯罪を重大犯罪に拡大することが義務付けられ、1998年6月のバーミンガム・サミットではFIU（Financial Intelligence Unit）の設置が合意された。FIUとは、マネー・ローンダリング等に関する情報を集約し、整理、分析して捜査機関等に提供する業務を中心に担う機関で、資金情報機関とも呼ばれており、我が国では、当初は金融監督庁に設置された特定金融情報室が該当し、現在では、警察庁刑事局組織犯罪対策部組織犯罪対策企画課犯罪収益移転防止対策室（JAFIC）が該当している。

さらに2001年9月の米国同時多発テロ事件発生を受けて、テロ資金対策もFATFの活動範囲に加え、翌10月には新たなテロ資金対策の国際的な基準「8の特別勧告」が提言された。その概要は次のとおりである。

・国連諸文書の批准・履行

・テロ資金供与および関連する資金洗浄の犯罪化

・テロリストの資産の凍結・没収

・テロリズムに関係する疑わしい取引の届出

・国際協力

・代替的送金システム

・電信送金

・非営利団体

その後、例えば、金融機関以外の業態を利用した隠匿行為など、マネー・ローンダリングそのものの傾向にも変化がみられ、犯罪技術が精巧に複合化してきたことなどもあり、2003年6月に非金融業者（不動産業者、貴金属・宝石等取扱業者等）・職業的専門家（法律家・会計士等）に対する勧告を適用すべく、FATFの新たな「40の勧告」が発表された。

改定された「40の勧告」に新たに盛り込まれた主な事項は次のとおりであ

る。

・マネー・ローンダリングの罪として処罰すべき範囲の拡大および明確化
・本人確認等顧客管理の徹底
・法人形態を利用したマネー・ローンダリングへの対応
・非金融業者（不動産業者、宝石商・貴金属商等）・職業専門家（法律家、会計士等）へのFATF勧告（「40の勧告」および「８の特別の勧告」）の適用
・FIU、監督当局、法執行当局など、マネー・ローンダリングに携わる政府諸機関の国内および国際的な協調

2004年10月、FATF「８の特別勧告」に、国境を越える資金の物理的移転を防止するための措置に関する項目（キャッシュ・クーリエ）が追加され、「９の特別勧告」となり、2012年２月は、FATF「40の勧告」と「９の特別勧告」が一本化され、新たなFATF勧告となった。

さらに、法人等の所有・支配構造の不透明な実態によって、法人等がマネー・ローンダリングや租税回避のために利用されている現状を踏まえ、2013年６月のロック・アーン・サミットでは、「法人及び法的取極めの悪用を防止するためのＧ８行動計画原則」が参加国間で合意された。

この間、FATFにおいて、メンバー国により構成される審査団により、各国のマネー・ローンダリング等対策の法制、監督、取締体制、検挙状況など、FATF勧告の遵守状況について相互に審査が行われ、我が国に対しても、これまで３回、実施されている。とくに、2008年10月には顧客管理に関する勧告等について不履行であるとの評価を受けた。また、2014年６月には、我が国に関するFATF声明が公表されて、マネー・ローンダリング対策等の不備への迅速な対応が要請された。

司法書士に対する相互審査における重要ポイントは、司法書士の業態とマネロンへの関わりの実態と可能性、司法書士の本人確認の実態、司法書士・司法書士（会連合）会のマネロン防止対策の実態と実効性、マネロンの疑いがある場合の司法書士の司法書士（会連合）会への報告義務、司法書士（会

連合）会の司法書士に対するマネロンに関する定期調査、法令遵守の状況およびその他FATF勧告の総合的な遵守状況であったと思われる。

主な指摘事項は次のとおりである。

・疑わしい取引の届出義務の対象となっていない。
・顧客管理に、FATF勧告にない、一定の金額（200万円）以下の取引を除外する除外規定がある。
・顧客管理義務違反に対する制裁制度は実証されていない。
・本人確認書類の質が不明であり、自然人の場合、写真付の身分確認（もしくは写真付の身分確認が実用的でない場合、リスク増加を抑制する追加的な二次的措置）は含まれていない。
・法人顧客の代理人として活動する自然人が当該法人から権限委任されていることを確認する義務を負っていない。
・顧客が法人及び法的取極の場合、法人顧客の法的地位、取締役、法人または法的取極めに対して拘束力を有する定款に関する情報の入手を義務付けられていない。
・真の受益者の身元の確認および照合に関する一般的な義務がない。
・顧客が他人を代理しているかどうかを判定すること、或いは当該他人の身元を確認するために、合理的な措置を取ることを義務付けられていない。
・法人及び法的取極めの場合、顧客の所有および管理構造の把握、もしくは最終的に法人を所有または支配する者が誰であるかの判定の義務付けがない。

(2)　FATF第4次対日審査

2019年（平成31年）、FATF第4次対日審査が実施される。

まず、一般に、マネー・ローンダリング（Money Laundering）はMLと、テロ資金供与（Terrorist Financing）はTFと呼ばれ、マネー・ローンダリングを防止することがAML（Anti-Money Laundering）、つまりテロ資金の供与を防止することがCFT（Countering the Financing of Terrorism）と呼ばれる。これらは、ML/TF、AML/CFTと略称されることもあるが、今後、FATF によって、我が国における AML/CFT に関する取組みが審査されることになる。

審査の結果、犯罪収益移転防止法の遵守状況、AML/CFT に関する取組みが低いと判断されるようなことがあれば、我が国に対して国際的圧力が強まることも予想され、その場合、司法書士などの職業専門家にも本人特定事項以外の確認、疑わしい取引の届出を義務化するよう、現行法以上の義務を課せられるおそれもなくはない。

特定事業者には、犯罪収益移転防止法など関係法令に基づく義務の遵守はもちろん、取引時確認等を的確に行うための措置を講じ（問い44）、ML/TF に関するリスクの管理態勢の構築、管理の実施、管理態勢の検証、そして管理態勢の見直しを継続して行い、AML/CFT の実効性を担保していくことが求められている。

Q3

マネー・ローンダリング等の防止について、我が国では、どのような取組みがされてきたのか。

A3

麻薬特例法、組織的犯罪処罰法が制定され、その後、テロ資金提供処罰法、金融機関等本人確認法を経て、平成19年犯罪収益移転防止法が制定され、国家公安委員会・警察庁（犯罪収益移転防止管理官）が所管することとなった。

解説

国際的な動向を受けて、我が国においても、マネー・ローンダリング等に関する取組みがなされている。

平成２年６月、大蔵省から各金融団体宛に、金融機関等による本人確認等の実施の要請が通達された。平成４年７月には、麻薬特例法が施行され、金融機関等に薬物犯罪収益に関するマネー・ローンダリング情報の届出を義務付ける、疑わしい取引の届出制度が創設された。平成12年２月には、組織的犯罪処罰法により届出制度が拡充され、届出の対象となる犯罪が麻薬犯罪だけでなく、一定の重大犯罪に拡大され、日本版 FIU が金融監督庁に設置された。

平成14年７月、公衆等脅迫目的の犯罪行為のための資金の提供等の処罰に関する法律（テロ資金提供処罰法）及び改正組織的犯罪処罰法の施行により、テロリズムに対する資金供与の疑いがある取引についても疑わしい取引の届出の対象とされ、前提犯罪にテロ資金提供・収集罪が追加された。平成15年１月に金融機関等による顧客等の本人確認等及び預金口座等の不正な利用の防止に関する法律（金融機関等本人確認法）が施行され、金融機関等による本人確認、本人確認記録・取引記録の作成・保存の義務が法定化された。翌平成16年12月には改正金融機関等本人確認法が施行され、預貯金通帳の不正譲渡等が罰則化された。

さらに同月に国際組織犯罪等・国際テロ対策推進本部が設置され、テロの未然防止に関する行動指針が決定された。翌平成17年11月にはFATF勧告実施のための法律整備が決定された。

そして、以上のような流れを経て、平成19年３月犯罪収益移転防止法が成立。翌４月、その一部施行により、所管が金融庁から国家公安委員会・警察庁（犯罪収益移転防止管理官）に移管された。

その後、平成20年３月１日、それまでの金融機関等本人確認法が廃止され、組織的犯罪処罰法第５章（疑わしい取引の届出）が削除され、それらの廃止および削除条項を新たに取り込んだ形で犯罪収益移転防止法が全面的に施行され、同法が司法書士にも適用されることとなった。

第2節　犯罪収益移転防止法の成立と変遷

問い2　**犯罪収益移転防止法は、いつ、どのような内容で制定されたのか。**

答え2　**平成19年3月31日法律第22号をもって、特定事業者に本人確認の義務、本人確認記録の作成の義務、取引記録等の作成の義務、疑わしい取引の届出の義務、行政庁の主な監督・罰則等を主な内容として制定された。**

解説　犯罪収益移転防止法は、平成19年3月31日法律第22号をもって公布され、同年4月1日から施行された。ただし、司法書士への適用については、後述する（Q4）。

①　特定事業者

この法律はすべての国民・住民、企業・事業者に適用されるわけではなく、特定の事業者にだけ適用され、その事業者を「特定事業者」という。特定事業者（法2条2項）とは、犯罪収益移転防止法が適用される人的範囲を定義したもので、司法書士および司法書士法人（以下、原則として、「司法書士」には司法書士法人を含むものとしている）も、特定事業者に含まれる（改正前：法2条2項40号（現：44号））。

②　本人確認の義務

特定事業者に課せられる義務の第一は、本人確認の義務である。本人確認義務とは、特定事業者が、顧客またはこれに準ずる一定の者（顧客等）との間で、特定の業務（特定業務）のうち特定の取引（特定取引）を行うに際しては、運転免許証の提示を受ける方法その他一定の方法により、当該顧客等について、氏名、住居および生年月日等または名称および本店等（本人特定事項）の確認を行わなければならないとされる義務をいう。

司法書士の場合にあっては、司法書士にとっての特定業務（例えば、宅地の売買による所有権移転登記手続）の依頼（委任）を受ける際には、依頼者の本人確認を行わなければならないこととなる（改正前：法４条１項（現：同項・別表））。

③　本人確認記録の作成の義務

特定事業者には、本人確認を行った場合には、直ちに、一定の方法により、本人特定事項、本人確認のために取った措置その他一定の事項に関する記録（本人確認記録）を作成しなければならない義務が生じ、また当該本人確認記録を７年間保存しなければならない義務を負う。

司法書士の場合は、司法書士にとっての特定業務（例えば、宅地の売買による所有権移転登記手続）の依頼を受けたときに、依頼者の本人確認を行い、直ちに、依頼者について本人確認記録を作成し、当該依頼に係る登記手続が完了してから７年間は当該本人確認記録を保存しなければならないこととなる（法６条）。

④　取引記録等の作成の義務

金融機関等の特定事業者は特定業務に係る取引を行った場合に、また司法書士等の特定事業者は特定業務のうち依頼者のためにする一定の行為または手続についての代理または代行（特定受任行為の代理等）を行った場合に、一定の場合を除いて、直ちに、一定の方法により、顧客等の本人確認記録を検索するための事項ならびに当該取引の期日および内容その他一定の事項または当該特定受任行為の代理等を行った期日および内容その他一定の事項に関する記録（「取引記録等」と総称される）を作成しなければならない。この場合、司法書士等は、前述後者の特定受任行為の代理等を行った場合に該当するため、顧客等の本人確認記録を検索するための事項ならびに当該特定受任行為の代理等を行った期日および内容その他一定の事項に関する記録（特定受任行為の代理等に関する記録）を作成すべきこととなる。特定事業者は、取引記録等を、当該取引または特定受任行為の代理等の行われた日から７年間保存しなければならない。

司法書士の場合にあっては、司法書士にとっての特定業務（例えば、宅地の売買による所有権移転登記手続）の依頼を受けたときには、依頼者の本人確認を行い、直ちに、依頼者について本人確認記録を作成し、当該依頼に係る登記手続が完了してから７年間は当該本人確認記録を保存しなければならないことと併せて、当該依頼に係る登記手続の申請を行ったときは、その旨の特定受任行為の代理等に関する記録を作成し、それを７年間保存しなければならないこととなる（法７条）。

⑤　疑わしい取引の届出の義務

特定事業者は、特定業務において収受した財産が犯罪による収益である疑いがあり、または顧客等が特定業務に関し組織的犯罪処罰法10条の罪もしくは麻薬特例法６条の罪に当たる行為を行っている疑いがあると認められる場合においては、速やかに、政令で定めるところにより、政令で定める事項を行政庁に届け出なければならない義務を負う（改正前：法９条（現：８条））。

司法書士等には、法の全面施行以来現在のところは、この義務は課せられていない。

⑥　行政庁の主な監督・罰則等

犯罪収益移転防止法には義務の履行を担保するため、行政庁等による監督や、違反に対する罰則規定が設けられている。

以下、司法書士にとって行政庁とは法務大臣を指し（改正前：法20条１項15号（現：22条１項16号））、さらに法務大臣は、司法書士の事務所の所在地を管轄する法務局および地方法務局の長に当該権限を委任することができることとなっている（改正前：犯罪による収益の移転防止に関する法律施行令（以下「令」という）30条（現：35条））。

イ　報告

行政庁は、この法律の施行に必要な限度において、特定事業者に対しその業務に関して報告または資料の提出を求めることができる（改正前：法14条（現：15条））。

ロ　立入検査

行政庁は、この法律の施行に必要な限度において、当該職員に特定事業者の営業所その他の施設に立ち入らせ、帳簿書類その他の物件を検査させ、またはその業務に関し関係人に質問させることができる（改正前：法15条（現：16条））。

ハ　指導等

行政庁は、この法律に定める特定事業者による措置の適正かつ円滑な実施を確保するため必要があると認めるときは、特定事業者に対し、必要な指導、助言および勧告をすることができる（改正前：法15条（現：17条））。

ニ　是正命令

行政庁は、特定事業者がその業務に関してこの法律の一定の義務に違反していると認めるときは、当該特定事業者に対し、当該違反を是正するため必要な措置を取るべきことを命ずることができる（改正前：法16条（現：18条））。

ホ　国家公安委員会の意見の陳述

国家公安委員会は、特定事業者がその業務に関しての義務に違反していると認めるときは、行政庁に対し、当該特定事業者に対し是正命令を行うべき旨または他の法令の規定により当該違反を理由として業務の停止その他の処分を行うことができる場合にあっては、当該特定事業者に対し当該処分を行うべき旨の意見を述べることができる（改正前：法17条１項（現：19条１項））。この場合、国家公安委員会は、その意見を述べるため必要な限度において、特定事業者に対しその業務に関して報告もしくは資料の提出を求め、または相当と認める都道府県警察に必要な調査を行うことを指示することができる（改正前：法17条２項（現：19条２項））。

さらに、その指示を受けた都道府県警察の警視総監または道府県警察本部長は、その調査を行うためとくに必要があると認められるときは、あらかじめ国家公安委員会の承認を得て、当該職員に、特定事業者の営業所その他の施設に立ち入らせ、帳簿書類その他の物件を検査させ、またはその業務に関し関係人に質問させることができる（改正前：法17条３項（現：19条３項））。

ヘ　是正命令違反

是正命令に違反した者は、２年以下の懲役もしくは300万円以下の罰金に処せられ、またはこれらが併科される（改正前：法23条（現：25条）。

ト　虚偽報告等、立入検査拒否等

行政庁または国家公安委員会の報告または資料の提出の求めに対して、報告もしくは資料の提出をせず、または虚偽の報告もしくは資料の提出をした者、行政庁または都道府県警察の警視総監もしくは道府県警察本部長による立入検査に対して答弁をせず、もしくは虚偽の答弁をし、またはこれらの規定による検査を拒み、妨げ、もしくは忌避した者は、１年以下の懲役もしくは300万円以下の罰金に処せられ、またはこれらが併科される（改正前：法24条（現：26条））。

⑦　弁護士への適用除外

弁護士、外国法事務弁護士、弁護士法人も犯罪収益移転防止法上の特定事業者とされているが、取引時確認、確認記録の作成・保存、取引記録等の作成・保存、疑わしい取引の届出の義務については、この法律の適用から除外されており、報告、立入検査の適用もない（改正前：法８条（現：12条））。

ただ、本人特定事項の確認、確認記録の作成・保存、取引記録等の作成・保存、これらを的確に行うための措置については、それらに相当する措置を日本弁護士連合会の会則で定めることとされており、それを受けて日本弁護士連合会によって、「依頼者の身元確認及び記録保存等に関する規程」を経て「依頼者の本人特定事項の確認及び記録保存等に関する規程」が制定された。平成29年には同規程が改正され、弁護士等としての執務状況、本人確認等の措置の実施状況、依頼の際および依頼を受けた後の適切な対応の実施状況、法律事務以外で金員等を預かる際の適切な対応の実施状況、本人確認等の措置を的確に行うための措置の実施状況を年次報告書として、所属する弁護士会に提出すべきことが定められた。

Q4　**犯罪収益移転防止法は、いつから、司法書士に適用されているのか。**

A4　**平成20年３月１日から、司法書士に適用されている。**

◇◇◇◇◇ **解説** ◇◇

平成20年３月１日から司法書士にも適用されている。それは、司法書士が、同法における特定事業者とされたことによる（法２条２項44号）。

Q5　**犯罪収益移転防止法は、制定以後、どのように改正されたのか。**

A5　**平成23年、平成26年に改正され、主に、特定事業者が追加され、特定事業者の義務が拡大されるなどした。**

◇◇◇◇◇ **解説** ◇◇

・第１次改正

平成23年法律第31号犯罪による収益の移転防止に関する法律の一部を改正する法律（平成23年４月28日公布）により犯罪収益移転防止法が改正され、平成25年４月１日から施行された。

まず、電話転送サービス事業者が特定事業者として追加された。

また、司法書士等を除く特定事業者について、本人特定事項のほか、次に掲げる事項の確認を行わなければならないこととなった。

＊取引を行う目的

＊当該顧客等が自然人である場合にあっては職業、当該顧客等が法人である場合にあっては事業の内容

＊法人の事業経営を実質的に支配することが可能となる関係にある者がある場合にあっては、その者の本人特定事項

さらに、特定事業者は、顧客等との間で、次に掲げる取引を行うに際しては、本人特定事項、および前記の事項のほか、当該取引が一定額を超える財産の移転を伴う場合にあっては、資産および収入の状況（司法書士等にあっては、本人特定事項）の確認を行わなければならないこととなった。

＊その相手方が、関連する他の取引の際に行われた本人特定事項等の確認（関連取引時確認）に係る顧客等または代表者等になりすましている疑いがある取引

＊関連取引時確認が行われた際に、当該関連取引時確認に係る事項を偽っていた疑いがある顧客等との取引

＊犯罪による収益の移転防止に関する制度の整備が十分に行われていないと認められる国または地域に居住しまたは所在する顧客等との取引等

また、このような場合の本人特定事項の確認は、関連取引時確認を行った際に採った方法とは異なる方法により行うものとし、資産および収入の状況の確認は、疑わしい取引の届出を行うべき場合に該当するかどうかの判断に必要な限度で行うものとすることとされた。

この改正では、新たに、特定事業者（司法書士等を含む）に、確認した本人特定事項等に係る情報を最新の内容に保つための措置を講ずるものとするほか、使用人に対する教育訓練の実施その他の必要な体制の整備に努めなければならないこととする義務が課せられた。

・第2次改正

平成26年法律第117号犯罪による収益の移転防止に関する法律の一部を改正する法律（平成26年11月27日公布）により犯罪収益移転防止法が改正された。この改正は、平成28年10月1日から施行された。

まず、疑わしい取引の届出に関する判断の方法に関する規定が整備され、特定事業者（司法書士等を除く）は、特定業務に係る取引について、当該取引に係る取引時確認の結果、当該取引の態様その他の事情および犯罪収益移転危険度調査書の内容を勘案し、かつ、主務省令で定める項目に従って当該取引に疑わしい点があるかどうかを確認する方法その他の主務省令で定める方法により、疑わしい取引であるかどうかを判断しなければならないこととなる。また、国家公安委員会は、毎年、犯罪による収益の移転に係る手口その他の犯罪による収益の移転の状況に関する調査および分析を行った上で、特定事業者その他の事業者が行う取引の種別ごとに、当該取引による犯罪による収益の移転の危険性の程度その他の当該調査および分析の結果を記載した犯罪収益移転危険度調査書を作成し、これを公表することとされた。

新たに、業として為替取引を行う特定事業者に限っては、外国所在為替取

引業者との間で、為替取引を継続的にまたは反復して行うことを内容とする契約を締結するに際しては、当該外国所在為替取引業者が取引時確認等に相当する措置を的確に行うために必要な体制を整備していること等を確認しなければならないとされた。

さらに、特定事業者の体制整備等の努力義務が拡充され、特定事業者が講ずるように努めなければならない措置として、取引時確認等の措置の実施に関する規程の作成、取引時確認等の措置の的確な実施のために必要な監査その他の業務を統括管理する者の選任、その他犯罪収益移転危険度調査書の内容を勘案して講ずべきものとして主務省令で定める措置を取ることが追加された。

Q6　**犯罪収益移転防止法の改正によって、どのような内容が変更されたのか。**

A6　**「本人確認」が「取引時確認」とされるなど用語が改正され、確認事項、確認方法なども変更された。**

解説

・第１次改正

①　用語の変更（法１条、６条１項）

「本人確認」が「取引時確認」と変更され、取引時確認のうち、氏名等の本人特定事項を確認することは「本人特定事項の確認」とされた。

また、「本人確認記録」が「確認記録」と変更された。

②　特定取引の際の確認事項の追加（法４条１項）

特定事業者は、「本人特定事項」のほか、顧客等の職業、法人である場合には、事業の内容、実質的支配者も確認しなければならなくなった。

なお、司法書士は、これまでどおり、本人特定事項の確認を要するのみで変更はない。

③　関連取引時確認の際になりすましのおそれがあった取引および関連取引時確認の際に偽りのおそれがあった取引ならびに特定国等居住者等との取引（法４条２項）

これらの取引の場合には、特定事業者は、本人特定事項などの特定取引の際に確認すべき事項のほか、当該取引がその価額が政令で定める額を超える財産の移転を伴う場合にあっては、資産および収入の状況も確認しなければならなくなった。

なお、司法書士は、これまでどおり、本人特定事項の確認を要するのみで変更はない。

これは、改正前から確認を要した「なりすまし等のおそれ」がある場合の取引だけでなく、新たに特定国等に居住し、または所在する顧客等との間における取引その他特定国等に居住し、または所在する者に対する財産の移転を伴う取引にあっては、司法書士も本人特定事項の確認が必要となる（本人特定事項以外の確認は、司法書士の場合は必要ない）。

特定国等とは、犯罪による収益の移転防止に関する制度の整備が十分に行われていないと認められる国または地域として政令で定めるものをいう。

④　関連取引時確認の際になりすましのおそれがあった取引および関連取引時確認の際に偽りのおそれがあった取引の際の確認方法（法４条２項後段）

関連取引時確認の際になりすましのおそれがあった取引または関連取引時確認の際に偽りのおそれがあった取引に際して行う本人特定事項（司法書士等以外では、職業、法人である場合には、事業の内容、実質的支配者ならびに資産および収入の状況も）の確認は、その関連取引時確認を行った際に採った確認の方法とは異なる方法により行うものとされた。

これは、司法書士にも適用がある。

⑤　取引時確認等を的確に行うための措置（法11条）

特定事業者は、当該取引時確認をした事項に係る情報を最新の内容に保つための措置を講ずるものとするほか、使用人に対する教育訓練の実施その他の必要な体制の整備に努めなければならないこととなった。

新設規定であり、司法書士にも適用があるため、補助者の教育訓練の実施その他の必要な体制の整備に努めなければならないことになる。

⑥　罰則の強化（法25条以下）

本人特定事項の虚偽申告、預貯金通帳の不正譲渡等に係る罰則が強化された。

⑦　犯罪による収益の移転防止に関する法律施行規則（以下「規則」という）の改正

法の改正に伴い、規則が改正され、本人確認書類に、「運転経歴証明書」、「在留カード」、「特別永住者証明書」が加えられ、「外国人登録原票の写し、外国人登録原票の記載事項証明書」、「外国人登録証明書」が削られた。

さらに、代表者等は、顧客等が自然人である場合は、顧客等の同居の親族または法定代理人、委任状等を有していること、または電話を架けることその他これに類する方法により確認できること等に該当する者をいい、顧客等が法人である場合は、委任状等を有していること、身分証明書等を有していること、役員として登記されていること、電話を架けることその他これに類する方法により確認できること等に該当すると認められるに限られることとなった。また、代表者等による取引においては、顧客等のために特定取引等の任に当たっていると認めた理由も記録しなければならなくなった。

・第２次改正

第２次改正に係るものが、現行の犯罪収益移転防止法である（Ｑ７）。

Q7　現行の犯罪収益移転防止法の概要は、どのようなものか。

A7　**取引時確認、確認記録の作成、保存義務、取引記録等の作成保存義務など、次の解説のとおりである。**

◇◇◇◇◇ **解説** ◇◇◇◇◇

現行の犯罪収益移転防止法の概要は、以下のとおりである。

①　犯罪による収益

「犯罪による収益」とは、組織的犯罪処罰法２条４項に規定する犯罪収益等または麻薬特例法２条５項に規定する薬物犯罪収益等をいう（Ｑ１）。

②　特定事業者と義務

犯罪収益移転防止法の適用対象者である特定事業者は金融機関等、ファイナンスリース事業者、クレジットカード事業者、宅地建物取引士等の事業者や、司法書士、行政書士、公認会計士、税理士、弁護士の専門資格者（各資格者法人を含む）であり（法２条２項)、次の義務が課せられている。

＊取引時確認（後記④）

＊確認記録の作成、保存義務（第４章第１節）

＊取引記録等の作成保存義務（第４章第２節）

＊疑わしい取引の届出（第７章第１節）

＊取引時確認等を的確に行うための措置（第７章第２節）

③　特定業務と特定取引（第２章）

特定業務とは、特定事業者の行う業務のうち、犯罪収益移転防止法が適用される業務のことであり、特定取引とは、特定事業者が顧客と行う取引の際に、取引時確認を要することとなる取引のことであり、いずれも法定されている（法４条１項、別表)。

④　取引時確認

取引時確認とは、特定事業者が特定取引に際して行わなければならない確認をいう。取引時確認においては、顧客等の確認だけでなく、併せて代表者等の確認も行わなければならない（第３章)。

取引時確認における確認事項は、次のとおりである。

＊本人特定事項

＊取引を行う目的

＊当該顧客等が自然人である場合にあっては職業、当該顧客等が法人である場合にあっては事業の内容

＊当該顧客等が法人である場合において、その事業経営を実質的に支配す

ることが可能となる関係にあるものとして主務省令で定める者があるときにあっては、その者の本人特定事項

⑤　本人特定事項の確認

自然人の本人特定事項は氏名、住居、生年月日であり、法人の本人特定事項は名称、本店または主たる事務所の所在地となっている（第３章第４節）。

⑥　取引を行う目的の確認

取引を行う目的とは、その取引によって達成したい事柄をいい、顧客または代表者等から申告を受ける方法による。

なお、司法書士には取引を行う目的を確認する義務は課せられていない。

⑦　職業・事業の内容の確認

職業・事業の内容とは、自然人については日常従事する仕事等、法人・団体については営利・非営利を問わずその目的を達成するためになされる行為全般をいう。

なお、司法書士には職業・事業の内容を確認する義務は課せられていない。

⑧　実質的支配者の確認

実質的支配者とは、法人の事業経営を実質的に支配することが可能となる関係にある者をいう。

なお、司法書士には実質的支配者を確認する義務は課せられていない。

⑨　資産および収入の状況の確認

資産および収入の状況は、ハイリスク取引が200万円を超える財産の移転を伴うものである場合に確認しなければならないこととなり、顧客の一定の書類を確認する方法によって行われる。

なお、司法書士には資産および収入の状況を確認する義務は課せられていない。

⑩　既に取引時確認をしたことのある顧客との取引

改正前の本人確認済の顧客との取引に相当し、通常の取引を行うに際しては、確認記録を保存し、なおかつ面識があるような場合には、改めて取引時確認を行う必要はない（第５章第１節）。

⑪　確認記録の作成、保存

特定事業者は、取引時確認を行った場合には、直ちに、主務省令で定める方法により、当該取引時確認に係る事項、当該取引時確認のために取った措置その他の主務省令で定める事項に関する記録（確認記録）を作成しなければならず、確認記録を、特定取引等に係る契約が終了した日その他の主務省令で定める日から、７年間保存しなければならない（第４章第１節）。

⑫　取引記録等の作成、保存

特定事業者は、特定業務に係る取引を行った場合には、少額の取引その他の政令で定める取引を除き、直ちに、主務省令で定める方法により、顧客等の確認記録を検索するための事項、当該取引の期日および内容その他の主務省令で定める事項に関する記録を作成しなければならないが、司法書士等にあっては、特定受任行為の代理等を行った場合には、その価額が少額である財産の処分の代理その他の政令で定める特定受任行為の代理等を除き、直ちに、主務省令で定める方法により、顧客等の確認記録を検索するための事項、当該特定受任行為の代理等を行った期日および内容その他の主務省令で定める事項に関する記録を作成しなければならず、それらの記録（取引記録等）を、当該取引または特定受任行為の代理等の行われた日から７年間保存しなければならない（第４章第２節）。

⑬　疑わしい取引の届出

特定事業者は、取引時確認の結果その他の事情を勘案して、特定業務において収受した財産が犯罪による収益である疑いがあり、または顧客等が特定業務に関し組織的犯罪処罰法10条の罪もしくは麻薬特例法６条の罪に当たる行為を行っている疑いがあると認められる場合においては、速やかに、政令で定めるところにより、政令で定める事項を行政庁に届け出なければならず、また、特定事業者（その役員および使用人を含む）は、その届出（疑わしい取引の届出）を行おうとすること、または行ったことを当該疑わしい取引の届出に係る顧客等、またはその者の関係者に漏らしてはならない（第７章第１節）。

なお、司法書士には疑わしい取引の届出をする義務は課せられていない。

⑭　取引時確認等を的確に行うための措置

特定事業者（司法書士を含む）は、取引時確認、取引記録等の保存、疑わしい取引の届出等の措置を的確に行うため、当該取引時確認をした事項に係る情報を最新の内容に保つための措置を講ずるものとするほか、使用人に対する教育訓練の実施その他の必要な体制の整備に努めなければならない（第７章第２節）。

⑮　特定事業者に対する監督等

犯罪収益移転防止法では、特定事業者による各種義務の履行を担保するため、各所管の行政庁による報告、立入検査、指導等、是正命令、国家公安委員会の意見の陳述に関する事項が定められ、是正命令違反、是正命令に違反した者に対する刑事罰が定められている（第８章）。

⑯　特定事業者の免責

特定事業者は、顧客等または代表者等が特定取引等を行う際に取引時確認に応じないときは、当該顧客等または代表者等がこれに応ずるまでの間、当該特定取引等に係る義務の履行を拒むことができる（第６章第２節）。

⑰　虚偽による取引時確認に係る事項の申告

顧客等および代表者等は、特定事業者が取引時確認を行う場合において、当該特定事業者に対して、当該取引時確認に係る事項を偽ってはならない（第６章第２節）。

第３節　司法書士（会・会連合会）との関係

Q8　**犯罪収益移転防止法の制定、マネー・ローンダリング等に対して、司法書士（会・会連合会）は、どのように対応しているのか。**

A8　**司法書士の本人確認義務につき適用除外とする法改正を求めつつ、犯罪収益の移転に関わる取引に司法書士は一切関与しないとして、指針を定め、研修を行うなどしている。**

◇◇◇◇◇ **解説** ◇◇

日本司法書士会連合会（以下、「日司連」という）は、平成18年に「司法書士を国家への依頼者密告制度（ゲートキーパー制度）の適用対象とする立法化に反対する」旨、平成19年に「国家公安委員会への提出を前提とする司法書士の本人確認義務等を定める「犯罪による収益の移転防止に関する法律」に、改めて反対し、司法書士の本人確認義務につき適用除外とする法改正を求める」旨、平成20年に「犯罪収益の移転にかかわる取引に司法書士は一切関与しないことを宣言するとともに、司法書士を国家への依頼者密告制度の適用対象とする犯罪収益移転防止法の改正に反対する」旨の決議を行った。

とはいえ、司法書士が、マネー・ローンダリング等に関わらない、司法書士がマネー・ローンダリング等に利用されないことが強く求められることから、平成22年３月には、日司連の理事会において「犯罪による収益の移転防止に関する執務指針」（後掲資料）が決定された。

同指針においては、司法書士および司法書士法人（司法書士等）が依頼（司法書士業務に付随し、もしくは関連して現金、預金、有価証券その他の財産を預かる場合を含む）を受けようとするときは、その依頼が犯罪収益の移転を目的とするものであるか否かについて慎重に検討しなければならず、司法書士業務の依頼が犯罪収益の移転を目的とするものであると認めるときは、その依頼を受けてはならないとされ、依頼を受けた後に、その依頼が犯罪収益の移転を目的とするものであることを知ったときは、依頼者に対し違法であることを説明するとともに、その目的の実現を回避するように説得に努め、依頼者が、その説得に応じない場合には、辞任しなければならないとされるなど、また、司法書士業務に付随し、もしくは関連して現金、預金、有価証券その他の財産を預かる場合における記録の作成および保存についても定められた。

司法書士会に対しては、本人確認に関する司法書士会会則基準および依頼者等の本人確認等に関する規程が示され、本人確認等に関する資料集も司法書士会の会員に配布された。

今、司法書士（会）として犯罪収益移転防止法を含む現行法令の遵守（コンプライアンス）とマネー・ローンダリング等の防止に向けた対策については、その取組みを自治的機能として積極的に発揮するべきことが求められていると思われる。

それは、現行法においては疑わしい取引の届出義務等が司法書士には適用はされていないものの、今後、FATF勧告の遵守が不十分であり、団体自治だけではその遵守が難しいと判断されれば、国際的な評価のもと、犯罪収益の対象となる犯罪の拡大、本人確認義務の拡大、疑わしい取引の届出義務の適用、国家公安委員会の権限拡大、罰則の強化等々の改正がなされる可能性もないわけではない。

今一度、司法書士制度における守秘義務の重要性について内外に周知しつつ、司法書士が犯罪および犯罪収益の移転に関わらないための実効性のある方策の提案、犯罪やマネー・ローンダリング等には関わらないための執務規範の確立、マネー・ローンダリング等に関する知識の習得と対応策に関する研修の強化、受託拒否等に関する研究・提言、守秘義務に関する研究・提言等々を積極的に行っていかなければならない。

日司連においても、マネー・ローンダリング等の防止に関する研修会を、JAFICと共同で、各ブロック会の要望に応じて順次開催しているが、今後とも、このような活動を通じて、司法書士によるマネー・ローンダリング等の防止の取組みを内外に目に見える形で明らかにしていく必要があろう（司法書士会の取組みについては、犯罪収益移転防止に関する年次報告書（https://www.npa.go.jp/sosikihanzai/jafic/nenzihokoku/nenzihokoku.htm）に取り上げられている。)。

通常、司法書士がマネー・ローンダリング等に関係するような場面はあまり無いように思われる。また、司法書士には守秘義務があり、疑わしい取引の届出の対象とされると依頼者の信頼の上に成り立つという職責の本質が崩れ、依頼者が真実を述べて適切な助言を受けることにより社会全体における法遵守が促進されることがかえって阻害される可能性がある。さらに、プロフェッションとしての自治機能が損なわれ、会員に対する指導力が低下し、ひいては国民の権利の保護に支障をきたすおそれもある。つまり、司法書士であることにより法律上当然に課される守秘義務と、金融機関等のように依頼者との契約により発生する守秘義務の性格の違いについてまず理解することが重要である。言い換えれば司法書士等の守秘義務と金融機関等の守秘義務とは、その源泉が異なることを理解すべきである。

一方、「犯罪による収益の移転防止を図り、併せてテロリズムに対する資金供与の防止に関する国際条約等の的確な実施を確保し、もって国民生活の安全と平穏を確保するとともに、経済活動の健全な発展に寄与する」という犯罪収益移転防止法の目的そのものは、社会生活を営む上で当然のことであり、社会の一員である司法書士も犯罪やマネー・ローンダリング等のない社会の実現のために寄与すべきことは言うまでもない。

なりすましや、特殊詐欺、カード偽造、ネット犯罪や、テロ事件等々、昨今の社会を取り巻く犯罪の状況を考えるなら、現代社会においては、一般的には犯罪の抑止と社会の安全を望む機運が大きいのも事実である。

しかし、司法書士を含む法律・会計専門家の守秘義務の本質的意義やその重要性等を指摘、主張できるのは我々だけであり、そのことが結果として社会全体の法令遵守、犯罪抑止につながることを粘り強く社会に訴え続けていくことも重要であると考えられる。法令遵守を徹底し、業界エゴはもちろん、犯罪を助長すると受け取られることがないように、犯罪の防止、犯罪収益移転の防止について実効性を高めていかなければならない。

あわせて、犯罪収益移転防止法に対応し、マネー・ローンダリング等への対策の取組みを進めるには、それと同程度以上に個人情報保護に関する法令の遵守が求められることを認識すべきであろう。

いずれにしても、司法書士は、今後とも、犯罪収益移転防止法その他の関係法令を遵守しつつ、ML/TF のリスクを評価して、AML/CFT（Ｑ２）に対応することができる事業所の体制を構築していく必要がある。司法書士会・日司連においても、各司法書士において、それらの実効性が確保されるための支援策を講じていく必要があるといえよう。

第４節　犯罪収益移転防止法と司法書士の職責

Q9　**司法書士は、本人確認については、犯罪収益移転防止法を遵守さえしていれば、懲戒職分の対象とはされないのか。**

A9　**犯罪収益移転防止法の要件を具備していても、司法書士の職責に基づく本人確認に不備があったときには、懲戒処分の対象となり得る。**

解説

「司法書士は、…他人の依頼を受けて、…事務を行うことを業とする。（司法書士法３条１項柱書）」とされるとおり、その行う業務（成年後見人への就任等に係る業務は除く）の源は、正に依頼者との委任契約・依頼契約にあると言える。ゆえに司法書士は、その委任契約等の成立の前提として依頼者が適法に依頼をすることができる本人であることの確認を行う必要があるのである。また、司法書士法１条（目的）、２条（職責）もあり、司法書士が依頼者の本人確認を行うことは、同法上の明文の規定の有無にかかわらず、その職責上の義務であることは当然のことであると理解すべきである。

このようなことから司法書士の職責に基づく本人確認は、司法書士法令および会則で定めるところのほか、実質的な意味における本人確認を行わなければならないのであり、そうでなければ懲戒処分の対象となり得る。

つまり、司法書士の職責に基づく本人確認は、形式的なものではなく、実質的な高度の本人確認が求められているのである。

一方、犯罪収益移転防止法に基づく本人確認は、その目的において司法書士の職責とは直接的に無関係であると言える。なぜなら、犯罪収益移転防止法に基づく本人確認はある意味において形式的な本人確認でもあり、少なくとも現行法令に定められた方法等を厳格に満たさなければならないものの、またそれをもって足りるからである。

要するに、犯罪収益移転防止法の制定とは無関係に司法書士の職責上の本人確認義務は存在するのであり、この法律によって司法書士の職責が軽減されるということはない。犯罪収益移転防止法の規定は、司法書士法の免責規定ではないのであるから、この法律に基づく本人確認の形式を整えただけで、実質的な本人確認が不十分であるならば、職責を全うしたとは言えず、やはり懲戒処分の対象となり得ることを肝に銘ずるべきである。

さらに、「本人確認」は、その内容においても、質においても、犯罪収益移転防止法と司法書士の職責では大きく異なる。

一般に、「本人確認」には４つの階層があると言われている。１つ目は、依頼者が実在しているか、架空の依頼者ではないか、死者ではないか否か等について確認する「実在性の確認」。２つ目は、依頼者が甲と名乗るとき、その甲が公的書類に記録された甲と同一人物であるか否かについて確認する「同一性の確認」。３つ目は、依頼者である甲が、例えば登記義務者である場合には、単に甲が甲であることを確認するだけでは足りず、実際に登記を受けた登記名義人の甲であるか等、依頼を行い得る適格な当事者であるか否かについて確認する「適格性の確認」。４つ目が、依頼者が真に当該内容の依頼の意思を有しているか否かを確認する「意思確認」である。

司法書士の職責では、これら４つの確認がすべて要求されている。業務の内容によってその程度や方法に差異はあろうが、それらすべての確認を行わなければ、司法書士としては本人確認を行ったとは言えない。つまり、司法書士の職責に基づく本人確認は、意思確認を行うための前提として、適格性の確認、同一性の確認および実在性の確認を行うものであると言うこともできよう。

司法書士の職務遂行に当たっては常に、このような犯罪収益移転防止法と司法書士の職責の差異を十分理解した上で、その両者を充足するよう適切に対応する必要がある。

実務において本人確認を行う際には、特に特定業務（Q10）に関しては、形式を整えるだけで、実質がおろそかになることは本末転倒であり、やはり実質を備えた上で、その方法として形式も整えるということが肝要である。

改めて言うまでもないことではあるが、例えば所有権移転登記手続の依頼者の実印を押印した委任状と当該印影に係る印鑑証明書の存在という形式だけをもって、司法書士としての本人確認がすべて終了したという、そのような取扱いはあってはならないのである。

第2章

司法書士業務と犯罪収益移転防止法

―特定業務、特定取引、特定受任行為の代理等―

第1節　司法書士業務と犯罪収益移転防止法上の義務

問い3　**司法書士は、業務の依頼を受けることに関し、犯罪収益移転防止法上、どのような義務を負うのか。**

答え3　**「犯罪収益移転防止法で定められた一定の業務に関する依頼を受けるに際しては、本人の確認を行い、その確認の記録を作成し、その依頼に基づく手続・事務を行ったときは、その記録を作成し、それらを保存しなければならない。」という義務を負う。**

解説　司法書士は特定事業者として、犯罪収益移転防止法の適用を受ける。そこで、司法書士には同法に基づく義務が課せられ、その主要なものが、「犯罪収益移転防止法で定められた一定の業務に関する依頼を受けるに際しては、本人の確認を行い、その確認の記録を作成し、その依頼に基づく手続（事務）を行ったときは、その記録を作成し、それらを保存しなければならない」という義務である。

「犯罪収益移転防止法で定められた一定の業務」は「特定業務」と呼ばれ、その「依頼を受ける」ことは「特定取引」と呼ばれる。それで、特定事業者は、顧客等（依頼者：第3章第1節）との間で、「特定業務」のうち、「特定取引」を行うに際しては、主務省令で定める方法により、当該顧客等について、法定された事項の確認（第3章第4節）を行わなければならないと言える。

つまり、司法書士にとっては、職責に基づく本人確認とは異なり、犯罪収益移転防止法の適用を受けて行う本人の確認義務は、すべての業務ではなく、特定業務に関する依頼に関してのみ負うのである。

犯罪収益移転防止法に基づいた、特定事業者である司法書士の義務の流れは、次のようになる。

・特定取引：特定業務に関する依頼（Q12）

↓

・取引時確認（第3章）

↓

・確認記録の作成（第4章第1節）

↓

・特定受任行為の代理等（Q11）

↓

・特定受任行為の代理等に関する記録の作成（第4章第2節）

↓

・記録の保存

Q10　**司法書士にとって、特定業務とは、どのような業務なのか。**

A10　**司法書士業務に関する「宅地又は建物の売買に関する行為又は手続」、「会社等の設立又は合併に関する行為又は手続その他の政令で定める会社等の組織、運営又は管理に関する行為又は手続」、「現金、預金、有価証券その他の財産の管理又は処分」についての代理又は代行に係るものである。**

解説

特定業務とは、特定事業者の行う業務のうち、犯罪収益移転防止法が適用される業務のことであり、特定取引等とは、特定事業者が顧客と行う取引の際に、取引時確認を要することとなる取引のことであり、いずれも法定されている（法4条1項、別表）。

そこで、司法書士業務（司法書士法3条もしくは29条に定める業務またはこれらに付随し、もしくは関連する業務）のうち、顧客（依頼者：第3章第1節）のためにする、「宅地又は建物の売買に関する行為又は手続」「会社の設立又は合併に関する行為又は手続その他の政令で定める会社の組織、運営又は管理に関する行為又は手続（会社以外の法人、組合又は信託であって政令で定めるものに係るこれらに相当するものとして政令で定める行為又は手

別表

第二条第二項第四十四号に掲げる者	司法書士法（昭和二十五年法律第百九十七号）第三条若しくは第二十九条に定める業務又はこれらに付随し、若しくは関連する業務のうち、顧客のためにする次に掲げる行為又は手続（政令で定めるものを除く。）についての代理又は代行（以下この表において「特定受任行為の代理等」という。）に係るもの 一　宅地又は建物の売買に関する行為又は手続 二　会社の設立又は合併に関する行為又は手続その他の政令で定める会社の組織、運営又は管理に関する行為又は手続（会社以外の法人、組合又は信託であって政令で定めるものに係るこれらに相当するものとして政令で定める行為又は手続を含む。） 三　現金、預金、有価証券その他の財産の管理又は処分（前二号に該当するものを除く。）	特定受任行為の代理等を行うことを内容とする契約の締結その他の政令で定める取引

※第二条第二項第四十四号に掲げる者：司法書士または司法書士法人

続を含む。）」「現金、預金、有価証券その他の財産の管理又は処分」についての代理又は代行に係るものが、「特定業務」に該当する。

司法書士にとっては、それらの行為または手続・管理または処分に関し、司法書士業務に当たる業務についての代理または代行に係るものが特定業務であり、要するに、宅地・建物の売買の登記手続の代理等、会社等の設立等の登記手続の代理等、財産の管理等が特定業務に当たることになる。

「それらの行為又は手続・管理又は処分に関し、司法書士業務に当たる業務についての代理又は代行」は、「特定受任行為の代理等」と呼ばれる。

Q11　司法書士にとっての「特定受任行為の代理等」とは、どのような行為なのか。

A11　**特定業務に該当する登記手続等の代理または代行、あるいは、特定業務に該当する財産の管理または処分をいう。**

◇◇◇◇◇ **解説** ◇◇

司法書士にとっての「特定受任行為の代理等」は、特定業務に該当する登記手続等の代理または代行のこと、あるいは、特定業務に該当する財産の管理または処分のことをいう。

つまり、主に登記業務にあっては、特定業務に該当する登記手続の依頼を受けて当該登記を代理申請すること、管財業務にあっては、依頼を受けて財産の管理または処分することそのものが特定受任行為の代理等に当たる。

Q12　**司法書士にとって、特定取引とは、どのような取引なのか。**

A12　**司法書士業務に関する「宅地又は建物の売買に関する行為又は手続」、「会社等の設立又は合併に関する行為又は手続その他の政令で定める会社等の組織、運営又は管理に関する行為又は手続」、「現金、預金、有価証券その他の財産の管理又は処分」についての代理または代行の依頼を受けることをいう。**

◇◇◇◇◇ **解説** ◇◇

特定受任行為の代理等を行うことを内容とする契約の締結その他の政令で定める取引を「特定取引」というが（法４条１項、別表）、司法書士にとっては、特定業務に関する行為または手続・管理または処分に関し、司法書士業務に当たる業務についての代理または代行を行うことを内容とする契約の締結その他の政令で定める取引をいい、これは、それらの代理または代行を行うことについての委任契約を締結することを意味する。

簡単に言うと、それらの業務に関する依頼を受けることが、司法書士にとって、特定取引に該当し、要するに、宅地・建物の売買の登記手続の代理等、会社等の設立等の登記手続の代理等、財産の管理等の依頼を受けることが特定取引に当たることになる。

Q13　**犯罪収益移転防止法において、司法書士にとっての本人の確認とは、どのような義務を指すのか。**

A13　**本人の確認とは、特定取引を行うに際して行わなければならない取引時確認を指す。**

◇◇◇◇◇ **解説** ◇◇

取引時確認とは、特定事業者が特定取引等に際して行わなければならない確認をいい、司法書士にとっては、宅地・建物の売買の登記手続の代理等、会社等の設立等の登記手続の代理等、財産の管理等の依頼を受ける際に行わなければならない本人の確認をいう。

取引時確認においては、顧客等（第３章第１節）の本人特定事項の確認を行わなければならず、自然人の本人特定事項は氏名、住居、生年月日であり、法人の本人特定事項は名称、本店または主たる事務所の所在地であり（第３章第４節)、それらの確認方法は法定されている（第３章第７節)。その確認事項の確認事項および確認方法は、通常の取引とハイリスク取引（第５章第２節）とでは異なり、取引時確認においては、顧客等の確認だけでなく、併せて代表者等（第３章第２節）の確認も行わなければならない。

取引を行う目的、職業・事業の内容、実質的支配者、資産および収入の状況については、司法書士には確認義務は課せられていない。

Q14　**司法書士は、取引時確認を行った場合は、何か記録を作成しなければならないのか。**

A14　**確認記録を作成し、保存しなければならない。**

◇◇◇◇◇ **解説** ◇◇

特定事業者は、取引時確認を行った場合には、直ちに、主務省令で定める方法により、当該取引時確認に係る事項、当該取引時確認のために取った措置その他の主務省令で定める事項に関する記録（「確認記録」という）を作成しなければならず（法６条１項）、その確認記録を、特定取引等に係る契約が終了した日その他の主務省令で定める日から、７年間保存しなければならない（法６条２項）。

確認記録は、司法書士にとっては、正に本人確認に関する記録であり、宅地・建物の売買の登記手続の代理等、会社等の設立等の登記手続の代理等、財産の管理等の依頼を受ける際に取引時確認を行った場合には、直ちに、依頼者の本人特定事項等や確認方法等を記録し、保存しなければならないこととなる（第４章第１節）。

Q15 **司法書士は、特定受任行為の代理等を行った場合は、何か記録を作成しなければならないのか。**

A15 **特定受任行為の代理等に関する記録を作成し、保存しなければならない。**

◇◇◇◇◇ 解説 ◇◇◇

特定事業者である司法書士（または司法書士法人）、行政書士（または行政書士法人）、公認会計士（（外国公認会計士を含む）または監査法人）、税理士（または税理士法人）は、特定受任行為の代理等を行った場合には、その価額が少額である財産の処分の代理その他の政令で定める特定受任行為の代理等を除き、直ちに、主務省令で定める方法により、顧客等の確認記録を検索するための事項、当該特定受任行為の代理等を行った期日および内容その他の主務省令で定める事項に関する記録を作成しなければならず（法７条２項）、当該特定受任行為の代理等の行われた日から７年間保存しなければならない（法７条３項）。

「顧客等の確認記録を検索するための事項、当該特定受任行為の代理等を行った期日及び内容その他の主務省令で定める事項に関する記録」とは、司法書士にとっては、実際に行った特定受任行為の代理等についての記録、つまり、依頼を受けて行った事務の記録であるが、宅地・建物の売買の登記手続の代理等、会社等の設立等の登記手続の代理等、財産の管理等の依頼を受け、その手続・事務を行った場合には、直ちに、その内容について記録し、保存しなければならないこととなる（第4章第2節）。

司法書士（または司法書士法人）、行政書士（または行政書士法人）、公認会計士（（外国公認会計士を含む）または監査法人）、税理士（または税理士法人）以外の特定事業者は、特定業務に係る取引を行った場合に、同様の記録を作成、保存することが義務付けられているが（法7条1項）、その記録と、司法書士などの資格者（または資格者の法人）が作成する記録（この記録には、法令上、特段の名称は与えられてはいないが、以下、「特定受任行為の代理等に関する記録」と呼ぶこととする）を総称して、「取引記録等」と呼ぶ。

Q16　**司法書士の登録抹消によって、司法書士でなくなった者にも、犯罪収益移転防止法が適用されるのか。**

A16　**司法書士の登録抹消によって、司法書士でなくなった者には、もはや、犯罪収益移転防止法が適用されない。**

解説

すべての司法書士および司法書士法人は特定事業者であるとされ、犯罪収益移転防止法の適用を受ける（公共嘱託登記司法書士協会は、特定事業者ではない）。

司法書士が、登録抹消によって司法書士でなくなったときは、特定事業者でなくなる（ただし、税理士との兼業者であるような他の特定事業者である場合は、引き続き特定事業者であることに変わりはない）。

特定事業者でなくなると、犯罪収益移転防止法上の義務は課せられなくなり、この場合、法に従って各種の記録を保存しているときであっても、司法書士でなくなったときは、保存期間を経過していない記録についても、その保存義務は消滅すると解される。

司法書士が死亡した場合、その相続人が記録の保存義務を承継するようなこともない。

第2節　不動産登記業務との関係

問い4　**司法書士が、不動産登記に関する業務の依頼を受ける際は、犯罪収益移転防止法上、すべて、取引時確認を行わなければならないのか。**

答え4　**宅地または建物の売買による所有権の移転等の登記に関する手続の代理等の依頼を受ける際に、取引時確認を行わなければならない。**

解説　犯罪収益移転防止法における特定事業者の中核的義務のうち、司法書士に適用される本人確認等の義務は、「司法書士が、特定業務の依頼を受ける（特定取引を行う）際には、取引時確認を行い、確認記録を作成し、さらに依頼を受けた手続・事務（特定受任行為の代理等）を行ったときは、特定受任行為の代理等に関する記録を作成して、それらを７年間、保存しなければならない」というように表すことができる。

司法書士にとっては、特定業務とは、司法書士法３条もしくは29条に定める業務またはこれらに付随し、もしくは関連する業務のうち、顧客（第３章第１節）のためにする「宅地又は建物の売買に関する行為又は手続」が「特定業務」に当たり、これは、通常、宅地または建物の売買による所有権の移転の登記等に関する手続ということになる（Q10）。そこで、司法書士は、宅地または建物の所有権の移転の登記等に関する手続の代理等の依頼を受ける際には、取引時確認を行わなければならないこととなる。したがって、不動産登記に関する業務の依頼であっても、宅地または建物の所有権の移転の登記等に関する手続に該当しないものについては、犯罪収益移転防止法上の取引時確認を行うことは求められない。

その他、会社の設立登記等の手続の依頼を受ける際や、財産管理契約を締結する際にも、同様の義務が生じることとなることは後述する（第２章第３節〜第５節）。

Q17　**特定業務である宅地または建物の所有権移転登記等の手続において「宅地」とは、登記記録上の地目が「宅地」であることをいうのか。**

A17　**犯罪収益移転防止法上の「宅地」とは、宅地建物取引業法２条１号に規定する「宅地」のことであり、犯罪収益移転防止法においては、市街化区域内の土地であれば農地であって「宅地」に該当することもあるなど、必ずしも登記記録上の地目と一致するわけではない。**

◇◇◇◇◇ **解説** ◇◇

宅地または建物の売買に関する行為または手続に関する司法書士の特定業務は、宅地または建物の売買による所有権移転登記手続が主なものである。

犯罪収益移転防止法上の「宅地」とは、宅地建物取引業法２条１号に規定する宅地であるとされている。つまり、不動産登記法上の「宅地」のことではなく、犯罪収益移転防止法は不動産登記法とは理論的には連動していないことに注意を要する。

不動産登記法上の「宅地」とは、建物の敷地およびその維持もしくは効用を果たすために必要な土地をいうが（不動産登記事務取扱手続準則68条３号）、犯罪収益移転防止法上の宅地とは、建物の敷地に供せられる土地のほか、用途地域内（市街化区域内）のその他の土地で、道路、公園、河川その他公共の用に供する施設の用に供せられているもの（道路、公園、河川、広場および水路）以外のものを含む。したがって、市街化区域以外の地域にあっては建物の敷地に供せられる土地だけが宅地に該当するが、市街化区域内にあっては道路、公園、河川、広場および水路を除くすべての土地が宅地に該当することとなる。具体的には、市街化区域の内外を問わず建物の敷地に供せられる土地はすべて宅地であり、また建物の敷地に供せられる土地でない土地（駐車場、資材置場、農地等）であっても、用途地域内の土地であれば、道路、公園、河川、広場および水路でない限り、宅地に該当することになる。市街化区域外の土地に建物が建っていれば、それが農家用住宅や農業用倉庫等であっても、その敷地は宅地に該当する。

また、現に建物が建っている土地はもちろん、建物を建てる目的で売買される土地も含まれ、居宅や店舗、事務所だけでなく、車庫や倉庫等の建物の敷地に供される土地も宅地に該当すると言える。つまり、特定取引の際に現に建物が建っている土地および将来建物を建てる目的の土地の両者を宅地というものであるから、反対に、例えば市街化区域外で将来は建物を取り壊して駐車場にする目的で売買された土地も、特定取引の際に宅地であれば犯罪収益移転防止法の適用を受ける。

宅地か否かの判断は不動産登記法における地目とは無関係であるとはいっても、まず登記上の地目も参考にしながら、依頼者や仲介の宅地建物取引業者から事情を聞くなどし、あるいは場合によっては現地を確認して、慎重に判断する必要がある。ただ、登記上の地目が宅地である場合は、特段の事情がない限り、実務上は犯罪収益移転防止法上も宅地として取り扱って差し支えないと思われる。

なお、公衆用道路等については、例えば、私有地であり、通り抜けのできない通路で、通常は通路に接している住居のための通路として利用されているような場合は宅地に該当すると考えられる。

Q18　**宅地に設定されている地上権の売買による移転の登記に関する手続は、特定業務に該当するのか。**

A18　**地上権の売買による移転の登記に関する手続、特定業務には該当しない。**

解説

地上権、賃借権等は「宅地」には含まれない。例えば、宅地の地上権の売買による地上権の移転の登記に関する手続は、建物の所有を目的とする地上権を当該建物の売買を契機として行う場合であっても、宅地の売買、建物の売買そのものに関する手続ではないため、特定業務には該当しない（もちろん、当該建物そのものの売買には、犯罪収益移転防止法が適用される）。

Q19　**農地の売買による所有権の移転の登記に関する手続は、特定業務に該当するのか。**

A19　**原則として特定業務には該当しないが、市街化区域内の農地の売買（農地法３条の許可に基づく場合を含む）、市街化区域外で建物を建築する目的の農地法５条の許可に基づく売買の場合は、特定業務に該当する。**

◇◇◇◇◇ **解説** ◇◇◇◇◇

前述のように、農地であっても市街化区域内の土地であれば宅地に該当するため、建物を建築する目的で売買されるものであるか否かにかかわらず、その売買による所有権の移転の登記に関する手続は特定業務に該当する。また市街化区域外の農地（現況も農地）であっても、農地法５条の許可（転用目的は建物の建築）を受けて行う場合は、その売買による所有権の移転の登記に関する手続は特定業務に該当する。

つまり、農地については、市街化区域内のもので農地法３条もしくは５条に係るもの、または、市街化区域外のもので建物を建築する目的に係る５条の許可に基づくものは特定業務に該当し、市街化区域外のもので農地法３条、もしくは建物を建築する目的以外の目的に係る５条の許可に基づくものは特定業務に該当しない。

Q20　**特定業務である宅地または建物の所有権移転登記等の手続において「建物」とは、一戸建ての居宅、店舗等を指し、一戸建てであっても農業用の倉庫や、居宅であっても区分建物（専有部分）は、ここでは「建物」には当たらないのか。**

A20　**ここで、「建物」とは、一戸建ての居宅、店舗等だけでなく、農業用の倉庫や、区分建物（専有部分）も含まれる。**

◇◇◇◇◇ **解説** ◇◇◇◇◇

犯罪収益移転防止法は建物の売買に関しても適用がある。ここで「建物」

とは、文字どおりの建物であり、普通建物だけでなく区分建物も含まれる。

また、市街化区域の内外にかかわらず、建物の売買であれば、農家住宅や農業用倉庫等の売買もすべて犯罪収益移転防止法が適用され、その売買による所有権の移転の登記に関する手続は特定業務に該当する。

Q21　売買による宅地の共有持分の移転の登記に関する手続は、特定業務に該当しないのか。

A21　特定業務に該当する。

◇◇◇◇◇ 解説 ◇◇◇◇◇

特定業務に該当することとなる宅地または建物の売買には所有権の全部だけでなく、共有持分も含まれる。したがって、売買による、宅地または建物の所有権の一部の移転の登記や、共有者の持分の全部または一部の移転の登記に関する手続も、特定業務に該当する。

Q22　宅地の抵当権の設定の登記に関する手続は、特定業務には該当しないのか。

A22　特定業務には該当しない。

Q23　司法書士が、抵当権の設定されている宅地の売買について、買主が金融機関から融資を受け売買代金を支払うと同時に、売主が抵当権者に返済し、売主、抵当権者、買主および金融機関から、当該抵当権の抹消登記、所有権移転登記および抵当権設定登記手続の依頼を受ける際には、取引時確認を行わなければならないのか。

A23　所有権の移転の登記に関する手続は特定業務に該当するため取引時確認を行わなければならないが、それ以外の手続は、特定業務には該当しないため、取引時確認を行う必要はない。

解説

抵当権の設定の登記に関する手続は、売買による所有権の移転の登記に関する手続には該当しない。

ただ、不動産取引の決済の場面で、いわゆる「抹消、移転、設定」が同時履行の一環で行われるとき、抵当権の抹消の登記については、当該抵当権を抹消しなければ売買の決済には至らず、その所有権の移転の登記申請の前提として行われるものであり、抵当権の設定の登記については買主が融資を受けなければ売買には至らず、その所有権の移転の登記申請の後件として行われるものであるため、全体的には一連の売買の一手続であると見ることもできる。

しかし、個々の登記業務としては、理論的には必ずしも所有権の移転の登記と連件で申請しなければならないものではなく、抵当権者に返済し、抵当権の登記を抹消する手続も、金融機関から融資を受け抵当権を設定する手続も売買そのものではないため、前件の抵当権の抹消の登記に関する手続も、後件の抵当権の設定の登記に関する手続も特定業務には該当しないと解される。つまり、これら一連の業務の依頼を受けた司法書士は、買主と売主の取引時確認のほかは、犯罪収益移転防止法上は、抹消すべき抵当権者および、新たに抵当権を設定すべき金融機関の取引時確認は不要となる（司法書士の職責上の本人確認を要することは言うまでもないが、この点は、ここでは触れない）。

Q24　宅地の相続による所有権の移転の登記に関する手続は、特定業務に該当しないのか。

A24　特定業務に該当しない。

Q25　売買以外で、宅地の贈与、交換等による所有権の移転の登記に関する手続は、特定業務に該当しないのか。

A25　特定業務に該当しない。

解説

「宅地又は建物の売買に関する行為又は手続」については、まさに宅地又は建物の「売買」が対象とされるので、「相続」、「贈与」、「時効取得」、「交換」、「代物弁済」、「委任の終了」等による所有権の移転の登記に関する手続は特定業務には該当しない。

ただ、犯罪収益移転防止法における「売買」に当たるか否かの判断は、必ずしも、不動産登記法と連動しているものではない。つまり、犯罪収益移転防止法における「売買」は形式的に、登記原因をもって判断するものではなく、登記原因は売買以外のものであっても実質的に売買であると客観的に認められる場合は、「売買」と判断すべきであると考えられる。

したがって、登記原因が「交換」等であり、契約書が交換契約書等という題名になっていても、交換差金が多額であるとか、また金銭は移動しないときであっても、金銭と同レベルの価値のある有価証券等の移動があるようなときは、売買と判断すべき場合もあるだろう。

相続に関しては、遺産分割や相続分譲渡等の手続は相続の手続の一部分であるため、相続物件が宅地または建物であって、金銭による代償給付を行った遺産分割や、相続分の売買が行われたときであっても、相続による所有権移転の登記や、遺産分割等による共有持分の移転の登記に関する手続は特定業務には該当しない。

Q26　宅地の売買による所有権の移転の登記に関する手続について、判決正本をもって原告である登記権利者が単独で委任する場合、その登記に関する手続は、特定業務に該当しないのか。

A26　特定業務に該当する。

◇◇◇◇◇ **解説** ◇◇

判決正本をもって原告である登記権利者が単独で行う登記に関する手続（不動産登記法63条１項）であっても、犯罪収益移転防止法の適用から除外される旨の規定はない。

そのため、このような場合であっても、その宅地の売買による所有権の移転の登記に関する手続は特定業務に該当する。なお、この場合に、「誰」について取引時確認を行うかは後述する（Q87）。

Q27　分譲マンションの居室を買い受けた場合の区分建物の冒頭省略による所有権の保存の登記に関する手続は、特定業務に該当しないのか。

A27　特定業務に該当する。

Q28　宅地の売買による所有権の移転の仮登記に関する手続は、特定業務に該当しないのか。

A28　特定業務に該当する。

Q29　建売住宅を買い受けた場合の建物の所有権の保存の登記に関する手続は、特定業務に該当しないのか。

A29　特定業務に該当する場合もある。

◇◇◇◇◇ **解説** ◇◇

特定業務である「宅地又は建物の売買による所有権の移転等の登記に関する手続」とは、多くは、所有権（持分）の移転の登記に関する手続であろうが、犯罪収益移転防止法は、登記の形式が移転の登記である場合だけ適用されるものではなく、「宅地又は建物の売買に関する行為又は手続」に該当するものであれば、その他の形式の登記に関する手続も特定業務に該当する。

そのため、権利部がない表題部のみの区分建物について、冒頭省略による所有権の保存の登記に関する手続（不動産登記法74条２項）については、それが売買に係るものである限り、特定業務に該当する（の場合に、「誰」について取引時確認を行うかは後述する（Q90））。

その他、宅地または建物の所有権の移転の登記等に関する手続であれば、仮登記であっても売買に係るものである限り、特定業務に該当する。仮登記の場合は、売買による所有権の移転の仮登記（いわゆる１号仮登記）に関する手続はもちろん、売買による所有権の移転請求権の仮登記や条件付所有権の移転の仮登記（いわゆる２号仮登記）等に関する手続も、特定業務に該当すると考えられる。

他方、表題部未登記の建売住宅を買い受けた場合、原始所有者（建売業）からの譲渡証明書を添付して、転得者（買受人）によって、新築を原因とした同人名義の建物の表題登記がなされ（土地家屋調査士に委任してされることが多かろうが、土地家屋調査士は犯罪収益移転防止法上の特定事業者には該当しない）、次いで、同建物の保存の登記（不動産登記法74条１項１号）がなされることがある。この保存の登記に関する手続は、Q27の区分建物の冒頭省略による所有権の保存の登記に関する手続と異なり、直ちに特定業務には該当するとは言えないものの、当該建物の表題登記が、事前に転得者（買受人）名義で行われた後、当該建売住宅の売買取引の決済の際に、買主の売買代金の支払と同時に買受人のために所有権の保存の登記を行うような場合にあっては、当該所有権の保存の登記に関する手続であっても特定業務に該当する可能性もあるだろう（通常は、当該敷地（当然、宅地）について、同時に売買による所有権の移転登記を行うこととなり、この手続は当然に特定業務に該当する）。

Q30

宅地の売買による所有権の移転の登記について、その申請書や、登記原因証明情報のみの作成の依頼を受ける際、あるいは、その相談を受ける際は、取引時確認は行う必要はないのか。

A30　**宅地の売買による所有権の移転の登記について、その申請書や、登記原因証明情報のみの作成の依頼を受ける際であっても、取引時確認を行わなければならないが、その相談を受けるだけであれば、取引時確認は行う必要はない。**

◇◇◇◇◇ **解説** ◇◇◇

宅地または建物の売買に関する行為または手続で司法書士にとって特定業務に該当するものは、宅地または建物の売買による所有権の移転の登記に関する手続が典型的なものであるが、その代理の依頼を受ける際には取引時確認を行う義務が生じるが、この義務は、代理の場合だけでなく、特定業務について代行する場合（特定受任行為の代理等：Q11）にも生じる。

実務においては、このような事例は多くはないと思われるものの、宅地の売買による所有権の移転の登記申請書の作成だけを依頼されるときや、建物の売買による所有権の移転の登記申請書に添付する登記原因証明情報の作成だけを依頼されたときなども、特定受任行為の代理等に関する依頼（特定取引：Q12）を受けたことになり、この際には、取引時確認を行わなければならないのである。

なお、それらの書類のひな型、素案を作成することは、いまだ書類の作成の代行とまでは言えず、取引時確認を行う義務は生じない。

登記手続に関して、相談を受けるだけの場合にも、代理または代行には当たらないため、取引時確認を行う義務は生じない。

Q31　**司法書士乙が、宅地の売買による所有権の移転の登記に関する手続の委任を受けて（復代理人選任の件を含む）、当該登記手続を、乙が司法書士甲に委任した場合、甲は、その委任を受ける際には、取引時確認は行う必要はないのか。**

A31　**取引時確認を行う必要がある。**

Q32　**司法書士乙が、宅地の売買による所有権の移転の登記に関する手続の委任を受けて（登記識別情報の受領に関する復代理人選任の件を含む）、当該登記完了したときの登記識別情報の受領だけを、乙が司法書士甲に委任した場合、甲は、その委任を受ける際には、取引時確認は行う必要があるのか。**

A32　**取引時確認を行う必要はない。**

◇◇◇◇◇ **解説** ◇◇

特定業務に該当する業務は、依頼者から直接依頼を受ける通常の場合だけでなく、依頼者から依頼を受けた司法書士から委任を受けて、復代理となる場合にも、特定業務となり得る。そのため、特定業務に関する手続の依頼を受けた司法書士から復代理を受けた司法書士にとっても、当該手続は特定業務に該当する。なお、「誰」を「どのように」確認するかということは、第３章で後述する。

ただ、売買による所有権移転登記が完了したときの登記識別情報の受領だけの委任を当該登記手続の代理人である司法書士から委任を受け、登記識別情報の受領だけを行うことは、それが宅地に関するものであっても特定業務には該当しないと解される。

Q33　**宅地の登記事項証明書の交付請求について依頼を受けるときは、取引時確認を行わなければならないのか。**

A33　**取引時確認を行う必要はない。**

◇◇◇◇◇ **解説** ◇◇

登記事項証明書の交付請求に関する手続は、たとえ宅地のものであっても「宅地又は建物の売買に関する行為又は手続」に該当するものではない。

したがって、その手続は特定業務には該当せず、その依頼を受けた際、取引時確認を行う必要はない。

第３節　商業・法人登記業務との関係

１　商業登記業務との関係

問い５　司法書士が、商業登記に関する業務の依頼を受ける際は、犯罪収益移転防止法上、すべて、取引時確認を行わなければならないのか。

答え５　株式会社の設立、定款の変更、合併等、取締役・執行役・代表取締役・代表執行役の選任・選定、持分会社の設立、合併等、定款の変更、業務を執行する社員・持分会社を代表する社員の選任に関する登記に関する手続の代理等の依頼を受ける際に、取引時確認を行わなければならない。

解説　司法書士にとっての特定業務の１つが、「会社の設立又は合併に関する行為又は手続その他の政令で定める会社の組織、運営又は管理に関する行為又は手続（会社以外の法人、組合又は信託であって政令で定めるものに係るこれらに相当するものとして政令で定める行為又は手続を含む。）」であって（法４条１項、別表第２条第２項第43号に掲げる者の項第２号）、これらの業務またはこれらに付随し、もしくは関連して顧客のためにする特定受任行為の代理等（Q11）を行うことを内容とする契約の締結（特定取引：Q12）を行うに際しては、取引時確認を行わなければならないとされている。つまり、司法書士が、顧客（第３章第１節）である株式会社等から設立等の登記に関する手続の代理等の依頼を受ける際には、取引時確認を行わなければならないということである。

犯罪による収益の移転を図ろうとする者にとっては法人等を「器」として利用することができることから、その設立等については、犯罪収益移転防止法においてその対象とする必要があるとして、司法書士の特定業務として規定されているものである。

具体的には、株式会社、持分会社について、次のように定められている（令

8条2項)。

【令8条2項】

> 2　(略)
> 一　株式会社　次のいずれかの事項
> イ　設立
> ロ　組織変更、合併、会社分割、株式交換又は株式移転
> ハ　定款の変更
> ニ　取締役若しくは執行役の選任又は代表取締役若しくは代表執行役の選定
> 二　持分会社　次のいずれかの事項
> イ　設立
> ロ　組織変更、合併又は合同会社にあっては、会社分割
> ハ　定款の変更
> ニ　業務を執行する社員又は持分会社を代表する社員の選任

そこで、これらに関する登記の手続の代理等の依頼を受ける際には、犯罪収益移転防止法の適用を受け、取引時確認を行わなければならず、他方、これらに該当しないものに関する登記の手続の代理等の依頼を受ける際には、犯罪収益移転防止法上、取引時確認を行う必要はない。

Q34　**合同会社の設立の登記手続の代理は、特定業務に該当しないのか。**

A34　**特定業務に該当する。**

◇◇◇◇◇ **解説** ◇◇◇◇◇

「会社の設立又は合併に関する行為又は手続その他の政令で定める会社の組織、運営又は管理に関する行為又は手続」として、特定業務が適用される会社は、株式会社に限られない。合名会社、合資会社、そして会社法（平成17年7月26日法律第86号）の制定により新しい類型の会社として設けられ

た、社員の全員が有限責任社員で、原則として、全社員が自ら会社の業務執行に当たり、定款の変更については全社員一致により決定されるという民法上の組合と同様の規律が適用される合同会社にも適用される。

合名会社、合資会社、合同会社を総称して持分会社というが、持分会社の場合に適用される設立等に関する行為または手続には、設立、組織変更、合併（または合同会社にあっては、会社分割）、定款の変更、業務を執行する社員または持分会社を代表する社員の選任が当たるため、合同会社の設立登記など、それらに関する登記手続の代理は特定業務に該当する。

とくに、持分会社は組織変更により株式会社となること、他のいずれの種類の持分会社にもなること（種類変更）、株式会社を含むすべての種類の会社と合併することができ（存続会社、新設会社ともにその会社の種類も限定されない）るので、それらの登記手続も特定業務に該当する。

なお、合名会社、合資会社は会社分割における分割会社になることができず、またすべての種類の持分会社は株式交換または株式移転の完全子会社になることはできない。

Q35　**有限会社の取締役の選任の登記手続の代理は、特定業務に該当しないのか。**

A35　**特定業務に該当する。**

◇◇◇◇◇ **解説** ◇◇◇

現在、商号に「有限会社」を有する会社は、いわゆる特例有限会社であり、会社法の規定による株式会社として存続している。そのため、特例有限会社については、株式会社として（会社法の施行に伴う関係法律の整備等に関する法律2節1款、2款）、組織変更、合併（吸収合併存続会社となる場合を除く）、会社分割（吸収分割承継会社となる場合を除く）、定款の変更、取締役の選任または代表取締役の選定に関する登記の手続の代理等は、特定業務に該当する。

もちろん、例えば、監査役設置会社である旨（定款の定めにより監査役を置くことはできる）、指名委員会等設置会社である旨の定め、取締役設置会社である旨の定め、会計参与設置会社である旨の定め、監査役会設置会社である旨の定め、会計監査人設置会社である旨の定め（特例有限会社は、取締役会、会計参与、会計監査人、監査役会、指名委員会を置くことができない）等にあっては、特例有限会社においてはすることができない登記であり、また、株式の譲渡制限に関する規定は登記事項ではあるものの、特例有限会社は、株式を譲渡により取得することについて当該特例有限会社の承認を要する旨および当該特例有限会社の株主が株式を譲渡により取得する場合においては当該特例有限会社が承認したものとみなす旨の定めが定款にあるとみなされるため、それと異なる内容の定めを設ける定款の変更をすることができず、当然、その変更登記もない。

Q36　**有限会社を株式会社に移行する登記手続の代理は、特定業務に該当しないのか。**

A36　**特定業務に該当する。**

◇◇◇◇◇ **解説** ◇◇

特例有限会社は、定款を変更して、その商号中に株式会社という文字を用いる商号の変更をすることができ（会社法の施行に伴う関係法律の整備等に関する法律45条１項）、それによって、通常の株式会社へ移行する。

この場合の定款の変更は、その旨の株主総会の決議をしたときは、その本店の所在地においては２週間以内に、その支店の所在地においては３週間以内に、当該特例有限会社については解散の登記をし、同項の商号の変更後の株式会社については設立の登記をしなければならず、その本店の所在地における登記をすることによって、その効力を生ずる（同法45条２項）。

有限会社を株式会社に移行することは定款変更に係るものであり、その登記手続の代理等は、特定業務に該当する。

Q37　司法書士が、株式会社の設立の登記手続の代理の依頼を受ける際は、取引時確認を行わなければならないのか。

A37　取引時確認を行わなければならない。

◇◇◇◇◇ **解説** ◇◇◇

株式会社の設立の登記手続の代理等は、商業登記業務のうち、特定業務に該当するものの代表例である。したがって、株式会社の設立登記の依頼を受けた司法書士は、まず取引時確認を行って、その確認記録を作成し、実際に当該登記手続の代理申請を行ったときは、その登記手続の内容を記録（特定受任行為の代理等に関する記録）しなければならないという義務が生じる（この場合、「誰」の確認を行うべきかについては、Q122）。

単に、設立登記だけの依頼を受けた場合は以上のとおりであるが、司法書士が株式会社の設立登記の依頼を受けるときは、併せてその前提となる定款の作成に関する依頼を受ける場合も少なくない。定款の作成については、定款の認証代理の場合と作成代理の場合とがあるが、いずれの場合であっても依頼を受けた株式会社の設立登記に附随して行われる手続であるため、特定業務に該当する。

株式会社の設立の登記手続の代理の依頼を受ける際には、定款の作成を伴う場合も、既に認証されている定款の提供を受けて依頼を受ける場合も、いずれの場合であっても特定業務に該当することとなり、取引時確認を行わなければならないのである（この場合、「誰」の確認を行うべきかについては、Q93）。

Q38　株式会社の企業再編（組織変更、合併、会社分割、株式交換または株式移転）に関する登記手続の代理は、特定業務に該当するのか。

A38 特定業務に該当する。

解説

株式会社の企業再編、つまり、組織変更、合併、会社分割、株式交換または株式移転に係る登記手続の代理等は、特定業務に該当する。

組織変更とは、株式会社があくまでもその法人格の同一性を保ちながら持分会社になることをいう。よって、その登記手続である株式会社の組織変更による持分会社の設立登記手続および株式会社の組織変更による解散登記手続が特定業務に該当する。

合併とは、２つ以上の株式会社が１つになることをいい、消滅する株式会社（消滅会社）の権利義務の全部が合併後存続する株式会社（存続会社）に包括的に承継される吸収合併と、合併により消滅する株式会社（消滅会社）の権利義務の全部が合併により設立する株式会社（新設会社）に包括的に承継される新設合併とがある。なお、すべての種類の会社は、すべての種類の会社と合併することができ、吸収合併で存続する会社または新設合併で設立される会社となる会社の種類も限定されていないので、株式会社と株式会社の合併以外のパターンもある。これらの場合において、存続会社である株式会社の吸収合併による変更登記手続および消滅会社である株式会社の合併による解散登記手続、あるいは新設会社である株式会社の合併による設立登記手続および消滅会社である株式会社の合併による解散登記手続が特定業務の代表例となる。

会社分割とは、株式会社の事業に関して有する権利義務の全部または一部を、分割後既存の他の会社または分割により設立する会社に包括的に承継させることをいい、分割をする株式会社（分割会社）がその事業に関して有する権利義務の全部または一部を既存の他の会社（承継会社）に包括的に承継させる吸収分割と、分割会社がその事業に関して有する権利義務の全部または一部を分割により設立する会社（設立会社）に包括的に承継させる新設分割とがある。なお、承継会社または設立会社については会社の種類の限定がないため、すべての種類の会社が承継会社または設立会社になることができる。これらの場合において、承継会社である株式会社の吸収分割による変更登記手続および分割会社である株式会社の吸収分割による変更登記手続、あるいは新設分割の分割会社である株式会社の新設分割による変更登記手続および設立会社である株式会社の新設分割による設立登記手続が特定業務の代表例となる。

株式交換とは、株式会社がその発行済株式の全部を他の株式会社等に取得させることをいう。これにより、その発行済株式の全部を取得させた株式会社（株式交換完全子会社）は、その取得を受けた株式会社（株式交換完全親会社）の完全子会社となる。なお、株式交換完全子会社は株式会社に限られるが、株式交換完全親会社については株式会社のほか合同会社もなることができる。これらの場合は、通常は、株式交換完全親会社となる会社の金銭等の対価と引換えに、株式交換完全子会社の株主が有している株式交換完全子会社の株式の全部を株式交換完全親会社に移転することとなるが、それにより、株主に変動が生じるとしても、株式交換完全親会社、株式交換完全子会社ともに資本金の額等の登記事項に変更が生じない限り、特定業務としての登記業務が発生することはない。しかし、例えば株式交換完全親会社が株式会社である場合に、株式交換完全親会社となる会社が対価として新たに株式を発行して株式交換完全子会社の株主に交付し、発行済株式総数および資本の額に変動が生じたときは、株式交換完全親会社である株式会社の株式交換による変更登記を行わなければならず、その登記手続は特定業務となる。また、株式交換完全子会社の新株予約権に代えて株式交換完全親会社の新株予約権を交付したときは、株式交換完全子会社である株式会社の株式交換による新株予約権の消滅による変更登記および株式交換完全親会社である株式会社の株式交換による新株予約権に関する変更登記を行わなければならず、その登記手続は特定業務となる。さらに株式交換承認契約と併せて、発行可能株式総数、目的、役員等を変更した場合にも併せて株式交換によるそれらの変更登記を行わなければならないが、その登記手続も特定業務となる。

株式移転とは、一または二以上の株式会社がその発行済株式の全部を新たに設立する株式会社に取得させ、発行済株式の全部を取得させた株式会社（株式移転完全子会社）の株主が、その株式の全部の取得を受けて新たに設立された株式会社（株式移転完全親会社）の株式の交付を受けることとなることをいう。これにより、株式移転完全子会社は株式移転完全親会社の完全子会社となる。株式移転は、株式移転完全子会社も株式移転完全親会社も株式会社に限られる。この場合において、株式移転完全親会社である株式会社の株式移転による設立登記手続が特定業務となる。また、株式移転完全子会社の新株予約権に代えて株式移転完全親会社の新株予約権を交付した場合には、株式移転完全子会社である株式会社の株式移転による新株予約権の消滅による変更登記を行わなければならないが、その登記手続も特定業務となる。

Q39　**株式会社の商号または目的の変更の登記手続の代理は、特定業務に該当するのか。**

A39　**特定業務に該当する。**

解説

株式会社の定款の変更に関する登記手続も特定業務に該当する。

そこで、定款変更に係る登記手続の代理等の依頼を受ける際にも、司法書士は取引時確認を行わなければならず、商号や目的の変更登記手続の代理等は、定款の変更を要することを前提とする登記手続であるため、特定業務に該当し、司法書士は取引時確認を行わなければならないこととなる。

その他、次の登記事項等に関する登記手続の代理等も特定業務に該当することとなる。

＊　公告をする方法

＊　責任の免除または制限に関する規定（定款の定めによるもの）

＊　指名委員会等設置会社である旨の定め

＊　発行可能株式総数

＊　全部の株式の内容（株式の譲渡制限に関する規定、取得請求権付株式の定め、取得条項付株式の定め）

＊　各種類の株式の内容等（譲渡制限株式の定め、取得条項付株式の定め、全部取得条項付種類株式の定め、会社法322条２項の定め、各種類の株式の内容の要綱の定め）

＊　株主名簿管理人

＊　単元株式数

＊　存続期間または解散事由

＊　株券を発行する旨の定め

＊　取締役設置会社である旨の定め

＊　会計参与設置会社である旨の定め

＊　監査役設置会社である旨の定め

＊　監査役会設置会社である旨の定め

＊　会計監査人設置会社である旨の定め

Q40　**株式会社の本店移転の登記手続の代理は、特定業務に該当しないのか。**

A40　**定款変更を要するものは、特定業務に該当する。**

Q41　**株式会社の新株発行等による資本増加の登記手続の代理等は、特定業務に該当しないのか。**

A41　**定款変更を伴うものは、特定業務に該当する。**

解説

登記事項の変更であって、定款変更に係るものについては、その登記手続は特定業務に該当するが、定款変更に係らない登記事項の変更等の登記手続については特定業務に該当しない。

本店の移転にあっては、定款で所在番地・番号まで定めてある場合の本店移転または最小行政区画まで定めてある場合で最小行政区画外への本店移転については定款変更を伴うため、その登記手続の代理等は特定業務に該当する。しかし、最小行政区画まで定めてある場合で最小行政区域内での本店移転は定款変更を伴わないため、その登記手続の代理等は特定業務には該当しない。

同様に、定款変更を伴わない新株発行等による資本増加の登記手続の代理等は特定業務には該当せず、発行可能株式総数の変更等の定款変更を伴う場合は発行可能株式総数の登記手続の代理等について特定業務に該当する。

Q42　**株式会社の取締役の重任の登記手続の代理は、特定業務に該当しないのか。**

A42　**特定業務に該当する。**

◇◇◇◇◇ **解説** ◇◇◇◇◇

株式会社の取締役もしくは執行役の選任または代表取締役もしくは代表執行役の選定に関する登記手続も特定業務に該当する。

「選任又は選定」には、新任の場合だけでなく、重任、再任の場合も含まれるため、取締役の重任、再任の登記手続の代理も、特定業務に該当する。

Q43　**株式会社の取締役の辞任によって定款で定めた取締役の員数を欠くことになるため、員数に関する定款の変更を行った上で（員数を欠くことのないようにして）、その取締役の辞任の登記手続の代理の依頼を受ける際は、取引時確認を行わなければならないのか。**

A43　**取引時確認を行う必要はない。**

◇◇◇◇◇ **解説** ◇◇◇◇◇

取締役に関するものであっても、退任の登記手続の代理等は特定業務には該当しない。

例えば、定款で「取締役の員数は４名以上６名以内とする」旨の記載がある株式会社において、現在４名の取締役が選任されている状態で、取締役１名が辞任すると取締役が３名となって定款上の員数制限を欠くようなときに、「取締役の員数は３名以上５名以内とする」旨の定款変更を行った上で取締役が辞任する場合もあるが、これは取締役の員数に関する定款の変更であっても、定款変更に係る事項（取締役の員数）を登記するものではないため（登記事項ではない）、その辞任の登記手続の代理は特定業務には該当せず、取引時確認は要しないと考えられる。

取締役、代表取締役の住所、氏名の変更登記手続の代理等も特定業務ではないことは言うまでもないが、代表取締役を定める規定の廃止に伴う代表権の付与の登記手続の代理等は、特定業務に該当するだろう。

Q44　**株式会社の監査役の選任の登記手続の代理等は、特定業務に該当しないのか。**

A44　**通常は、特定業務に該当しない。なお、監査役設置会社でない株式会社が、監査役設置会社とする旨の定款変更を行った上で、監査役が選任され、その登記手続の代理を行うような場合には、定款変更に係る事項である監査役設置会社である旨の登記については特定業務にする。**

解説

特定業務としての適用対象となる株式会社の役員は、取締役もしくは執行役または代表取締役もしくは代表執行役に限られているため、監査役は、その対象ではない。

ただ、監査役設置会社でない株式会社が、監査役設置会社とする旨の定款変更を行った上で、監査役が選任され、その登記手続の代理を行うことは、定款変更に係る事項である監査役設置会社である旨の登記手続は、特定業務に該当すると考えられる。

また、監査役設置会社が監査役設置会社とする旨の規定を廃止する定款変更を行ったことに伴い監査役が退任した場合は、その旨の規定の廃止の登記が定款変更に係る登記手続として特定業務に該当することとなる。なお、いずれの場合も監査役の選任および退任の登記手続が特定業務には該当しないことは言うまでもない。

Q45　**株式会社の設立の登記申請書の作成のみの依頼を受ける際、あるいは、その相談を受ける際は、取引時確認は行う必要はないのか。**

A45　**株式会社の設立の登記申請書の作成のみの依頼を受ける際であっても、取引時確認を行わなければならないが、その相談を受けるだけであれば、取引時確認は行う必要はない。**

◇◇◇◇◇ **解説** ◇◇◇◇◇

Q11のとおり、特定受任行為の代理等には、代理だけでなく、代行も含まれる。

そのため、株式会社の設立の登記申請書の作成のみを行うことも、特定業務に該当し、その依頼を受ける際には、取引時確認を行わなければならない。

なお、それらの書類のひな型、素案を作成すること、あるいは、相談を受けるだけの場合には取引時確認を行う義務は生じないが、司法書士が提供した書類のひな型が、マネーローンダリング等に悪用されることがないような配慮が求められよう。

2　法人登記業務との関係

問い6　**会社に関する商業登記以外の場合で、法人登記手続の代理は、特定業務に該当しないのか。**

答え6　**一般社団法人などの一定の法人の一定の登記手続の代理等は、特定業務に該当する。**

解説　会社以外の法人、組合、信託のうち、投資法人、特定非営利活動法人、特定目的会社、一般社団法人、一般財団法人、民法組合、匿名組合、投資事業有限責任組合、有限責任事業組合または限定責任信託に

関する組織、運営または管理に関する行為または手続に相当する一定のものについて、その登記手続の代理等は犯罪収益移転防止法が適用されるため、司法書士が、それらに関する登記手続の代理等を依頼を受ける際には、特定業務として、取引時確認を行わなければならない。

【令８条３項】

3　法別表第二条第二項第四十四号に掲げる者の項の中欄第二号に規定する会社以外の法人、組合又は信託であって政令で定めるものは、次に掲げるものとする。
一　投資信託及び投資法人に関する法律（昭和二十六年法律第百九十八号）第二条第十二項に規定する投資法人
二　特定非営利活動促進法（平成十年法律第七号）第二条第二項に規定する特定非営利活動法人
三　資産の流動化に関する法律（平成十年法律第百五号）第二条第三項に規定する特定目的会社
四　一般社団法人又は一般財団法人
五　民法（明治二十九年法律第八十九号）第六百六十七条に規定する組合契約によって成立する組合
六　商法（明治三十二年法律第四十八号）第五百三十五条に規定する匿名組合契約によって成立する匿名組合
七　投資事業有限責任組合契約に関する法律（平成十年法律第九十号）第二条第二項に規定する投資事業有限責任組合
八　有限責任事業組合契約に関する法律（平成十七年法律第四十号）第二条に規定する有限責任事業組合
九　信託法第二条第十二項に規定する限定責任信託

【令８条４項】

4　法別表第二条第二項第四十四号に掲げる者の項の中欄第二号に規定する政令で定める行為又は手続は、次の各号に掲げる区分に応じ、当該各号に定める事項に関する行為又は手続とする。

一　前項第一号に掲げる法人　次のいずれかの事項
　イ　設立
　ロ　合併
　ハ　規約の変更
　ニ　執行役員の選任
二　前項第二号に掲げる法人　次のいずれかの事項
　イ　設立
　ロ　合併
　ハ　定款の変更
　ニ　理事の選任
三　前項第三号に掲げる法人　次のいずれかの事項
　イ　設立
　ロ　定款の変更
　ハ　取締役の選任又は代表取締役の選定
四　前項第四号に掲げる法人　次のいずれかの事項
　イ　設立
　ロ　合併
　ハ　定款の変更
　ニ　理事の選任又は代表理事の選定
　ホ　特例民法　法人（一般社団法人及び一般財団法人に関する法律及び公益社団法人及び公益財団法人の認定等に関する法律の施行に伴う関係法律の整備等に関する法律（平成十八年法律第五十号）第四十二条第二項に規定する特例民法　法人をいう。）にあっては、同法第四十四条又は第四十五条の規定による公益社団法人若しくは公益財団法人又は通常の一般社団法人若しくは一般財団法人への移行
五　前項第五号から第八号までに掲げる組合　組合契約の締結又は変更
六　前項第九号に掲げる信託　次のいずれかの事項
　イ　信託行為
　ロ　信託の変更、併合又は分割
　ハ　受託者の変更

司法書士の日常業務においては、会社に関する登記業務に比べて、その取

扱いは多いと言えないだろうが、以下、それらの法人等の概要とともに特定業務について解説する。なお、民法組合とは、民法667条に規定する組合契約によって成立する組合をいい、組合契約は、各当事者が出資をして共同の事業を営むことを約することによってその効力を生ずるとされる。組合員の過半数で業務執行を決し、また組合契約の変更により組合員の加入も可能であると解される。民法組合に関する組織、運営または管理に関する行為または手続に相当する一定のものは、組合契約の締結または変更であるが、登記の対象ではないため、一般に、登記手続として司法書士の特定業務に該当することは考えにくい。

また、匿名組合とは、商法535条に規定する匿名組合契約によって成立する組合をいい、匿名組合契約は、当事者の一方が相手方の営業のために出資をし、その営業から生ずる利益を分配することを約することによってその効力を生ずるとされる。匿名組合員は営業者の業務を執行し、または営業者を代表することができないが、匿名組合員と営業者の合意に基づいて匿名組合契約の内容を変更することは可能であると解される。匿名組合に関する組織、運営または管理に関する行為または手続に相当する一定のものは、組合契約の締結または変更であるが、登記の対象ではないため、一般に、登記手続として司法書士の特定業務に該当することは考えにくい。

Q46　**投資法人に関する法人登記手続の代理は、特定業務に該当するのか。**

A46　**設立、合併、規約の変更、執行役員の選任に係るものは、特定業務に該当する。**

◇◇◇◇◇ **解説** ◇◇◇◇◇

投資法人とは、資産を主として特定資産に対する投資として運用することを目的として、投信法に基づき設立された社団をいい、設立企画人が規約を作成し、あらかじめ、設立しようとする旨ならびに設立時執行役員の候補者の氏名および住所を内閣総理大臣（金融庁）に届け出て、設立の登記をすることによって成立する法人をいう。犯罪収益移転防止法が適用される投資法人に関する組織、運営または管理に関する行為または手続に相当する一定のものは、設立、合併、規約の変更、執行役員の選任である。このうち、登記に係るものが特定業務となる。したがって、投資法人の設立登記手続はもちろん、投資法人は他の投資法人と合併できるため、その登記手続も特定業務となる。

投資法人の規約の記載事項は、目的、商号、投資主の請求により投資口の払戻しをする旨またはしない旨、発行可能投資口総口数、設立に際して出資される金銭の額、最低限度の純資産額、本店の所在地等（投信法67条）であり、登記事項は目的、商号、本店の所在場所、最低純資産額、発行可能投資口総口数、投資主の請求により投資口の払戻しをする旨またはしない旨、執行役員の氏名および住所等（投信法166条２項）とされている。規約は投資主総会の決議により変更することができるが、登記事項に係る規約の変更に関する変更登記手続が特定業務となる。

執行役員は、投資主総会の決議により選任されるが、その選任登記手続が特定業務となる。

Q47　**NPO 法人に関する法人登記手続の代理は、特定業務に該当するのか。**

A47　**設立、合併、定款の変更、理事の選任に係るものは、特定業務に該当する。**

◇◇◇◇◇ **解説** ◇◇

特定非営利活動法人、いわゆる NPO 法人についても、その設立、合併、定款の変更、理事の選任に関する行為または手続には、犯罪収益移転防止法が適用されるため、司法書士が、それらに関する登記手続の代理等の依頼を受ける際には、特定業務として、取引時確認を行わなければならない。

特定非営利活動法人とは、ボランティア活動をはじめとする市民が行う自由な社会貢献活動としての特定非営利活動を行うことを主たる目的として、特定非営利活動促進法（以下「活動法」という）の定めるところにより設立された法人をいい、特定非営利活動法人を設立しようとする者が定款を作成し、所轄庁（原則として、都道府県知事）から設立の認証を受け、設立の登記をすることによって成立する法人をいう。一般に、NPO 法人と呼ばれている。

犯罪収益移転防止法が適用される特定非営利活動法人に関する組織、運営または管理に関する行為または手続に相当する一定のものは、設立、合併、定款の変更、理事の選任である。このうち、登記に係るものが特定業務となる。したがって、特定非営利活動法人の設立登記手続はもちろん、特定非営利活動法人は他の特定非営利活動法人と合併できるため、その登記手続の代理等も特定業務となる。

特定非営利活動法人の定款の記載事項は、目的、名称、その行う特定非営利活動の種類および当該特定非営利活動に係る事業の種類、主たる事務所およびその他の事務所の所在地、役員に関する事項、資産に関する事項等（活動法11条）であり、登記事項は目的および業務、名称、事務所の所在場所、理事の氏名および住所、資産の総額等（組合等登記令２条、別表）とされている。定款は社員総会の決議により変更することができるが、登記事項に係る定款の変更に関する変更等の登記手続の代理等が特定業務となる。

さらに、設立当初の役員は定款記載事項とされており、社員総会の決議により定款を変更して理事を選任することができ、その選任登記手続の代理等が特定業務に該当することとなる。

Q48　**特定目的会社に関する法人登記手続の代理は、特定業務に該当するのか。**

A48　**設立、定款の変更、取締役の選任または代表取締役の選定に係るものは、特定業務に該当する。**

◇◇◇◇◇ **解説** ◇◇

特定目的会社とは、特定目的会社または特定目的信託を用いて資産の流動化を行う制度を確立し、これらを用いた資産の流動化が適正に行われることを確保するとともに、資産の流動化の一環として発行される各種の証券の購入者等の保護を図ることにより、一般投資者による投資を容易にし、もって国民経済の健全な発展に資することを目的として制定された資産の流動化に関する法律（以下「流動法」という）の所定の規定に基づき設立された社団をいい、発起人が定款を作成し、公証人の認証を受けて設立の登記をすることによって成立する法人をいう。特定目的会社が資産の流動化に係る業務を行うときは、あらかじめ内閣総理大臣（金融庁）に届け出なければならないとされる。

犯罪収益移転防止法が適用される特定目的会社に関する組織、運営または管理に関する行為または手続に相当する一定のものは、設立、定款の変更、取締役の選任または代表取締役の選定である。このうち、登記に係るものが特定業務となる。したがって、特定目的会社の設立登記手続が特定業務となる。定款の認証に関しては、株式会社の場合と同様に考えるべきであろう。なお、特定目的会社の合併については流動法において規定がなく、会社法の準用もされていないため、犯罪収益移転防止法においても合併の規定はない。

特定目的会社の定款の記載事項は、目的、商号、本店の所在地、特定資本金の額等（流動法16条２項）であり、登記事項は、目的、商号、本店および支店の所在場所、特定資本金の額、発行した特定出資の総口数、取締役および監査役の氏名および住所、取締役のうち特定目的会社を代表しない者があるときは代表取締役の氏名等（流動法22条２項）とされている。定款は社員総会の決議により変更することができるが、登記事項に係る定款の変更に関する変更等の登記手続の代理等が特定業務となる。

さらに、社員総会の決議により取締役を、定款の定めに基づく取締役の互選または社員総会の決議によって代表取締役を選定することができ、その選任または選定登記手続の代理等が特定業務に該当することとなる。

Q49　**一般社団法人または一般財団法人に関する法人登記手続の代理は、特定業務に該当するのか。**

A49　**設立、合併、定款の変更、理事の選任または代表理事の選定に係るものは、特定業務に該当する。**

◇◇◇◇◇ **解説** ◇◇◇

一般社団法人または一般財団法人についても、その設立、合併、定款の変更、理事の選任または代表理事の選定に関する行為または手続には、犯罪収益移転防止法が適用されるため、司法書士が、それらに関する登記手続の代理等の依頼を受ける際には、特定業務として、取引時確認を行わなければならない。

一般社団法人とは、一般社団法人および一般財団法人に関する法律（以下「法人法」という）の規定に基づいて設立された社団をいい、設立時社員が共同して定款を作成し、公証人の認証を受け設立の登記をすることによって成立する法人をいう。また、一般財団法人とは、法人法の規定に基づいて設立された財団をいい、設立者が定款（従来の寄附行為）を作成（遺言で一般財団法人を設立する意思を表示した場合においては、遺言執行者は、当該遺言の効力が生じた後、遅滞なく、当該遺言で定めた事項を記載した定款を作成）し、公証人の認証を受け設立の登記をすることによって成立する法人をいう。以下、一般社団法人および一般財団法人を一般社団法人等と総称する。法人法の施行日（平成20年12月1日、以下同様）前日までの民法法人（社団法人、財団法人）および中間法人は犯罪収益移転防止法の適用対象ではなかったが、法人法の施行と同時に犯罪収益移転防止法施行令が改正され、一般社団等についてはすべて犯罪収益移転防止法の適用対象となった。

犯罪収益移転防止法が適用される一般社団法人等に関する組織、運営または管理に関する行為または手続に相当する一定のものは、まず設立、合併、定款の変更、理事の選任または代表理事の選定である。このうち、登記に係るものが特定業務となる。したがって、一般社団法人等の設立登記手続（定款の認証についても株式会社の場合と同様であると考えられる）はもちろん、法人法により一般社団法人等は他の一般社団法人等と合併できることとなったため、その登記手続も特定業務となる。なお、合併をする法人が一般社団法人のみである場合には、合併により設立する法人も一般社団法人でなければならず、合併をする法人が一般財団法人のみである場合には、合併により設立する法人も一般財団法人でなければならない。また合併をする一般社団法人が合併契約の締結の日までに基金の全額を返還していないときは、合併後存続するまたは合併により設立する法人は一般社団法人でなければならないという制限がある。

一般社団法人等の定款の記載事項は、目的、名称、主たる事務所の所在地、社員の資格の得喪に関する規定等（法人法11条１項、153条）であり、とくに一般財団法人にあっては、設立に際して設立者が拠出をする財産およびその価額（財産の価額の合計額は、300万円を下回ってはならない）も記載事項となり、登記事項は目的、名称、主たる事務所および従たる事務所の所在場所、理事の氏名（一般財団法人にあっては、評議員、理事および監事の氏名）、代表理事の氏名および住所等（法人法301条２項、302条２項）とされる。定款は一般社団法人にあっては社員総会、一般財団法人にあっては評議員会の決議により変更することができるが、登記事項に係る定款の変更に関する変更等の登記手続の代理等が特定業務となる。

さらに、一般社団法人にあっては社員総会の決議により理事を、定款、定款の定めに基づく理事の互選または社員総会（理事会設置一般社団法人にあっては理事会）の決議によって代表理事を選定することができ、一般財団法人にあっては評議員会の決議により理事を、理事会の決議によって代表理事を選定することができ、それらの選任または選定登記手続の代理等が特定業務に該当することとなる。

なお、旧中間法人、旧民法法人については、法人法の施行日以後は特段の手続を経ずして一般社団法人等として存続するため、名称のいかんにかかわらず、犯罪収益移転防止法の適用対象の法人となる。したがって、前述の一般社団法人等において特定業務の対象となる行為または手続のうち、設立を除いたものに該当する場合には、それらの登記手続が特定業務となる。

旧中間法人には有限責任中間法人と無限責任中間法人がある。旧有限責任中間法人は、法人法の施行日の属する事業年度の終了後最初に招集される定時社員総会の終結の時以後は「一般社団法人」の名称使用義務が生じるので、その期日までに一般社団法人への名称変更を行わなければ、名称使用義務違反の過料の対象となる。しかし、法人の性格に変動はなく、一般社団法人として犯罪収益移転防止法適用対象の法人となる。もちろん、従来の有限責任中間法人が一般社団法人へ名称を変更することは定款の変更を要するため、その旨の変更登記手続の代理等も特定業務に該当する。

旧無限責任中間法人も、法人法施行後は無限責任中間法人の名称を用いた一般社団法人（特例無限責任中間法人）として犯罪収益移転防止法適用対象の法人となる。特例無限責任中間法人は、総社員の同意によって目的、名称等の一定の基本事項の定めを行い、一般社団法人への名称の変更を行い、通常の一般社団法人へ移行することができるが、これも特定業務の対象となる行為または手続とされ、その移行の登記（特例無限責任中間法人についての解散の登記および移行後の一般社団法人についての設立の登記）手続の代理等は特定業務となる。なお、特例無限責任中間法人が法人法施行日から起算して１年を経過する日までに移行の登記の申請をしないときは、当該特例無限責任中間法人は、その日が経過した時に解散したものとみなされる。

旧民法法人（旧社団法人、旧財団法人の総称）も、法人法施行後は一般社団法人等（特例民法法人（特例社団法人、特例財団法人の総称））として犯罪収益移転防止法適用対象の法人となる。特例民法法人は、法人法施行日から起算して５年を経過する日までの期間（移行期間）内に、行政庁の認可を受け、通常の一般社団法人等に移行することができ、また公益目的事業を行う特例民法法人は、移行期間内に、行政庁の認定を受ければ、公益法人に移行することができるが、これらも特定業務の対象となる行為または手続とされ、その移行の登記（当該特例民法法人についての解散の登記および名称の変更後の通常の一般社団法人等または公益法人についての設立の登記）手続の代理等は特定業務となる。なお、移行期間内にそれらの認可または認定を受けなかった特例民法法人は、当該認可または認定の申請があった場合において移行期間の満了の日までに当該申請に対する処分がされないときを除いて、移行期間の満了の日に解散したものとみなされる。

Q50　**公益社団法人の理事の選任の登記手続の依頼を受ける際には、取引時確認を要しないのか。**

A50　**取引時確認を行わなければならない。**

解説

公益目的事業を行う一般社団法人等は、公益社団法人及び公益財団法人の認定等に関する法律の規定に基づいて行政庁（内閣総理大臣または都道府県知事）の公益認定を受けることができる。この場合、公益認定を受けた一般社団法人を公益社団法人、一般財団法人を公益財団法人といい、合わせて公益法人と総称されるが、公益法人も一般社団法人等として犯罪収益移転防止法の適用の対象となるので、Q49に該当する行為または手続に関する法人登記手続の代理等の依頼を受ける際には、特定業務として、取引時確認を要することとなる。つまり、公益認定を受けていることをもって、取引時確認が不要となるものではないので注意を要する。

Q51　**投資事業有限責任組合に関する登記手続の代理は、特定業務に該当するのか。**

A51　**組合契約の締結または変更に係るものは、特定業務に該当する。**

解説

投資事業有限責任組合とは、投資事業有限責任組合契約に関する法律（以下「投資法」という）３条１項に規定する投資事業有限責任組合契約によって成立する無限責任組合員および有限責任組合員からなる組合をいい、投資事業有限責任組合契約は、各当事者が出資を行い、共同で投資事業を営むことを約することによりその効力を生ずるとされる。投資事業有限責任組合の業務は、無限責任組合員がその過半数で執行し、投資事業有限責任組合契約の変更により組合員の加入も可能であると解される。投資事業有限責任組合に関する組織、運営または管理に関する行為または手続に相当する一定のものは、組合契約の締結または変更である。このうち、登記に係るものが特定業務となる。したがって、投資事業有限責任組合契約が効力を生じたときに行う登記（投資事業有限責任組合契約の効力の発生の登記）手続は、特定業務となる。投資事業有限責任組合契約の契約書の記載事項は、組合の事業、組合の名称、組合の事務所の所在地、組合員の氏名または名称および住所ならびに無限責任組合員と有限責任組合員との別、出資一口の金額等（投資法３条２項）であり、登記事項は組合の事業、組合の名称、無限責任組合員の氏名または名称および住所、組合の事務所の所在場所等（投資法17条）とされている。登記事項に係る投資事業有限責任組合契約の変更に関する変更等の登記手続の代理等が特定業務となる。

Q52　**有限責任事業組合に関する登記手続の代理は、特定業務に該当するのか。**

A52　**組織、運営または管理に係るものは、特定業務に該当する。**

解説

有限責任事業組合とは、有限責任事業組合契約に関する法律（以下「有限法」という）３条１項に規定する有限責任事業組合契約によって成立する無限責任組合員および有限責任組合員からなる組合をいい、有限責任事業組合契約は、個人または法人が出資して、それぞれの出資の価額を責任の限度として共同で営利を目的とする事業を営むことを約し、各当事者がそれぞれの出資に係る払込みまたは給付の全部を履行することによって、その効力を生ずるとされる。有限責任事業組合の業務の決定は、原則として総組合員の同意によるものとされ、当該決定に従い、各組合員が業務を執行し、組合員の加入は、有限責任事業組合契約の変更によるものとされる。有限責任事業組合に関する組織、運営または管理に関する行為または手続に相当する一定のものは、組合契約の締結または変更である。このうち、登記に係るものが特定業務となる。したがって、有限責任事業組合契約が効力を生じたときに行う登記（有限責任事業組合契約の効力の発生の登記）手続は、特定業務となる。有限責任事業組合契約の契約書の記載事項は、組合の事業、組合の名称、組合の事務所の所在地、組合員の氏名または名称および住所、組合員の出資の目的およびその価額等（有限法４条３項）であり、登記事項は組合の事業、組合の名称、組合員の氏名または名称および住所、組合の事務所の所在場所等（有限法57条）とされている。登記事項に係る有限責任事業組合契約の変更に関する変更等の登記手続の代理等が特定業務となる。

Q53　**限定責任信託に関する登記手続の代理は、特定業務に該当するのか。**

A53　**組織、運営または管理に係るものは、特定業務に該当する。**

解説

限定責任信託とは、信託であって、受託者が当該信託のすべての信託財産責任負担債務について信託財産に属する財産のみをもってその履行の責任を負う信託をいい、信託行為においてそのすべての信託財産責任負担債務について受託者が信託財産に属する財産のみをもってその履行の責任を負う旨の定めをし、登記をすることによって、限定責任信託としての効力を生ずるとされる。

限定責任信託に関する組織、運営または管理に関する行為または手続に相当する一定のものは、信託行為、信託の変更、併合または分割、受託者の変更である。このうち、登記に係るものが特定業務となる。したがって、信託行為において前述の信託財産に属する財産のみをもってその履行の責任を負う旨の定めがされたときに行うべき限定責任信託の定めの登記手続の代理等は、特定業務となる。

限定責任信託の信託行為において定めるべき事項は、限定責任信託の目的、限定責任信託の名称、委託者および受託者の氏名または名称および住所、事務処理地、信託財産に属する財産の管理または処分の方法等（信託法216条２項）であり、登記事項は限定責任信託の目的、限定責任信託の名称、受託者の氏名または名称および住所、事務処理地等（信託法232条）とされている。信託の変更は、委託者、受託者および受益者の合意によってすることができるが、登記事項に係る限定責任信託の変更に関する変更等の登記手続の代理等が特定業務となる。

信託は、従前の各信託の委託者、受託者および受益者の合意によって併合することができ、委託者、受託者および受益者の合意によって吸収信託分割することができ、委託者、受託者および受益者の合意によって新規信託分割することができる。ここで、信託の併合とは、受託者を同一とする二以上の信託の信託財産の全部を一の新たな信託の信託財産とすることを、吸収信託分割とは、ある信託の信託財産の一部を受託者を同一とする他の信託の信託財産として移転することを、新規信託分割とは、ある信託の信託財産の一部を受託者を同一とする新たな信託の信託財産として移転することをいい、吸収信託分割、新規信託分割を総称して信託の分割という。

限定責任信託について、信託の併合が行われたときは、信託の併合後の信託が責任限定信託である場合は、信託の併合後の信託について限定責任信託の定めの登記手続を、従前の信託が限定責任信託であった場合は、従前の責任限定信託について終了の登記を行わなければならない。吸収信託分割が行われた結果、分割信託または承継信託が限定責任信託であるときに、その限定責任信託の定めの登記事項に変更が生じたときはその旨の変更の登記を行わなければならない。新規信託分割がなされた場合において、従前の信託が限定責任信託であり、その限定責任信託の定めの登記事項に変更が生じたときはその旨の変更の登記を、新規信託分割後の信託が責任限定信託である場合は、新規信託分割後の信託について限定責任信託の定めの登記手続をしなければならない。いずれの登記手続の代理等も特定業務となる。

また、受託者に変更が生じた場合も登記を行うこととなり、受託者の就任または変更の登記手続の代理等も特定業務となる。

Q54　**宗教法人から、その宗教法人の責任役員の選任の登記手続の代理の依頼を受ける際には、取引時確認を要するのか。**

A54　**取引時確認を行う必要はない。**

Q55　**宗教法人から、宅地の売買による所有権の移転の登記手続の代理の依頼を受ける際には、取引時確認を要しないのか。**

A55　**取引時確認を行わなければならない。**

◇◇◇◇◇ **解説** ◇◇

会社や、会社以外の一定の法人等の設立や合併等の一定の行為または手続に係る商業登記手続または法人登記手続の代理等が特定業務に該当するところ、令8条3項には（問い6）、宗教法人は掲げられていないため、宗教法人の設立、責任役員の選任等に関する法人登記の手続の代理等は、特定業務に該当しない。

この場合における特定業務とは、法別表2条2項44号に掲げる者（司法書士）の項の中欄2号の特定業務（会社や、会社以外の一定の法人等の設立や合併等の一定の行為または手続に係る商業登記手続または法人登記等の業務）をいい、この規定は、法別表2条2項44号に掲げる者（司法書士）の項の中欄1号の特定業務（宅地建物の売買による登記業務）および同中欄3号の特定業務（財産管理業務）についての主体が会社や該当する法人である場合の規定ではない。そのため、宅地建物の売買による登記業務や財産管理業務の場合は、依頼者が中欄2号に掲げる法人等に該当するか否かとは無関係に、自然人も法人等もすべて犯罪収益移転防止法が適用されることとなるのは当然のことである（特例については、第２章第６節）。

したがって、宗教法人から、宅地の売買による所有権の移転の登記手続の代理の依頼を受ける際にも、取引時確認を行わなければならないのである。

第４節　財産管理業務との関係

問い７　司法書士が任意代理人として、現金、預金、不動産の管理、処分を内容とする任意代理契約を締結する際は、取引時確認を要するのか。

答え７　原則として、取引時確認を要する。

解説　司法書士が、業として他人の現金、預金、有価証券その他の財産の管理又は処分を行うことは、犯罪による収益の移転防止に関する法律（以下「法」という）別表（４条関係）２条２項44号に掲げる者の項の中欄３号のとおり、司法書士の特定業務に該当する。

第２章第２節、第３節で解説した同中欄１号および２号の特定業務は、「…に関する行為又は手続」と規定されているのに対して、ここで解説する同中欄３号の特定業務は「…の管理又は処分」と規定されていることに注意を要する。これは、同１号および２号の場合は、売買や設立等の実体上の法律行為を前提にして行う登記手続等の代理または代行が司法書士にとって特定業務に該当することとなるが、同３号の場合は手続ではなく、管理行為または処分行為を代理または代行すること自体が特定業務に該当するという意味である。つまり、登記等の手続行為は、ここでいう財産管理業務には該当しないこととなる。

さらに、不動産登記業務や商業・法人登記業務は、通常、１つの依頼に対応する登記手続が終了することにより、１つの特定業務が終了するという性格のものであるが、財産管理業務は、通常、１つの依頼により継続的に管理業務が行われ、その業務の一環として財産の処分がその都度行われるという性格のものであるため、特定業務、特定取引、特定受任行為の代理等を考える際には注意を要する。要するに、通常一度で終了する業務である不動産登記業務等とは異なり、まず司法書士が財産管理人として任意代理契約などの財産管理契約を締結すること自体が特定取引となり、その際には依頼者の取引時確認を行い、そして当該契約の締結と同時または契約締結後に実際に財産の管理を始め、さらに管理し続けていること、その一環として処分することが全体で１つの特定業務に該当することとなる。つまり財産を管理し、処分する都度、特定受任行為の代理等を行うこととなるのである。

したがって、不動産登記業務や商業・法人登記業務は、通常、１つの確認記録には１つの取引記録等（特定受任行為の代理等に関する記録）がセットになるが、財産管理業務の場合は、１つの確認記録に複数の取引記録等（特定受任行為の代理等に関する記録）がセットとなる。

財産管理業務は、これらの財産そのものが犯罪による収益の移転を利用しようとする者に利用されるおそれが高いとされることから、それを管理し、または処分する行為の代理または代行を特定業務として犯罪収益移転防止法の適用対象としたものである。

同中欄１号および２号の特定業務は司法書士法３条１項に規定されている業務であり、独占業務として位置付けられているが、同中欄３号の財産管理業務は、法令等に基づきすべての司法書士が行うことができるものとして法務省令で定める業務（司法書士法29条１項１号）として、司法書士法施行規則31条に次のように規定されている（司法書士法人の業務として規定されているが、個人であるすべての司法書士が行うことができることが前提とされている）。

【司法書士法施行規則31条】

（司法書士法人の業務の範囲）
第三十一条　法第二十九条第一項第一号の法務省令で定める業務は、次の各号に掲げるものとする。
一　当事者その他関係人の依頼又は官公署の委嘱により、管財人、管理人その他これらに類する地位に就き、他人の事業の経営、他人の財産の管理若しくは処分を行う業務
又はこれらの業務を行う者を代理し、若しくは補助する業務

二　当事者その他関係人の依頼又は官公署の委嘱により、後見人、保佐人、補助人、監督委員その他これらに類する地位に就き、他人の法律行為について、代理、同意若しくは取消しを行う業務又はこれらの業務を行う者を監督する業務
三　司法書士又は司法書士法人の業務に関連する講演会の開催、出版物の刊行その他の教育及び普及の業務
四　競争の導入による公共サービスの改革に関する法律（平成十八年法律第五十一号）第三十三条の二第一項に規定する特定業務
五　法第三条第一項第一号から第五号まで及び前各号に掲げる業務に附帯し、又は密接に関連する業務

具体的には、司法書士法施行規則31条1号または2号に規定された業務が特定業務となる財産管理業務に該当することとなり、その他にも、同5号に規定する附帯、密接関連業務にあって財産の管理または処分に該当する場合には特定業務に該当することとなる。また、司法書士法施行規則31条1号または2号に該当しない場合であっても、司法書士法3条の業務に付随し、もしくは関連する業務において財産の管理または処分を行うような場合も特定業務に該当する。結論的には、いわゆる「規則31条業務」のうち同施行規則31条1号の業務の中で、当事者その他関係人の依頼によるものが中心となる（具体的な依頼の内容にもよるが、いわゆる遺産承継業務も該当するだろう）。詳しくは後述するが（第2章第6節）、法定後見や任意後見の場合には、特定業務、特定取引から除外される、あるいは取引記録等（特定受任行為の代理等に関する記録）の作成義務が免除される規定があるため（第4章第2節4）、事実上、当事者その他関係人の依頼により行う財産の管理または処分を行う業務（代理による管理・処分の業務）に限られることになるからである。

なお、管理または処分する財産の価額によって特定取引から除外される規定等もあるが、その点は後述する（問い10）。

そこで、この事例は、典型的な任意代理契約であり、まさに財産管理契約

として、中欄3号の特定業務に係る特定取引に該当し、司法書士が任意代理人（任意代理の受任者・財産管理人）として当該任意代理契約を締結するに際しては、依頼者（任意代理の委任者）について取引時確認を行わなければならないこととなる。

Q56　**問い7の任意代理契約を、公正証書により締結する場合は、取引時確認を要しないのか。**

A56　**取引時確認を要する。**

◇◇◇◇◇ **解説** ◇◇◇◇◇

公正証書をもって依頼を受けることは、特定業務、特定取引であることの除外事由とはならない（第2章第6節）。したがって、たとえ任意代理契約（財産管理契約）を公正証書によって締結し、公証人が公証人法により本人確認を行ったとしても、特定業者の取引時確認の義務は（その他、不動産登記業務等の場合も同様に）免除されない。

そのため、公正証書をもって任意代理契約を締結する際であっても、司法書士は取引時確認の義務を負うこととなる。口頭あるいは公正証書によらない契約書で任意代理契約が締結されたとしても特定業務となることに変わりはないが、任意代理契約の締結を口頭で行ったり、公正証書によらずに行うことは望ましいことではないと考える。

Q57　**特定業務となる財産管理業務の目的物である管理対象物は、現金、預金、不動産に限られるのか。**

A57　**現金、預金、不動産に限られない。**

◇◇◇◇◇ **解説** ◇◇◇◇◇

特定業務となる財産管理業務の目的物である管理対象物は財産であるが、ここでいう「財産」には、財産的価値を有するあらゆる品目が含まれ、「現金、預金、有価証券」とは、その性格上犯罪による収益の移転に利用されるおそれがとくに高いと考えられるものとして例示されているものである[1]。

管理又は処分の対象となる財産を特定している任意代理契約に基づく財産の管理または処分はもちろん特定業務に該当するが、例えば「不動産、動産等すべての財産の管理・保全等に関する一切の事項」「金融機関、証券会社、保険会社とのすべての取引に関する一切の事項」「不動産、動産等すべての財産の処分（民法602条の期間を超える賃貸借を含む）に関する一切の事項」を代理権目録に含むような、管理すべき財産を特定していない任意代理契約に基づく財産の管理又は処分も特定業務となる。

Q58　**司法書士が任意代理人として、任意代理契約に基づいて管理している現金を預金口座へ預入れし、定期預金を解約して現金とし、不動産を売却した場合は、どのような義務が課せらるのか。**

A58　**特定受任行為の代理等に関する記録を作成しなければならないという義務が課せられる。**

◇◇◇◇◇ **解説** ◇◇

ここでは、司法書士が財産管理契約を受任し、その後、その契約に基づいて、管理している現金を預金口座へ預け入れし、定期預金を解約して現金とし、不動産を売却する行為が、犯罪収益移転防止法の適用を受けるか否かが問題となる。財産管理契約の受任の際には取引時確認をしなければならないが、その後、その契約に基づいて、具体的な管理行為を行い、あるいは処分行為を行った場合は、その都度の依頼があるものではないため、その都度の取引時確認は必要ないが、その契約に基づいて、具体的な管理行為を行い、あるいは処分行為を行ったことが、特定業務である「現金、預金、有価証券その他の財産の管理又は処分」に該当すると、犯罪収益移転防止法において、取引時確認以外の義務が課せられる。

1　犯罪収益移転防止制度研究会編著『逐条解説犯罪収益移転防止法』（東京法令出版、2009年）74頁

「管理」とは、当該財産の現状を維持し（保存行為)、当該財産の性質を変じない範囲でそれを利用して収益を図り（利用行為)、または当該財産の性質を変じない範囲でその使用価値または交換価値を増加する行為（改良行為）をいい、単なる預かり保管のほか、預貯金口座への預入れ等も含まれる[2]。「処分」とは、財産権の移転その他財産権について変動を与えることをいい、例えば、第三者の預貯金口座への振込・振替、国外送金、両替、売却、当該財産を原資とした他の財産の購入等が該当する[3]。

したがって、現金を預金口座へ預入れする行為、定期預金を解約する行為、不動産を売却する行為は、財産を管理する行為または処分する行為そのものであり、それらはすべて、特定業務に該当する財産の管理または処分として、それぞれ特定受任行為の代理等に該当することとなる。その他、株式を売却する行為等も特定受任行為の代理等に当たる。なお、預金から払出しを行う行為も同様であるので注意を要する。つまり、それらの行為を行う都度、司法書士は取引記録等（特定受任行為の代理等に関する記録）を作成しなければならない義務を負うこととなる（その金額によりその義務を免除されることがあることは後述する（第４章第２節４))。

以上のとおり、特定業務に該当することとなる財産管理業務は、任意代理契約に基づく管理または処分が中心となり、整理すると、主に司法書士法施行規則31条１号または２号に規定された業務から、法定後見等および任意後見契約に関する財産管理業務を除いたもののうち、管理または処分する財産の価額が200万円を超えるものだけが、犯罪収益移転防止法の適用を受けることとなる（除外業務についての詳細は後述する（第２章第６節))。

2　犯罪収益移転防止制度研究会編著・前掲注１・74頁
3　犯罪収益移転防止制度研究会編著・前掲注１・74頁

第５節　その他の業務との関係

問い８　**司法書士にとって、特定業務に該当する業務は、不動産登記業務、商業・法人登記業務、財産管理業務に限られるのか。**

答え８　**不動産登記業務、商業・法人登記業務、財産管理業務に限られない。**

解説　司法書士にとっての特定業務は、主に、不動産登記業務、商業・法人登記業務、財産管理業務が対象となるが、Q10のとおり、司法書士法３条もしくは29条に定める業務またはこれらに付随し、もしくは関連する業務のうち、顧客のためにする、ｉ宅地または建物の売買に関する行為または手続、ⅱ会社の設立または合併に関する行為または手続その他の政令で定める会社の組織、運営または管理に関する行為または手続（会社以外の法人、組合または信託であって政令で定めるものに係るこれらに相当するものとして政令で定める行為または手続を含む)、またはⅲ現金、預金、有価証券その他の財産の管理または処分についての代理または代行に係るものとされている。

そのため、ｉ宅地または建物の売買に関する行為または手続、ⅱ会社の設立または合併に関する行為または手続その他の政令で定める会社の組織、運営または管理に関する行為または手続（会社以外の法人、組合または信託であって政令で定めるものに係るこれらに相当するものとして政令で定める行為または手続を含む)、またはⅲ現金、預金、有価証券その他の財産の管理または処分に該当するものであれば、通常、不動産登記業務、商業・法人登記業務や、いわゆる財産管理業務に当たらないような業務であったとしても、司法書士法３条もしくは29条に定める業務またはこれらに付随し、もしくは関連する業務に該当するならば、特定業務に該当する。

Q59　**司法書士が、供託手続の依頼を受け、その供託金の納付のために金銭を預かる場合、その業務は特定業務に該当しないのか。**

A59　**その金銭を預かることが財産の管理と言える程度以上であれば、特定業務に該当する。**

◇◇◇◇◇ **解説** ◇◇

特定業務の対象となる財産管理業務は、任意代理契約のように財産の管理または処分を直接の目的とする契約に基づくものだけに限られない。他の契約に基づいて代理権をもって財産を管理または処分する場合や、その他の代理権をもって財産を管理または処分する場合のみならず、代理権のない事実上の管理の代行の場合であっても、「現金、預金、有価証券その他の財産の管理または処分」に当たる限り、特定業務に該当する。ただし、この場合も管理または処分する財産の価額が200万円を超えるものだけが、犯罪収益移転防止法の適用を受けることとなる。

司法書士は、業として供託手続の依頼を受け、その供託金の納付のために金銭を預かることもあるが、このような場合、例えば、受任契約上、事務内容として金銭預かりが明記されている、または金銭預かり名目で報酬を請求する等の場合は、特定業務に該当する場合もあろう（供託金を預かることが財産の管理と言える程度以上であると認められない場合を除く）。

したがって、そのような供託手続の依頼を受ける際には、それが供託手続の代理の場合でも、あるいは供託書の作成の場合であっても、依頼を受ける際には取引時確認を行い、確認記録を作成し、供託金を預かったとき、そして納付したときは、特定受任行為の代理等に関する記録を作成しなければならないこととなる。もちろん、司法書士が供託金を預からない供託手続については、特定業務には該当しない。

このように、特定業務に該当することとなる同中欄3号の業務は、いわゆる「規則31条業務」だけに限られない。

Q60　司法書士が債務者から債務整理の依頼を受け、過払金があった場合には、司法書士が代理人として過払金の返還を受けて、その一部を残債務の残る債権者に司法書士が直接代理して返済するよう裁判外和解の代理の依頼を受ける場合、その業務は特定業務に該当しないのか。

A60　原則として、特定業務に該当する。

解説

司法書士が、簡裁訴訟代理等関係業務として債務整理の依頼を受け、裁判外の和解の代理を行うときは、過払金を司法書士が預かり、残債務の残る債権者に司法書士が直接代理して返済したり、あるいは事前に依頼者から返済原資を預かり、返済に充てることがある。例えば、受任契約上、事務内容として金銭預かりが明記されている、または金銭預かり名目で報酬を請求する等の場合はもちろん、過払金や返済原資を預かることは、それが財産の管理と言える程度以上であると認められない特殊な場合を除いて、特定業務に該当すると言える。過払金を預かるだけの場合も、同様である。

したがって、このような場合、裁判外の和解の代理の依頼を受ける際には取引時確認を行い、確認記録を作成し、過払金や、返済原資を預かったとき、債権者に返済したとき等には、取引記録等（特定受任行為の代理等に関する記録）を作成しなければならないこととなる。

司法書士が過払金や、返済原資を預かることをしない裁判外和解の代理は、特定業務に該当しない。

なお、各々の過払金の合計額が200万円を超えない場合には、犯罪収益移転防止法は適用されない（第２章第６節２、第４章第２節４）。

債務整理以外の場合でも、簡裁訴訟代理等関係業務に関連して財産を預かる場合も、裁判上の行為であることをもって特定業務から除外される理由とはならないので、裁判上・裁判外を問わず原則として特定業務に該当することになろう。その他の業務に関しても、その業務に関連して財産を預かることは、管理について司法書士が代理権を有する場合も、代理権のない事実上の管理の代行の場合であっても、特定業務に該当すると言えよう。

当初から財産を預かることが予定されている簡裁訴訟代理等関係業務の場合にも同様で、依頼の際に取引時確認を要することとなるが、当初は財産を預かることが全く予定されていなかった場合には、業務の遂行中に新たに財産の預かりを依頼された時点で、取引時確認を行わなければならないこととなる。

Q61　**司法書士が、宅地ではない土地の売買による所有権移転登記手続の依頼を受ける際は、併せて売買代金の代理受領をも依頼されたときであっても、取引時確認は要しないのか。**

A61　**原則として、取引時確認を要する。**

◇◇◇◇◇ **解説** ◇◇

犯罪収益移転防止法の特定業務としての適用を受ける業務は、司法書士法３条もしくは29条に定める業務（司法書士法３条１項の業務および司法書士法施行規則31条の業務）又はこれらに付随し、もしくは関連する業務（以下「法定業務」という）とされている。犯罪収益移転防止法では、その対象を「付随し、若しくは関連する業務」（別表同項中欄柱書）と定めてあり、それは司法書士法施行規則31条５号の「附帯し、または密接に関連する業務」より適用対象が広いと考えられる。つまり、司法書士が業としてではなく財産を預かる場合であっても、犯罪収益移転防止法が適用されることを意味する。「付随する業務」とは、法定業務に従属する業務をいい、「関連する業務」とは、法定業務に先行し、または後続し、その他法定業務に関連して行われる業務一切をいう。これは、犯罪による収益の移転を企図する者が、法定業務に限定した依頼を行うだけでなく、司法書士の社会的信用に着目し、法定業務に付随し、または関連する部分についても併せて依頼することが通常であると考えられることから、これらも犯罪収益移転防止法の規制対象とされた[4]ものと思われる。

例えば、犯罪による収益を原資として宅地・建物を購入することを企て、その登記手続を司法書士に依頼する場合には、司法書士が不動産取引全般について専門的知識を有し、かつ、社会的信用があることに着目し、売買契約の締結や売買代金の受領・支払についても依頼することが犯罪による収益の移転という観点から「合理的」であると考えられている[5]。

つまり、本来の依頼である売買による所有権移転登記手続の依頼が、宅地または建物のものでない場合（その登記手続は特定業務には当たらない）であっても、売買代金の代理受領をする場合には、財産の管理として特定業務に該当することとなる。

ただし、このような行為が司法書士の職責上、適切か否かは、事案に応じて慎重に検討される必要があり、また犯罪による収益の移転防止に関する執務指針（平成22年３月18日日本司法書士会連合会理事会決定：後掲）の適用対象ともなり、指針に基づいた対応が求められる。

特定業務には該当しない抵当権設定登記手続の場合であっても、司法書士が、その資金調達に代理人等として深く関わったような場合は、資金に関する部分において特定業務に該当することになろう。

Q62　**司法書士が、家族から金銭を預かる行為も、特定業務に該当するのか。**

A62　**原則として、特定業務には当たらない。**

解説

司法書士にとっての特定業務を整理すると、まず、「相談」は、行為または手続の代理または代行ではないので、司法書士法３条１項５号および７号および８号に規定する相談業務は、特定業務ではない。また登記申請書や登

4　犯罪収益移転防止制度研究会編著・前掲注１・72頁
5　犯罪収益移転防止制度研究会編著・前掲注１・73頁

記原因証明情報、定款や議事録のひな型・素案を作成し、提供することも、依頼者等氏名、宅地・建物を特定するに足りる事項等の記載や、発起人の氏名、出資財産の価格等の記載のないものである限り、特定業務に該当する行為としての書類の作成を代行しているとまでは言えず、特定業務には含まれない[6]。

また、業務とは全く関係なく家族や親族、友人、知人等から金銭等を預かる行為は当然、特定業務とは言えない。

特定業務とは、法定業務として別表同項中欄１号ないし３号の業務であり、それぞれ、主に、宅地・建物の売買による所有権移転に関する不動産登記業務、会社等の設立登記に関する商業・法人登記業務、そして財産管理業務（または、それら法定業務に付随し、もしくは関連する業務）である。また、財産管理業務は、管理または処分する財産の価額が200万円を超えるものから法定後見等および任意後見契約に関する財産管理業務を除いたものだけが犯罪収益移転防止法の適用を受けることになる（除外業務についての詳細は第２章第６節で後述する）。

特定業務に該当する場合は、司法書士は、その業務の依頼を受ける際には取引時確認を行い、その依頼に基づいて登記等の事務を行ったとき、あるいは財産の管理を開始し、財産を処分したときには、その都度、取引記録等（特定受任行為の代理等に関する記録）を作成しなければならないこととなる。

Q63　**司法書士が、依頼を受けた簡裁訴訟代理等関係業務に関して、その裁判上の和解の内容として宅地の売買を代理して行うこととなったときは、その簡裁訴訟代理等関係業務の一環として行われる場合、取引時確認を要しないのか。**

A63　**取引時確認を要する。**

6　犯罪収益移転防止制度研究会編著・前掲注１・73頁

解説

司法書士が簡易裁判所における訴訟代理の依頼を受け、訴訟手続を遂行した結果、裁判上の和解を行う場合、司法書士法の範囲内で和解の内容として宅地の売買を代理して行うこともあり得る。通常は、簡裁訴訟代理等関係業務が特定業務に該当する場合には、それは別表同項中欄３号の財産管理業務に該当することとなろうが、この事例のように、その裁判上の和解の内容として宅地の売買そのものを代理して行うときは、当該司法書士が登記手続を行ったか否かにかかわらず、別表同項中欄１号の「宅地又は建物の売買に関する行為又は手続」に係る特定業務に該当すると考えられる。

したがって、当初からそれが予定されている簡裁訴訟代理等関係業務であれば依頼の際に、あるいは当初は予定されていなかったものの、途中で売買の代理をも依頼されたときはその際に、取引時確認を行い、売買の代理を行ったときは、取引記録等（特定受任行為の代理等に関する記録）を作成しなければならないこととなる。

このように、特定業務は、別表同項中欄１号および２号においては登記業務、同３号においては財産管理業務に限られるわけではなく、供託業務、裁判書類作成関係業務、簡裁訴訟代理等関係業務であっても、司法書士法３条１項および司法書士法施行規則31条に規定する法定業務（それらに付随し、もしくは関連する業務を含む）で別表同項中欄１号ないし３号に該当するものであれば、それらは、すべて特定業務に該当することとなる。

第６節　除外業務等

１　特定業務からの除外

問い９　司法書士が、宅地ではない土地の売買による所有権移転登記手続の依頼を受け、登録免許税相当額の金銭を預かる場合は、特定業務に該当するのか。

答え９　原則として、特定業務には該当しない。

解説　特定業務に該当すべき業務であっても、一定の除外事由に該当する業務については、特定業務に当たらない。

つまり、司法書士にとって特定業務に当たる業務については、犯罪収益移転防止法が適用されることにあるが、犯罪による収益の移転防止に関する法律別表（４条関係）２条２項44号に掲げる者の項の中欄に規定された「宅地又は建物の売買に関する行為又は手続」「会社等の組織、運営又は管理に関する行為又は手続」「現金・預金・有価証券その他の財産の管理又は処分」に係る業務のすべてが特定業務となるわけではなく、その行為であっても、「租税・罰金等の納付」「成年後見人等の職務として行う財産の管理又は処分」は、特定業務から除外されている。

【令８条１項】

（司法書士等の特定業務）
第八条　法別表第二条第二項第四十四号に掲げる者の項の中欄各号列記以外の部分に規定する政令で定めるものは、次に掲げるものとする。
一　租税の納付
二　罰金、科料、追徴に係る金銭又は保釈に係る保証金の納付
三　過料の納付
四　成年後見人、保険業法第二百四十二条第二項又は第四項の規定により選任される保険管理人その他法律の規定により人又は法人のために当該人又

は法人の財産の管理又は処分を行う者として裁判所又は主務官庁により選任される者がその職務として行う当該人又は法人の財産の管理又は処分

租税、罰金、科料、追徴に係る金銭、保釈に係る保証金、過料の納付は、特定業務から除外される業務であり、特定受任行為の代理等でもないこととなる。特定業務に該当しないということは、その依頼を受けることも特定取引に該当することにはならず、取引時確認も、特定受任行為の代理等に関する記録の作成も必要ない。

この事例では、司法書士が、申請人自身から登記申請のための登録免許税相当額の金銭を預かることは、登録免許税を納付することが特定業務から除外されているため、特定業務には当たらない。当該登記の手続の代理が特定業務に該当しないので、いずれにしても特定業務には該当しない（仮に当該登記が宅地または建物の売買による所有権の移転の登記である場合には、その登記の手続の代理については特定業務に該当し、その依頼に際しては取引時確認を要することは、言うまでもない）。

ただ、申請人以外の者（登録免許税納付義務者以外の者）から登記申請のための登録免許税相当額の金銭を預かることは、犯罪収益移転防止法の適用を受ける場合もあると思われる。

Q64　**任意代理契約に基づいて財産を管理している司法書士が、本人に納付義務が生じた税金について、本人に代わって管理している金銭から納付したときには、特定受任行為の代理等に関する記録を作成する必要があるのか。**

A64　**特定受任行為の代理等に関する記録を作成する必要はない。**

解説

問い9 のとおり、租税等の納付だけの依頼を受けた際には、取引時確認の義務は生じないし、また租税等を納付しても特定受任行為の代理等に関する記録を作成する義務も生じない。租税の納付に関することは、犯罪収益移転防止法の適用対象外となり、この事例においては特定受任行為の代理等に関する記録を作成する必要はないことになる。

なお、任意代理契約の目的が租税の納付を含んでいたとしても（租税等の納付だけの依頼の目的ではない）、その他の目的が特定業務に該当するものであれば、契約締結時に取引時確認を行う必要があるが、この契約に基づいて租税を代わって納付したときは、特定受任行為の代理等に関する記録の作成の必要はないのである。

Q65　任意代理人である司法書士が、本人のために民事訴訟法等に基づく保証金等を、本人に代わって管理している金銭から納付したときには、特定受任行為の代理等に関する記録を作成する必要はないのか。

A65　特定受任行為の代理等に関する記録を作成する必要がある。

◇◇◇◇◇ **解説** ◇◇◇

特定業務から除かれる行為を定めた犯罪による収益の移転防止に関する法律施行令８条１項各号の規定は限定列挙である。したがって、租税、罰金、科料、追徴に係る金銭、保釈に係る保証金、過料以外の納付は、たとえ官公庁に納付する場合であっても特定業務から除かれることはない。

民事訴訟法等に基づく保証金のように、保釈とは関係ない保証金を納付することや、訴訟費用、予納金等を納付することは特定業務から除外されないため、その納付を行ったときには、原則として（金200万円を超えるものに限ることは第４章第２節４で後述する）、特定受任行為の代理等に関する記録を作成しなければならないこととなる。

Q66　司法書士が、成年後見人に選任され、その審判が確定したとき、および成年後見人として被後見人所有の不動産を管理、処分したときには、取引時確認を要するのか。

A66　**いずれも、取引時確認を行う必要はない。**

解説

成年後見人等の職務として行う財産の管理または処分は特定業務から除外されているため、司法書士自身が成年後見人等に就任して、その職務として行う財産の管理または処分は特定業務から除外されることになる。

したがって、司法書士が成年後見人に就任することも、就任後にその職務として本人の財産を管理または処分することも、いずれも特定業務ではないため、その就任の際に取引時確認を行う必要もなく（そもそも家庭裁判所による選任行為であり、本人との間に委任契約があるわけではない）、成年被後見人の財産を管理または処分したときも取引時確認を行う必要も、特定受任行為の代理等に関する記録を作成する必要もない。

司法書士の行う財産管理業務は一般的には特定業務に該当するが、いわゆる成年後見業務（法定後見業務）は、すべて犯罪収益移転防止法の適用を受けない趣旨である。

なお、当該司法書士が、成年後見人として本人の宅地を売却した際、その買主から、当該不動産の売買による所有権移転登記の手続の依頼を受けて、登記義務者の法定代理人兼登記権利者の申請代理人として代理申請したときは、成年後見人として本人の宅地を売却し、登記手続をすることは特定業務には該当しないが、買主からの依頼については特定業務から除外されることにはならないので、買主については、取引時確認を行い、確認記録を作成し、登記権利者の申請代理人として代理申請したことについて特定受任行為の代理等に関する記録を作成しなければならない（Q249、Q265）。

Q67　**司法書士が、代理権付与の審判がなされた保佐人に選任され、その職務として本人の財産の管理または処分を行ったときは、取引時確認を行い、特定受任行為の代理等に関する記録を作成する必要があるのか。**

A67 **取引時確認を行う必要はなく、特定受任行為の代理等に関する記録を作成する必要もない。**

◇◇◇◇◇ **解説** ◇◇◇◇◇

成年後見人等の職務として行う財産の管理または処分は特定業務から除かれているが、成年後見人、保険管理人以外であっても同様の地位に立つものに適用がある。

この事例のように代理権付与の審判がなされた保佐人も、被保佐人の財産の管理を行うことになるため、「法律の規定により人又は法人のために当該人又は法人の財産の管理又は処分を行う者として裁判所又は主務官庁により選任される者」に該当することになる。その結果、取引時確認も、特定受任行為の代理等に関する記録の作成も必要とされない。

ほかにも、裁判所が選任する者としては、代理権付与の審判がなされた補助人、未成年後見人、不在者財産管理人、相続財産管理人、特別代理人、破産管財人等があり、主務官庁が選任する者としては特別代理人、信託財産管理者等がある。

一方、親権者は、８条１項４号の規定には含まれないが、親権者である司法書士が、その未成年の子の財産を管理または処分することには、全く業務性はないので、特定業務に該当しないことは言うまでもない。

Q68 **司法書士である遺言執行者が、遺言に基づいてその実現のために相続財産を管理または処分した場合は、取引時確認、特定受任行為の代理等に関する記録の作成は要しないのか。**

A68 **取引時確認は要しないが、特定受任行為の代理等に関する記録は作成しなければならない。**

◇◇◇◇◇ **解説** ◇◇◇◇◇

司法書士が遺言執行者に就任し、遺言を執行することは、司法書士法施行規則31条１号に規定する財産管理業務に該当する。

したがって、司法書士である遺言執行者が遺言に基づいてその実現のために相続財産を管理または処分することも、特定業務に該当し、管理または処分の都度、特定受任行為の代理等に関する記録を作成しなければならないこととなる。

なお、遺言執行者に就任する場合には、遺言書によって指定されている場合と、家庭裁判所によって選任される場合とがあるが、いずれの場合も、遺言執行者は、令８条１項４号の成年後見人などには該当しないため、その行う業務は、同条によって特定業務から除外されるわけではないが、遺言により指定される場合も（生前に事実上の要請がある場合も）、家庭裁判所によって選任される場合も、いずれも被相続人との委任契約に基づいて就任するわけではなく、特定取引（特定受任行為の代理等を行うことを内容とする契約の締結）に該当しない。したがって、司法書士が遺言執行者に就任した際に、法による取引時確認は不要となる。

遺言執行者の行う業務は特定業務から除外されているわけではないので、遺言を実現するため被相続人の財産を管理し、処分したときは、特定受任行為の代理等に関する記録は作成しなければならない。

2　特定取引からの除外

i　敷居値以下の財産の管理又は処分

問い10　**司法書士が、総額180万円の財産の管理に係る任意代理契約を締結したときには、取引時確認を要するのか。**

答え10　**取引時確認を要しない。**

解説　司法書士にとって「特定取引」とは、原則として特定受任行為の代理等を行うことを内容とする契約の締結を指し、要するに、特定業務に係る依頼を受けること（委任契約等の締結）をいう。つまり、司法書士が特定業務に該当する手続等の代理等の依頼を受けることが特定取引に当たり、その際には取引時確認として、依頼者の本人確認を行わなければならないこととなる。犯罪収益移転防止法上、特定取引とは「特定受任行為の代理等を行うことを内容とする契約の締結その他の政令で定める取引」をいう（別表下欄）。したがって、取引時確認が必要か否かについては、まず依頼を受ける業務が特定業務に該当するものであるか否かを検討する必要があることになる。

別表下欄の「政令で定める取引」は、特定受任行為の代理等を行うことを内容とする契約を含み、次のように定められている（令９条）。

【令９条】

> （司法書士等の特定取引）
> 第九条　法別表第二条第二項第四十四号に掲げる者の項から第二条第二項第四十七号に掲げる者（中略）の項の中欄第三号に掲げる財産の管理又は処分に係る特定受任行為の代理等（次項において「第三号特定受任行為の代理等」という。）にあっては、当該財産の価額が二百万円以下のものを除く。）を行うことを内容とする契約の締結（法第三条第三項に規定する犯罪収益移転危険度調査書に記載された当該取引による犯罪による収益の移転の危険性の程度を勘案して簡素な顧客管理を行うことが許容される取引として主務省令で定めるものを除く。）及び当該契約の締結以外の取引で、疑わしい取引その他の顧客管理を行う上で特別の注意を要するものとして主務省令で定めるものとする。
> ２　（略）

同施行令９条により、財産の管理又は処分に係る特定受任行為の代理等にあっては、当該財産の価額が200万円以下のものと、犯罪による収益の移転に利用されるおそれがない取引として主務省令で定めるものは、特定取引から除外されている。

令９条は、平成27年政令第338号（「犯罪による収益の移転防止に関する法律の一部を改正する法律の施行に伴う関係政令の整備等に関する政令」）によって、次のように改正され、平成28年10月１日から施行されたが、司法書士にとっては、「犯罪による収益の移転に利用されるおそれがない取引」が「簡素な顧客管理を行うことが許容される取引」になるほかに、改正前と内容の変更はない。

そこで、特定業務に該当する業務（なおかつ、特定業務から除外されていない業務）の依頼であっても、特定取引から除外されているものについては、犯罪収益移転防止法による取引時確認は不要となる。別表中欄３号の財産管理業務であっても、管理または処分する財産の価額が200万円以下のものについては、特定取引から除外されため、この事例では取引時確認は不要である。

これは、財産の管理または処分に係る特定受任行為の代理等について、「200万円」という「敷居値」を設けたということであり[7]、敷居値以下の財産の管理または処分に関する財産管理契約を締結する際には、犯罪収益移転防止法上の取引時確認は不要ということを意味する。

敷居値を超えるか否かは、当該財産の実際の価額によることになるが、現金、預貯金以外の財産の場合は、市場価額により判断することとならざるを得ないであろう。

なお、特定取引に該当しないことにより取引時確認を要しない場合であっても、特定業務から除外されていないものについては、その特定業務に係る依頼の事務を行ったときには、取引記録等（特定受任行為の代理等に関する記録）の作成は必要になるので注意を要する。

Q69　司法書士が、売買価額が180万円の建物の売買による所有権移転登記手続の依頼を受ける際は、取引時確認を要しないのか。

A69　取引時確認を要する。

Q70　司法書士が、資本金180万円の株式会社の設立の登記手続の依頼を受ける際は、取引時確認を要しないのか。

A70　取引時確認を要する。

7　犯罪収益移転防止制度研究会編著・前掲注１・192頁

◇◇◇◇◇ **解説** ◇◇

特定取引の除外事由として敷居値が設けられるのは、別表中欄３号の財産管理業務に限られる。したがって、この事例のような依頼の場合のように、売買価額が200万円以下であっても特定取引からは除外されることはく、原則どおり、取引時確認を行わなければならないことになる。

同様に、資本金が200万円以下である株式会社の設立の登記手続の依頼を受けること等も特定取引からは除外されない。

よって、この２事例とも、取引時確認を行わなければならない。

Q71　**司法書士が、150万円の現金の管理に関する任意代理契約を締結し、その150万円の現金を管理しているところ、後日、同一人から、100万の現金も追加で管理してほしいと依頼され、その100万円に関する新たな任意代理契約を締結する際は、取引時確認を行う必要はないのか。**

A71　**取引時確認を行う必要がある。なお、当初の150万円の管理の際には、原則として、取引時確認を要しない。**

◇◇◇◇◇ **解説** ◇◇

それぞれ管理する財産の価額が敷居値以下である複数の任意代理契約があり、それらの財産の価額を合計すると敷居値を超えるような場合がある。

この事例のような場合、当初の任意代理契約の締結については特定取引から除外されるが、その後、同一人から追加で財産を管理してほしいと依頼され、その追加の財産に関する新たな任意代理契約を締結することは、結果的に敷居値を超える財産管理契約を締結することとなる。したがって、当初の契約の際には取引時確認は要しないが、一般的には二度目の任意後見契約の締結は特定取引から除外されないため、二度目の契約の際に取引時確認を要することとなる。なお、敷居値を超えない財産管理業務は特定取引からは除外されるものの、特定業務から除外されているわけではないので、財産の管理または処分の都度、取引記録等（特定受任行為の代理等に関する記録）は作成しなければならないものの、その記録の作成義務が免除される場合があることは、後述する（第4章第2節4）。

新たな任意後見契約の締結ではなく当初の任意後見契約を変更する場合は、その変更契約の締結が特定取引に該当し、当初の管理財産は敷居値以下であったとしても、その後敷居値を超える財産の管理が予定されているときは、その当初の任意代理契約の締結が特定取引に該当することとなる。

また例えば、同一人からの180万円の財産を管理することだけを内容とする任意代理契約と、処分を前提とした100万の財産を預かる任意代理契約を同時に締結することは、それらの財産の価額の合計が敷居値を超えるため、特定取引から除外されない。

なお、当初から敷居値を超える財産の管理を依頼された場合に、管理する財産の価額が敷居値以下になるように、複数の任意代理契約に分割して締結することは不当であり、そのような契約が法の適用外となることはない。

Q72　**敷居値を分割した取引は、どのように取り扱われるのか。**

A72　**分割したものの全部または一部であることが一見して明らかであるものであるときは、当該二以上の契約を一の契約とみなして、敷居値を超えるか否かを判断する。**

解説

Q71のとおり、それぞれ管理する財産の価額が敷居値（200万円）以下である複数の任意代理契約があり、それらの財産の価額を合計すると敷居値を超えるようなケースで、当初から敷居値を超える財産の管理を依頼された場合に、形式的にそれぞれ管理する財産の価額が敷居値以下になるような任意代理契約を締結することは不当であると解されている。

【令9条2項】

> 2　特定事業者が同一の顧客等との間で二以上の第三号特定受任行為の代理等を行うことを内容とする契約（以下この項において単に「契約」という。）

を同時に又は連続して締結する場合において、当該二以上の契約が一回当たりの契約に係る財産の価額を減少させるために一の契約を分割したものの全部又は一部であることが一見して明らかであるものであるときは、当該二以上の契約を一の契約とみなして、前項の規定を適用する。

そこで、同施行令の改正（平成27年政令第338号：平成28年10月1日施行）によって新たに設けられた本規定によって、管理または処分の対象である財産を、一回当たりの契約において減少させるために分割したことが一見して明らかであるときは、それら全体を1つの特定取引とみて、全体として敷居値を超える場合は、特定取引から除外されないことが明文化された。

ii　任意後見契約の締結

問い11　**司法書士が、任意後見受任者として、任意後見契約を締結する際、管理すべき財産が200万円を超える場合には、取引時確認を行わなければならないのか。**

答え11　**取引時確認を行う必要はない。**

解説　任意後見契約の締結は、「簡素な顧客管理を行うことが許容される取引」の1つとして、特定取引から除外されることになる。したがって、司法書士が任意後見受任者として任意後見契約を締結することは、「特定受任行為の代理等を行うことを内容とする契約の締結」に該当するものの、特定取引から除外されるため、依頼者である任意後見契約の本人について、取引時確認は不要ということになる。

【規則4条3項】

3　令第九条第一項に規定する簡素な顧客管理を行うことが許容される取引として主務省令で定めるものは、次の各号に掲げる取引とする。

一　令第九条第一項に規定する特定受任行為の代理等を行うことを内容とする契約の締結のうち、任意後見契約に関する法律（平成十一年法律第百五

十号）第二条第一号に規定する任意後見契約の締結

任意後見契約の締結は、任意代理契約の締結とは異なり、当該財産の価額にかかわらず（敷居値を超える場合であっても）、特定取引から除外される。

任意後見契約とは、「委任者が、受任者に対し、精神上の障害により事理を弁識する能力が不十分な状況における自己の生活、療養看護及び財産の管理に関する事務の全部又は一部を委託し、その委託に係る事務について代理権を付与する委任契約であって、（中略）任意後見監督人が選任された時からその効力を生ずる旨の定めのあるもの」をいい（任意後見契約に関する法律２条１号）、公正証書によって契約しなければならないとされている（同法３条）。

Q73　**司法書士が、任意後見受任者として、即効型任意後見契約の締結をした際は、取引時確認を要しないのか。**

A73　**取引時確認を要しない。**

Q74　**司法書士が、任意後見受任者として、移行型任意後見契約の締結をした際は、取引時確認を要しないのか。**

A74　**原則として、取引時確認を要する。**

解説

任意後見契約は実務上、即効型、移行型、ならびに将来型があり、将来型の任意後見契約は、任意後見契約そのものであり、その締結が特定取引から除外されているところ、即効型の場合についても、同様に、特定取引から除外され、取引時確認は要しない。

これに対し、移行型の任意後見契約の締結は、管理すべき財産が金200万円を超える場合には、取引時確認を要することとなる。

移行型の任意後見契約とは、将来、精神上の障害により本人の事理を弁識する能力が不十分な状況になった場合には任意後見監督人の選任を受けて任意後見を発効させるが、その発効前（判断能力が不十分になる前）から、本人の財産の管理または処分を行うための代理権の付与がなされる財産管理契約をいい。任意後見契約と任意代理契約を同時に締結する契約形態を指す。この場合、任意後見契約の部分については特定取引から除外される一方、任意代理契約の部分について管理する財産の価額が前述（問い10）の「敷居値」を超える場合は特定取引に該当するため、任意代理契約と任意後見契約が別個の契約でなされる場合はもちろん、同一の公正証書によって締結される場合であっても、結局、委任者（任意後見契約の本人兼任意代理契約の本人）の取引時確認が必要となる。

敷居値を超える財産管理契約の締結が特定取引から除外されることになるのは、任意後見契約に該当することを理由とするものであって、公正証書によることは理由とはされない（Q56）。

したがって、移行型任意後見契約を締結することは、敷居値を超えるものは、公正証書をもって契約した場合であっても、取引時確認を要するのである。

iii　破産管財人等との取引

問い12　**司法書士が、破産財団を組成する宅地の売買（売却）による所有権の移転の登記に関する手続を、その破産管財人から、破産管財人選任書を提示されて依頼された際は、取引時確認は行わなければならないのか。**

答え12　**取引時確認は必要ない。**

解説　特定受任行為の代理等を行うことを内容とする契約の締結であっても、「破産管財人又はこれに準ずる者が法令上の権限に基づき行う取引であって、その選任を裁判所が証明する書類又はこれに類するものが提示され又は送付されたもの」に当たる場合には、特定取引から除外され、取引時確認が不要となる。

【規則４条】

第四条　（略）
　一～十二　（略）
　十三　令第七条第一項各号に定める取引のうち、次に掲げるもの
　　イ　国又は地方公共団体を顧客等とし、当該取引の任に当たっている当該国又は地方公共団体の職員が法令上の権限に基づき、かつ、法令上の手続に従い行う取引であって、当該職員が当該権限を有することを当該国若しくは地方公共団体が証明する書類又はこれに類するものが提示され又は送付されたもの
　　ロ　破産管財人又はこれに準ずる者が法令上の権限に基づき行う取引であって、その選任を裁判所が証明する書類又はこれに類するものが提示され又は送付されたもの
２　（略）
３　令第九条第一項に規定する簡素な顧客管理を行うことが許容される取引として主務省令で定めるものは、次の各号に掲げる取引とする。
　一　（略）
　二　前号に規定する特定受任行為の代理等を行うことを内容とする契約の締結のうち、第一項第十三号イ又はロに掲げる取引

破産管財人等である者が、司法書士に特定業務の依頼を行う際に適用され、その際には特定取引には該当せず、依頼を受ける司法書士は取引時確認の義務が免除されるのである。

この事例の場合、司法書士が、破産管財人から、破産財団を組成する宅地の売却につき、裁判所の破産管財人選任書および当該売却許可書をもって、その所有権移転登記手続の依頼を受ける際には、その選任書および売却許可書の提示または送付を受け、それらの書類を確認することとなる。その結果、その破産管財人等が法令上の権限に基づき行う依頼であるとして、取引時確認（第３章）は不要ということになる。これは、破産者の本人特定事項の確

認も、破産管財人の本人特定事項の確認も不要ということを意味する。

この事例において、当該司法書士が、当該宅地の売買による所有権移転登記手続の権利者からも依頼を受けるときは、義務者である当該破産管財人および破産者について取引時確認が不要となるだけで、当該権利者の取引時確認まで免除されるわけではないことは、言うまでもない。

また、司法書士が、破産管財人の依頼に基づいて、破産財団を組成する宅地の売買に関する所有権移転登記手続の代理申請を行ったときは、特定業務として、特定受任行為の代理等に関する記録は作成しなければならない。つまり、司法書士が、破産管財人等から法令上の権限に基づいて、その選任を裁判所が証明する書類等の提示等を受けて、宅地の売買による所有権移転登記手続の依頼を受けるときは、特定取引から除外されるため取引時確認の義務が免除されることとなるが、その依頼に基づいて当該登記手続を行ったときには特定受任行為の代理等に関する記録の作成義務まで免除されるわけではないのである。

このように、依頼を受ける際に、取引時確認の義務がなく、したがって確認記録の作成義務もない場合にあっても、特定業務から除外されていない場合で、かつ、特定受任行為の代理等に関する記録の作成義務も免除されていないものについては（第４章第２節４）、司法書士にとって、特定受任行為の代理等に関する記録を作成しなければならない場合があるということに注意を要する。

以上と異なり、司法書士自身が破産管財人等に就任することは、特定業務から除外される業務となり（Q67）、取引時確認の義務も、特定受任行為の代理等に関する記録の作成の義務も生じない。

Q75　**司法書士が、国から、国が買収した宅地の売買による所有権の移転の登記に関する手続の依頼を受けた際は、取引時確認を行わなければならないのか。**

A75 **当該取引の任に当たっている当該国または地方公共団体の職員が法令上の権限に基づき、かつ、法令上の手続に従い行う取引であって、当該職員が当該権限を有することを当該国もしくは地方公共団体が証明する書類またはこれに類するものが提示または送付されたものに限り、取引時確認を行う必要はない。**

◇◇◇◇◇ **解説** ◇◇

特定取引から除外されるものがもう１つあり、それが、国等との法令上の権限に基づく取引である。

特定受任行為の代理等を行うことを内容とする契約の締結であっても、「国又は地方公共団体を顧客等とし、当該取引の任に当たっている当該国又は地方公共団体の職員が法令上の権限に基づき、かつ、法令上の手続に従い行う取引であって、当該職員が当該権限を有することを当該国若しくは地方公共団体が証明する書類又はこれに類するものが提示又は送付されたもの」については特定取引から除外され、取引時確認が不要となる。したがって、例えば、司法書士が、国または地方公共団体から、宅地の売買に関する所有権移転登記手続の依頼を受ける際、それが当該国または地方公共団体の職員が法令上の権限に基づき、かつ、法令上の手続に従い行う依頼であって、払下書や売却命令書等およびその担当職員の法令上の権限証明書をもってなされる依頼であるときは、それらの書類の確認をしなければならないことは当然としても、取引時確認は不要となる。この場合は、国または地方公共団体自体の確認も、その担当職員の本人特定事項の確認も不要ということを意味する。

ただし、国または地方公共団体からの依頼であっても、法令上の権限かつ手続に基づかないもの、あるいは担当職員の法令上の権限証明書がない場合については、特定取引からは除外されない。一般的には、国または地方公共団体からの依頼も、特定取引から除外されることにはならないことが多いだろう（この場合の、取引時確認の方法については、第３章第３節）。

Q76　**司法書士が、成年後見人から、成年被後見人の居住用財産の処分の許可にかかる審判書の提示を受けて、当該居住用財産である建物の売買による所有権の移転の登記に関する手続の依頼を受けた際は、取引時確認を要しないのか。**

A76　**取引時確認を行わなければならない。**

◇◇◇◇◇ **解説** ◇◇◇◇◇

「破産管財人又はこれに準ずる者」は、破産管財人のほか、会社更生法、民事再生法による管財人や保全管理人等のように、その職務遂行について破産管財人と同程度に裁判所が関与するものに限られ、成年後見人などは含まれない。したがって、この事例のように、司法書士が、成年後見人から、成年被後見人の建物の売却の登記手続の依頼を受ける場合は、たとえ居住用財産の処分の許可審判書の提示を受けたとしても、特定取引から除外されることはないため、原則どおり、取引時確認を行わなければならない（取引時確認についてはQ96）。

そのほか、不在者財産管理人（財産の処分の許可を受けてその審判書を提示する場合も含む）、未成年者の利益相反による特別代理人（その代理権の範囲が明確にされている選任審判書で提示する場合も含む）、遺言により指定された遺言執行者（戸籍謄本と遺言書を提示する場合も含む）、家庭裁判所により選任された遺言執行者（選任書と遺言書を提示する場合も含む）等も、「破産管財人又はこれに準ずる者」には該当しない。

なお、司法書士自身が成年後見人等に就任して、その職務として財産の管理または処分を行うことが特定業務から除外される（Q100）こととは異なることに注意を要する。

第７節　ハイリスク取引その他の特殊な取引等

問い13　**前述（第２章第２節～第５節）の特定取引のほかに、特定取引とされる取引（依頼）はあるのか。また、特定取引以外の取引（依頼）で取引時確認を行わなければならないものはあるのか。**

答え13　**前者は顧客管理を行う上で特別の注意を要する取引、後者はハイリスク取引である。**

解説　司法書士にとっての特定取引は、これまで解説してきたもの（特定受任行為の代理等を内容とする契約の締結）が中心となるが、犯罪収益移転防止法には、前述した特定取引のほかに、特定取引とされる取引（依頼）として顧客管理を行う上で特別の注意を要する取引が規定され、また、特定取引以外の取引（依頼）で取引時確認を行わなければならないものとしてハイリスク取引が規定されている。

特定事業者が顧客と取引を行う際に（司法書士が業務の依頼を受ける際に）、取引時確認が必要となるのは、すべての取引（依頼）ではなく、特定取引（特定業務のうち一定の依頼）の場合であるが、特定取引には、前述の通常の特定取引のほかに、顧客管理を行う上で特別の注意を要する取引が加えられている。ここで、通常の特定取引は、対象取引と呼ばれる。

さらに、取引時確認を行わなければならない取引（依頼）として、特定取引以外にハイリスク取引（マネー・ローンダリングに用いられるおそれがとくに高い取引）が加えられている。ここで、特定取引とハイリスク取引を総称して特定取引等という。

特定取引等は、特定取引とハイリスク取引の、いずれの取引であるかによって、確認事項およびその確認方法が異なっている。

取引によっては、特定取引に該当し、かつ、ハイリスク取引に該当するものや、ハイリスク取引ではあるが、特定取引には該当しない取引もあり、敷居値以下の取引（問い10）や、簡素な顧客管理を行うことが許容される取引

（問い11）であっても、特別の注意を要する取引に該当する場合もあり得る。

《特定取引とハイリスク取引の関係》

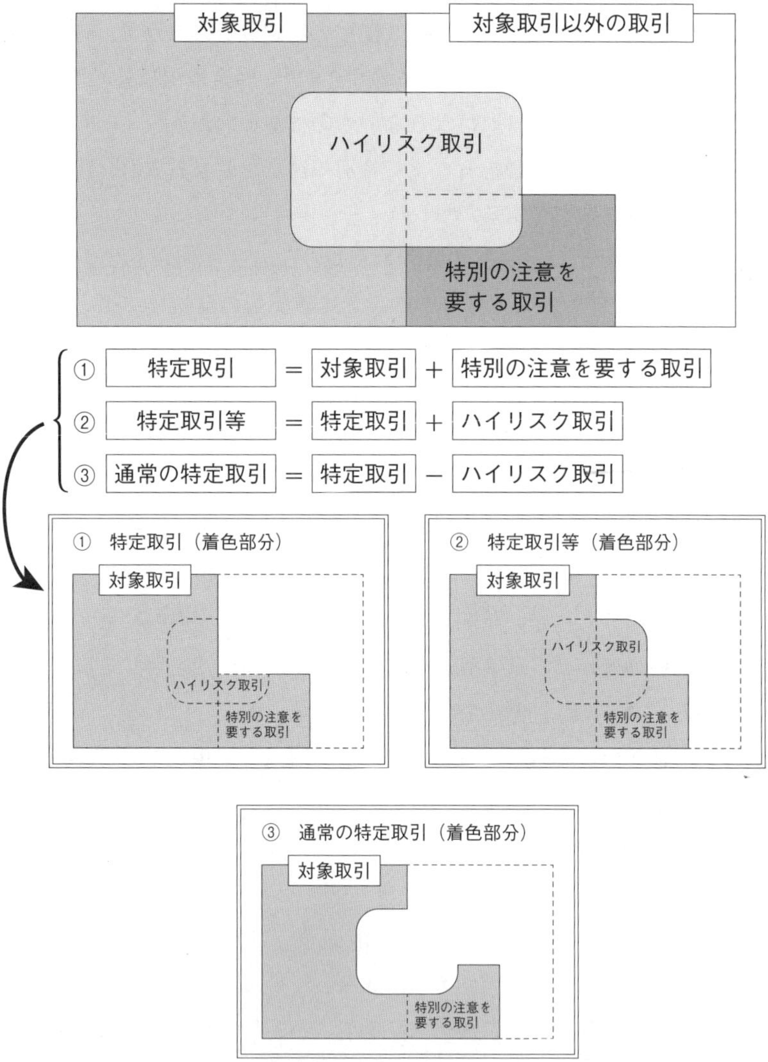

対象取引

対象取引以外の取引

ハイリスク取引

特別の注意を要する取引

① 特定取引 ＝ 対象取引 ＋ 特別の注意を要する取引

② 特定取引等 ＝ 特定取引 ＋ ハイリスク取引

③ 通常の特定取引 ＝ 特定取引 − ハイリスク取引

①　特定取引（着色部分）

対象取引

ハイリスク取引

特別の注意を要する取引

②　特定取引等（着色部分）

対象取引

ハイリスク取引

特別の注意を要する取引

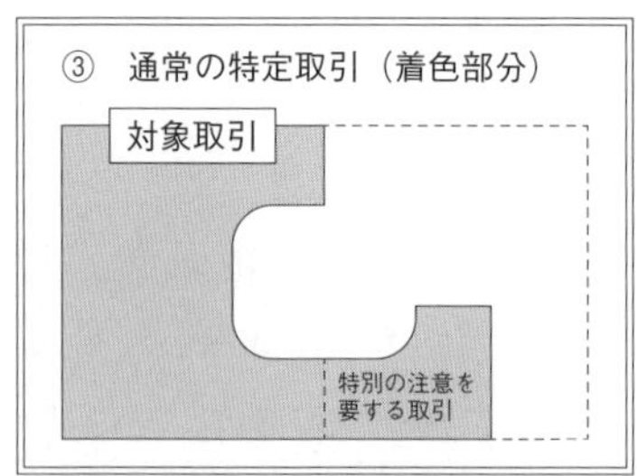

JAFIC「犯罪収益移転防止法の概要［平成30年11月30日以降の特定事業者向け］」15頁

Q77　顧客管理を行う上で特別の注意を要する特定取引とは、どのような取引（依頼）なのか。

A77　疑わしい取引と、同種の取引の態様と著しく異なる態様で行われる取引である。

解説

令９条は、平成27年政令第338号（「犯罪による収益の移転防止に関する法律の一部を改正する法律の施行に伴う関係政令の整備等に関する政令」）によって改正されたが、これにより、特定取引として、新たに、疑わしい取引その他の顧客管理を行う上で特別の注意を要する特定取引が追加された。

【令７条】

（金融機関等の特定取引）
第七条　次の各号に掲げる法の規定に規定する政令で定める取引は、当該各号に定める取引（法第三条第三項に規定する犯罪収益移転危険度調査書に記載された当該取引による犯罪による収益の移転の危険性の程度を勘案して簡素な顧客管理を行うことが許容される取引として主務省令で定めるものを除く。以下この項において「対象取引」という。）及び対象取引以外の取引で、疑わしい取引（取引において収受する財産が犯罪による収益である疑い又は顧客等が取引に関し組織的な犯罪の処罰及び犯罪収益の規制等に関する法律（平成十一年法律第百三十六号）第十条の罪若しくは国際的な協力の下に規制薬物に係る不正行為を助長する行為等の防止を図るための麻薬及び向精神薬取締法等の特例等に関する法律（平成三年法律第九十四号）第六条の罪に当たる行為を行っている疑いがあると認められる取引をいう。第九条第一項及び第十三条第二項において同じ。）その他の顧客管理を行う上で特別の注意を要するものとして主務省令で定めるものとする。
（各号、略）
２～３　（略）

【令9条1項】

> （司法書士等の特定取引）
> 第九条　法別表第二条第二項第四十四号に掲げる者の項から第二条第二項第四十七号に掲げる者の項までに規定する政令で定める取引は、…及び当該契約の締結以外の取引で、疑わしい取引その他の顧客管理を行う上で特別の注意を要するものとして主務省令で定めるものとする。

【規則5条】

> （顧客管理を行う上で特別の注意を要する取引）
> 第五条　令第七条第一項及び第九条第一項に規定する顧客管理を行う上で特別の注意を要するものとして主務省令で定めるものは、次の各号に掲げる取引とする。
> 一　令第七条第一項に規定する疑わしい取引（第十三条第一項及び第十七条において「疑わしい取引」という。）
> 二　同種の取引の態様と著しく異なる態様で行われる取引

取引において収受する財産が犯罪による収益である疑いまたは顧客等が取引に関し組織的な犯罪の処罰及び犯罪収益の規制等に関する法律10条の罪（犯罪収益等隠匿）もしくは国際的な協力の下に規制薬物に係る不正行為を助長する行為等の防止を図るための麻薬及び向精神薬取締法等の特例等に関する法律6条の罪（薬物犯罪収益等隠匿）に当たる行為を行っている疑いがあると認められる取引を行うに際しては、特定取引として、取引時確認を行う必要があるとされている。

さらに、同種の取引の態様と著しく異なる態様で行われる取引についても、特定取引として、取引時確認を行う必要がある。同種の取引の態様と著しく異なる態様とは、疑わしい取引（第7章第1節）に該当するとは直ちに言えないまでも、その取引の態様等から類型的に疑わしい取引に該当する可能性のあるもので、資産や収入に見合っていると考えられる取引ではあるものの、一般的な同種の取引と比較して高額な取引や、定期的に返済はなされているものの、予定外に一括して融資の返済が行われる取引等の業界における一般的な知識、経験、商慣行等に照らして、これらから著しく乖離している取引等が含まれる。

いずれの取引も、特定業務に属するものが特定取引に該当することとなる。

Q78　**ハイリスク取引とは、どのような取引（依頼）なのか。**

A78　**なりすましの疑いがある取引または本人特定事項を偽っていた疑いがある顧客との取引、特定国等に居住・所在している顧客との取引、外国 PEPs との取引である。**

◇◇◇◇◇ **解説** ◇◇

ハイリスク取引は、特定事業者には、特定取引の場合の取引時確認よりも厳格な確認を行うことが義務付けられている。

【法４条２項】

２　特定事業者は、顧客等との間で、特定業務のうち次の各号のいずれかに該当する取引を行うに際しては、主務省令で定めるところにより、当該顧客等について、前項各号に掲げる事項並びに当該取引がその価額が政令で定める額を超える財産の移転を伴う場合にあっては、資産及び収入の状況（第二条第二項第四十四号から第四十七号までに掲げる特定事業者にあっては、前項第一号に掲げる事項）の確認を行わなければならない。この場合において、第一号イ又はロに掲げる取引に際して行う同項第一号に掲げる事項の確認は、第一号イ又はロに規定する関連取引時確認を行った際に採った当該事項の確認の方法とは異なる方法により行うものとし、資産及び収入の状況の確認は、第八条第一項の規定による届出を行うべき場合に該当するかどうかの判断に必要な限度において行うものとする。

（各号後出）

特定取引の場合、取引時確認において確認すべき事項は、本人特定事項（自然人にあっては氏名、住居（本邦内に住居を有しない外国人で政令で定めるものにあっては、主務省令で定める事項）および生年月日をいい、法人にあっては名称および本店または主たる事務所の所在地）、取引を行う目的、当該顧客等が自然人である場合にあっては職業、当該顧客等が法人である場合にあっては事業の内容、および、当該顧客等が法人である場合において、その事業経営を実質的に支配することが可能となる関係にあるものとして主務省令で定める者があるときにあっては、その者の本人特定事項（司法書士にあっては、本人特定事項に限られる）である。

これが、さらに特定取引に当たらない場合であっても、特定業務のうち、以下のQ79～Q81のいずれかに該当する取引を行う（ハイリスク取引に当たる依頼を受ける）に際しては、特定事業者は、前述の取引時確認において確認すべき事項に加え、当該取引がその価額が敷居値（問い10）を超える財産の移転を伴う場合にあっては、当該顧客等の資産および収入の状況をも確認しなければならないことになる。

ただ、司法書士の場合は、当該顧客等の資産および収入の状況ではなく、本人特定事項の確認を行うことで足りる。

なお、厳格な確認を要する取引における確認方法は、取引時確認における確認方法とは異なる厳格な規定が設けられている（第５章第２節）。

Q79　**なりすましの疑いがある取引または本人特定事項を偽っていた疑いがある顧客との取引とは、どのような取引（依頼）なのか。**

A79　**取引の相手方が、取引の基となる継続的な契約の締結に際して行われた取引時確認に係る顧客またはその代表者等になりすましている疑いがある場合の当該取引、取引の基となる継続的な契約の締結に際して取引時確認が行われた際に取引時確認に係る事項を偽っていた疑いがある顧客またはその代表者等との取引をいう。**

◇◇◇◇◇ **解説** ◇◇◇◇◇

ハイリスク取引に該当するものの１つが、なりすましの疑いがある取引または本人特定事項を偽っていた疑いがある顧客との取引である。

【法４条２項１号】

> 一　次のいずれかに該当する取引として政令で定めるもの
>
> 　イ　取引の相手方が、その取引に関連する他の取引の際に行われた前項若しくはこの項（これらの規定を第五項の規定により読み替えて適用する場合を含む。）又は第四項の規定による確認（ロにおいて「関連取引時確認」という。）に係る顧客等又は代表者等（第六項に規定する代表者等をいう。ロにおいて同じ。）になりすましている疑いがある場合における当該取引
>
> 　ロ　関連取引時確認が行われた際に当該関連取引時確認に係る事項を偽っていた疑いがある顧客等（その代表者等が当該事項を偽っていた疑いがある顧客等を含む。）との取引

【令12条】

> （厳格な顧客管理を行う必要性が特に高いと認められる取引等）
>
> 第十二条　法第四条第二項第一号に規定する政令で定める取引は、その締結が同条第一項に規定する特定取引に該当することとなる契約に基づく取引であって、次の各号のいずれかに該当するものとする。
>
> 　一　その取引の相手方が当該契約の締結に際して行われた取引時確認（当該契約の締結が他の取引の際に既に取引時確認を行っている顧客等との間で行う取引であるため法第四条第三項の規定により同条第一項の規定を適用しないこととされる取引に該当する場合にあっては、当該取引時確認。次号において「契約時確認」という。）に係る顧客等又は代表者等になりすましている疑いがある場合における当該取引
>
> 　二　契約時確認が行われた際に当該契約時確認に係る事項を偽っていた疑いがある顧客等（その代表者等が当該事項を偽っていた疑いがある顧客等を含む。）との間で行う取引
>
> 　２～３（後出）

　これは、同一の顧客等との継続的な取引（同一の依頼者からの継続的な依頼）等のような場合に、先行する特定取引の際に行われた取引時確認において、それが、顧客等になりすましていた疑いがある場合や、本人特定事項を

偽っていた疑いがあったときは、その後の取引においては、厳格な確認を要する取引に該当することとなる。

なりすましている疑いがある場合または偽った疑いのある顧客等との取引についての詳細は、第5章第3節で解説する。

Q80　**特定国等に居住・所在している顧客との取引とは、どのような取引（依頼）なのか。**

A80　**犯罪による収益の移転防止に関する制度の整備が十分に行われていないと認められる国または地域（特定国等）に居住しまたは所在する顧客等との間におけるものその他特定国等に居住しまたは所在する者に対する財産の移転を伴うものをいう。**

◇◇◇◇◇ **解説** ◇◇

ハイリスク取引に該当するものの2つ目が、特定国等に居住・所在している顧客との取引である。

【法4条2項2号】

> 二　特定取引のうち、犯罪による収益の移転防止に関する制度の整備が十分に行われていないと認められる国又は地域として政令で定めるもの（以下この号において「特定国等」という。）に居住し又は所在する顧客等との間におけるものその他特定国等に居住し又は所在する者に対する財産の移転を伴うもの

【令12条2項】

> 2　法第四条第二項第二号に規定する政令で定める国又は地域は、次に掲げるとおりとする。
> 一　イラン
> 二　北朝鮮

特定取引のうち、犯罪による収益の移転防止に関する制度の整備が十分に

行われていないと認められる国または地域、つまり特定国等に居住しまたは所在する顧客等との間におけるものや、特定国等に居住しまたは所在する者に対する財産の移転を伴うものも、ハイリスク取引に該当する。

具体的には、特定国等とは、イランまたは北朝鮮である。

このような場合、司法書士も厳格な確認方法をもって確認する必要がある。

Q81　外国 PEPs との取引とは、どのような取引（依頼）なのか。

A81　重要な公的地位にある者との取引をいう。

◇◇◇◇◇ **解説** ◇◇

ハイリスク取引に該当するものの３つ目が、外国 PEPs との取引である。

外国 PEPs との取引とは、外国の元首、外国において我が国における内閣総理大臣その他の国務大臣および副大臣に相当する職にある者、その地位にあった者およびその家族ならびに実質的支配者がこれらのものである者など、つまり、重要な公的地位にある者との取引をいい、これは、ハイリスク取引に当たる。

【法４条２項３号】

> 三　前二号に掲げるもののほか、犯罪による収益の移転防止のために厳格な顧客管理を行う必要性が特に高いと認められる取引として政令で定めるもの

【令12条３項】

> 3　法第四条第二項第三号に規定する政令で定める取引は、次に掲げる顧客等との間で行う同条第一項に規定する特定取引とする。
>
> 一　外国の元首及び外国の政府、中央銀行その他これらに類する機関において重要な地位を占める者として主務省令で定める者並びにこれらの者であった者

二　前号に掲げる者の家族（配偶者（婚姻の届出をしていないが、事実上婚姻関係と同様の事情にある者を含む。以下この号において同じ。）、父母、子及び兄弟姉妹並びにこれらの者以外の配偶者の父母及び子をいう。）
三　法人であって、前二号に掲げる者がその事業経営を実質的に支配することが可能となる関係にあるものとして主務省令で定める者であるもの

【規則15条】

（外国政府等において重要な地位を占める者）
第十五条　令第十二条第三項第一号に規定する主務省令で定める者は、外国において次の各号に掲げる職にある者とする。
一　我が国における内閣総理大臣その他の国務大臣及び副大臣に相当する職
二　我が国における衆議院議長、衆議院副議長、参議院議長又は参議院副議長に相当する職
三　我が国における最高裁判所の裁判官に相当する職
四　我が国における特命全権大使、特命全権公使、特派大使、政府代表又は全権委員に相当する職
五　我が国における統合幕僚長、統合幕僚副長、陸上幕僚長、陸上幕僚副長、海上幕僚長、海上幕僚副長、航空幕僚長又は航空幕僚副長に相当する職
六　中央銀行の役員
七　予算について国会の議決を経、又は承認を受けなければならない法人の役員

【規則11条】

（実質的支配者の確認方法等）
第十一条　（略）
２　法第四条第一項第四号及び令第十二条第三項第三号に規定する主務省令で定める者（以下「実質的支配者」という。）は、次の各号に掲げる法人の区分に応じ、それぞれ当該各号に定める者とする。
一　株式会社、投資信託及び投資法人に関する法律（昭和二十六年法律第百九十八号）第二条第十二項に規定する投資法人、資産の流動化に関する法

律（平成十年法律第百五号）第二条第三項に規定する特定目的会社その他のその法人の議決権（会社法第三百八条第一項その他これに準ずる同法以外の法令（外国の法令を含む。）の規定により行使することができないとされる議決権を含み、同法第四百二十三条第一項に規定する役員等（会計監査人を除く。）の選任及び定款の変更に関する議案（これらの議案に相当するものを含む。）の全部につき株主総会（これに相当するものを含む。）において議決権を行使することができない株式（これに相当するものを含む。以下この号において同じ。）に係る議決権を除く。以下この条において同じ。）が当該議決権に係る株式の保有数又は当該株式の総数に対する当該株式の保有数の割合に応じて与えられる法人（定款の定めにより当該法人に該当することとなる法人を除く。以下この条及び第十四条第三項において「資本多数決法人」という。）のうち、その議決権の総数の四分の一を超える議決権を直接又は間接に有していると認められる自然人（当該資本多数決法人の事業経営を実質的に支配する意思又は能力を有していないことが明らかな場合又は他の自然人が当該資本多数決法人の議決権の総数の二分の一を超える議決権を直接若しくは間接に有している場合を除く。）があるもの　当該自然人

二　資本多数決法人（前号に掲げるものを除く。）のうち、出資、融資、取引その他の関係を通じて当該法人の事業活動に支配的な影響力を有すると認められる自然人があるもの　当該自然人

三　資本多数決法人以外の法人のうち、次のイ又はロに該当する自然人があるもの　当該自然人

イ　当該法人の事業から生ずる収益又は当該事業に係る財産の総額の四分の一を超える収益の配当又は財産の分配を受ける権利を有していると認められる自然人（当該法人の事業経営を実質的に支配する意思又は能力を有していないことが明らかな場合又は当該法人の事業から生ずる収益若しくは当該事業に係る財産の総額の二分の一を超える収益の配当若しくは財産の分配を受ける権利を有している他の自然人がある場合を除く。）

ロ　出資、融資、取引その他の関係を通じて当該法人の事業活動に支配的な影響力を有すると認められる自然人

四　前三号に定める者がない法人　当該法人を代表し、その業務を執行する

自然人

3　前項第一号の場合において、当該自然人が当該資本多数決法人の議決権の総数の四分の一又は二分の一を超える議決権を直接又は間接に有するかどうかの判定は、次の各号に掲げる割合を合計した割合により行うものとする。

一　当該自然人が有する当該資本多数決法人の議決権が当該資本多数決法人の議決権の総数に占める割合

二　当該自然人の支配法人（当該自然人がその議決権の総数の二分の一を超える議決権を有する法人をいう。この場合において、当該自然人及びその一若しくは二以上の支配法人又は当該自然人の一若しくは二以上の支配法人が議決権の総数の二分の一を超える議決権を有する他の法人は、当該自然人の支配法人とみなす。）が有する当該資本多数決法人の議決権が当該資本多数決法人の議決権の総数に占める割合

4　国等（令第十四条第四号に掲げるもの及び第十八条第六号から第十号までに掲げるものを除く。）及びその子会社（会社法第二条第三号に規定する子会社をいう。）は、第二項の規定の適用については、自然人とみなす。

外国PEPsには、次の者が該当する。

①　外国の元首

②　外国において下記の職にある者

・我が国における内閣総理大臣その他の国務大臣および副大臣に相当する職

・我が国における衆議院議長、衆議院副議長、参議院議長または参議院副議長に相当する職

・我が国における最高裁判所の裁判官に相当する職

・我が国における特命全権大使、特命全権公使、特派大使、政府代表または全権委員に相当する職

・我が国における統合幕僚長、統合幕僚副長、陸上幕僚長、陸上幕僚副長、海上幕僚長、海上幕僚副長、航空幕僚長または航空幕僚副長に相当する職

・中央銀行の役員

・予算について国会の議決を経、または承認を受けなければならない法人の役員

③　過去に①または②であった者

④　①～③の家族

⑤　①～④が実質的支配者である法人

第3章

取引時確認

第１節　顧客等

問い14　**司法書士は、顧客等との間で、特定業務のうち特定取引を行うに際しては、取引時確認を行わなければならないが、この場合の「顧客等」とは、どのような者を指すのか。**

答え14　**依頼者本人、委任者本人が顧客等に当たる。**

解説　特定事業者は、特定取引に該当する業務の依頼を受けるに際して（特定業務のうち特定取引を行うに際して）は、取引時確認を行わなければならないところ、その確認の客体、つまり取引時確認の対象者が「誰」なのかを特定する必要がある。

結論を言うと、その確認の対象者は「顧客等」である。

なお、会社の代表者が当該会社のために依頼を行うようなときには「代表者等」も確認の対象者となり（第３章第２節）、また、顧客等が国等や人格のない社団等であるときには、確認の対象者に特例が設けられていることは後述する（第３章第３節）。

犯罪収益移転防止法において、取引時確認とは、次のように定義されている。

【法４条１項柱書】

> 特定事業者（第二条第二項第四十三号に掲げる特定事業者（第十二条において「弁護士等」という。）を除く。以下同じ。）は、顧客等との間で、別表の上欄に掲げる特定事業者の区分に応じそれぞれ同表の中欄に定める業務（以下「特定業務」という。）のうち同表の下欄に定める取引（次項第二号において「特定取引」といい、同項前段に規定する取引に該当するものを除く。）を行うに際しては、主務省令で定める方法により、当該顧客等について、次の各号（第二条第二項第四十四号から第四十七号までに掲げる特定事業者にあっては、第一号）に掲げる事項の確認を行わなければならない。

特定事業者は、取引時確認に当たっては、顧客等の本人特定事項（第３章第４節）のほか、取引を行う目的、職業・事業の内容、実質的支配者、資産及び収入の状況をも確認しなければならないが、司法書士には、取引を行う目的、職業・事業の内容、実質的支配者、資産および収入の状況を確認する義務は課せられていない（Ｑ７）。そのため、司法書士にとっての取引時確認とは、本人特定事項の確認と同じこととなる。

また、「顧客等」とは、次のように定義されている。

【法２条３項】

> この法律において「顧客等」とは、顧客（前項第三十九号に掲げる特定事業者にあっては、利用者たる顧客）又はこれに準ずる者として政令で定める者をいう。

このように、犯罪収益移転防止法上の「顧客等」とは、顧客および顧客に準ずる者を総称する概念である。次に、「顧客」とはどのような者か、日常用語として使用される顧客と区別しながら検討する。

犯罪収益移転防止法においては顧客の定義規定がないため、法の文脈から考えなければならないこととなるが、特定事業者が特定業務において行う特定取引の相手方になろうとしている者であり、特定取引である委任契約等の締結者、当該役務を直接的に受ける者をいう。つまり、司法書士の場合は、司法書士に、宅地・建物の売買による所有権移転登記手続等の特定業務を依頼する者が、通常は顧客に当たることとなる。司法書士業務における顧客とは、通常、依頼者本人、委任者本人が該当する。

ただ、顧客に当たるか否かについては、単に依頼を行う者を形式的に顧客として捉えるのではなく、「依頼にあたり実際の意思決定を行っているのは誰か」「依頼による利益（計算）が実際帰属するのは誰か」ということを総合的に判断して決定する必要がある。例えば（司法書士への依頼の場合ではないが）、満期保険金の支払などの取引の場合の顧客は支払を受ける者であり、保険契約者とは限らない[1]とされる。

Q82　司法書士が、宅地・建物の売買による所有権移転登記手続について依頼を受けた場合は、誰が顧客に当たるのか。

A82　登記権利者、登記義務者が顧客に当たる。

Q83　司法書士が、宅地・建物の売買による所有権移転登記手続について、登記権利者から依頼を受けた場合（登記義務者の依頼は受けていないものとする）は、誰が顧客に当たるのか。

A83　登記権利者が顧客に当たる。

Q84　宅地・建物の売買による所有権移転登記手続について、司法書士甲は登記権利者から依頼を受け、司法書士乙は登記義務者の依頼を受け、甲は乙から登記義務者の登記手続を復代理人として委任を受けた場合、甲にとって、乙にとって、それぞれ誰が顧客に当たるのか。

A84　甲にとっては登記権利者および登記義務者が、乙にとっては登記義務者が顧客に当たる。

Q85　司法書士が、未成年者所有の宅地の売買による所有権移転登記手続について、その親権者から依頼を受けた場合（登記権利者の依頼は受けていないものとする）は、誰が顧客に当たるのか。

A85　登記義務者（未成年者）が顧客に当たる。

◇◇◇◇◇解説◇◇◇◇◇

不動産登記業務の場合は、依頼者である登記申請人が顧客に該当する。

例えば親権者が未成年者である登記申請人の法定代理人として登記手続を依頼するような場合には、当該未成年者が顧客に該当することとなる。その他の法定代理人による登記手続の依頼の場合も同様に、その成年被後見人等

1　犯罪収益移転防止制度研究会編著『逐条解説犯罪収益移転防止法』（東京法令出版、2009年）68頁

が顧客に該当する。

法人の依頼に基づく場合、例えば法人所有の宅地・建物を売却する、あるいは法人が宅地・建物を購入する場合の所有権移転登記手続では、法人には物理的実体はないが、法人自体が権利義務の主体となるので、登記申請人である法人が顧客に該当することとなる。

登記申請人には、単独申請のほか、共同申請の場合も当然含まれるので、登記権利者も登記義務者も、司法書士に委任する者であれば、ともに顧客に該当する。司法書士が、宅地・建物の売買による所有権移転登記手続について依頼を受ける場合は、通常、登記権利者および登記義務者の双方から委任を受けることが多く、この場合には、登記権利者および登記義務者の双方ともに顧客に該当するため、司法書士は、委任を受ける際に、登記義務者の取引時確認だけでなく、登記権利者の取引時確認も行わなければならないこととなる。

宅地・建物の売買による所有権移転登記手続について、登記権利者から委任を受ける司法書士と、登記義務者から委任を受ける司法書士が異なる場合、登記権利者から委任を受けた司法書士にとっては登記義務者は顧客に該当しない（同様に登記義務者から委任を受けた司法書士にとっては登記権利者は顧客に該当しない）。しかし、登記権利者から委任を受けた司法書士が、登記義務者から委任を受けた司法書士から、さらに委任を受けて、登記権利者代理人兼登記義務者復代理人として登記申請を行うときは、登記権利者はもちろん、登記義務者も顧客に該当することとなる（登記義務者から委任を受けた司法書士にとっての顧客は、登記義務者のみである）。

Q86　**司法書士が、宅地・建物の売買による所有権移転登記手続について、登記義務者から、公証人の認証を受けた委任状をもって依頼を受けた場合は、登記義務者は顧客に当たらないのか。**

A86　顧客に当たる。

◇◇◇◇◇ **解説** ◇◇

公証人が公証人法により本人確認を行った契約や委任であっても、それを理由として特定業務、特定取引から除外されることはなく（Q56）、司法書士による依頼者の取引時確認の義務が免除されることにはならない。

したがって、不動産登記法23条4項2号の「当該申請に係る申請情報（委任による代理人によって申請する場合にあっては、その権限を証する情報）を記載し、又は記録した書面又は電磁的記録について、公証人（公証人法（明治41年法律第53号）8条の規定により公証人の職務を行う法務事務官を含む。）から当該申請人が第一項の登記義務者であることを確認するために必要な認証がされ」に該当する依頼を受ける場合や、不動産登記規則49条2項2号の「申請人又はその代表者若しくは代理人が記名押印した委任状について公証人又はこれに準ずる者の認証を受けた場合」に該当する依頼を受ける場合も含めて登記手続の依頼に公証人が関与している場合でも、司法書士は犯罪収益移転防止法上に基づいて、顧客である委任者の取引時確認の義務を果たさなければならないこととなる。

Q87　**司法書士が、被告に対して宅地・建物の売買による所有権移転登記手続を命ずる確定判決の正本を得た原告から、当該判決に基づく登記手続の依頼を受けた場合は、誰が顧客に当たるのか。**

A87　**原告が顧客に当たる。**

◇◇◇◇◇ **解説** ◇◇

確定判決をもってする登記手続（不動産登記法63条1項）であることは特定業務から除外される理由とはならず、それが、宅地・建物の売買による所有権移転登記手続であれば、特定業務に該当する。

この事例でも、司法書士にとってその判決に基づく登記手続は特定業務に該当し、原告から依頼を受ける際には特定取引として顧客である原告の取引時確認を行わなければならないということになる。この場合、被告は、判決による登記手続を委任する者ではないので顧客には該当しない。

では、司法書士が、特定業務に該当する登記手続について債権者代位によって委任を受ける場合はどうであろうか。

通常の申請であれば登記申請人となるべき被代位者も、債権者代位により行われる登記申請においては債権者だけが登記申請人（ここでは登記義務者のことは考慮しない）として顧客に該当し、被代位者は登記申請人ではないので、被代位者名義で登記がなされても、登記申請の実質的依頼という点を踏まえて総合的に判断すると、被代位者は顧客には該当しないと言える。

Q88　**司法書士が、売主、買主がともに生前に売買をしていた宅地・建物の売買による所有権移転登記手続について、売主の相続人、買主の相続人から依頼を受けた場合は、誰が顧客に当たるのか。**

A88　**申請人となる売主の相続人、買主の相続人が顧客に当たる。**

◇◇◇◇◇ **解説** ◇◇◇◇◇

宅地・建物が、売主、買主の生前に売買された場合、亡売主から亡買主に所有権移転登記がなされるが、亡売主も、亡買主も死者であり、その死後にあっては、司法書士に委任する者ではない（委任することができない）ため、亡売主、亡買主が顧客に該当することはない。このような場合は、亡売主の相続人（の全員）が亡売主の登記義務を承継して登記義務者となり、亡買主の相続人が亡買主の登記請求権を承継して登記権利者となるため、それら司法書士に委任した相続人が顧客に当たる。

ここで、亡買主の相続人が複数いるときには、その１人が登記権利者として申請人となることで登記手続を委任することができる。これは、司法書士が、特定業務に該当する登記手続について、相続人の１人から保存行為によって委任を受けるものであり、当該相続人の１人である登記申請人が顧客に該当することは言うまでもない。共有者の１人から保存行為によって委任を受ける場合も、当該共有者の１人である登記申請人が顧客に該当する。

しかしながら、他の相続人は申請人ではないため顧客には当たらず、他の共有者については登記名義人とはなるものの、当該登記手続を委任する者ではないので、登記申請の実質的依頼という点を踏まえて総合的に判断すると、登記申請人（ここでは登記義務者のことは考慮しない）以外の共有者は顧客には該当しないと考える。

ただ、他の共有者の委任行為はなくても、共有者間で事前に登記申請について話合いが持たれ、登記申請人となる共有者の１人が他の共有者のためにも登記手続の依頼を行うようなときには、登記申請人となった共有者のみならず、話合いに加わった他の共有者も顧客に該当するだろう。また、この場合、登記申請人である共有者は顧客であり、かつ、他の共有者の代表者等（第３章第２節）に該当することもあろう。

Q89　**司法書士が、被保佐人から、保佐人の同意書の提供を受けて、被保佐人の宅地・建物の売買による所有権移転登記手続の依頼を受けた場合は、誰が顧客に当たるのか。**

A89　**被保佐人が顧客に当たる。**

解説

司法書士が保佐人の同意を要する宅地の売買の登記手続を被保佐人から依頼を受ける際は、当該登記申請人である被保佐人が顧客に該当する。

一方、保佐人は同意者ではあっても、当事者ではなく、登記申請人でもないので、顧客等には該当しない。ただし、保佐人の確認および保佐人の同意は、登記原因の確認において欠くことはできない事柄であるため、司法書士としては、十分に注意を払うべきである（本人確認とは異なる範疇である）。

その他にも第三者の許可や同意、承諾を要する行為である場合における特定業務たる不動産登記手続の場合も、顧客に該当する者は当事者である登記申請人であり、許可者や同意者、承諾者は顧客等には該当しない。

したがって、この事例では被保佐人が顧客となる。なお、司法書士が、もう一方の登記申請人（権利者または義務者）からも委任を受ける場合には、その登記申請人も顧客に当たることは、言うまでもない。

Q90　司法書士が、権利部がない表題部のみの区分建物に関する売買による冒頭省略保存登記手続の依頼を受けた場合は、誰が顧客に当たるのか。

A90　マンションの購入者である保存登記の申請人が顧客に当たる。

◇◇◇◇◇ **解説** ◇◇

この事例も、司法書士にとって特定業務、特定取引に該当する。例えば区分建物であるマンションの購入者から、このような登記手続の依頼を受けた場合、当該保存登記の登記申請人である購入者が顧客である。

マンションの売買について、売買契約の当事者は表題部所有者（原始所有者）であるマンション業者とマンション購入者であり、その間で売買代金の決済が行われるが、マンション業者は契約の当事者ではあるが、不動産登記法74条2項における所有権譲渡証明書の作成者ではあっても登記申請人ではなく、司法書士への依頼による直接の利益を受ける者という観点等を総合的に判断すると、マンション業者は顧客等に該当しない。同様に、表題部未登記建物につき、原始所有者からの譲渡（売買）証明書を添付してなされた転得者による新築を原因とした表題部登記のある建物について、司法書士がその保存登記手続の委任を受ける場合も、顧客に当たるのは当該転得者（買主）である保存登記の登記申請人（表題部所有者）であり、通常は原始所有者（例えば建売業者）が顧客等に該当することはない。

Q91　司法書士が、株式会社の目的の変更の登記手続の依頼を受けた場合は、誰が顧客に当たるのか。

A91　当該会社が顧客に当たる。

解説

商業・法人登記手続の委任者は会社・法人であり、登記手続の効果は当該会社・法人が直接受けるため、特定業務である商業・法人登記の場合はその会社・法人そのものが顧客に該当する。

つまり、商号や目的等の変更等の登記手続の顧客は、当該株式会社であり、その他の犯罪収益移転防止法の適用対象となる法人（第2章第3節）の名称等の変更等の登記手続の顧客は、当該法人であることになる。

代表取締役等のように実際に司法書士に依頼を行う者は、代表者等として犯罪収益移転防止法上の本人特定事項の確認を要することとなることは後述する（第3章第2節）。

Q92　司法書士が、株式会社の取締役の選任の登記手続の依頼を受けた場合は、誰が顧客に当たるのか。

A92　当該会社が顧客に当たる。

解説

商業・法人登記手続の場合、その会社・法人そのものが顧客に該当する。

つまり、株式会社の取締役の選任や代表取締役の選定の登記手続の顧客は、当該株式会社であり、その他の犯罪収益移転防止法の適用対象となる法人（第2章第3節2）の理事等の選任の登記手続の顧客は、当該法人であることになる。

株主や役員ということだけで顧客に該当することにはならず、選任され登記すべき取締役も顧客に該当することはない。

Q93　司法書士が、会社の設立登記手続の依頼に併せて、その定款の作成も依頼を受けた場合は、誰が顧客に当たるのか。

A93　設立中の会社と発起人が顧客に当たる。

◇◇◇◇◇ **解説** ◇◇

会社・法人の組織を設立・再編するための登記手続の依頼を受ける場合は、組織変更および株式交換に関しては依頼の前後を通して法人格に変動がないため前述の変更登記手続の場合と同様、登記申請人である当該会社・法人が顧客に該当することとなるが、設立、合併、会社分割、株式移転のように依頼に併せて新たに法人格が発生する、あるいは法人格が消滅する場合は、その顧客については検討を要する。

司法書士が会社等の設立登記手続の依頼を受けるとき、既に認証済みの定款をもって設立登記申請だけを依頼されることもあるが、定款の作成段階から依頼されることも少なくない。

会社の設立登記手続の依頼を受ける場合の顧客については、設立中の会社が顧客となり、取引時確認を要することとなるが（Q122)、併せて定款の作成の依頼があった場合は、この依頼についても特定取引として取引時確認を行わなければならない。すなわち、設立登記の前提である定款の作成については、司法書士の業務に付随関連する業務として特定業務に該当する。これには単に定款を作成するだけの場合のほか、定款の認証代理を行う場合と作成代理を行う場合とがあるが、いずれの場合であっても依頼を受けた設立登記手続に、付随するか、先行して行われる業務であるため、定款の作成に関する依頼に係る顧客も取引時確認を行わなければならないこととなる。

この場合は、定款作成の依頼者である発起人が顧客に該当することとなり、発起人が複数であればその全部の者を顧客として、取引時確認を行わなければならないこととなる。

したがって、この事例では、設立中の会社と発起人が顧客に当たることとなる。

Q94　**司法書士が、財産の管理の依頼を受けた場合は、誰が顧客に当たるのか。**

A94　**その依頼者が顧客に当たる。**

◇◇◇◇◇ **解説** ◇◇◇

財産管理業務の場合も、司法書士に対して財産管理を依頼する本人が顧客に当たる。つまり、任意代理契約などの財産管理契約の委任者本人が顧客に該当し、例えば成年後見人が、成年被後見人所有の財産を司法書士に管理させるような契約を締結する場合は、当該成年被後見人が顧客に該当することとなる（当該成年後見人は代表者等として取引時確認の対象となることは第３章第２節で後述する）。

契約によらず事実上財産の管理・処分の依頼を受ける場合も、その依頼者本人が顧客に当たることとなる。

Q95　**司法書士が、信託による宅地・建物の所有権移転登記手続の依頼を受けた場合は、誰が顧客に当たるのか。**

A95　**顧客に該当する者はいない。**

◇◇◇◇◇ **解説** ◇◇◇

顧客等に該当する「顧客に準ずる者」とは、次のとおりである。

【令５条】

（顧客に準ずる者）

第五条　法第二条第三項に規定する顧客に準ずる者として政令で定める者は、信託の受益者（勤労者財産形成促進法（昭和四十六年法律第九十二号）第六条第一項に規定する勤労者財産形成貯蓄契約、同条第二項に規定する勤労者財産形成年金貯蓄契約及び同条第四項に規定する勤労者財産形成住宅貯蓄契約（以下「勤労者財産形成貯蓄契約等」という。）、同法第六条の二第一項に規定する勤労者財産形成給付金契約（以下単に「勤労者財産形成給付金契約」という。）、同法第六条の三第一項に規定する勤労者財産形成基金契約（以下単に「勤労者財産形成基金契約」という。）、確定給付企業年金法（平成十三年法律第五十号）第六十五条第三項に規定する資産管理運用契約、企業年金基金が同法第六十六条第一項の規定により締結する同法第六十五条第一項各号に掲げる契約及び同法第六十六条第二項に規定する信託の契約（以下「資産管理運用契約等」という。）、社債、株式等の振替に関する法律（平成十三年法律第七十五号）第五十一条第一項の規定により締結する加入者保護信託契約、確定拠出年金法（平成十三年法律第八十八号）第八条第二項に規定する資産管理契約（以下単に「資産管理契約」という。）その他主務省令で定める契約に係るものを除く。）とする。

犯罪収益移転防止法では、顧客のほかに、顧客に準ずる者も取引時確認の対象とされている。顧客に準ずる者とは「信託の受益者であって、一定の者を除いたもの」である。

信託行為は委託者と受託者の間で行われ、信託の受益者は信託行為の当事者になることはない。信託財産から生じる財産的利益を受ける受益者については信託行為の当事者ではないから形式的には顧客とならないはずであるが、その実質（あるいは実態）を考慮して、一律に顧客に準ずるとする規定が盛り込まれたため、取引時確認の対象とすべきこととなる。

顧客に準ずる者から除かれる主務省令で定める「一定の者」は、次のとおり規定されている。

【規則３条】

（信託の受益者から除かれる者に係る契約）

第三条　令第五条に規定する主務省令で定める契約は、次の各号に掲げるものとする。

一　法人税法（昭和四十年法律第三十四号）附則第二十条第三項に規定する適格退職年金契約（次条第一項第三号ロにおいて単に「適格退職年金契約」という。）

二　賃金の支払の確保等に関する法律（昭和五十一年法律第三十四号）第三条又は第五条に規定する措置として行われる信託契約

三　所得税法（昭和四十年法律第三十三号）第三十条第一項に規定する退職

手当等の給付に充てるため有価証券及び金銭の管理処分を行うことを目的とする信託契約

四　被用者（法人の役員を含む。以下同じ。）の給与等（所得税法第二十八条第一項に規定する給与等をいう。以下同じ。）から控除される金銭を信託金とする信託契約

五　信託契約であって、当該信託契約に基づき株券を取得する行為が金融商品取引法第二条に規定する定義に関する内閣府令（平成五年大蔵省令第十四号。次号において「定義府令」という。）第十六条第一項第七号の二イからヘまでに掲げる全ての要件に該当するもの

六　信託契約であって、次に掲げる全ての要件に該当するもの

イ　発行会社等（株券の発行会社又はその被支配会社等（定義府令第六条第三項に規定する被支配会社等をいう。）若しくは関係会社（定義府令第七条第二項に規定する関係会社をいう。）をいう。ロ及びハにおいて同じ。）を委託者とする金銭の信託契約であって、当該信託契約に係る信託の受託者が当該発行会社の株券を取得し、又は買い付けるものであること。

ロ　（中略）対象従業員（定義府令第十六条第一項第七号の二イ(1)に規定する対象従業員をいう。以下ロにおいて同じ。）の勤続年数、業績、退職事由その他の事由を勘案して定められた一定の基準に応じて当該信託契約に係る信託の受託者が取得し、若しくは買い付けた当該発行会社の株券若しくは当該株券の売却代金の交付を行うことを定める規則（労働基準法（昭和二十二年法律第四十九号）第八十九条の規定により届け出たものに限る。）に基づき、（中略）対象従業員若しくは対象従業員であった者又はこれらの者の相続人その他の一般承継人に当該株券又は当該売却代金の交付を行うものであること。

ハ　当該信託契約に基づく信託金の払込みに充てられる金銭の全額を発行会社等が拠出するものであること。

ニ　当該信託契約に係る信託の受託者に新株予約権が付与される場合にあっては、当該新株予約権の全てが発行会社により付与されるものであること。

七　公益信託ニ関スル法律（大正十一年法律第六十二号）第一条に規定する公益信託に係る信託契約

八　公的年金制度の健全性及び信頼性の確保のための厚生年金保険法等の一部を改正する法律（平成二十五年法律第六十三号。以下この号において「平成二十五年厚生年金等改正法」という。）附則第三条第十一号に規定する存続厚生年金基金（第十八条第二号において「存続厚生年金基金」という。）が締結する平成二十五年厚生年金等改正法附則第五条第一項の規定によりなおその効力を有するものとされた平成二十五年厚生年金等改正法第一条の規定による改正前の厚生年金保険法（昭和二十九年法律第百十五号。以下この号において「改正前厚生年金保険法」という。）第百三十条の二第一項及び第二項（平成二十五年厚生年金等改正法附則第五条第一項の規定によりなおその効力を有するものとされた改正前厚生年金保険法第百三十六条の三第二項において準用する場合を含む。）並びに平成二十五年厚生年金等改正法附則第五条第一項の規定によりなおその効力を有するものとされた改正前厚生年金保険法第百三十六条の三第一項第一号及び第五号へに規定する信託の契約、平成二十五年厚生年金等改正法附則第三条第十三号に規定する存続連合会が締結する平成二十五年厚生年金等改正法附則第三十八条第一項の規定によりなおその効力を有するものとされた改正前厚生年金保険法第百五十九条の二第一項及び第二項、平成二十五年厚生年金等改正法附則第三十八条第一項の規定によりなおその効力を有するものとされた改正前厚生年金保険法第百六十四条第三項において準用する改正前厚生年金保険法第百三十六条の三第一項第一号及び第五号へ並びに平成二十五年厚生年金等改正法附則第三十八条第一項の規定によりなおその効力を有するものとされた改正前厚生年金保険法第百六十四条第三項において準用する改正前厚生年金保険法第百三十六条の三第二項において準用する改正前厚生年金保険法第百三十条の二第二項に規定する信託の契約、企業年金連合会が締結する確定給付企業年金法（平成十三年法律第五十号）第九十一条の二十四において準用する同法第六十六条第一項の規定による同法第六十五条第一項第一号及び同法第九十一条の二十四において準用する同法第六十六条第二項に規定する信託の契約、国民年金基金が締結する国民年金法（昭和三十四年法律第百四十一号）第百二十八条第三項並びに国民年金基金令（平成二年政令第三百四号）第三十条第一項第一号及び第五号へ並びに第二項に規定する信託の契約、国民年金基金連合会が締結する国民年金法第百三十七条の十五第四項並びに国民年金基金令第五十一条第一項において準用する同令第三十条第一項第一号及び第五号へ並びに第二項に規定する信託の契約並びに年金積立金管理運用独立行政法人が締結する年金積立金管理運用独立行政法人法（平成十六年法律第百五号）第二十一条第一項第三号に規定する信託の契約

顧客に準ずる者として信託の受益者の取引時確認を行わなければならない特定事業者は、信託業法その他の法律の規定により信託業務を行う信託会社や金融機関を想定しており、その他の特定事業者が（営業として行う反復の意思および外形の双方がなく）一回的に行う場合はそもそも特定「業務」に当たらないと解されている[2]。

とくに司法書士については、例えば限定責任信託についての信託行為等に関する行為または手続を委託者等のために行うこと（司法書士の場合は、それらに関する登記手続を行うこと）は特定業務に当たるものの、司法書士自ら受託者となることは想定されていない。また、仮に司法書士が受託者となって顧客の財産を管理または処分することは、顧客の行為の代理または代行ではなく、受託者の行為であるため、特定受任行為の代理等には該当しない[3]。

さらに、信託業法では、同法３条で「信託業は、内閣総理大臣の免許を受けた者でなければ、営むことはできない。」とされ、一定の株式会社以外にその免許が与えられることはない（同法５条２項）。したがって、司法書士が受託者として顧客の財産を管理または処分することを業としては行い得ないものであり、司法書士の本来業務または付随・関連業務とはならない。

委任事務に必要な費用等の預託を受ける場合については、司法書士は受託者となり、かつ法別表２条２項44号に掲げる者の項中欄３号の「財産の管理又は処分」を行っていると認められるが、ここで顧客と別個に信託の受益者の取引時確認を行う必要はない。つまり、いずれの場合であっても、司法書士は、真の依頼者である顧客について取引時確認を行うことは求められてい

2　犯罪収益移転防止制度研究会編著・前掲注１・110頁
3　犯罪収益移転防止制度研究会編著・前掲注１・113頁

るが、それと別個に信託の受益者の取引時確認を行うことは想定されていない[4]。

そこで、この事例では、売買に関する登記手続の依頼ではないので特定取引には当たらず、信託の受益者のみならず、委託者、受託者ともに犯罪収益移転防止法上の取引時確認は必要とされない。司法書士にとっての特定取引においては、他に特段の事情がない限り、犯罪収益移転防止法上は、信託の受益者の取引時確認を行う必要はない。

一般的に、犯罪収益移転防止法において「顧客等」という用語が使用されるときは、司法書士にとっては、「顧客」と置き換えて使用して差し支えないと考える。

Q96　**司法書士が、売買による宅地・建物の所有権移転登記手続の依頼を受けた場合に、司法書士に委任する登記申請人本人以外の者が顧客に当たるのことはないのか。**

A96　**通常は、司法書士に委任する登記申請人本人が顧客に該当するが、そうでない者であっても、実質的に顧客と判断される可能性もないわけではない。**

◇◇◇◇◇ **解説** ◇◇

通常、司法書士業務において顧客が誰であるかを判断することは、実務上、登記申請人が誰か、あるいは財産管理契約の契約当事者が誰かといった形式で判断せざるを得ず、実質的に利益を受ける者や、実質的に目の前の依頼者を支配している者の存在が明らかになることはないと思われる。日常業務においては、司法書士の職務として通常必要とされる注意を払って顧客かどうかを判断すれば十分であると考えられる。

しかし、例えば、宅地・建物の売買による所有権移転登記手続の依頼を受けた場合に、実質的な購入者がいて、名義だけ他人名義で所有権移転登記を

4　犯罪収益移転防止制度研究会編著・前掲注１・114頁

受けようとしている、あるいはその購入費用は名義人となる者以外の者が提供していることが明らかになったときなどのように、登記申請人や委任契約の当事者以外に、当該依頼によって実質的に利益を受ける者があることが明らかなときには、その実質的な購入者が顧客であると解される余地もあるが、司法書士は職責としてそのような依頼を受けるべきか否かの問題も残るため、より慎重な判断が求められる。

売買代金の提供のほか、司法書士が登記申請人以外の者から直接または間接に司法書士報酬の提供を受け、あるいは登録免許税その他の諸経費に相当する金銭を預かるような場合も、顧客の判断に総合的な判断が求められる場合があろう。このような場合には、前提となる登記業務が特定業務に該当しない場合であっても、財産管理業務として特定業務に該当すると判断せざるを得ないケースもあるのではなかろうか。

また例えば、司法書士が株式会社の設立登記手続の依頼をその設立時代表取締役から受けた場合、その一人株主が自分で定款を作成し、認証を受けた上で、全額出資をしているようなときで、設立後の当該株式会社の運営を会社法の枠を超えて当該株主が支配することが明らかになるとか、設立の事情が明らかにペーパーカンパニーとして利用するようなものであるときには、当該株主が顧客であると解される余地もあると思われる。なお、そもそも、このような事例においては、その依頼が犯罪収益の移転を目的としている可能性もあり、犯罪収益の移転を目的とするものであるか否かについて慎重に検討しなければならず、その目的とするものであると認めるときは、その依頼には応じないことになろう。

第２節　代表者等

問い15　**司法書士が、未成年者所有の宅地・建物の売買に関する所有権移転登記手続について、その親権者から委任を受けたときは、誰の確認を行う必要があるのか。**

答え15　**未成年者の本人特定事項の確認および親権者の本人特定事項の確認を行わなければならない。**

解説　取引時確認において「顧客等」のほか、犯罪収益移転防止法において確認の対象とされる者が「代表者等」であり、それは次のとおり規定されている。

【法４条４項】

> ４　特定事業者は、顧客等について第一項又は第二項の規定による確認を行う場合において、会社の代表者が当該会社のために当該特定事業者との間で第一項又は第二項前段に規定する取引（以下「特定取引等」という。）を行うときその他の当該特定事業者との間で現に特定取引等の任に当たっている自然人が当該顧客等と異なるとき（次項に規定する場合を除く。）は、当該顧客等の当該確認に加え、当該特定取引等の任に当たっている自然人についても、主務省令で定めるところにより、その者の本人特定事項の確認を行わなければならない。

これは、特定事業者が、顧客等の取引時確認を行う場合において、現に特定取引等（特定取引およびハイリスク取引）の任に当たっている自然人が当該顧客等と異なるときは、当該顧客等の本人特定事項の確認に加え、当該特定取引等の任に当たっている自然人についても、本人特定事項の確認を行わなければならないということを意味している。この「現に特定取引等の任に当たっている自然人」を「代表者等」という（法４条６項）。

司法書士の場合に置き換えると、司法書士が特定業務に関する依頼を受ける際には、取引時確認を行うことで、依頼者の本人特定事項の確認を行わなければならないが、司法書士への依頼行為を現実に行っている者が依頼者本人と異なる場合には、依頼者本人の本人特定事項の確認に加えて、その現実に依頼行為を行っている者の本人特定事項の確認も行わなければならないということになる。

司法書士の場合、取引時確認とは本人特定事項を確認することにほかならず（問い14）、つまり、司法書士が、代表者等を通じて特定業務に関する依頼を受ける際には、依頼者および代表者等双方について本人特定事項を確認しなければならないこととなる。組織的犯罪者によるマネー・ローンダリングのプロセスにおいては、真に「本人」の財産であるのか、実際に代理人あるいは取引担当者として行動しようとしている者の財産であるのかは実際には不明瞭な場合も多い。このため、取引担当者の本人確認義務を規定している[5]とされる。

そこで、この事例では、顧客等が自然人である場合の代表者等に該当する典型的な例であり、未成年者本人が顧客等、その親権者が代表者等に当たり、それぞれ本人特定事項の確認を要することとなる。同じように、成年被後見人所有の宅地・建物の売買に関する所有権移転登記手続について、その成年後見人から委任を受ける場合など、法定代理に付されている本人所有の宅地・建物の売買に関する所有権移転登記手続について、その法定代理人から委任を受ける場合も、成年被後見人等法定代理に付されている本人が顧客等、成年後見人等の法定代理人が代表者等となり、その両者の本人特定事項の確認を要することとなる。

Q97　**司法書士が、株式会社所有の宅地・建物の売買に関する所有権移転登記手続について、その代表取締役から委任を受けたときは、誰の確認を行う必要があるのか。**

5　犯罪収益移転防止制度研究会編著・前掲注１・77頁

A97　**株式会社の本人特定事項の確認および代表取締役の本人特定事項の確認を行わなければならない。**

Q98　**司法書士が、株式会社の商号の変更の登記手続について、その代表取締役から委任を受けたときは、誰の確認を行う必要があるのか。**

A98　**株式会社の本人特定事項の確認および当該代表取締役の本人特定事項の確認を行わなければならない。**

◇◇◇◇◇ **解説** ◇◇

これらの２つの事例とも、依頼者である当該株式会社が顧客に当たり、さらに、現に特定取引等の任に当たっている自然人が当該顧客等と異なるときに当たる。つまり、顧客が法人である場合には、その法人に、依頼に係る権利義務が帰属するとはいえ、法人は観念上において擬制された人格であり、法人実在説に立ったとしても物理的な存在ではなく、法人自体が現実に依頼の事務を担当することはできず、常に、その法人のために現実に依頼の事務を担当する自然人の存在を必要とする。

その典例が、法人の代表者が、その法人のために現実に依頼の事務を担当する場合であり、これら２つの事例も顧客である株式会社のために、その代表取締役が現実に司法書士に委任してるため、その代表取締役が代表者等に当たる。その他の法人が顧客であって、その代表者である理事長、代表理事などが依頼の事務を担当している場合は、その理事長、代表理事などが代表者等に当たる。

そのため、これら２つの事例では、株式会社の本人特定事項の確認および当該代表取締役の本人特定事項の確認を行うこととなる。

Q99　**代表者等には、顧客が自然人である場合は、その法定代理人、顧客が法人である場合には、その代表者が該当するのか。**

A99　**法定代理人、代表者だけでなく、実際の依頼の任に当たっている者（当該顧客等のために特定取引等の任に当たっていると認め**

られる自然人）が代表者等に該当する。

Q100　**顧客が自然人である場合の代表者等は、法定代理人以外では、親族に限られるのか。**

A100　**親族に限られるものではないが、親族であれば同居の親族であることが要件とされ、同居ではない親族あるいは親族でない者であれば委任状を有しているなど、その者が顧客等のために当該特定取引等の任に当たっていることを確認することができるなどの要件を充たした者である必要がある。**

Q101　**顧客が法人である場合、当該法人の役職員としての身分証明書を有する者や、役員として登記されている者は、代表者等であると認められるのか。**

A101　**それだけでは代表者等として認められるものではなく、法人を代表する権限を有する役員として登記されていることが要件とされ、そうでない者であれば委任状を有しているなど、その者が顧客等のために当該特定取引等の任に当たっていることを確認することができるなどの要件を充たした者である必要がある。**

解説

法4条4項にあるように、代表者等は、会社が顧客等であるときの代表者が典型例であるが、法人の代表者に限る趣旨ではない。以下に解説するとおり、法人について代表権を有する者に限らず、自然人である顧客等にあっても代表者等が存し得る。

【規則12条4項】

> 4　第一項の代表者等は、次の各号に掲げる場合においては、それぞれ当該各号に該当することにより当該顧客等のために特定取引等の任に当たっていると認められる代表者等をいうものとする。
> 一　顧客等が自然人である場合　次のいずれかに該当すること。
> イ　当該代表者等が、当該顧客等の同居の親族又は法定代理人であること。

ロ　当該代表者等が、当該顧客等が作成した委任状その他の当該代表者等が当該顧客等のために当該特定取引等の任に当たっていることを証する書面を有していること。

ハ　当該顧客等に電話をかけることその他これに類する方法により当該代表者等が当該顧客等のために当該特定取引等の任に当たっていることが確認できること。

ニ　イからハまでに掲げるもののほか、特定事業者（令第十三条第一項第一号に掲げる取引にあっては、同号に規定する他の特定事業者。次号ニ及び第十六条第二項において同じ。）が当該顧客等と当該代表者等との関係を認識していることその他の理由により当該代表者等が当該顧客等のために当該特定取引等の任に当たっていることが明らかであること。

二　前号に掲げる場合以外の場合（顧客等が人格のない社団又は財団である場合を除く。）次のいずれかに該当すること。

イ　前号ロに掲げること。

ロ　当該代表者等が、当該顧客等を代表する権限を有する役員として登記されていること。

ハ　当該顧客等の本店等若しくは営業所又は当該代表者等が所属すると認められる官公署に電話をかけることその他これに類する方法により当該代表者等が当該顧客等のために当該特定取引等の任に当たっていることが確認できること。

ニ　イからハまでに掲げるもののほか、特定事業者が当該顧客等と当該代表者等との関係を認識していることその他の理由により当該代表者等が当該顧客等のために当該特定取引等の任に当たっていることが明らかであること。

「代表者等」とは、特定取引等の任に当たっている自然人が当該顧客等と異なるときの、当該特定取引等の任に当たっている自然人を言うが、これは、顧客の代理人が、司法書士に対して、顧客の宅地の売買に関する所有権移転登記手続の依頼をした場合に、その代理人は顧客の「代表者等」であることを意味する。ただ、それだけで代表者等であると認めることはできず、代表者等であると認められるためには一定の要件を満たさなければならない。つまり、単に、顧客の代理人と称するＰが司法書士のもとを訪れ、顧客の宅地の売買に関する所有権移転登記手続を依頼されただけで、Ｐを「代表者等」であると認めることはできないのである。

代表者等として認められる要件は、①顧客等が自然人である場合と、②そうでない場合（顧客等が人格のない社団または財団である場合は除かれるため、主に、顧客等が法人、国等である場合）とに応じて、前記のとおり規則12条４項１号及び２号にそれぞれ定められている。

①顧客等が自然人である場合の代表者等であるためには、㋑当該顧客等の同居の親族若しくは法定代理人であること、㋺当該顧客等が作成した委任状その他の当該代表者等が当該顧客等のために当該特定取引等の任に当たっていることを証する書面を有していること、㋩当該顧客等に電話をかけることその他これに類する方法により当該代表者等が当該顧客等のために当該特定取引等の任に当たっていることが確認できること、又は、㊁特定事業者が当該顧客等と当該代表者等との関係を認識していることその他の理由により当該代表者等が当該顧客等のために当該特定取引等の任に当たっていることが明らかであることが要件とされている。

②顧客等が自然人でない場合（主に、顧客等が法人、国等である場合）の代表者等であるためには、㋑当該顧客等が作成した委任状その他の当該代表者等が当該顧客等のために当該特定取引等の任に当たっていることを証する書面を有していること、㋺当該代表者等が、当該顧客等を代表する権限を有する役員として登記されていること、㋩当該顧客等の本店等もしくは営業所または当該代表者等が所属すると認められる官公署に電話をかけることその他これに類する方法により当該代表者等が当該顧客等のために当該特定取引等の任に当たっていることが確認できること、または、㊁特定事業者が当該顧客等と当該代表者等との関係を認識していることその他の理由により当該代表者等が当該顧客等のために当該特定取引等の任に当たっていることが明らかであることが要件とされている。

したがって、法定代理人、代表者だけでなく、同居の親族や、その他の者でも、依頼者作成に係る委任状を有し、あるいは、顧客や顧客の本店等に電話をかけるなどの方法で依頼者の依頼の任に当たっている者であることを確認することができ、その他、依頼者の依頼の任に当たっている者であることが明らかであれば、代表者等であると認められる。

なお、平成28年９月30日以前は、「当該顧客等が発行した当該顧客等の役職員であることを示す書面を有していること」も代表者等としての要件であり、「当該顧客等の役員として登記されていること」については代表権を有する役員に限定されていなかったが、現在では（平成28年10月１日以後）、顧客等が法人である場合の代表者等の要件は前述のとおりとされているため、会社の社員証明書を有するだけの者、取締役、執行役として登記されているにすぎない者（代表権を有しない者）は、他の要件に該当しない限り代表者等とは認められない。すなわち、社員証明書を有するだけの者あるいは代表権を有しない役員は、「当該顧客等が作成した委任状その他の当該代表者等が当該顧客等のために当該特定取引等の任に当たっていることを証する書面を有している」「当該顧客等の本店等若しくは営業所又は当該代表者等が所属すると認められる官公署に電話をかけることその他これに類する方法により当該代表者等が当該顧客等のために当該特定取引等の任に当たっていることが確認できる」「特定事業者が当該顧客等と当該代表者等との関係を認識していることその他の理由により当該代表者等が当該顧客等のために当該特定取引等の任に当たっていることが明らかである」ことに該当しない限り、代表者等と認めることはできないのである。

依頼者本人が自然人であって依頼者本人自身が司法書士への依頼行為を現実に行う場合には、依頼者本人を顧客として、取引時確認として、依頼者本人の本人特定事項の確認を行うだけで足りるが、依頼に当たって、以上の要件を充たす代表者等がいる場合、つまり、依頼者本人以外の者が司法書士への依頼行為を現実に行う場合には依頼者本人の本人特定事項の確認に加えて、その者を代表者等として、その代表者等の本人特定事項の確認を行わなければならないこととなる。また、依頼者が法人である場合には、常に、依頼者である法人の本人特定事項の確認と、その担当者である代表者等の本人特定事項の確認を行わなければならないこととなる。

Q102　**司法書士が、被保佐人所有の宅地・建物の売買に関する所有権移転登記手続について、その保佐人の同意書を添えて、被保佐人から委任を受けたときは、誰の確認を行う必要があるのか。**

A102　**被保佐人の本人特定事項の確認を行わなければならない。**

◇◇◇◇◇ **解説** ◇◇◇◇◇

特定業務について、被保佐人が保佐人の同意を得て依頼をするような場合では、被保佐人が顧客であり（Q89)、この場合は被保佐人未成年者自身が単独で有効に依頼を行うことができることから、保佐人が登記手続の依頼を実際に行わない限り、保佐人が代表者等に該当することはなく、犯罪収益移転防止法上、当該被保佐人の取引時確認（本人特定事項の確認）だけを行うことになる。

被保佐人と保佐人（ほかに、被補助人と補助人、未成年と親権者の場合もあろう）との関係では、保佐人が同意権を行使する場合と代理権を行使する場合があり、前者の場合は被保佐人が顧客に当たり（保佐人は代表者等に当たらない)、後者の場合は被保佐人が顧客で、保佐人が代表者等に当たることとなる。

なお前者の場合であっても、保佐人が同意を与えた上で、当該依頼の任にも当たるような場合には、保佐人が代表者等に該当する場合もあり得よう。

Q103　**司法書士が、宅地・建物の売買に関する所有権移転登記手続について、その所有者に任された者から委任を受けたときは、誰の確認を行う必要があるのか。**

A103　**所有者の本人特定事項の確認および所有者に任された者の本人特定事項の確認を行わなければならない。**

解説

依頼者本人に任された者が、現実に司法書士に依頼する場合も、法定代理の場合と同様に確認を行わなければならない。例えば、任意後見契約の本人所有の宅地・建物の売買に関する所有権移転登記手続について、その任意後見人から委任を受ける場合、あるいは任意代理契約の委任者本人所有の宅地・建物の売買に関する所有権移転登記手続について、その任意代理人から委任を受ける場合には、任意後見契約の本人、任意代理契約の委任者本人が顧客等、その任意後見人、その任意代理人は代表者等に当たり、それらの双方の本人特定事項の確認を行わなければならない。また、依頼者本人から任された者が任意後見人、その任意代理人のような、ある程度の包括的な代理権を有するものでなくても、当該売買契約の締結や、当該登記手続の依頼だけを任されただけの者であっても、代表者等と認められ得ることになる。

さらに、実際の依頼行為を家族や友人などに頼んで依頼が行われる場合、法的に代理行為と評価できるようなものではなく、使者として代行するような場合であっても、その任された家族や友人などが代表者等に該当することとなる。

そのため、所有者の本人特定事項の確認および所有者に任された者の本人特定事項の確認を行わなければならないこととなる。

いずれにしても、前述の代表者等の要件を満たした者でなければならない。

Q104　司法書士が、株式会社所有の宅地・建物の売買に関する所有権移転登記手続について、その会社の管財部長から委任を受けたときは、誰の確認を行う必要があるのか。

A104　株式会社の本人特定事項の確認および管財部長の本人特定事項の確認を行わなければならない。

Q105　司法書士が、株式会社所有の宅地・建物の売買に関する所有権移転登記手続について、その会社の管財部長に任された従業員から委任を受けたときは、誰の確認を行う必要があるのか。

A105　株式会社の本人特定事項および当該従業員の本人特定事項の確認を行わなければならない。

◇◇◇◇◇ **解説** ◇◇

前述のとおり、代表者等とは、「現に特定取引の任に当たっている自然人」を言うため、代表取締役でなくても会社の担当者が実際に特定業務の依頼の任に当たっているときは、その担当者が代表者等に該当する。この場合、その会社の代表取締役は意思決定を行っていたとしても、代表取締役自身が実際の司法書士への依頼行為を行っていない以上、その代表取締役は代表者等には該当せず（ましてや顧客等にも該当しない）、代表取締役自身の本人特定事項の確認を行うことは犯罪収益移転防止法上は求められない。

また、依頼に関与する代表取締役や担当者が、実際の依頼行為をさらに他の者に任せた場合において、現実の依頼行為をその任された者が行ったときは、その者が代表者等に該当することとなり、その代表取締役や元の担当者が代表者等に該当することにはならないので、注意を要する。

いずれにしても、代表者等に当たるためには、前述の代表者等の要件を満たした者でなければならない。

Q106　司法書士が、株式会社の取締役の選任に関する登記手続について、その会社の総務部長から委任を受けたときは、誰の確認を行う必要があるのか。

A106　株式会社の本人特定事項の確認および総務部長の本人特定事項の確認を行わなければならない。

Q107　司法書士が、従来代表取締役１名の株式会社について、さらにもう１名の代表取締役を選定したことにより、その旨の登記手続の委任を、従来からの代表取締役から受けたときは、誰の確認を行う必要があるのか。

A107　株式会社の本人特定事項の確認および従来の代表取締役の本人特定事項の確認を行わなければならない。

◇◇◇◇◇ **解説** ◇◇

商業・法人登記業務の場合も、これまでと同様、常に、顧客等である法人と、代表者等である現実に依頼の任に当たる自然人の両者の本人特定事項の確認を行わなければならないこととなるが、業務の性格上、原則として顧客等がそれらの登記申請人である法人に限られることから、改めて検討を加える。

株式会社の商号変更等の登記手続について司法書士がその委任を受ける際、実際の司法書士への依頼行為を代表取締役自身が行う場合には、その代表取締役が代表者等、会社の担当者が行う場合はその担当者が代表者等に当たることは、他の業務と変わりはない（Q98、Q104、Q105）。

株式会社の取締役の選任や代表取締役の選定の登記手続の場合も同様で、これらの登記手続の実際の司法書士への依頼行為を代表取締役自身が行う場合には、その代表取締役が代表者等、会社の担当者が行う場合はその担当者が代表者等に当たる。この場合、選任された取締役や選定された代表取締役が代表者等に当たるわけではないので（実際の依頼の任に当たっていない限り）、選任された取締役や選定された代表取締役の本人特定事項の確認を行う必要はない。

また、Q107の事例では、代表者等に該当するのは従来からの代表取締役だけであり、依頼行為に関わっていない、新たに選定された代表取締役は代表者等には該当せず、その者についての犯罪収益移転防止法上の確認は不要となる。したがって、株式会社の本人特定事項の確認および従来の代表取締役の本人特定事項の確認を行わなければならないこととなる。

他方、この事例で、その登記手続の依頼を新たに選定された代表取締役が行った場合には、当該代表取締役が代表者等に該当することとなる。

Q108

代表者等に当たる者は、顧客の依頼について、代理権を有するものでなければならないのか。

A108　**必ずしも代理権を有するものでなくても、顧客のために、現に依頼の任意当たっている者（自然人）であれば、代表者等と認められ得る。**

◇◇◇◇◇ **解説** ◇◇

Ｑ103、Ｑ104、Ｑ105でも述べたが、「現に特定取引等の任に当たっている」（法４条４項）とは、顧客等の依頼に関し、必ずしも法的に正式な授権を受けてその任に当たっているということを意味しない。つまり「現に特定取引等の任に当たっている自然人」とは、実際に依頼の任に当たっている個人をいう。したがって、代表者等であるか否かについては、その依頼についての法定代理権や任意代理権を有するか否か、決裁権限や最終的な意思決定を行う権限を有しているか否か等とは無関係に判断される。「代表者等」という概念は、代理権・代表権とは別概念であり[6]、民法上の代理権を有しているか否かが基準となるわけではない。

無論、代表者等に該当すべき者が代理権等の権限を有しているのが普通ではあろうが、代理権等と評価し得る権限はなくても、顧客等から、当該依頼に関して「一定程度、任されている」ことは必要であろう。会社の場合は、実際に司法書士への依頼交渉に当たった者が決裁権限のない一般従業員であった場合であっても、当該従業員について、前述の代表者等の要件を満たした上で、代表者等であると認められる限り、その従業員の本人特定事項を確認することになり、最終的な委任状への調印は決裁権限のある役員が行うにしても、その役員が現に依頼の任に当たらない限り、当該役員は代表者等には該当しない。

任意代理人や法定代理人、法人の代表者、使者、履行補助者のほか、依頼の任に当たる家族や知人、従業員、使用人、担当者等もその権限とは関係なく、前述の代表者等の要件を満たした者であるなら、代表者等になり得る。

例えば、甲が宅地の売買による所有権移転登記手続を乙に任せ、司法書士

6　犯罪収益移転防止制度研究会編著・前掲注１・77頁

が乙から、その依頼を受けたようなときは、乙は典型的な代表者等に該当することとなるが、このような場合、甲が、その売却に伴う一切の権限を乙に委任（復代理人選任の件を含む）した上で、乙が甲の代理人として、「委任者甲代理人乙」と乙が署名押印した委任状を持って司法書士に委任するときは、乙が代表者等に当たることになる。そのほか、乙が甲の使者・代行者あるいは履行補助者として「委任者甲」と甲が署名押印した委任状をもって委任する場合も、乙は代表者等に該当し得る。この場合は、乙が甲の同居の親族であるとか、甲に電話をかけるなどして確認するとか、その他当該依頼の任に当たっていることが明らかでなければならない。いずれにしても、司法書士は、甲の本人特定事項の確認および乙の本人特定事項の確認を行うこととなる。

もちろん、依頼者の使いとして単に司法書士に必要書類を届けるだけの者で、とくに依頼の事務交渉に関与していない者は、現に依頼の任に当たっていると評価できる程度ではない限り、代表者等に当たるとは言えないだろう。

Q109　**自然人甲が甲所有の宅地・建物の売却に伴う手続をその長男乙に任せ、司法書士が、乙から、その登記手続を実際に依頼されたときは、乙の申告だけで、乙が甲の代表者等であると判断しても差し支えないのか。**

A109　**他に代表者等であることが明らかである理由がない限り、乙の申告だけで、乙が甲の代表者等であると判断することはできない。**

◇◇◇◇◇ **解説** ◇◇

「現に特定取引の任に当たっている」ことの確認（顧客等と代表者等の関係性の確認）については、前記規則12条４項に規定があるが、その確認手段については法定されていない。しかし、特定事業者の責任において、適切な手段をもって確認をしなければならないことは言うまでもなく、この事例では、他に代表者等であることが明らかである理由がない限り、単に、乙の「甲から頼まれてきた」という申告だけで、代表者等であると判断することは認められない。

同居の親族であることの確認は、住民票の写し等で確認すること、顧客等と代表者等の本人確認書類により同一の姓・住所であることを確認すること、あるいは実際に顧客等の住居に赴いて代表者等との関係を確認すること等が想定されている。法定代理人であること、あるいは代表権を有する役員であることについても、関係する戸籍事項記載証明書、後見登記事項証明書、法人の登記事項証明書等の公的書類で確認する必要がある。代表者等であることを委任状等をもって確認する場合もあるが、この場合は、「委任状」という名称でなくとも、顧客等が代表者等に取引の任に当たらせていることが明らかになる書類をいい、具体的には、顧客等が作成した申請書であって、取引に当たらせている者の氏名等を記載されているもの等が想定されている。事務指示書や業務権限証書も含まれるであろう。委任状等は、顧客等が作成したものでなければならないが、印鑑証明書まで求められているわけではない。また、代表者等が顧客等の本人確認書類を有していることのみをもって、代表者等であると認めることは適当ではない。

さらに、顧客等に電話をかけること等、顧客等と代表者等との関係を認識していることその他の理由で代表者等であると確認することもでき、法人である顧客等の場合は、その本店等もしくは営業所または当該代表者等が所属すると認められる官公署に電話をかけることその他これに類する方法によって確認することもできるが、電話をかけること以外ではFAX、電子メールを送信することや、実際に、それらの場所に赴いて確認することも想定されている（確認の相手は、法人の代表権を有する者である必要はない）。例えば、司法書士が依頼の前に、顧客等を訪問し、顧客等および代表者等と面談を行っている場合は、顧客等と代表者等との関係を認識していると考えられる。

いずれにしても、司法書士の責任において「現に特定取引の任に当たっている」という心証が得られなければならないということであり、もし、その心証形成に疑念が生じているときには、業務の受任、受託そのものを慎重にせざるを得ないだろう。

司法書士の職責の観点からは、当該特定取引に関して、当該代表者等が正当に当該顧客等を代理・代行することができる者であることについて、実質的な心証を得る必要がある。例えば、司法書士に対して現に依頼の任に当たる者が、依頼者の同居の親族であるという理由だけをもって代表者等であると判断したり、現に依頼の任に当たる者が、司法書士に対して依頼者の成年後見人であると申告しているという理由だけをもって代表者等であると判断したりすることは適切ではない。

また、顧客が法人である場合には、司法書士の職責上は、法人の意思決定機関の「意思」および現に依頼の任に当たる担当者の権限等（中間に介在した者（Q104の事例では管財部長）の権限等）の確認を欠かすことができないと言えよう。

Q110 司法書士が、成年被後見人所有の宅地・建物の売買に関する所有権移転登記手続について、その成年後見人から委任を受けたときは、誰が代表者等に該当するのか。

A110 成年後見人が代表者等に当たる。

Q111 司法書士が、成年被後見人所有の宅地・建物の売買に関する所有権移転登記手続について、その成年後見人から委任を受けた者から依頼を受けたときは、誰が代表者等に該当するのか。

A111 成年後見人から委任を受けた者が代表者等に当たる。

Q112 司法書士が、成年被後見人所有の宅地・建物の売買に関する所有権移転登記手続について、その複数の成年後見人の１人から委任を受けたときは、誰が代表者等に該当するのか。

A112 当該１人の成年後見人が代表者等に当たる。

Q113　**法人所有の宅地・建物の売買に関する所有権移転登記手続について、その法人が、その法人に属しない者に任せ、司法書士が、その任された者から依頼を受けたときは、誰が代表者等に該当するのか。**

A113　**その任された者が代表者等に当たる。**

解説

これらの事例は、いずれも成年被後見人が顧客に当たるが、Q110の事例では 問い15 の解説のとおり、成年後見人が代表者等に当たる。

Q111の事例では、成年後見人は現に依頼の任には当たっていないため代表者等には該当せず、現に依頼の任に当たっている成年後見人から委任を受けた者が代表者等に該当する。

Q112の事例では、現に司法書士に依頼した成年後見人は代表者等に該当するが、他の成年後見人は現に依頼の任に当たっている者ではないため代表者には該当しない。

つまり、法定代理に付された本人所有の宅地・建物の売買による登記手続の委任を、その法定代理人が他の者に任せて、その者が実際に司法書士への依頼行為を行ったときは、代表者等には実際に依頼行為に当たった者が該当し、法定代理人は代表者等には該当せず、したがって、成年被後見人の本人特定事項の確認と、成年後見人から委任を受けた者の本人特定事項の確認を行うこととなる。

法人の依頼による場合も、例えば代表取締役や担当者がその依頼を他の者に任せて、その者が実際に司法書士への依頼行為を行ったときは、代表者等には実際に依頼行為に当たった者が該当し、その場合は代表取締役や元の担当者は代表者等には該当しない。これは、法人の場合、代表者等はその法人に所属しているか否かは必ずしも関係はないので、当該代表者等が、その法人に所属しない外部の者であっても差し支えない。

そのため、Q113の事例では、その法人の代表者から任された者が、その法人に属しないものであっても、その任された者が代表等に該当する。

いずれにしても、復代理を委任した者が顧客の法定代理人であることと、その復代理人（代表者等）が成年後見人から委任を受けた者であること、法人から任されていることの確認をする必要がある。

Q114　特定業務に係る業務の依頼の担当者が複数いて、司法書士は、そのいずれとも依頼に関する打合せをしている場合、顧客以外では、誰の確認を行う必要があるのか。

A114　その複数の担当者の１人を代表者等として、本人特定事項の確認を行うこととなる。

Q115　特定業務に係る業務の依頼に係る打合せを、司法書士と担当者が継続的に行っているとき、その担当者が、途中で交代した場合、顧客以外では、誰の確認を行う必要があるのか。

A115　その旧担当者または新担当者の１人を代表者等として、本人特定事項の確認を行うこととなる。

◇◇◇◇◇ **解説** ◇◇

同一顧客等について依頼の任に当たっている自然人が複数存在する場合、例えば担当者が複数いるようなときに、司法書士がその複数の者と何らかの依頼事務の打合せ等を行っているときは、代表者等に当たる可能性のある者が複数いることになる。この場合であっても、「現に」依頼の任に当たっていると司法書士において判断できる自然人１人だけを代表者等として取り扱って差し支えないと解される。司法書士業務の場合は、実務的には、当該依頼行為について中心的役割を果たし、かつ意思確認の対象とすべき者を代表者等として取り扱うことが多くなるのではなかろうか。

顧客を未成年者とする依頼について、その共同親権者が夫婦共同で司法書士に委任する場合（この場合は、権限的には、優劣がなく全く同等の権限であるが）、実際にはその一方だけが司法書士事務所を訪れて依頼行為を行った場合にはもちろんその依頼行為を行った親権者だけが代表者等に該当し、夫婦揃って司法書士事務所を訪れて依頼行為を行った場合にも、司法書士としては、夫婦のうち「現に」依頼の任に当たっていると判断できる方だけを代表者等として取り扱うことができ、それで足りることとなる。

次に、時間的な流れの中で、代表者等に該当する可能性がある者が複数存在する場合、例えば、一つの依頼について依頼が完成するまでに依頼者の現に依頼の任に当たっている担当者が交代した場合であっても、司法書士としては、「現に」依頼の任に当たっていると判断できる方だけを代表者等として取り扱うことができ、それで足りることとなる。つまり、既に担当者を代表者等として本人特定事項の確認を終えた後で担当者に交代があった場合は、後の担当者は代表者等には該当せず、反対に担当者について代表者等としての本人特定事項の確認を行う前に担当者が交代した場合は、後の担当者を代表者等として取り扱えばよいということである。ただ前者の場合は、司法書士としては後の担当者の確認を行うことも必要であろう。

Q116　**社会福祉協議会が法人として成年後見人に就任している場合、同法人が成年後見人として、司法書士に、成年被後見人所有の宅地・建物の売買による所有権移転登記手続の委任を行ったときは、誰の確認を行う必要があるのか。**

A116　**成年被後見人の本人特定事項の確認および社会福祉協議会の実際の担当者の本人特定事項の確認を行わなければならない。**

解説

特定業務に関する依頼を自然人ではなく、法人に委託する場合もあるが、代表者等に該当する者は、自然人に限られる。

そこで、顧客（自然人・法人を問わず）が、特定業務に関する依頼について法人を代理人や受託者とし、当該法人が司法書士に依頼する場合、現実には代理人・受託者である当該法人の代表取締役・担当者等が司法書士への依頼行為を行う者である。この場合には、その実際に依頼行為を行った自然人が代表者等に該当することとなり、他の者が代表者等に該当することにはならない。例えば、マンションの管理組合法人が管理業務を管理会社に委託している場合に、その管理会社が管理組合法人に関する特定業務を依頼する際は、管理組合法人が顧客で、管理会社の実際の担当者が代表者等ということになる[7]。

したがって、犯罪収益移転防止法上は、顧客である依頼者と、代表者等である最終的に実際に司法書士への依頼行為を行った自然人が本人特定事項の確認の対象となり、代理人・受託者である法人の本人特定事項の確認は求められない。これは、依頼だけを法人に任せた場合だけでなく、業務そのものを法人に委託しているような場合に、その法人が司法書士に依頼を行うときも同様である。

この事例も、成年後見人である社会福祉協議会が司法書士に委任する際には、現実には担当者が実際の依頼行為を行うことになり、代表者等には社会福祉協議会ではなく、その担当者が該当することとなる。つまり、犯罪収益移転防止法上は、顧客等である成年被後見人の本人特定事項の確認と、代表者等である当該社会福祉協議会の担当者の本人特定事項の確認が求められ、社会福祉法人そのものの本人特定事項の確認は求められていない。

ただ、司法書士としては、法定代理人である法人の確認およびその法人の意思決定機関による意思のあったことの確認は欠かすことはできない。

Q117　**司法書士が、破産財団を組成する宅地の売買（売却）による所有権の移転の登記に関する手続を、その破産管財人から、破産管財人選任書を提示されて依頼された際は、誰の確認を行わなければならないのか（登記権利者からの依頼は考慮しないものとする）。**

A117　**誰の本人特定事項の確認も要しない。**

◇◇◇◇◇ **解説** ◇◇

問い12 の４のとおり、破産管財人等が法令上の権限に基づき行う取引（依

7　経済法令研究会編『金融機関における犯罪収益移転防止法 Q&A ―本人確認と疑わしい取引の届出』（経済法令研究会、2008年）68頁

頼）であって、その選任を裁判所が証明する書類が提示・送付されたものに該当する場合には、取引時確認の対象とはされない。この場合には取引時確認を要しないということであり、つまり、破産者、破産管財人ともに、本人特定事項の確認は要しない。

これは、破産管財人の法的地位について、破産財団の代表者であるという見解、破産財団について管理処分権を行使する独立の管理機構であるという見解等いずれの見解に立っても、同じである。

なお、その依頼に基づいて行った登記手続等の事務は、特定受任行為の代理等に該当し、取引時確認は不要であるものの、特定受任行為の代理等に関する記録を作成する義務は免除されないこととなるので注意を要する（Q250）。

もし、この事例で司法書士が登記権利者からも依頼を受けたときは、登記権利者の本人特定事項の確認を行わなければならないことは言うまでもない。

第３節　顧客等が国等である場合

問い16　**司法書士が、○○県□□地方局建設部用地課から、県道用地（現況宅地、地目宅地）の買収に伴う所有権移転登記手続の嘱託の依頼を受けた場合は、誰の確認を行う必要があるのか。**

答え16　**○○県□□地方局建設部用地課の実際の担当者の本人特定事項の確認を行う必要がある。**

解説　自然人や民間の法人だけではなく、国、地方公共団体等の公的な法人や法人格のない団体も、司法書士が特定業務の依頼を受ける場合の顧客に当たり得る。この場合、犯罪収益移転防止法は、本来の顧客である国や地方公共団体等の公的な法人や、法人格のない団体そのものではなく、それら法人や団体とは別人格である特定の者の本人特定事項の確認を行うことを求めている。犯罪収益移転防止法制定当初は、「みなし顧客等」と呼ばれていたものであるが、現行の犯罪収益移転防止法では、次のとおり規定されている。

【法４条５項】

５　特定事業者との間で現に特定取引等の任に当たっている自然人が顧客等と異なる場合であって、当該顧客等が国、地方公共団体、人格のない社団又は財団その他政令で定めるもの（以下この項において「国等」という。）であるときには、第一項又は第二項の規定の適用については、次の表の第一欄に掲げる顧客等の区分に応じ、同表の第二欄に掲げる規定中同表の第三欄に掲げる字句は、それぞれ同表の第四欄に掲げる字句とする。

国等（人格のない	第一項	次の各号（第二条第二項第四十四号から第四十七号までに掲げる特定事業者にあっては、第一号）	第一号
	第一項第一号	本人特定事項	当該特定事業者との間で現に特定取引等の任に当たっている自然人の本人特定事項

社団又は財団を除く。）	第二項	前項各号に掲げる事項並びに当該取引がその価額が政令で定める額を超える財産の移転を伴う場合にあっては、資産及び収入の状況（第二条第二項第四十四号から第四十七号までに掲げる特定事業者にあっては、前項第一号に掲げる事項）	前項第一号に掲げる事項
人格のない社団又は財団	第一項	次の各号	第一号から第三号まで
	第一項第一号	本人特定事項	当該特定事業者との間で現に特定取引等の任に当たっている自然人の本人特定事項
	第一項第三号	当該顧客等が自然人である場合にあっては職業、当該顧客等が法人である場合にあっては事業の内容	事業の内容
	第二項	前項各号に掲げる事項並びに当該取引がその価額が政令で定める額を超える財産の移転を伴う場合にあっては、資産及び収入の状況	前項第一号から第三号までに掲げる事項

国、地方公共団体、人格のない社団または財団その他政令で定めるものを、「国等」というが、分かりにくいため、読替え後の条文を次に掲げる。

【顧客等が国等（人格のない社団又は財団を除く）の場合の法４条５項による読替え後の同条１項および２項】

第４条　特定事業者（第二条第二項第四十三号に掲げる特定事業者（第十二条において「弁護士等」という。）を除く。以下同じ。）は、顧客等との間で、別表の上欄に掲げる特定事業者の区分に応じそれぞれ同表の中欄に定める業務（以下「特定業務」という。）のうち同表の下欄に定める取引（次項第二号において「特定取引」といい、同項前段に規定する取引に該当するものを除く。）を行うに際しては、主務省令で定める方法により、当該顧客等について、第一号に掲げる事項の確認を行わなければならない。

一　当該特定事業者との間で現に特定取引等の任に当たっている自然人の本人特定事項（自然人にあっては氏名、住居（本邦内に住居を有しない外国人で政令で定めるものにあっては、主務省令で定める事項）及び生年月日をいい、法人にあっては名称及び本店又は主たる事務所の所在地をいう。以下同じ。）
二　取引を行う目的
三　当該顧客等が自然人である場合にあっては職業、当該顧客等が法人である場合にあっては事業の内容
四　当該顧客等が法人である場合において、その事業経営を実質的に支配することが可能となる関係にあるものとして主務省令で定める者があるときにあっては、その者の本人特定事項

2　特定事業者は、顧客等との間で、特定業務のうち次の各号のいずれかに該当する取引を行うに際しては、主務省令で定めるところにより、当該顧客等について、前項第一号に掲げる事項の確認を行わなければならない。この場合において、第一号イ又はロに掲げる取引に際して行う同項第一号に掲げる事項の確認は、第一号イ又はロに規定する関連取引時確認を行った際に採った当該事項の確認の方法とは異なる方法により行うものとし、資産及び収入の状況の確認は、第八条第一項の規定による届出を行うべき場合に該当するかどうかの判断に必要な限度において行うものとする。
一〜三（略）

【顧客等が人格のない社団または財団の場合の法4条5項による読替え後の同条1項および2項】

第4条　特定事業者（第二条第二項第四十三号に掲げる特定事業者（第十二条において「弁護士等」という。）を除く。以下同じ。）は、顧客等との間で、別表の上欄に掲げる特定事業者の区分に応じそれぞれ同表の中欄に定める業務（以下「特定業務」という。）のうち同表の下欄に定める取引（次項第二号において「特定取引」といい、同項前段に規定する取引に該当するものを除く。）を行うに際しては、主務省令で定める方法により、当該顧客等について、第一号から第三号まで（第二条第二項第四十四号から第四十七号までに掲げる特定事業者にあっては、第一号）に掲げる事項の確認を行わなければならない。
一　当該特定事業者との間で現に特定取引等の任に当たっている自然人の本人特定事項（自然人にあっては氏名、住居（本邦内に住居を有しない外国

人で政令で定めるものにあっては、主務省令で定める事項）及び生年月日をいい、法人にあっては名称及び本店又は主たる事務所の所在地をいう。以下同じ。）
二　取引を行う目的
三　事業の内容
四　当該顧客等が法人である場合において、その事業経営を実質的に支配することが可能となる関係にあるものとして主務省令で定める者があるときにあっては、その者の本人特定事項
2　特定事業者は、顧客等との間で、特定業務のうち次の各号のいずれかに該当する取引を行うに際しては、主務省令で定めるところにより、当該顧客等について、前項第一号から第三号までに掲げる事項（第二条第二項第四十四号から第四十七号までに掲げる特定事業者にあっては、前項第一号に掲げる事項）の確認を行わなければならない。この場合において、第一号イ又はロに掲げる取引に際して行う同項第一号に掲げる事項の確認は、第一号イ又はロに規定する関連取引時確認を行った際に採った当該事項の確認の方法とは異なる方法により行うものとし、資産及び収入の状況の確認は、第八条第一項の規定による届出を行うべき場合に該当するかどうかの判断に必要な限度において行うものとする。
一～三（略）

これらの規定により、取引時確認において国等が顧客等である場合、特定事業者は顧客等の本人特定事項の確認は要せず、その代わりに、特定事業者との間で現に特定取引等の任に当たっている自然人の本人特定事項を確認することが義務付けられる。もちろん、本来の顧客等が顧客等でなくなるわけではないが、犯罪収益移転防止法に基づく取引時確認においては、現に特定取引等の任に当たっている自然人が本人特定事項の確認の対象となり、顧客等については本人特定事項の確認の対象とはならないということになる。

法4条5項の「現に特定取引等の任に当たっている」とは、代表者等の定義（問い15）の「現に特定取引等の任に当たっている」と同じ意味であり、顧客等の代表者等に当たるべき者の本人特定事項を確認しなければならないが、顧客等の本人特定事項の確認は必要ない。なお、顧客等が、人格のない

社団または財団である場合には、特定事業者は取引時確認に当たっては、代表者等の本人特定事項の確認だけでなく、取引を行う目的および事業の内容の確認も要するものの、司法書士にあっては、代表者等の本人特定事項の確認だけで足りる。

この事例では、県の依頼であり、地方公共団体として、正に国等の依頼（国等を顧客とする特定取引）に該当する。

国および地方公共団体は公法人であり、その実在は証明するまでもなく公知の事実であり、そもそも国であること、地方公共団体であることを公的書類で確認することは困難であると思われることから、顧客等が国、地方公共団体であるときには、国、地方公共団体の本人特定事項の確認に代えて、その代表者等の本人特定事項の確認を行うこととなる。依頼が、内閣（各省庁）、国会（衆参両議院）、裁判所のいずれから行われる場合も、すべて国の依頼である。

地方公共団体はすべて法人であり（地方自治法２条１項）、普通地方公共団体および特別地方公共団体に分けられ、さらに、普通地方公共団体は都道府県および市町村に、特別地方公共団体は特別区、地方公共団体の組合および財産区にそれぞれ分けられる（地方自治法１条の３）。

特別区とは、東京都の区であり、独立した特別地方公共団体とされる。なお、政令指定都市に置かれる区（地方自治法252条の20。いわゆる行政区）は地方公共団体ではなく、法人格も有しない。また、合併特例区も特別地方公共団体とみなされる（市町村の合併の特例に関する法律26、27条）。

地方公共団体の組合は、一部事務組合および広域連合とされ、一部事務組合は普通地方公共団体および特別区が行う事務の一部（消防、上下水道、ゴミ処理等の運営など）を共同処理するため、広域連合は広域にわたり処理する事務を処理するために設けられる特別地方公共団体である（地方自治法284条１項）。

財産区は、市町村および特別区の一部で財産を有しもしくは公の施設を設けているものまたは市町村および特別区の廃置分合もしくは境界変更の場合において、旧の市町村等が所有し、あるいは管理していた財産または公の施設を新市町村等に引き継がずに旧市町村の地域で管理、処分するために設置される特別地方公共団体である（地方自治法294条１項）。

そこで、この事例であるが、司法書士が、県道用地の買収に伴う所有権移転登記の嘱託の依頼を受ける場合の顧客は、○○県であり、実際の依頼行為は○○県知事の司法書士宛ての委任状をもって、□□地方局建設部用地課の担当職員から行われるものであろう。この場合は、○○県が顧客に当たり、当該担当者が「現に特定取引等の任に当たっている」代表者等に当たる。したがって、犯罪収益移転防止法においては、当該担当者の本人特定事項の確認を行うことが求められる（○○県そのものの本人特定事項の確認は求められていない）。

司法書士は、○○県の委任状のほかに、県道用地所有者の承諾書の交付を受けて、所有権移転登記手続の嘱託の代理を行うこととなるが、登記申請人とはならない県道用地所有者は顧客には該当しない。

なお、このような場合でも、国・地方公共団体との法令上の権限かつ手続に基づく取引に該当する場合には、その依頼が特定取引から除外されるため、犯罪収益移転防止法上、○○県の本人特定事項の確認はもとより、担当者の本人特定事項の確認も不要となる。ただし、これらの確認が不要となるケースは、「国又は地方公共団体を顧客等とし、当該取引の任に当たっている当該国又は地方公共団体の職員が法令上の権限に基づき、かつ、法令上の手続に従い行う取引であって、当該職員が当該権限を有することを当該国若しくは地方公共団体が証明する書類又はこれに類するものが提示され又は送付されたもの（Q75）」に限られる。そのような依頼でないケースでは原則どおり担当者の本人特定事項を確認しなければならない。国、地方公共団体からの依頼の場合に特定取引から除外されるケースはまれであり、多くのケースでは、担当者の本人特定事項を確認しなければならないと思われる。

国等が顧客等である場合に本人確認事項の確認の対象となる代表者等である者であることの要件は、顧客等が国等でない場合の代表者等の要件と同じである。したがって、特定事業者は、規則12条4項の要件（Q101）を満たしていることを確認の上、その本人特定事項の確認を行うこととなる。もちろん、司法書士としては、当該代表者等が、依頼者の依頼について、正当な担当者であることを確認する職責上の必要があると言える。

Q118 **司法書士が、法人格を有しない○○同好会から、その有する財産の管理を依頼された場合、誰の確認を行う必要があるのか。**

A118 **実際の依頼の担当者の本人特定事項の確認を行う必要がある。**

◇◇◇◇◇ **解説** ◇◇

いわゆる権利能力のない社団または財団であるが、これらの団体には法人格がなく、その実在性を証明する公的書類もないことから、これらを顧客等とする特定取引等の際に行うべき取引時確認に関しては、代表者等の本人特定事項の確認を行うこととなる。

この事例では、顧客等は○○同好会ということになるが、実際の依頼行為は、○○同好会の代表者や、会計担当者等ということになろう。その場合、当該代表者、会計担当者等が代表者等ということになり、その本人特定事項の確認を行うこととなる。民法組合、匿名組合、投資事業有限責任組合、有限責任事業組合が依頼者となる特定取引、その他、法人格を有しない団体の依頼による特定取引の場合も、その内部における権利義務関係とは別に、同様の確認を行うこととなる。

Q119 **司法書士が、全国的に有名な株式会社から、特定業務に関する依頼をされた場合、誰の確認を行う必要があるのか。**

A119 **当該株式会社の本人特定事項の確認および実際の依頼の担当者の本人特定事項の確認を行う必要がある。ただし、当該株式会社が上場会社等であるときは、実際の依頼の担当者の本人特定事項の確認を行うことで足りる。**

◇◇◇◇◇ **解説** ◇◇

いわゆる上場会社等も、その実在性が明らかであるため、犯罪収益移転防止法上、国・地方公共団体が顧客等である場合と同様に取り扱われることから、実際の依頼の担当者の本人特定事項の確認を行うことで足りる。

ただ、この場合、その登記事項証明書の入手が困難ではないことから、司法書士業務にあってはそれを入手するなどして上場会社の本人確認を行うべきである。

金融商品取引法施行令27条の2各号に掲げる有価証券（金融商品取引法2条1項11号に掲げる有価証券および当該有価証券に係るものならびに同法67条の18第4号に規定する取扱有価証券に該当するものを除く）の発行者（令14条5号）が上場会社、つまり証券取引所に上場されている株式を発行している株式会社は、犯罪収益移転防止法上は国等に含まれ、さらに、有価証券の売買を行う外国（国家公安委員会および金融庁長官が指定する国または地域に限る）の市場に上場または登録している会社も、国家公安委員会および金融庁長官が指定する国または地域であれば（規則18条11号）、基本的にはどこの市場であったとしても上場していれば[8]、その会社等は国・地方公共団体が顧客等である場合と同様に取り扱われる。

国、地方公共団体、人格のない社団または財団、上場会社等のほかにも、国・地方公共団体、人格のない社団・財団等と比較して、実在性の明白性、実在証明手続の困難性等を勘案し、同様に取り扱うことが適当な顧客[9]として、政令、主務省令で定められたものに、独立行政法人（独立行政法人通則法2条1項）がある。独立行政法人のほか、国または地方公共団体が資本金等の2分の1以上を出資している法人も、本人確認において国・地方公共団体、人格のない社団・財団等と同様に取り扱われる。ただ、犯罪収益移転防止法との関係は別としても、独立行政法人などは、設立の登記がなされてお

8　犯罪収益移転防止制度研究会編著・前掲注1・78頁

9　手塚崇史『よくわかるマネーロンダリング対策―犯罪収益移転防止法の実務』（金融財政事情研究会、2008年）53頁

り、その登記事項証明書の入手が困難ではないことから、司法書士業務にあってはそれを入手するなどして独立行政法人などの本人確認を行うべきであろう。

法4条5項の規定が適用される国等には、国、地方公共団体、人格のない社団または財団のほか、次のとおりである。

【令14条】

（法第四条第五項に規定する政令で定めるもの）

第十四条　法第四条第五項に規定する政令で定めるものは、次に掲げるものとする。

一　独立行政法人通則法（平成十一年法律第百三号）第二条第一項に規定する独立行政法人

二　国又は地方公共団体が資本金、基本金その他これらに準ずるものの二分の一以上を出資している法人（前号、次号及び第五号に掲げるものを除く。）

三　外国政府、外国の政府機関、外国の地方公共団体、外国の中央銀行又は我が国が加盟している国際機関

四　勤労者財産形成貯蓄契約等を締結する勤労者

五　金融商品取引法施行令（昭和四十年政令第三百二十一号）第二十七条の二各号に掲げる有価証券（金融商品取引法第二条第一項第十一号に掲げる有価証券及び当該有価証券に係るもの並びに同法第六十七条の十八第四号に規定する取扱有価証券に該当するものを除く。）の発行者

六　前各号に掲げるものに準ずるものとして主務省令で定めるもの

さらに令14条6号を受け、犯罪収益移転防止法施行規則により、次のものも国等に含まれる。

【規則18条】

（国等に準ずる者）

第十八条　令第十四条第六号に規定する主務省令で定めるものは、次の各号に掲げるものとする。

一　勤労者財産形成基金
二　存続厚生年金基金
三　国民年金基金
四　国民年金基金連合会
五　企業年金基金
六　令第七条第一項第一号イ又はロに規定する契約のうち、被用者の給与等から控除される金銭を預金若しくは貯金又は同号ロに規定する定期積金等とするものを締結する被用者
七　第三条第四号に掲げる信託契約を締結する被用者
八　団体扱い保険又はこれに相当する共済に係る契約を締結する被用者
九　令第七条第一項第一号リに規定する契約のうち、被用者の給与等から控除される金銭を当該行為の対価とするものを締結する被用者
十　令第七条第一項第一号カに規定する契約のうち、被用者の給与等から控除される金銭により返済がされるものを締結する被用者
十一　有価証券の売買を行う外国（国家公安委員会及び金融庁長官が指定する国又は地域に限る。）の市場に上場又は登録している会社

外国政府、外国の政府機関、外国の地方公共団体、外国の中央銀行または我が国が加盟している国際機関が顧客等である場合も、犯罪収益移転防止法上、国・地方公共団体が顧客等である場合と同様に取り扱われる。外国政府などの実在性は明らかであるからである。ただ、外国の政府機関については、当該外国の実情によって様々であるが、例えばその予算決算が議会で議決される等の事情により、実在性が明確な政府機関等であることが必要とされる。駐日外国大使館も、外国の政府機関に該当する。また、我が国が加盟している国際機関とは、国際連合等の我が国が加盟している機関が該当するものと考えられる。これらについて個別具体的に確認する必要がある場合には、関係機関に問い合わせる必要があるだろう。

勤労者財産形成基金、存続厚生年金基金、国民年金基金、国民年金基金連合会、企業年金基金等も、法人の目的が公益であることが明らかであり、テロ資金供与およびマネー・ローンダリングの利用を受けにくいこと、その実

在性の保証があること等により[10]、国、地方公共団体、独立行政法人などと同様に取り扱われる。

Q120　**司法書士が、○○県□□地方局建設部用地課から、県道用地（現況宅地、地目宅地）の買収に伴う所有権移転登記手続の嘱託の依頼を、○○県公共嘱託登記司法書士協会を通じて受けた場合は、誰の確認を行う必要があるのか。**

A120　**実際に当該登記手続に関する事務を担当した当該司法書士協会の理事等の本人特定事項の確認を行う必要がある。**

Q121　**法人格を有しないマンションの管理組合が管理業務を管理会社に委託している場合において、その管理会社が、管理組合に関する特定業務を司法書士に依頼する場合は、誰の確認を行う必要があるのか。**

A121　**管理会社の実際の担当者の本人特定事項の確認を行う必要がある。**

◇◇◇◇◇ **解説** ◇◇◇

Q120の事例は、所管の用地課から司法書士が直接業務依頼を受けたケースであるが、この事例は、公共嘱託登記司法書士協会が受託したものを、社員である司法書士が復代理の委任を受けて、登記手続を行うケースである。

国等が顧客等の場合であり、誰が代表者等になるべき者なのかということと同様に考えられ、代表者等に該当する者は当該顧客等の組織に所属している者には限られない（Q113）。したがって、現に特定取引等の任に当たっている自然人は、その顧客等の組織の内外を問わず、代表者等として本人特定事項の確認の対象者となる。例えば、人格のない社団の職員が、外部の法人に特定業務の事務を委託し、その事務の委託を受けた法人の担当者が実際に依頼交渉に当たるときは、その担当者が代表者等に該当することになるのである。この場合、委託を受けた法人は代表者等に該当しない（代表者等は自

10　犯罪収益移転防止制度研究会編著・前掲注１・206頁

然人に限られる)。したがって、Q120では、当該協会において実際に当該登記手続に関して復代理司法書士に依頼をする事務を担当する理事等の担当者が代表者等に該当し、Q121では、当該管理会社において実際に当該特定業務に関して司法書士に依頼をする事務の担当者が代表者等に該当する。

もちろん、当該担当者は、顧客等である国等から委託を受けた法人の担当者であることを、後述の方法（第３章第８節）で確認することができる場合に限られる。また、司法書士が司法書士協会の復代理人としてではなく、司法書士協会の使者、つまり担当者である社員として当該登記の嘱託手続の処理に当たる場合であっても、その事務処理は当該担当司法書士にとって特定業務に該当し、当該協会において実際に当該登記手続に関して担当司法書士に依頼をする事務を担当する理事等の担当者が代表者等に該当すると考えられるのではなかろうか。

なお、公共嘱託登記司法書士協会自体は特定事業者ではないので、同協会が犯罪収益移転防止法上の取引時確認を行う必要はない。

同様に、例えば、Q120の事例のように、法人格を有しないマンションの管理組合が管理業務を管理会社に委託している場合に、その管理会社が、管理組合に関する特定業務を司法書士に依頼する際も、管理会社の実際の担当者が代表者等（従前のみなし顧客等）に該当する[11]。

Q122　**司法書士が、株式会社の設立登記手続の依頼を受けた場合は、誰の取引時確認を行う必要があるのか。**

A122　**現に設立登記手続の委任の任に当たっている自然人の本人特定事項の確認を行う必要があり、定款の作成も依頼されている場合には、発起人全員の本人特定事項の確認をも行う必要がある。**

◇◇◇◇◇ **解説** ◇◇

会社等の設立登記、企業再編の登記の依頼にあっては、依頼事務の遂行に

11　経済法令研究会編・前掲注７・68頁

よって法人格が発生し、あるいは依頼に伴って法人格に変動が生じることがあるため、誰が、どの法人が顧客になるのかということが実務上問題となる。会社の成立要件は登記とされているため、委任状には「株式会社甲商店　代表取締役　甲某」と署記名押印して設立登記手続の委任を受けるにしても、委任の時点では会社は人格として存在していないこととなる。これは、設立の手続が特定業務に該当することとなる法人（第２章第３節２）の成立要件もすべて登記とされていることから、同様のことが言える。

この場合、実務上は、設立登記手続の委任を受ける際にはまだ人格としての法人は成立していないため、設立前の法人を人格のない社団または人格のない財団と捉え、現に設立登記手続の委任の任に当たっている自然人を代表者等として、犯罪収益移転防止法上の処理を行うことで足りる。

この事例の場合、司法書士が設立すべき株式会社の設立時代表取締役から設立登記手続の委任を受けた場合は、設立中の株式会社を人格のない社団と捉え、その設立時代表取締役が代表者等に当たり、もし実際の依頼行為は設立時代表取締役から頼まれた他の者が行ったものであれば、その者が代表者等に当たるだろう。したがって、設立時代表取締役などの実際の依頼行為を行った者の本人特定事項の確認を行うこととなる。

定款の作成も依頼された場合には、加えて、発起人全員も顧客等として取り扱う必要がある（Q93）。

なお、公証人法施行規則の一部を改正する省令（平成30年法務省令第26号）の施行により、平成30年11月30日から、株式会社ならびに一般社団法人および一般財団法人の定款の認証の際には、公証人が、これらの法人の実質的支配者となるべき者について、申告を受ける等の措置を講ずることとなっている（後掲）。

第４節　確認すべき事項―本人特定事項―

1　自然人の本人特定事項

問い17　**取引時確認において、顧客を確認するには、その何を確認するのか。**

答え17　**本人特定事項として、自然人にあっては氏名、住居（本邦内に住居を有しない外国人で政令で定めるものにあっては、主務省令で定める事項）および生年月日、法人にあっては名称および本店または主たる事務所の所在地を確認しなければならない。**

解説　犯罪収益移転防止法における取引時確認において確認すべき事項には、本人特定事項と、それ以外の事項（取引を行う目的、職業・事業の内容、実質的支配者、資産および収入の状況）がある。

しかし司法書士にあっては、そのうち本人特定事項の確認を行うことで足りる（問い14）。

本人特定事項は、法４条１項１号で、「自然人にあっては氏名、住居（本邦内に住居を有しない外国人で政令で定めるものにあっては、主務省令で定める事項）及び生年月日をいい、法人にあっては名称及び本店又は主たる事務所の所在地」と定められている。

したがって、司法書士は、本人特定事項の確認の対象者（顧客等（問い14）、代表者等（問い15））について、それらの法定の事項のすべてを犯罪収益移転防止法に定める方法に従って確認しなければならないことになる。

なお、顧客等が国等である場合にあっては、当該国等の本人特定事項の確認を行う必要はないが、当該国等の名称、所在地その他の当該国等を特定するに足りる事項は、確認記録の記録事項となっている（Q216）。

Q123　**顧客である自然人の本人特定事項を確認する際、その本籍地の確認も行うべきか。**

A123　**本籍地は本人特定事項ではなく、確認をする理由がない限り、不要な確認は控えるべきである。**

◇◇◇◇◇ **解説** ◇◇◇◇◇

自然人の本人特定事項は、確認の対象者が顧客等、代表者等のいずれか、または双方の場合であっても、国籍にかかわらず、氏名、住居および生年月日であり、一定の場合に一定の外国人については、住居に代えて、主務省令で定める事項となる。

その他の事項、例えば、性別、本籍地、世帯主との続柄等は、本人特定事項ではない。とくに、本籍地については、JISQ15001：2006（個人情報保護マネジメントシステム－要求事項）4.4.2.3の「特定の機微な個人情報」に該当するため、不要な確認は控えるべきであると考える。

また、個人番号（マイナンバー）も本人特定事項ではなく、さらに、一定の行政手続の場合を除いて、何人も、個人番号の提供を求めることはできず（行政手続における特定の個人を識別するための番号の利用等に関する法律15条）、何人も、特定個人情報（個人番号をその内容に含む個人情報（同法２条８項））を提供してはならないとされている（同法19条）。

以下、「氏名」と「住居」について解説を加える（生年月日については、正に生年月日であり、特に解説は加えない）。

Q124　**司法書士が特定業務に係る依頼を受けた際、自然人である依頼者が通称名によることを希望しているときは、司法書士は本名に代えて、通称名を確認することで足りるのか。**

A124　**本人特定事項として、本名を確認しなければならない。**

◇◇◇◇◇ **解説** ◇◇◇◇◇

「氏名」とは、本名のことであり、その国籍を問わず、必ず確認対象者の本名を確認しなければならない。通称名、芸名、職名、僧籍名、雅号、源氏名、個人商人の商号等は、本人特定事項とはならない。

ただし、司法書士への依頼が、通称名等、顧客等が自己の氏名および名称と異なる名義を取引に用いるときは、当該名義ならびに顧客等が自己の氏名および名称と異なる名義を用いる理由を、確認記録に記録しなければならないので（Q219)、記録を作成する範囲で通称名等の確認を要するが、これは本人特定事項ではなく、その確認方法については法定されていない。

Q125　**司法書士が、個人事業主から、その事業の用に供する目的で宅地の売買による所有権移転登記手続の代理を依頼されたときは、依頼者について、その住居に代えて、その事業所の所在地を確認することで足りるのか。**

A125　**依頼者個人の住居を確認しなければならない。**

◇◇◇◇◇ **解説** ◇◇◇◇◇

「住居」とは、住所または居所という意味であり、民法では「各人の生活の本拠をその者の住所とする（同法22条)」、「住所が知れない場合には、居所を住所とみなす（同法23条１項)」とされており、犯罪収益移転防止法において確認すべき住居も、現実に生活の本拠を置く場所を確認すべきである。しかし、ある人物がどこに生活の本拠を置いているかということは、把握困難な場合が少なくない[12]。結局は、依頼を受けるに当たって、提示や送付を受けた本人確認書類（第３章第７節２、４）などの書類等や、その言動や、業務に関連する諸般の事情等を考慮して、総合的に真の住居を判断するほかない。提示や送付を受けた本人確認書類などの書類等に記載された住居が現在の住居でない場合は、現在の正確な住居の記載されている本人確認書類によるか、補完書類（第３章第７節３）によって真の住居を確認する必要がある（第３章第７節７)。

また、住居とは生活の本拠であり、営業上のそれではないため、個人事業

12　犯罪収益移転防止制度研究会編著・前掲注１・70頁

主・個人商店主の場合であっても、事業所の所在地・商店の所在地ではなく、個人としての生活の本拠が住居となる。したがってこの事例では、依頼者個人の生活の本拠としての住居の確認が必要となる。

Q126　**本人特定事項として確認すべき住居については、日本に住所を有しない者は、その者が日本人または外国人のいずれであるかを問わず、日本における居所がその者の住所とみなされるのか。**

A126　**そのようにみなすべき規定はなく、国内外を問わず、その者の生活の本拠が本人特定事項としての住居であるとされる。**

◇◇◇◇◇ **解説** ◇◇

犯罪収益移転防止法では、国内外を問わず、その者の生活の本拠が本人特定事項としての住居である。民法第23条第２項で定める「日本に住所を有しない者は、その者が日本人又は外国人のいずれであるかを問わず、日本における居所をその者の住所とみなす。」という類の規定はない。

そのため、外国で生活している邦人の住居はその外国における住居であり、日本国内で生活している外国人の住居は日本国内における住居であり、外国で生活している外国人の住居はその外国における住居である。例えば、日本に観光等で訪れている外国人の住居は、その本国の住居となる。

Q127　**取引時確認において、代表者等を確認するには、その何を確認するのか。**

A127　**本人特定事項として、氏名、住居（本邦内に住居を有しない外国人で政令で定めるものにあっては、主務省令で定める事項）および生年月日を確認しなければならない。**

◇◇◇◇◇ **解説** ◇◇

現に特定取引等の任に当たっている自然人（現に依頼の任に当たる者）による依頼の際の取引時確認においては、顧客（依頼者）および代表者等（現に依頼の任に当たる者）の確認を行わなければならないが（問い15）、代表者等の確認は、顧客の確認事項と同様、本人特定事項の確認を行うこととなる。

代表者等は自然人であるため、その氏名、住居（本邦内に住居を有しない外国人で政令で定めるものにあっては、主務省令で定める事項）および生年月日を確認することとなる。

2　法人の本人特定事項

Q128　**司法書士が、株式会社の支店長から、当該株式会社に係る特定業務の依頼を受けたときは、司法書士は、その会社の商号のほかは、支店所在地を確認することで足りるのか。**

A128　**本店の所在地を確認しなければならない。**

◇◇◇◇◇ **解説** ◇◇◇◇◇

顧客である法人の本人特定事項は、常に、名称および本店または主たる事務所の所在地である。その他の事項、例えば、法人の成立年月日、資本金の額、支店の所在地、その他の登記事項等は、本人特定事項ではない。ただ、類似商号規制がなく、企業再編も少なくない昨今の時代にあって、法人の同一性という観点から司法書士業務における本人確認にとっては、法人の成立年月日を確認することは非常に有益であろう。

「名称」とは、登記記録等の公的記録に記録されている名称である。当然、会社の商号も名称に含まれる。株式会社が商号変更決議を行い、商号変更の効力が生じているにもかかわらず、その商号変更登記を行っていない間に、司法書士が当該株式会社を顧客等とする特定業務の依頼を受ける場合には、実体法上既に変更された真の商号について確認すべきこととなるが、法人の本人確認書類は、登記事項証明書、印鑑登録証明書等であるため、結局、商号変更登記をしなければ真の商号の確認ができないこととなる。

「本店又は主たる事務所の所在地」とは、会社の本店、会社以外の法人の主たる事務所である。外国法人の場合もその外国における本店または主たる事務所の所在地である。外国会社が日本において取引を継続してしようとするときは、日本における代表者を定め、そのうち１人以上は日本に住所を有する者でなければならず（会社法817条１項）、外国会社が初めて日本における代表者を定めたときは、その外国会社について登記をしなければならないため（会社法933条）、その登記をするまでは日本において継続して取引を行うことはできないが、日本に設けた営業所に関する登記をした場合であっても、その外国における本店の所在地が当該外国会社の本人特定事項となる。本人特定事項としては、真の本店、主たる事務所の所在地を確認しなければならないが、法人の本人確認書類は、登記事項証明書、印鑑登録証明書等であるため、結局、実体法上は本店等が移転している場合は、本店等の移転の登記をしていなければ真の本店等の確認ができないこととなる（補完書類による確認については第３章第７節７で後述）。

3　特例外国人の本人特定事項

Q129　**自然人の本人特定事項として、住居以外の事項を確認すべき場合は、どのような場合があるのか。**

A129　**一定の場合、特例外国人については、住居に代えて、国籍および旅券等の番号を確認すべき場合があるが、司法書士に対する依頼の場合には、司法書士は、国籍および旅券等の番号ではなく、常に、住居を確認することとなる。**

◇◇◇◇◇ **解説** ◇◇

本邦内に住居を有しない外国人で政令で定めるものにあっては、主務省令で定める事項（法４条１項１号）、すなわち「氏名、主務省令で定める事項及び生年月日」が、住居に代わる本人特定事項となる。

「本邦内に住居を有しない外国人で政令で定めるもの」とは、長期間我が国に在留しているが住居が不定である外国人を指すのではなく、外国人の観光・ビジネス旅行者を想定している[13]。外国に居住していて、外国にいるまま国内の特定事業者と取引を行おうとする者や、外国に居住し、一時的に日本に帰国している邦人については、本規定は適用されない。

「本邦内に住居を有しない外国人で政令で定めるもの」は特例外国人と呼ばれ、法令によって次のとおり定義されている。

【令10条】

> （法第四条第一項第一号に規定する政令で定める外国人）
> 第十条　法第四条第一項第一号に規定する本邦内に住居を有しない外国人で政令で定めるものは、本邦に在留する外国人であって、その所持する旅券（出入国管理及び難民認定法（昭和二十六年政令第三百十九号）第二条第五号に掲げる旅券をいう。）又は乗員手帳（出入国管理及び難民認定法第二条第六号に掲げる乗員手帳をいう。）の記載によって当該外国人のその属する国における住居を確認することができないものとする。

【出入国管理及び難民認定法２条】

> （定義）
> 第二条　出入国管理及び難民認定法及びこれに基づく命令において、次の各号に掲げる用語の意義は、それぞれ当該各号に定めるところによる。
> 一　削除
> 二　外国人　日本の国籍を有しない者をいう。
> 三　乗員　船舶又は航空機（以下「船舶等」という。）の乗組員をいう。
> 三の二　難民　難民の地位に関する条約（以下「難民条約」という。）第一条の規定又は難民の地位に関する議定書第一条の規定により難民条約の適用を受ける難民をいう。
> 四　（略）
> 五　旅券　次に掲げる文書をいう。
> イ　日本国政府、日本国政府の承認した外国政府又は権限のある国際機関の発行した旅券又は難民旅行証明書その他当該旅券に代わる証明書（日本国領事官等の発行した渡航証明書を含む。）
> ロ　政令で定める地域の権限のある機関の発行したイに掲げる文書に相当

13　犯罪収益移転防止制度研究会編著・前掲注１・70頁

する文書

六　乗員手帳　権限のある機関の発行した船員手帳その他乗員に係るこれに準ずる文書をいう。

七～十六　（略）

「本邦に在留する」とは、物理的に我が国の領域内に所在することを意味し、「その所持する」ということは、取引時に旅券または乗員手帳を所持していない場合には、特例外国人として取り扱うことはできない[14]ことを意味する。

また短期滞在の外国人であっても、旅券または乗員手帳に本国の住居の記載がある場合には、特例外国人として取り扱うことはできず、その本国の住居を本人特定事項として確認しなければならないこととなる。

特例外国人の住居に代わる本人特定事項は、次のとおりである。

【規則8条】

（本邦内に住居を有しない外国人の住居に代わる本人特定事項等）

第八条　法第四条第一項第一号に規定する主務省令で定める事項は、次の各号に掲げる特定取引等の区分に応じ、それぞれ当該各号に定める事項とする。

一　令第七条第一項第一号ツ若しくはノに掲げる取引又は同項第五号に定める取引（当該貴金属等の引渡しと同時にその代金の全額を受領する場合におけるものに限る。）　国籍及び旅券等の番号

二　前号に掲げる取引以外の取引　住居

2　前項第一号に掲げる取引を行う場合において、出入国管理及び難民認定法の規定により認められた在留又は上陸に係る旅券又は許可書に記載された期間（第二十条第一項第二十四号において「在留期間等」という。）が九十日を超えないと認められるときは、法第四条第一項第一号の本邦内に住居を有しないことに該当するものとする。

14　犯罪収益移転防止制度研究会編著・前掲注1・107頁

【出入国管理及び難民認定法19条の3、19条の4】

（中長期在留者）
第十九条の三　法務大臣は、本邦に在留資格をもつて在留する外国人のうち、次に掲げる者以外の者（以下「中長期在留者」という。）に対し、在留カードを交付するものとする。
　一　三月以下の在留期間が決定された者
　二　短期滞在の在留資格が決定された者
　三　外交又は公用の在留資格が決定された者
　四　前三号に準ずる者として法務省令で定めるもの

（在留カードの記載事項等）
第十九条の四　在留カードの記載事項は、次に掲げる事項とする。
　一　氏名、生年月日、性別及び国籍の属する国又は第二条第五号ロに規定する地域
　二　住居地（本邦における主たる住居の所在地をいう。以下同じ。）
　三　在留資格、在留期間及び在留期間の満了の日
　四　許可の種類及び年月日
　五　在留カードの番号、交付年月日及び有効期間の満了の日
　六　就労制限の有無
　七　第十九条第二項の規定による許可を受けているときは、その旨
２～５　（略）

在留予定期間については、原則として、3か月を超えて我が国に在留する外国人には、在留カードが発行され、その在留カードに記載されている住居地（本邦における主たる住居の所在地）を確認することができるため、特例外国人には当たらないが、在留期間等が90日を超えないと認められるときは、本邦内に住居を有しないものとして取り扱うこととになる。

なお、在留予定期間が90日以内であることは、旅券に押印されている証印、上陸許可書など入管法に基づく書類で確認しなければならない[15]。

特例外国人の場合、現金、持参人払式小切手、自己宛小切手または無記名

の公社債の本券もしくは利札の受払いをする取引であって、①当該取引の金額が200万円（現金の受払いをする取引で為替取引または自己宛小切手の振出しを伴うものにあっては、10万円）を超えるもの（令７条１項１号ツ）、②200万円を超える本邦通貨と外国通貨の両替または200万円を超える旅行小切手の販売もしくは買取り（同７条１項１号ノ）、③その代金の額が200万円を超える貴金属等の売買契約の締結（同７条１項５号）の場合には、住居の代わりに、国籍および旅券等の番号を本人特定事項として確認することとなる。

しかし、これらは、司法書士にとっての特定業務の場合には当てはまらず、司法書士にとっては、結局、住居を本人特定事項として確認しなければならないものとなる。

司法書士が、ビジネスで日本に短期間の滞在中の外国人などの特例外国人から、特定業務の依頼を受ける場合には、氏名および生年月日のほか、他の本人確認書類や現在の住居を確認する書類で本国の住居を確認しなければならないということである。

以上を総合すると、特定事業者である司法書士にとって、自然人の本人特定事項とは、顧客等または代表者等を問わず、その自然人の国籍を問わず、また在留の有無、期間等を問わず、常に、氏名、住居、生年月日であり、法人の本人特定事項とは、名称および本店または主たる事務所の所在地となる。

15　犯罪収益移転防止制度研究会編著・前掲注１・108頁

第５節　確認すべき時期

問い18　**司法書士が、数日後に決済が行われる予定の宅地の売買に関して、その所有権移転登記手続の依頼を受けたが、その決済までに本人確認を済ませておきたいところ、物権変動に伴う委任状は、決済当日、決済の場面で交付を受ける場合は、決済までに取引時確認を行うことはできないのか。**

答え18　**実際の依頼があった場合は、決済までに取引時確認を行うことができる。**

解説　確認の時期、すなわち「いつ」取引時確認を行うのかということは、犯罪収益移転防止法では、「取引…を行うに際しては、」と規定されており、司法書士業務の場合に当てはめると、「特定取引に該当する依頼を受ける際には、」ということになる。

「行うに際しては」とは、「あらかじめ」「までの間に」などのように取引が完了する前に必ず取引時確認が終了していなければならないとの趣旨ではなく、取引の性質に応じて合理的な期間内に取引時確認を完了すべきとの趣旨である[16]。したがって、司法書士が依頼者との委任契約の締結時において厳格に取引時確認が完了していることを意味するものではないが、少なくとも、社会通念上、委任契約の締結時において、その確認手続が開始しているなど、合理的期間内に終了することが予測される状況であることが必要である（平成14年７月23日金融庁「金融機関等による顧客等の本人確認等に関する法律施行令（案）及び金融機関等による顧客等の本人確認等に関する法律施行規則（案）に対するパブリックコメントの結果について」[17]）。

例えば、本人確認書類に記載されている住居に取引関係文書を送付し、返送されないことをもって確認する方法により取引時確認を行う場合には、委

16　犯罪収益移転防止制度研究会編著・前掲注１・69頁
17　経済法令研究会編・前掲注７・31頁、58頁

任契約の締結時に、当該住居に向かって取引関係文書を送付する手続を開始する程度の段階にあることは必要であると解される。

このような事例では、通常、数日後の売買代金の決済の時（物権変動時）に委任契約を締結する（委任状の交付を受ける）場合が一般的であろうと思われるが、依頼を受ける際とは、委任状が交付されたというような形式をもってのみ判断すべきではなく、当該特定取引の目的と趣旨を総体として判断すべきである。つまり、所有権移転という物権変動が生じる前であり、委任状の委任日より前であっても、事実上の依頼を受けている場合は、取引時確認を行うことができる。また、この場合、物権変動を条件とした委任契約が事前に締結されているとみることができ、そこで取引時確認を行うことができるということとなる。

なお、具体的な事務の依頼の前提がない状況では、取引時確認だけを済ませておくことはできない。

Q130　**取引時確認は、いつまでに終わらせなければならないのか。**

A130　**原則として、特定受任行為の代理等が行われる時、例えば、依頼を受けた特定業務に該当する登記手続の代理申請までには完了している必要がある。**

解説

取引時確認はいつまでに完了していなければならないのかという合理的期間については、一般的には司法書士の特定業務にあっては、原則として特定受任行為の代理等が行われるときまでには完了している必要があると考えられる。つまり、依頼を受けた登記の申請時までには、取引時確認が完了していなければならないと考えられる。

ただ、司法書士の職責に基づいた本人確認および意思確認について、十分に心証を得られている状態であり、犯罪収益移転防止法上の取引時確認を開始している（例えば、本人確認書類に記載されている住居に取引関係文書を送付し、返送されないことをもって確認する方法により取引時確認を行う場合には（Q182)、取引関係文書を送付する手続を開始している）ならば、犯罪収益移転防止法上の取引時確認は完了していなくても、その段階で登記申請を行うことも可能であろうと思われる。この場合は、もちろん、その後の合理的期間内に犯罪収益移転防止法上の取引時確認も完了させなければならない。

結果的には事後に取引時確認が完了するとしても、登記申請の前に司法書士の職責に基づいた本人確認および意思確認が十分に行われていなかったとしたら司法書士法上適切であるとは言えない。

あるいは、犯罪収益移転防止法上の取引時確認を開始することをせず、意識的に登記完了後に登記完了証、登記識別情報通知書等を送付するのに併せて取引関係文書を送付する手続を開始するようなことは、犯罪収益移転防止法上も適法であるとは言えない。

司法書士の職責をかんがみると、結局はすべての業務について、依頼を受けた際に本人確認を開始し、登記申請等の特定受任行為の代理等が行われるまでには本人確認を完了させなければならないのである。

第６節　確認する者

問い19　**宅地の売買による所有権移転登記手続を、共同事務所の司法書士甲および乙に委任したときは、甲または乙の一方だけが取引時確認を行うことで足りるのか。**

答え19　**原則として、甲および乙の双方が取引時確認を行う必要がある。ただ、甲または乙の行った取引時確認に係る確認記録を、他の司法書士が、必要に応じて直ちに検索することができる状態を確保する場合は、事実上、その一方の司法書士の行った取引時確認だけで足りる。**

解説　犯罪収益移転防止法における取引時確認の主語は、「特定事業者」であるが、ここでは現実に確認行為を行った者（自然人）について解説する。特定事業者が自然人である場合は、その特定事業者自身が確認行為を行うことができるが、特定事業者が法人である場合は、法人自体が物理的に確認行為を行うことができないため、確認行為を行う者は、通常は、その法人の従業員等、その法人の組織に属している自然人になる。特定事業者が自然人であるときも、当該自然人が確認行為を行うだけでなく、その雇用されている者など特定事業者の管理下にある自然人が現実の確認行為を行う場合もある。また、その確認行為を外部に委託できるのかということについては、犯罪収益移転防止法では、一般的に可能であると解されている。

つまり、自然人である特定事業者が、他の者（当該他の者が法人である場合は、委託を受けた法人の実際の確認業務担当者）に確認行為を委託することもできるし、法人である特定事業者も、その所属の従業員等以外の者（当該従業員等以外の者が法人である場合は、委託を受けた法人の実際の確認業務担当者）に確認行為を委託することができるということである。その確認業務を代理店等（例えば、ファイナンスリース業者が取引店）に委託する場合が、その例となろう。ただ、委託した特定事業者の責任において、受託者による取引時確認および確認記録の作成、保存の措置が確実に行われている必要があり、この場合、特定事業者は、自社の営業所等で保存している場合と同様に、必要に応じて直ちに確認記録を検索できる状態を確保しておかなければならない[18]。

このような場合に取引時確認に瑕疵があったときは、仮に取引時確認の委託を受けた代理店等にその原因があったとしても、犯罪収益移転防止法上の責任は、その委託をした特定事業者が負わなければならず、また自社の営業所等で保存している場合と同様の状態を確保していなければ、やはり責任を負わなければならない。

司法書士の場合、一般的な受任形態である司法書士が単独で受任するケースでは、その司法書士自身がその確認行為を行う必要がある。これは、司法書士法施行規則24条に「司法書士は、他人をしてその業務を取り扱わせてはならない」とあり、司法書士業務の性格上、原則として、他の特定事業者のように、外部の他の司法書士でない者にその確認行為を委託することができないからである。

複数の司法書士が同一の依頼人の特定業務について共同で受任する場合がある。この場合も、共同で受任した複数の司法書士の全員について、取引時確認の義務が課せられるので、それら司法書士全員がそれぞれ同一の依頼者の取引時確認を行わなければならないこととなる。共同受任の場合、例えば、実際に登記手続の代理を行う司法書士は、そのうちの１人であったとしても、取引時確認は、特定取引を行うに際して、つまり、依頼を受けたときに行わなければならないため、結局は、共同受任をした司法書士全員に取引時確認の義務が生じることになる。ただ実務上は、それら複数の司法書士のうちの１人がその確認行為を行うことで足りると考えられる。この場合であっても、他の司法書士の取引時確認の義務が免除されるわけではなく、実際にその確認行為を行わなかった司法書士も、実際にその確認行為を行った司法書士を、取引時確認を行った者（規則17条１項１号）として確認記録を作成

18　犯罪収益移転防止制度研究会編著・前掲注１・71頁

し、保存するか、あるいは実際にその確認行為を行った司法書士が確認記録を作成し、保存し、他の司法書士は、必要に応じて直ちにその確認記録を検索できる状態を確保する必要がある。いずれにしても、取引時確認に瑕疵があった場合や、確認記録の作成、保存に問題がある場合には、他の司法書士も犯罪収益移転防止法上の責任は免れない。

この事例でも、甲、乙ともに取引時確認を行う義務があることを前提に、仮に、その一方だけが現実にその確認行為を行った場合でも、その作成した確認記録を、もう１人の司法書士が、必要に応じて直ちに検索できる状態を確保しておかなければならないこととなる。

Q131　司法書士は、その補助者に、取引時確認・本人確認を任せることができるのか。

A131　補助者に全面的に任せることは適切ではない。

◇◇◇◇◇ **解説** ◇◇◇◇◇

司法書士法施行規則25条１項では、「司法書士は、その業務の補助をさせるため補助者を置くことができる」とあり、本人確認行為を補助者に任せることができるのかということが問題となる。

これまで述べたとおり、司法書士の本人確認は犯罪収益移転防止法で求められる確認の程度にとどまらず、当事者適格性と意思確認とを包含する司法書士の職責上の確認が求められ、司法書士が業務上確認すべき前提事項の中核をなすことから、司法書士本職がなすべきであり、それを補助者に全面的に任せることは適切ではないと考える。

Q132　司法書士法人が取引時確認を行う場合、実際の確認行為は、誰が行うのか。

A132　当該法人に属する司法書士が行う。

◇◇◇◇◇ **解説** ◇◇

司法書士法人が特定業務に関する業務を受任する場合の取引時確認については、特定事業者である司法書士法人自体がその確認行為を行うことは物理的に不可能であるため、司法書士法人に属する司法書士がその確認行為を行うこととなる。

Q133 **自然人Ｄが宅地の売買による所有権移転登記手続を司法書士甲に委任し（復代理人選任の件を含む）、さらに甲が当該申請を司法書士乙に委任したときは、乙は、Ｄの本人特定事項の確認を行うことで足りるのか。**

A133 **乙は、Ｄの本人特定事項の確認に加え、甲の本人特定事項の確認をも行わなければならない。**

◇◇◇◇◇ **解説** ◇◇

この事例の場合、司法書士甲にとっての顧客は当該自然人Ｄであり、取引時確認として、Ｄの本人特定事項の確認を行う必要があることは当然であるが、司法書士乙にとっては、Ｄが顧客等で、司法書士甲が代表者等に当たるため、その両者の本人特定事項の確認を行わなければならない。司法書士甲が取引時確認を行っているからといって、直ちに司法書士乙にとって、既に取引時確認をしたことのある顧客との取引（「既に取引時確認をしたことのある顧客との取引」については第５章第１節で解説する）に当たることはなく、司法書士甲による取引時確認をもって、司法書士乙の取引時確認の義務が、直ちに免除されることもない。

このケースで、仮に、司法書士甲が司法書士法人である場合には、司法書士乙にとっては、当該自然人Ｄが顧客等で、司法書士法人甲に属して実際に当該申請を担当している司法書士が代表者等に当たることとなる。

この事例のような復代理の関係にあっては、通常、司法書士乙が司法書士甲に対して取引時確認、本人確認をも委託するということになり、司法書士甲が依頼者である顧客等の取引時確認、本人確認を行う時点で前もって司法書士乙から取引時確認、本人確認の委託を受けていなければならず、その委託を経ずに、司法書士甲が司法書士乙へ登記申請の復代理を委任したときには、反対に司法書士甲が司法書士乙から取引時確認、本人確認の委託を受けて、再度、顧客である依頼者の取引時確認、本人確認を行うことが必要となろう。

つまり、犯罪収益移転防止法上は、事前に司法書士乙から司法書士甲に対して委託をしていなければならないが、通常、そのようなことはない。普通は、司法書士甲が委任を受けて、取引時確認、本人確認をして、その後で、司法書士乙に委任する。結局、再度、司法書士乙から司法書士甲に対して取引時確認、本人確認の委託をしなければならなくなるが、そうしない場合は、司法書士乙自身が顧客（この事例では依頼者Ｄ）の取引時確認、本人確認をしなければならないこととなる。

そこで、司法書士甲が、司法書士乙の委託を受けてＤの取引時確認を行った場合は、乙は、甲を「本人確認を行った者」として確認記録を作成し、保存するか、あるいは司法書士甲が確認記録を作成し、保存し、司法書士乙は、必要に応じて直ちにその記録を検索できる状態を確保する必要がある。司法書士甲の取引時確認に瑕疵があった場合や、確認記録の作成、保存に問題がある場合には、司法書士乙も犯罪収益移転防止法上の責任は免れない。

なお、司法書士の職責としては、復代理人である司法書士乙は、委任者であるＤの本人確認を、職責に照らして適切な方法によりしなければならない。また、司法書士甲自身も、自ら特定事業者として取引時確認を行い、確認記録を作成、保存しなければならないことは言うまでもない。

Q134　**司法書士甲が、税理士から、既に当該税理士が取引時確認をした法人の、取締役選任の登記手続を紹介され、受任する場合は、甲は、もはや当該法人（代表者）の意思確認を行えば、取引時確認は行わなくても差し支えないのか。**

A134　**法人の取引時確認として、当該法人の本人特定事項の確認、その代表者等の本人特定事項の確認を行わなければならない。**

解説

「犯罪による収益の移転防止に関する法律施行令の一部を改正する政令案（同令第9条第3項第4号及び第4項第4号関係）に対する意見の募集結果（平成20年10月警察庁、金融庁、総務省、法務省、財務省）」では、「司法書士については、他の法令（司法書士法施行規則）上他人をしてその業務を取り扱わせることが認められておりませんので、御留意ください。」とされている[19]。

では、司法書士が、税理士や宅地建物取引業者等から、それらの者が取引時確認を行っている顧客に関して、特定業務の紹介を受け、その業務を受託する場合はどうであろうか。この場合、税理士や宅地建物取引業者等からの業務の紹介が単なる「紹介」のレベルにとどまるケースにあっては、その税理士や宅地建物取引業者等は単なる紹介者にすぎず、その顧客の代表者等には当たらない。

しかし、「紹介」のレベルを超え、実際に顧客の依頼の任に当たっているレベルであると認められるケースにあっては、その税理士や宅地建物取引業者等（その実際の担当者）が代表者等に該当することとなるため、取引時確認にあたっては、顧客の本人特定事項の確認に加え、紹介者である税理士や宅地建物取引業者等の本人特定事項の確認も行う必要がある。このような場合で顧客が法人である場合には、その法人の担当者は代表者等には該当せず、税理士や宅地建物取引業者等が代表者等に該当するため、その税理士や宅地建物取引業者等の本人特定事項の確認を行うことになるのである。この場合、顧客である法人の担当者の本人特定事項の確認は要しないものの、税理士や宅地建物取引業者等が代表者等の要件を満たすことを確認するための確認（正当な依頼の権限を有していることの確認を含む）は、その法人の担

19　犯罪収益移転防止制度研究会編著・前掲注1・447頁

当者を通じて行うことが一般的であろう。

一方、単なる紹介の場合は、通常の特定業務の依頼を受ける際と同様に取引時確認を行わなければならない。例えば、宅地の売買について、宅地建物取引業者から紹介を受け、宅地建物取引業者が取引時確認を終えた買主から、当該宅地の売買による所有権移転登記手続の依頼を受ける際は、当該司法書士は改めて当該買主について取引時確認を行わなくてはならない。この場合、宅地建物取引業者は代表者等には該当しないため、宅地建物取引業者の本人特定事項の確認を行う必要はない。

なお、平成21年3月25日、法務省民事局民事第二課長より「犯罪による収益の移転防止に関する法律に関する警察庁の通知について（法務省民二第751号）」が発せられ（後掲）、それを受けて、平成21年4月1日、日本司法書士会連合会会長より「犯罪による収益の移転防止に関する法律に関する警察庁の通知について（日司連発第5号）」が発せられたが（後掲）、基本的な考え方はこれまで述べた考え方と変わらないと思われる。法務省民二第751号では、「「他の法令に特段の定めがない限り」とあるように、司法書士が業務を行うに当たっては、上記法律（筆者注・犯罪による収益の移転防止に関する法律）のみならず、司法書士法、司法書士法施行規則等関係法令を遵守する必要がありますので、併せて申し添えます」とされ、〔警察庁から周知依頼があった事項〕「1　士業者による本人確認等の援用に関する基本的な考え方」として「本人確認及び本人確認記録の作成・保存（以下「本人確認等」という。）を自ら行うのが原則であるが、他の法令に特段の定めがない限り、手続の省力化等のために、当該本人確認等の業務を他の特定事業者に委託することも可能である。また、あらかじめ上記の委託をした場合には、当該他の特定授業者が適正に行った本人確認を自らが行った本人確認等として援用することができる」とし、「2　留意事項」として「本人確認等の業務を委託する場合は、あくまで委託した特定事業者の責任において、当該本人確認等の措置が確実に行われることが必要である。この場合、特定事業者は、自社の事務所で保存している場合と同様に、必要に応じて直ちに本人確認記録を検索できる状態を確保しておかなければならない。なお、万が一、これらの措置が行われていない場合には、委託した特定事業者による指示の有無にかかわらず、当該特定事業者に対する監督措置がとられることがあり得る」とされている。日司連発第5号でも、「司法書士の職責に基づく本人確認等は、本人の特定（実在性・同一性の確認）に止まらず、依頼の内容及び意思の確認の必要性があるので、司法書士法、司法書士法施行規則等関連法規、会則に留意した慎重な取り扱いが求められます」とされている。

この事例では、司法書士甲は当該法人について取引時確認の義務を免れることはないため、当該法人の本人特定事項の確認と、その代表者等の本人特定事項の確認を行わなければならない。

Q135　**特定業務に関する依頼を受けた司法書士甲が、他の司法書士乙に、取引時確認、本人確認だけを委託することはできるのか。**

A135　**困難であると考える。**

解説

他の者に取引時確認を取り合わせることについて、それが、司法書士相互間である場合はどうであろうか。

顧客から特定業務に関する依頼（特定取引）、例えば登記手続の依頼を受けた司法書士甲が、その顧客が遠方に居住していることを理由に、その取引時確認、本人確認の行為のみ（登記手続の委任はない）を司法書士乙に委託した場合、Q133の復代理の場合と同様に、乙の確認をもって、甲の確認とすることができるのかということが問題となるが、不動産登記法改正要望事項（案）（平成26年7月24日日本司法書士会連合会）では、「面談のみを他の司法書士に委託することができるとすべきとの意見がある。しかし、司法書士の本人確認は、登記事件の委任を受けることを前提として論じられるべきである。その場合の本人確認は、単に免許証等の本人確認書類を使って目の前にいる者の実在性や目の前にいる者の同一性を確認するだけではなく、その者が正当な登記申請権限を持つ登記名義人であること、当該申請の当事者自身であること等の当事者性の確認をも含んでおり、登記原因の確認や意思の確認と密接に関連し切り離すことができないものである。本人確認は専門性の高い事務であり、その本人確認の中核ともいえる面談は単なる事実行為ではないと考えるべきであり、登記事件の委任を受け当該申請を代理する者が面談することに意義があると考える」とある。

司法書士の職責上の要請を考慮すると、委託する先が司法書士であっても、復代理の伴わない、取引時確認、本人確認行為のみの委託は、現行法令上は、困難であろう。

第７節　本人確認書類等および本人特定事項の確認の方法

1　顧客等の本人特定事項の確認の方法

問い20　取引時確認において顧客等または代表者等の本人特定事項の確認を行う場合、特定事業者が適当であると認めた方法で確認することで差し支えないのか。

答え20　本人特定事項の確認の方法は法定された方法でなければならない。

解説　犯罪収益移転防止法に基づいて取引時確認として行うべき本人特定事項の確認の方法は、以下に述べる方法に限定されている。

確認の対象者が自然人であるか、法人であるかの別に応じて、また、自然人の場合には顧客等であるか代表者等であるかの別に応じて、対面する方法と対面しない方法、本人確認書類（第３章第７節２）を利用する方法と本人確認書類を利用しない方法とが定められている。一定の場合、補完的な方法で確認することが認められる場合もある。いずれにしても、犯罪収益移転防止法に基づいて取引時確認として確認対象者の本人特定事項の確認を行うには、それらの一定の方法によらなければならず、それ以外の方法で確認を行うことは認められない。

したがって、特定取引に当たる依頼であるときは、任意の方法で本人であるとの心証を得られたとしても、犯罪収益移転防止法の義務を果たしたことにはならず、司法書士としては、本人であることの心証を、職責に照らして適切な方法によって得ることと併せて、犯罪収益移転防止法に適合する確認を行わなければならないこととなる。

問い14で解説したとおり、司法書士にとって、取引時確認とは、確認対象者の本人特定事項を確認することにほかならない。

司法書士が、犯罪収益移転防止法に基づいて本人特定事項の確認を行うには、同法施行規則に定められている方法に従って（第３章第７節４～８）、確認対象者が自然人である場合は氏名、住居および生年月日を、法人である場合は名称および本店または主たる事務所の所在地を確認することとなる。

Q136 **司法書士が、宅地の売買による所有権移転登記手続の代理について、登記権利者および登記義務者の双方から依頼を受ける場合、登記権利者、登記義務者の本人特定事項の確認は同じ方法によらなければならないのか。**

A136 **同じ方法による必要はない。**

◇◇◇◇◇ **解説** ◇◇◇

司法書士業務の場合、１つの案件について顧客が複数であることも少なくないが（例えば、共有者の全員からの依頼や、双方代理の場合）、そのような場合であっても、犯罪収益移転防止法施行規則に定められた範囲内の方法であれば、顧客ごとに、適切な本人特定事項の確認方法を選択することができる。とくに、犯罪収益移転防止法では登記権利者、登記義務者の区別はなく、いずれも顧客として、それぞれの方法で本人特定事項の確認を行うことができるのである（もちろん、不動産登記法で定める手続上の要件も満たさなければならないということは言うまでもない）。

Q137 **司法書士が、顧客の本人特定事項の確認を行う場合、必ず、当該顧客に面談しなければならないのか。**

A137 **必ず面談しなければならないものではないが、特段の事情がない限り、面談をする方法によるべきである。**

◇◇◇◇◇ **解説** ◇◇◇

犯罪収益移転防止法施行規則で定める各々の本人特定事項の確認方法には優劣はなく、ケースに応じて最適な方法を選択することができる。ただ、自然人の場合、顧客との面談は、容貌を確認し、会話を交わし、言動等を確認し、直接に本人確認書類の提示を受け、その真正性について確認をすることができ、とくに運転免許証等のような写真付きのものによる確認効果は他の方法と比較して非常に高いと言える。

そのため、司法書士の場合は、適格性および意思の確認も要することから、特段の事情がない限り、この対面提示の方法を選択するべきである。

なお、自然人の本人特定事項の確認方法は、国籍を問わず、また住居が日本国内外にあるか否かを問わず、すべての自然人に適用され、法人の本人確認は、すべての法人に適用されるため、本人確認書類も含めて、原則として、外国人、外国法人の場合にも同様に適用される。

Q138　**自然人の本人特定事項の確認の方法には、どのような方法があるのか。**

A138　**対面提示方法、対面提示郵送方法、対面２点提示方法、対面提示送付方法、非対面送付郵送方法、特定本人限定受取郵便方法、電子署名送信方法がある。**

◇◇◇◇◇ **解説** ◇◇◇◇◇

自然人の本人特定事項の確認方法は、次のとおり、対面する方法、対面しない方法、また、本人確認書類（第３章第７節２）を利用する方法と、本人確認書類を利用しない方法が定められている。

自然人の本人特定事項の確認の方法

１　対面する方法

①　提示を受ける方法

顧客等から、運転免許証、運転経歴証明書、在留カード、特別永住者証明書、マイナンバーカード、旅券（パスポート）、官公庁発行書類等で氏名、住居、生年月日の記載があり、顔写真が貼付されているもの等の提示を受ける方法である。

本書では、これを**対面提示方法**と呼ぶ。

②　提示を受けて、送付する方法

顧客等から、各種健康保険証、国民年金手帳、母子健康手帳、取引を行う事業者との取引に使用している印鑑に係る印鑑登録証明書等の提示を受けるとともに、本人確認書類に記載されている顧客等の住居宛てに取引に係る文書を書留郵便等により、転送不要郵便物等として送付する方法である。

本書では、これを**対面提示郵送方法**と呼ぶ。

③　2点の提示を受ける方法

顧客等から、各種健康保険証、国民年金手帳、母子健康手帳、取引を行う事業者との取引に使用している印鑑に係る印鑑登録証明書等の提示を受けるとともに、提示を受けた本人確認書類以外の本人確認書類または補完書類（第3章第7節3）の提示を受ける方法である。

本書では、これを**対面2点提示方法**と呼ぶ。

④　提示を受けて、送付を受ける方法

顧客等から、各種健康保険証、国民年金手帳、母子健康手帳、取引を行う事業者との取引に使用している印鑑に係る印鑑登録証明書等の提示を受けるとともに、提示を受けた本人確認書類以外の本人確認書類または補完書類の送付を受ける方法である。

本書では、これを**対面提示送付方法**と呼ぶ。

2　対面しない方法

①　送付を受けて、送付する方法

顧客等から、本人確認書類（住民票の写し等を含む）またはその写しの送付を受け、確認記録に添付するとともに、本人確認書類に記載されている顧客の住居宛てに取引関係文書を書留郵便等により、転送不要郵便物等として送付する方法である。

本書では、これを**非対面送付郵送方法**と呼ぶ。

②　本人限定受取郵便等を送付する方法

その取扱いにおいて名宛人もしくは差出人の指定した名宛人に代わって受け取ることができる者に限り交付する郵便（本人限定受取郵便）またはこれに準ずるものにより、顧客等に対して、取引関係文書を送付する方法である。

本書では、これを**特定本人限定受取郵便方法**と呼ぶ。

3　電子証明書等を送信する方法

電子署名法または公的個人認証法に基づく電子証明書（氏名、住居、生年月日の記録のあるものに限る）および電子証明書により確認される電子署名が行われた特定取引等に関する情報の送信を受ける方法である。

本書では、これを**電子署名送信方法**と呼ぶ。

4　平成30年11月30日以降

同日以降、以上の方法に加えて、本人の顔の画像等を活用することによりオンラインで完結する確認の方法が追加された（本章第9節「平成30年11月30日以降に追加された本人特定事項の確認の方法」参照）。

Q139　**法人の本人特定事項の確認の方法には、どのような方法があるのか。**

A139　**法人対面提示方法、法人非対面送付郵送方法、商業登記電子署名送信方法がある。**

◇◇◇◇◇ **解説** ◇◇◇

法人の本人特定事項の確認方法は、次のとおり、対面する方法、対面しない方法、また、本人確認書類を利用する方法と、本人確認書類を利用しない方法が定められている。

法人の本人特定事項の確認の方法

1　対面する方法

①　提示を受ける方法

法人の代表者等から、登記事項証明書、印鑑証明書等の提示を受ける方法である。

本書では、これを**法人対面提示方法**と呼ぶ。

2　対面しない方法

①　送付を受けて、送付する方法

本人確認書類またはその写しの送付を受けるとともに、本人確認書類に記載されている会社の本店、主たる事務所宛てに取引に係る文書を書留郵便等により、転送不要郵便物等として送付する方法である。

本書では、これを**法人非対面送付郵送方法**と呼ぶ。

②　商業登記電子証明書等を送信する方法

商業登記法に基づき登記官が作成した電子証明書および当該電子証明書により確認される電子署名が行われた特定取引等に関する情報の送信を受ける方法である。

本書では、これを**商業登記電子署名送信方法**と呼ぶ。

３　平成30年11月30日以降

同日以降、以上の方法に加えて、一般財団法人民事法務協会が運営する登記情報提供サービスからの登記情報の送信を受ける方法、国税庁が運営する法人番号公表サイトで公表されている登記情報を確認する方法が追加された（本章第９節「平成30年11月30日以降に追加された本人特定事項の確認の方法」参照）。

２　本人確認書類

問い21　**取引時確認において顧客または代表者等の本人特定事項の確認を行う場合、身分証明書など特定事業者が適当であると認めた任意の書類を利用して確認することで差し支えないのか。**

答え21　**本人特定事項の確認において利用することができる書類（本人確認書類）は、法定のものに限定されている。**

解説　司法書士にとっての取引時確認とは、本人特定事項の確認を行うことであり、その確認の方法は、確認の対象者が自然人であるか（顧客等であるか、代表者等であるかの別）、法人であるかの別に応じて、対面で本人確認書類を利用する方法、対面せずに本人確認書類を利用する方法と、本人確認書類を利用しない方法（非対面）が、犯罪収益移転防止法施行規則で定められている。

また、犯罪収益移転防止法上の本人確認書類は、不動産登記法による本人確認情報作成の際に利用する本人確認のための書類とは一致しないものもあるので注意を要する。この場合、その両者の法律の規定を満たすようにしなければならない。

なお、すべての本人確認書類が、すべての本人特定事項の確認方法に利用することができるわけではなく、確認方法ごとに、利用し得る本人確認書類（原本と写しの別もある）が定められている。

本人確認書類として利用が認められる種類は、Q141、Q155に掲げたものに限定されており（特例については、Q161）、同規則に定められた本人確認書類以外のものを利用することはできない。例えば、民間企業・団体の社員証、身分証、会員証等は、本人特定事項がすべて記載されていたとしても、本人確認書類として認められない。

Q140　**自然人Dが宅地の売買による所有権移転登記手続を司法書士甲に委任し（復代理人選任の件を含む）、さらに甲が当該申請を司法書士乙に委任したときに行うべき乙による甲の本人特定事項の確認については、甲の司法書士会の会員証を利用することができるのか。**

A140　**司法書士会の会員証を利用することはできない。**

解説

この事例は、Q133（確認する者）の事例であり、その解説のとおり、乙は、Dの本人特定事項の確認に加え、甲の本人特定事項の確認をも行わなければならないが、その場合、甲の司法書士会の会員証は、本人特定事項の確認のための本人確認書類には当たらない。

これは、司法書士会の会員証に、当該司法書士の氏名（職名を使用していない場合）、住居（事務所所在地が住居と同一の場合）および生年月日が記載されているものであっても、同様の結論であり、運転免許証など他の本人確認書類を利用しなければならない。

Q141　自然人の本人確認書類には、どのような書類があるのか。

A141　運転免許証等顔写真付き公的書類、その他の顔写真付き公的書類、各種健康保険証等、住民票の写し等、その他の顔写真なし公的書類である。

解説

自然人の本人確認書類は、次のとおり、定められている。

【規則７条】

（本人確認書類）

第七条　前条第一項に規定する方法において、特定事業者が提示又は送付を受ける書類は、次の各号に掲げる区分に応じ、それぞれ当該各号に定める書類のいずれかとする。（ただし書　略）

一　自然人（第三号及び第四号に掲げる者を除く。）　次に掲げる書類のいずれか

イ　運転免許証等（道路交通法（昭和三十五年法律第百五号）第九十二条第一項に規定する運転免許証及び同法第百四条の四第五項に規定する運転経歴証明書をいう。）、出入国管理及び難民認定法第十九条の三に規定する在留カード、日本国との平和条約に基づき日本の国籍を離脱した者等の出入国管理に関する特例法（平成三年法律第七十一号）第七条第一項に規定する特別永住者証明書、行政手続における特定の個人を識別するための番号の利用等に関する法律（平成二十五年法律第二十七号）第二条第七項に規定する個人番号カード若しくは旅券等又は身体障害者手帳、精神障害者保健福祉手帳、療育手帳若しくは戦傷病者手帳（当該自然人の氏名、住居及び生年月日の記載があるものに限る。）

ロ　イに掲げるもののほか、官公庁から発行され、又は発給された書類その他これに類するもので、当該自然人の氏名、住居及び生年月日の記載があり、かつ、当該官公庁が当該自然人の写真を貼り付けたもの

ハ　国民健康保険、健康保険、船員保険、後期高齢者医療若しくは介護保険の被保険者証、健康保険日雇特例被保険者手帳、国家公務員共済組合若しくは地方公務員共済組合の組合員証、私立学校教職員共済制度の加入者証、国民年金法第十三条第一項に規定する国民年金手帳、児童扶養手当証書、特別児童扶養手当証書若しくは母子健康手帳（当該自然人の氏名、住居及び生年月日の記載があるものに限る。）又は特定取引等を行うための申込み若しくは承諾に係る書類に顧客等が押印した印鑑に係る印鑑登録証明書

ニ　印鑑登録証明書（ハに掲げるものを除く。）、戸籍の謄本若しくは抄本（戸籍の附票の写しが添付されているものに限る。）、住民票の写し又は住民票の記載事項証明書（地方公共団体の長の住民基本台帳の氏名、住所その他の事項を証する書類をいう。）

ホ　イからニまでに掲げるもののほか、官公庁から発行され、又は発給された書類その他これに類するもので、当該自然人の氏名、住居及び生年月日の記載があるもの（国家公安委員会、金融庁長官、総務大臣、法務大臣、財務大臣、厚生労働大臣、農林水産大臣、経済産業大臣及び国土交通大臣が指定するものを除く。）

二～四（略）

本人確認書類は、すべて同様に利用することができるものではなく、本人特定事項の確認の方法によって利用の仕方が定められている。

(1)　運転免許証等顔写真付き公的書類

これに該当するものは、運転免許証、運転経歴証明書、在留カード、特別永住者証明書、マイナンバーカード、旅券等、身体障害者手帳、精神障害者保健福祉手帳、療育手帳もしくは戦傷病者手帳であり、当該自然人の氏名、住居および生年月日の記載があるものに限られている。

これらの書類は、そのいずれかの原本の提示を受ける（対面する）ことによって顧客等の本人特定事項の確認を行うことができる本人確認書類である。

本書では、これを運転免許証等顔写真付き公的書類と呼ぶ。

(2)　その他の顔写真付き公的書類

これに該当するものは、運転免許証等顔写真付き公的書類以外で、官公庁から発行され、または発給された書類その他これに類するもので、当該自然人の氏名、住居および生年月日の記載があり、かつ、当該官公庁が当該自然人の写真を貼り付けたものである。

これらの書類も、運転免許証等顔写真付き公的書類と同様、そのいずれかの原本の提示を受ける（対面する）ことによって顧客等の本人特定事項の確認を行うことができる本人確認書類である。

本書では、これをその他の顔写真付き公的書類と呼ぶ。

(3)　各種健康保険証等

これに該当するものは、国民健康保険、健康保険、船員保険、後期高齢者医療もしくは介護保険の被保険者証、健康保険日雇特例被保険者手帳、国家公務員共済組合もしくは地方公務員共済組合の組合員証、私立学校教職員共済制度の加入者証、国民年金手帳、児童扶養手当証書、特別児童扶養手当証書もしくは母子健康手帳（当該自然人の氏名、住居および生年月日の記載があるものに限る）または特定取引等を行うための申込みもしくは承諾に係る書類に顧客等が押印した印鑑に係る印鑑登録証明書である。

これらの書類は、その提示を受けるだけでは足りず、別途、二次的な措置を講じなければならない本人確認書類である。

本書では、これを各種健康保険証等と呼ぶ。

(4)　住民票の写し等

これに該当するものは、印鑑登録証明書、戸籍の謄本もしくは抄本（戸籍の附票の写しが添付されているものに限る）、住民票の写しまたは住民票の記載事項証明書である。

これらの書類は顔写真のないものであり、その提示を受けるだけでは足りず、別途、二次的な措置を講じなければならない本人確認書類である。

本書では、これを住民票の写し等と呼ぶ。

(5)　その他の顔写真なし公的書類

これに該当するものは、以上に掲げた本人確認書類で、官公庁から発行され、または発給された書類その他これに類するもので、当該自然人の氏名、住居および生年月日の記載があるもの（顔写真のないもの）である。

これらの書類も、住民票の写し等と同様、その提示を受けるだけでは足りず、別途、二次的な措置を講じなければならない本人確認書類である。

本書では、これをその他の顔写真なし公的書類と呼ぶ。

Q142　**国際運転免許証（国外運転免許証）は、運転免許証として自然人の本人確認書類に当たるのか。**

A142　**運転免許証等顔写真付き公的書類には含まれないが、その他の顔写真付き公的書類またはその他の顔写真なし公的書類としては、本人確認書類に当たる。**

◇◇◇◇◇ **解説** ◇◇

運転免許証は、最もよく利用されるであろう本人確認書類の代表格であり、写真付で本人確認効果も高い。

運転免許証の記載事項に変更があった場合には速やかに免許証の裏面備考欄に変更事項を記載しなければならないが、本人特定事項につき変更記載のある運転免許証が本人確認書類として用いられるときは、その裏面備考欄も確認し、写しを保存する場合は裏面の写しも保存しなければならない。

なお、国際運転免許証（国外運転免許証）は、運転免許証には含まれないが、その他の顔写真付き公的書類（Q148）またはその他の顔写真なし公的書類（Q153）には該当すると解されている[20]。

Q143　**運転経歴証明書は、運転免許証と同様の本人確認書類に当たるのか。**

20　犯罪収益移転防止制度研究会編著・前掲注1・99頁

A143　**運転免許証と同様の本人確認書類に当たる。**

◇◇◇◇◇ **解説** ◇◇

運転経歴証明書は、自らの意思で運転免許証の取消しを申請（自主返納）したことによって、すべての免許を取り消した者が交付を受けることができる。

運転経歴証明書も、運転免許証等顔写真付き公的書類に該当する。

Q144　**在留カードは、外国人の本人確認書類に当たるのか。**

A144　**運転免許証等顔写真付き公的書類として本人確認書類に当たる。**

◇◇◇◇◇ **解説** ◇◇

在留カードは、新規の上陸許可等の許可によって、我が国に中長期間在留する外国人に対して交付されるもので、氏名、生年月日、性別、国籍・地域、住居地、在留資格、在留期間等が記載され、16歳以上の場合には顔写真が表示される。

在留カードは、外国人にとって、運転免許証等顔写真付き公的書類に該当する。

Q145　**マイナンバーカードは、本人確認書類に当たるのか。**

A145　**運転免許証等顔写真付き公的書類として本人確認書類に当たるが、その取扱いには注意を要する。**

◇◇◇◇◇ **解説** ◇◇

マイナンバーカード（個人番号カード）は運転免許証等顔写真付き公的書類に該当するが、その取扱いについては、他の本人確認書類とは異なるので注意が必要である。

すなわち、表面には、氏名、住所、生年月日、性別、顔写真、電子証明書の有効期限等が記載され、裏面には、個人番号が記載されているところ、一定の行政手続の場合を除いて、何人も、個人番号の提供を求めることはできず（行政手続における特定の個人を識別するための番号の利用等に関する法律15条）、何人も、特定個人情報（個人番号をその内容に含む個人情報（同法２条８項））を提供してはならないとされているため（同法19条）、個人番号を取得することがないようにしなければならない。

なお、規則７条１号には住民基本台帳カードは挙げられておらず、住民基本台帳カードがもはや発行されることはないが、発行済みの住民基本台帳カードは、有効期限内であって、個人番号カードの交付を受ける時のいずれか早い時までの間は、個人番号カードとみなされている（同施行規則附則（平成27年９月18日内閣府・総務省・法務省・財務省・厚生労働省・農林水産省・経済産業省・国土交通省令３号）２条）。

Q146　**パスポートは、本人確認書類に当たるのか。**

A146　**運転免許証等顔写真付き公的書類として本人確認書類に当たるが、住所の記載（自署も可）があるものでなければ、本人確認書類として利用することはできない。**

◇◇◇◇◇ **解説** ◇◇◇

旅券等とは、出入国管理及び難民認定法２条５号に掲げる旅券または同条６号に掲げる乗員手帳をいう（規則６条２号）。

旅券（パスポート）は、日本国政府の発行した旅券だけでなく、日本国政府の承認した外国政府または権限のある国際機関の発行した旅券または難民旅行証明書その他当該旅券に代わる証明書（日本国領事官等の発行した渡航証明書を含む）または政令で定める地域の権限のある機関の発行したそれらの文書に相当する文書が含まれる。また、乗員手帳は、権限のある機関の発行した船員手帳だけでなく、乗員に係る船員手帳に準ずる文書を含む。

住所については旅券の法定記載事項ではないため、住所の記載のないものは本人特定事項のすべてを確認できず、本人確認書類としては認められないが、所持人記入欄に住居が自署されている場合には、本人確認書類として認められることとなる。

なお、事故の場合の連絡先として氏名等の自署欄があり、そこに連絡先として記載された者がある場合でも、当該旅券を、連絡先として記載された者自身の本人確認書類として利用することはできない[21]。

Q147　**身体障害者手帳は、本人確認書類に当たるのか。**

A147　**その氏名、住居および生年月日の記載があるものは、運転免許証等顔写真付き公的書類として本人確認書類に当たる。**

解説

身体障害者手帳、精神障害者保健福祉手帳、療育手帳もしくは戦傷病者手帳には顔写真があり、その氏名、住居および生年月日の記載があるものは、運転免許証等顔写真付き公的書類として本人確認書類に該当する。

Q148　**その他の顔写真付き公的書類には、どのような書類があるのか。**

A148　**例えば、市町村が独自に発行しているや市民証のような書類や、各種免許証等で、氏名、住居および生年月日の記載があり、かつ顔写真が貼り付けられているものが考えられる。**

解説

その他の顔写真付き公的書類には、例えば、ある市町村が独自に発行している市民証や敬老手帳のような書類や、各種免許証・免状等で、氏名、住居および生年月日の記載があり、かつ顔写真が貼り付けられている（当該市町

21　犯罪収益移転防止制度研究会編著・前掲注１・100頁

村が貼り付けたものに限る）ものなどが考えられる。

法令の規定に基づき、官公庁から特定の事務を行うものとして指定を受けた法人等（いわゆる指定法人）が発行する書類も、その書類に氏名・住居・生年月日の記載があり、当該指定法人が顔写真を貼り付けたものも、その他の顔写真付き公的書類に該当するものと思われる。

Q149　**各種健康保険証等には、どのような書類があるのか。**

A149　**国民健康保険、健康保険などの各種健康保険組合により発行される健康保険証などがある。**

◇◇◇◇◇ **解説** ◇◇◇◇◇

各種健康保険組合により発行される健康保険証、つまり、国民健康保険、健康保険、船員保険、後期高齢者医療もしくは介護保険の被保険者証、健康保険日雇特例被保険者手帳、国家公務員共済組合もしくは地方公務員共済組合の組合員証、私立学校教職員共済制度の加入者証は各種健康保険証等に該当し、また自衛官に対して発行される防衛省共済組合員証も国家公務員共済組合員証に該当するため、各種健康保険証等に含まれる。これらについては、被扶養者（家族）の本人特定事項が記載されている限り、その被扶養者（家族）の本人確認書類としても利用することができる。

保険料を１年以上滞納した者に対して発行される国民健康保険被保険者資格証明書は、国民健康保険被保険者証等には該当しないが、その他の顔写真なし公的書類には該当すると解されている[22]。

また、国民年金手帳、児童扶養手当証書、特別児童扶養手当証書もしくは母子健康手帳も各種健康保険証等に含まれる。なお、国民年金手帳を本人確認書類として利用する場合は、基礎年金番号の告知等が禁止されているため、基礎年金番号を書き写したり、基礎年金番号をマスキングせずに写しを

22　犯罪収益移転防止制度研究会編著・前掲注１・102頁

保存することのないよう留意する必要がある（平成27年12月3日日司連常発第106号、平成27年11月13日警察庁刑事局組織犯罪対策部組織犯罪対策企画課長事務連絡）。

これらは、当該自然人の氏名、住居および生年月日の記載があるものに限り、本人確認書類として利用することができる。

印鑑登録証明書が該当することもあることは後述する（Q152）。

Q150　住民票の写し等には、どのような書類があるのか。

A150　住民票の写しまたは住民票の記載事項証明書がある。

解説

住民票の写し等には、住民票の写しまたは住民票の記載事項証明書（地方公共団体の長の住民基本台帳の氏名、住所その他の事項を証する書類をいう）が該当する。

なお、住民票の写しまたは住民票の記載事項証明書を本人確認書類として取り扱う場合は、住民票コードには利用制限が課せられているので、住民基本台帳法（昭和42年7月25日法律第81号）30条の38の規定に留意して取り扱わなければならない。

（住民票コードの利用制限等）

第三十条の三十八　市町村長、都道府県知事、機構又は総務省（以下この条において「市町村長等」という。）以外の者は、何人も、自己と同一の世帯に属する者以外の者（以下この条において「第三者」という。）に対し、当該第三者又は当該第三者以外の者に係る住民票に記載された住民票コードを告知することを求めてはならない。

2　市町村長等以外の者は、何人も、その者が業として行う行為に関し、その者に対し売買、貸借、雇用その他の契約（以下この項において「契約」という。）の申込みをしようとする第三者若しくは申込みをする第三者又はその者と契約の締結をした第三者に対し、当該第三者又は当該第三者以外の者に係る住民票に記載された住民票コードを告知することを求めてはならない。

3　市町村長等以外の者は、何人も、業として、住民票コードの記録されたデータベース（第三者に係る住民票に記載された住民票コードを含む当該第三者に関する情報の集合物であつて、それらの情報を電子計算機を用いて検索することができるように体系的に構成したものをいう。以下この項において同じ。）であつて、当該データベースに記録された情報が他に提供されることが予定されているものを構成してはならない。

4　都道府県知事は、前二項の規定に違反する行為が行われた場合において、当該行為をした者が更に反復してこれらの規定に違反する行為をするおそれがあると認めるときは、当該行為をした者に対し、当該行為を中止することを勧告し、又は当該行為が中止されることを確保するために必要な措置を講ずることを勧告することができる。

5　都道府県知事は、前項の規定による勧告を受けた者がその勧告に従わないときは、第三十条の四十第一項に規定する都道府県の審議会の意見を聴いて、その者に対し、期限を定めて、当該勧告に従うべきことを命ずることができる。

戸籍の謄抄本、印鑑登録証明書が該当することもあることは後述する（Q151、Q152）。

Q151　戸籍の謄抄本は本人確認書類に当たるのか。

A151　**戸籍の附票の写しとセットにして利用する場合には、住民票の写し等として本人確認書類に当たる。**

解説

戸籍の謄抄本も、住民票の写し等に含まれるが、住居の記載がないため、戸籍の附票の写しとセットになることによって、併せて提示または送付されるときでなければ、本人確認書類とは認められない。

Q152　印鑑登録証明書は本人確認書類に当たるのか。

A152　**住民票の写し等に当たる。また、実印を押印した委任状等とセットになっていると、各種健康保険証等に当たる。**

◇◇◇◇◇ 解説 ◇◇

印鑑証明書も、住民票の写し等として本人確認書類に該当する。

また、特定取引等を行うための申込みもしくは承諾に係る書類に顧客等が押印した印鑑に係る印鑑登録証明書は、各種健康保険証等として本人確認書類に該当する。これは、単に印鑑登録証明書という意味ではなく、例えば、特定業務に関する依頼（特定取引）の依頼を受ける際における、実印を押印した委任状や業務委託書等に、その実印に係る印鑑登録証明書を添付した場合の印鑑登録証明書を意味する。つまり、実印を押印した委任状等と印鑑登録証明書をセットにすることによって、各種健康保険証等として取り扱うことができるのである。

Q153　その他の顔写真なし公的書類には、どのような書類があるのか。

A153　**例えば、市町村が独自に発行しているや市民証のような書類や、各種免許証等で、氏名、住居および生年月日の記載があり、かつ顔写真がないものが考えられる。**

◇◇◇◇◇ 解説 ◇◇

その他の顔写真なし公的書類には、例えば、ある市町村が独自に発行している市民証や敬老手帳のような書類や、各種免許証・免状等で、氏名、住居及び生年月日の記載があり、かつ顔写真がないものなどが考えられる。

後見登記事項証明書も、成年被後見人にとっては、その他の顔写真なし公的書類に当たると言えようが、成年後見人の生年月日の記載がないため、成年後見人にとっては、その他の顔写真なし公的書類は他の本人確認書類にも当たらない。

Q154　マイナンバーの通知カードは本人確認書類に当たるのか。

A154　本人確認書類には当たらない。

◇◇◇◇◇ **解説** ◇◇◇◇◇

市町村が発行しているもので、氏名、住居および生年月日の記載があり、かつ顔写真がない書類であっても、国家公安委員会、金融庁長官、総務大臣、法務大臣、財務大臣、厚生労働大臣、農林水産大臣、経済産業大臣および国土交通大臣が指定するものは、本人確認書類から除かれている。

具体的には、行政手続における特定の個人を識別するための番号の利用等に関する法律７条１項に規定する通知カードが該当する（犯罪による収益の移転防止に関する法律施行規則７条１号ホの規定に基づき、書類を指定する件）。

つまり、マイナンバーの通知カードは、本人確認書類として利用することはできないのである。

Q155　法人の本人確認書類には、どのような書類があるのか。

A155　法人登記事項証明書等、法人その他の公的書類である。

◇◇◇◇◇ **解説** ◇◇◇◇◇

法人の本人確認書類は、次のとおり、定められている。

【規則７条】

（本人確認書類）
第七条　（前出）

一　（前出）
二　法人（第四号に掲げる者を除く。）　次に掲げる書類のいずれか
　イ　当該法人の設立の登記に係る登記事項証明書（当該法人が設立の登記をしていないときは、当該法人を所轄する行政機関の長の当該法人の名称及び本店又は主たる事務所の所在地を証する書類）又は印鑑登録証明書（当該法人の名称及び本店又は主たる事務所の所在地の記載があるものに限る。）
　ロ　イに掲げるもののほか、官公庁から発行され、又は発給された書類その他これに類するもので、当該法人の名称及び本店又は主たる事務所の所在地の記載があるもの
三～四（略）

・法人登記事項証明書等

これに該当するものは、法人の登記事項証明書、当該法人を所轄する行政機関の長の当該法人の名称および本店または主たる事務所の所在地を証する書類（当該法人が設立の登記をしていないとき）または印鑑登録証明書であり、当該法人の名称および本店または主たる事務所の所在地の記載があるものに限られている。

これらの書類は、そのいずれかの原本の提示を受ける（代表者等と対面する）ことによって顧客等の本人特定事項の確認を行うことができる本人確認書類である。

本書では、これを法人登記事項証明書等と呼ぶ。

・法人その他の公的書類

これに該当するものは、法人登記事項証明書等以外で、官公庁から発行され、または発給された書類その他これに類するもので、当該法人の名称および本店または主たる事務所の所在地の記載があるものである。

これらの書類も、法人登記事項証明書等と同様、そのいずれかの原本の提示を受ける（代表者等と対面する）ことによって顧客等の本人特定事項の確認を行うことができる本人確認書類である。

本書では、これを法人その他の公的書類と呼ぶ。

Q156　**法人の登記事項の一部事項証明書は本人確認書類に当たるのか。**

A156　**当該法人の名称および本店または主たる事務所の所在地の記載があるものであれば、法人登記事項証明書等に当たる。**

Q157　**法人の印鑑登録証明書は本人確認書類に当たるのか。**

A157　**法人登記事項証明書等に当たる。**

◇◇◇◇◇ **解説** ◇◇

当該法人の登記事項証明書または印鑑登録証明書は、法人登記事項証明書等として法人の本人確認書類の典型的なものであり、この登記事項証明書は、現在の事項が記載されていなければならない。したがって、現在事項証明書、履歴事項証明書がこれに該当するが、閉鎖事項証明書は該当しない。

また、登記事項の全部事項証明書に限らず、当該法人の名称および本店または主たる事務所の所在地の記載があるものであれば、一部事項証明書、代表者事項証明書も法人登記事項証明書等に該当する。法人登記簿謄抄本も同様である。

当該法人を所轄する行政機関の長の証明書も、法人登記事項証明書等に該当することがあることは後述する（Q160）。

Q158　**定款は、本人確認書類に当たるのか。**

A158　**本人確認書類には当たらない。**

◇◇◇◇◇ **解説** ◇◇

定款は、当該会社の「当会社の定款に相違ない。」旨の記載と当該会社の押印があっても、公的な書類とは言えず、本人確認書類には該当しない。

一般に、定款、規則、規約等については、本人確認書類としては認められない[23]。

Q159　**インターネットによる登記情報提供サービスをもって取得した法人の登記情報をプリントアウトしたものは、本人確認書類に当たるのか。**

A159　**本人確認書類には当たらない。**

解説

インターネットによる登記情報提供サービスをもって取得した法人の登記情報は、プリントアウトしたものであっても、法人登記事項証明書等にも、法人その他の公的書類にも該当しない。

したがって、インターネットによる登記情報提供サービスを活用して、登記情報をダウンロードし、プリントアウトしても、当該法人の本人特定事項の確認を行ったことにはならない。

なお、平成30年11月30日以降も、インターネット登記情報提供サービスをもって取得した法人の登記情報をプリントアウトしたものは法人の本人確認書類には該当しないが、同日以降、法人の本人特定事項の確認の方法として、一般財団法人民事法務協会が運営する登記情報提供サービスからの登記情報の送信を受ける方法が追加された（本章第9節「平成30年11月30日以降に追加された本人特定事項の確認の方法」参照）。

Q160　**土地改良区の印鑑登録証明書は本人確認書類に当たるのか。**

A160　**法人登記事項証明書等に当たる。**

23　犯罪収益移転防止制度研究会編著・前掲注1・104頁

解説

設立の登記をしていない法人（登記が成立要件ではない法人や登記することができない法人）については登記所が発行する登記事項証明書、印鑑登録証明書の代わりに、所轄の行政機関の長が発行した資格証明書、印鑑登録証明書（いずれもその名称および主たる事務所の所在地の記載があるもの）が、法人登記事項証明書等として本人確認書類に該当することとなる。

例えば、認可地縁団体については、市町村長が発行する地縁団体証明書、印鑑登録証明書がこれに該当し、土地改良区については、都道府県知事（2都道府県にまたがる場合は地方農政局長）が発行する土地改良区の資格証明書、印鑑登録証明書がこれに該当する。

その他、官公庁から発行され、または発給された書類その他これに類するもので、当該法人の名称および本店または主たる事務所の所在地の記載があるものである場合も、それは、法人その他の公的書類に該当し得る。

Q161　**外国人、外国法人について、本人確認書類の特例があるのか。**

A161　**一定の外国人、外国法人については、本人確認書類の特例がある。**

解説

確認対象者が外国人（日本の国籍を有しない自然人）の場合であっても（住居が日本国内外にあるか否かを問わない）、外国法人の場合であっても、その本人確認書類は、原則として、前記自然人の本人確認書類（Q141）または法人の本人確認書類（Q155）に限られている。

ただ、一定の外国人（特例外国人、日本に在留していない外国人）、外国法人については、本人確認方法、本人確認書類の特例が認められている。

【規則7条】

（本人確認書類）

第七条　（前出）
　一　（前出）
　二　（前出）
　三　前条第一項第二号に掲げる者　旅券等
　四　外国人（日本の国籍を有しない自然人をいい、本邦に在留しているもの（日本国とアメリカ合衆国との間の相互協力及び安全保障条約第六条に基づく施設及び区域並びに日本国における合衆国軍隊の地位に関する協定第九条第一項又は日本国における国際連合の軍隊の地位に関する協定第三条第一項の規定により本邦に入国し在留しているものを除く。）を除く。）及び外国に本店又は主たる事務所を有する法人　第一号又は第二号に定めるもののほか、日本国政府の承認した外国政府又は権限ある国際機関の発行した書類その他これに類するもので、第一号又は第二号に定めるものに準ずるもの（自然人の場合にあってはその氏名、住居及び生年月日の記載があるものに、法人の場合にあってはその名称及び本店又は主たる事務所の所在地の記載があるものに限る。）

・特例外国人の本人確認書類の特例

特例外国人について一定の特定取引の場合にあっては、その住居に代えて、国籍および旅券等の番号が本人特定事項となり（Q129）、その確認の手段としての本人確認書類が旅券等とされているが（規則７条３号）、司法書士にとっての特定取引は、この場合には該当しない。

・非在留外国人の特別の本人確認書類

外国人の本人確認書類について特例が認められる場合は、日本に在留していない外国人（以下「非在留外国人」という）の場合である。ただし、日本国とアメリカ合衆国との間の相互協力及び安全保障条約第６条に基づく施設及び区域並びに日本国における合衆国軍隊の地位に関する協定９条１項または日本国における国際連合の軍隊の地位に関する協定３条１項の規定により日本に入国し在留している外国人（アメリカ軍人等）は、非在留外国人として取り扱われる。

非在留外国人の場合は、自然人の本人確認書類（Q141）のほか、日本国政府の承認した外国政府または権限ある国際機関の発行した書類その他これに類するもので、提示書類、非提示書類に定めるものに準ずるもの（氏名、住居および生年月日の記載のあるものに限る）を本人確認書類として利用することができる。対面して本人特定事項を確認する場合は、海外出張によって本人特定事項の確認を行うことができる。

非在留外国人の場合の本人特定事項の確認には、日本国（地方公共団体を含む）の発行した本人確認書類を利用することが困難な場合が多いと思われるので、この場合には日本国政府の承認した外国政府（地方政府を含む）または権限ある国際機関の発行した書類を本人確認書類として利用することができる。

本人確認書類とすることができる書類の発行国である外国政府は、日本国政府の承認したものに限られる。なお、台湾政府の発行した書類に関しては、日本国政府は昭和47年の日中共同宣言以降、中華人民共和国政府が中国における唯一の合法政府であることを認めているものの、犯罪収益移転防止法における本人特定事項の確認の実務においては本人確認書類として認められる。

権限ある国際機関とは、国際連合、国際通貨基金、世界銀行等の機関が該当し、それらの機関が発行する本人確認書類とは、通常はそれらの機関が発行する身分証明書等が想定される。これらについて、個別具体的に確認する必要がある場合には、関係行政機関に問い合わせるのがよいだろう。

もちろん、本人確認書類として認められるものは、その非在留外国人の氏名、住居および生年月日の記載のあるものに限られる。

・外国法人の特別の本人確認書類

外国法人とは、外国に本店または主たる事務所を有する法人（日本国内に支店等があるか否かを問わない）をいい、日本国（地方公共団体を含む）の発行した法人登記事項証明書等または法人公的書類を利用することが困難であるような場合には、日本国政府の承認した外国政府（地方政府を含む）または権限ある国際機関の発行した書類を本人確認書類として利用することができる。

この書類は、非在留外国人の本人確認書類と同様に考えることができるが、もちろんその外国法人の名称および本店または主たる事務所の所在地の記載のあるものに限られる。これは、FATF 加盟国に本店等を置く外国法人の場合も同様である。

代表的なものに外国政府等の発行した外国法人の登記事項証明書等があるが、その名称および本店または主たる事務所の所在地の記載のあるものに限られるため、本店または主たる事務所の所在地として、都市名のみが記載され、地番の記載がないものは、所在地が完全な形で記載されているとは言えないため、本人確認書類としては認められない。

外国政府・国際機関のウェブサイトに掲載されている外国法人の登記に係る情報等を閲覧したり、ダウンロードしても本人特定事項の確認を行ったことにはならないし、それを印字した書類を本人確認書類とすることもできない。

Q162　**日本人であっても日本に居住していない者については、本人確認書類の特例があるのか。**

A162　本人確認書類の特例はない。

Q163　**海外在住の日本人については、当該外国に所属する公証人による本人の住居、氏名、生年月日を証明する書類は本人確認書類に当たるのか。**

A163　本人確認書類には当たらない。

◇◇◇◇◇ **解説** ◇◇◇◇◇

日本人の場合は日本に居住していない場合であっても本人確認書類の特例は認められていないので、常に自然人の本人確認書類（Q141）でなければならない。

このような場合は、通常は旅券（住居の自署のあるもの）を利用することとなろうが、その他の場合で、本人確認書類として戸籍の謄抄本（戸籍の附票の写し付）等の書類で外国における住居が確認できないときなど、日本国内で発行された本人確認書類で本人特定事項の確認ができないときや、日本国内で発行された本人確認書類がないときは、当該外国に存する日本国の大使館、領事館等日本の官公庁の発行する本人の当該外国における住居を証する書類をもって、本人確認書類とする必要がある。

当該外国に所属する公証人による本人の住居を証明する書類等、外国政府等の発行した書類は、本人確認書類にはなり得ないので、注意を要する。

Q164　本人確認書類に有効期間又は有効期限はあるのか。

A164　有効期間または有効期限が定められている本人確認書類にあっては、その提示または送付を受ける日において有効なものに限られ、そうでないものは提示または送付を受ける日前6か月以内に作成されたものに限られる。

◇◇◇◇◇ 解説 ◇◇◇◇◇

本人確認書類には、本人特定事項の確認に利用することができる有効期限等が定められている。したがって、有効期限等を徒過している本人確認書類をもって本人特定事項の確認を行っても、犯罪収益移転防止法上、有効な取引時確認があったとは言えないこととなる。本人特定事項の確認の際には、本人確認書類の真正性等および本人特定事項の確認だけでなく、常に、有効期限等の確認を行うことを怠らないことが肝要である。

【規則7条】

（本人確認書類）
第七条　（本文　前出）。ただし、第一号イ及びハに掲げる本人確認書類（特定取引等を行うための申込み又は承諾に係る書類に顧客等が押印した印鑑に係る印鑑登録証明書を除く。）及び第三号に定める本人確認書類並びに有効期間又は有効期限のある第一号ロ及びホ、第二号ロに掲げる本人確認書類並びに第四号に定める本人確認書類にあっては特定事業者が提示又は送付を受ける日において有効なものに、その他の本人確認書類にあっては特定事業者が提示又は送付を受ける日前六月以内に作成されたものに限る。

一～四（前出）

有効期間または有効期限が定められている本人確認書類にあっては、司法書士がその本人確認書類の提示または送付を受ける日において有効なものに限られ、そうでないものは提示または送付を受ける日前６か月以内に作成されたものに限られる。

具体的には、まず、運転免許証等顔写真付き公的書類、各種健康保険証等（特定取引等を行うための申込みまたは承諾に係る書類に顧客等が押印した印鑑に係る印鑑登録証明書は除く）および特例外国人の場合の旅券等については、特定事業者が提示または送付を受ける日において有効なものでなければならない（なお、運転経歴証明書の有効期限は永久とされている）。また、その他の顔写真付き公的書類、その他の顔写真なし公的書類および法人その他の公的書類であって、有効期間または有効期限のあるものについても、特定事業者が提示または送付を受ける日において有効なものでなければならない。

その他の本人確認書類にあっては特定事業者が提示または送付を受ける日前６か月以内に作成されたものに限られている。

有効期間または有効期限が定められている本人確認書類については、提示または送付を受ける日において有効であれば足りるので、その時点で有効であれば発行から６か月を経過しているものであっても有効であり、有効期間または有効期限のない本人確認書類については、提示または送付を受ける日において作成後６か月以内であれば足り、後日、取引関係文書（Q178）を送付した日には６か月を経過することとなるものもであっても問題はない。

有効期間または有効期限について、提示または送付を受ける日において有効であることが不明である場合には、特定事業者が当該書類の発行機関に照会して確認する必要があるが、それによっても有効性が確認できない場合は、他の本人確認書類による等の方法によらなければ本人特定事項の確認を行うことができないだろう。

ちなみに、犯罪収益移転防止法において有効とされる期限等が他の法令の有効期限等に影響を与えることはないので、例えば登記義務者の提供すべき印鑑登録証明書の有効期限が６か月になるわけではないことは当然である。

それから、外国人、外国法人、在外邦人の場合であるが、これらの場合であっても本人確認書類の有効期限等に関する特例は設けられていないため、有効とされる期限等を満たす本人確認書類をもって本人特定事項の確認を行う必要がある。

3　補完書類

問い22　**本人確認書類に記載された住居が現在の住居でない場合には、その本人確認書類は、本人特定事項の確認には、全く利用することができないのか。**

答え22　**補完書類がある場合には、その本人確認書類とともに利用することで、本人特定事項の確認を行うことができる場合がある。**

解説　補完書類とは、各種健康保険証等を本人確認書類として提示を受ける際に、必要な二次的な措置を講じる場合の補完、あるいは、本人確認書類に記載された住居が現在の住居のものでないときの補完として利用することができる書類である。

なお、補完書類を利用した本人特定事項の確認の方法については、第３章第７節７で取り上げる。

【規則６条２項】

> ２　（冒頭　略）…当該顧客等の現在の住居が記載された次の各号に掲げる書類のいずれか（本人確認書類を除き、領収日付の押印又は発行年月日の記載があるもので、その日が特定事業者が提示又は送付を受ける日前六月以内の

ものに限る。以下「補完書類」という。）…（略）…。（後段　略）
一　国税又は地方税の領収証書又は納税証明書
二　所得税法第七十四条第二項に規定する社会保険料の領収証書
三　公共料金（日本国内において供給される電気、ガス及び水道水その他これらに準ずるものに係る料金をいう。）の領収証書
四　当該顧客等が自然人である場合にあっては、前各号に掲げるもののほか、官公庁から発行され、又は発給された書類その他これに類するもので、当該顧客等の氏名及び住居の記載のあるもの（国家公安委員会、金融庁長官、総務大臣、法務大臣、財務大臣、厚生労働大臣、農林水産大臣、経済産業大臣及び国土交通大臣が指定するものを除く。）
五　日本国政府の承認した外国政府又は権限ある国際機関の発行した書類その他これに類するもので、本人確認書類のうち次条第一号又は第二号に定めるものに準ずるもの（当該顧客等が自然人の場合にあってはその氏名及び住居、法人の場合にあってはその名称及び本店又は主たる事務所の所在地の記載があるものに限る。）

①　一般的な補完書類

補完書類には、まず、国税または地方税の領収証書または納税証明書、社会保険料の領収証書、公共料金の領収証書がある。

社会保険料とは、次に掲げるものその他これらに準ずるもので政令で定めるもの（在勤手当の非課税に掲げる給与に係るものを除く）をいう（所得税法74条２項）。

・健康保険法の規定により被保険者として負担する健康保険の保険料
・国民健康保険法の規定による国民健康保険の保険料または地方税法の規定による国民健康保険税
・高齢者の医療の確保に関する法律の規定による保険料
・介護保険法の規定による介護保険の保険料
・労働保険の保険料の徴収等に関する法律の規定により雇用保険の被保険者として負担する労働保険料
・国民年金法の規定により被保険者として負担する国民年金の保険料および

国民年金基金の加入員として負担する掛金
・独立行政法人農業者年金基金法の規定により被保険者として負担する農業者年金の保険料
・厚生年金保険法の規定により被保険者として負担する厚生年金保険の保険料
・船員保険法の規定により被保険者として負担する船員保険の保険料
・国家公務員共済組合法の規定による掛金
・地方公務員等共済組合法の規定による掛金（特別掛金を含む）
・私立学校教職員共済法の規定により加入者として負担する掛金
・恩給法（恩給納金）（他の法律において準用する場合を含む）の規定による納金

その他これらに準ずるもので政令で定めるものには、労働者災害補償保険法（特別加入）の規定により労働者災害補償保険の保険給付を受けることができることとされた者に係る労働保険の保険料の徴収等に関する法律の規定による保険料などがある。

②　その他の公的な補完書類

顧客等が自然人である場合にあっては、官公庁から発行され、または発給された書類その他これに類するもので、当該顧客等の氏名および住居の記載（生年月日の記載は必要ない）のあるものも補完書類として利用することができる。

Q154と同様の理由で、マイナンバーの通知カードは、補完書類としても利用することはできない。

③　外国人・外国法人に関する特別の補完書類

外国人、外国法人であっても、補完書類は、一般的な補完書類またはその他の公的な補完書類に限られることが原則である。

ただ、外国人、外国法人については、日本国政府の承認した外国政府または権限ある国際機関の発行した書類その他これに類するもので、自然人または法人の本人確認書類に準ずる書類は、自然人の場合にあってはその氏名および住居、法人の場合にあってはその名称および本店または主たる事務所の所在地の記載のあるものに限り、補完書類とすることができる。

Q165　**現在の住居が記載されている社員証は、補完書類に当たるのか。**

A165　**補完書類には当たらない。**

Q166　**広告のチラシは、補完書類に当たるのか。**

A166　**補完書類には当たらない。**

◇◇◇◇◇ **解説** ◇◇◇

補完書類も、その種類は犯罪収益移転防止法施行規則で定められているものに限定されている。

したがって、社員証に現在の住居が記載されている場合、広告チラシに個人商人の現在の住所や株式会社の本店の現在の所在地が記載されている場合であっても、それらは補完書類には該当しないので、本人特定事項の確認を補完することはできない。

Q167　**自然人の補完書類には、現在の住居のほか、氏名および生年月日の記載がなければならないのか。**

A167　**生年月日は記載されていなくても差し支えない。**

Q168　**世帯主宛の公共料金の領収証書は、その世帯員の補完書類にも当たるのか。**

A168　**世帯員の補完書類には当たらない。**

解説

補完書類には、確認すべき現在の住居（主たる事務所または本店の所在地）が記載されていなければならず、さらに少なくとも氏名（名称）も記載されていなければならないが、生年月日の記載は必要とされない。

税金や公共料金の領収証書で、世帯主宛てだけに発行されているものについては、姓が同じであっても世帯主以外の世帯員の補完書類として利用することはできない。

Q169　**補完書類には、本人確認書類に有効期間または有効期限はあるのか。**

A169　**領収日付の押印または発行年月日の記載のあるもので、その日が提示または送付を受ける日前6か月以内のものに限られる。**

解説

補完書類にも有効とされる期限等が定められており、領収日付の押印または発行年月日の記載のあるもので、その日が提示または送付を受ける日前6か月以内のものに限られている。

したがって、領収日付または発行年月日の記載のないものは、補完書類としては認められない。

Q170　**補完書類として認められる公共料金の領収書には、どのようなものがあるのか。**

A170　**日本国内において供給される電気、ガスおよび水道水その他これらに準ずるものに係る料金の領収書である。**

Q171　**携帯電話の料金の領収書は補完書類に当たるのか。**

A171　**補完書類には当たらない。**

Q172　**外国の公共料金の領収書は補完書類に当たるのか。**

A172　**補完書類には当たらない。**

解説

公共料金とは、日本国内において供給される電気、ガスおよび水道水その他これらに準ずるものに係る料金をいい、その他これらに準ずるものとしては、場所を定めて居住実態に即して供給・徴収されるものに限られると考えられている[24]。そのため、NHKの受信料、固定電話の料金は、現住居および氏名の記載があれば、補完書類に該当する。電気料金は一般電気事業者のほか、電力自由化による、新たな類型の事業者が発行した領収証書も含まれ、ガス料金は都市ガスのほかにプロパンガスの領収証書も含まれ、また、ガス自由化によって、今後、新たな類型のガス事業者が認められた場合は、当該事業者が発行する領収証書も含まれ、水道料金は水道局のほか、水道局より回収を委託された事業者が発行した領収証書も含まれる。

反面、携帯電話の料金、インターネットプロバイダ料金の領収書は、補完書類には該当しない。外国の公共料金の領収書も、補完書類には該当しない。

4　自然人である顧客等の本人特定事項の確認の方法

問い23　**司法書士が、自然人である買主から宅地の売買による所有権移転登記手続の依頼を受ける際に、買主が運転免許証を持参していた場合、どのように本人特定事項の確認を行うのか。**

答え23　**対面提示方法によって買主の本人特定事項の確認を行う。**

解説　顧客等の本人特定事項の確認方法は犯罪収益移転防止法施行規則で定められており、任意の方法は認められていない。自然人、

24　犯罪収益移転防止制度研究会編著・前掲注1・93頁

法人の場合ごとに複数の方法が定められており、その範囲内であれば、どの方法を用いて確認を行っても差し支えなく、その方法に応じて、利用することができる本人確認書類の種類が定められている。例えば、登記業務の場合において、登記権利者である顧客（依頼者）と登記義務者である顧客（依頼者）とで、あるいは共同で依頼を受ける場合の各依頼者とで、必ずしも同一の方法によって確認する必要はなく、それぞれの事情に応じて、最適の確認方法を選択することができる（Q138、Q139）。

ただ、司法書士としては、対面（面談）して確認する方法が一般的であり、他の方法による合理的理由が認められない限り、対面（面談）して確認する方法を採るべきである。

いずれにしても、司法書士の行う特定取引に当たる依頼の際の本人確認にあっては、司法書士の職責上の実質的な本人確認を行うとともに、ここで解説する犯罪収益移転防止法に基づいた本人特定事項の確認方法をも満たさなければならない。

【規則6条】

（顧客等の本人特定事項の確認方法）

第六条　法第四条第一項に規定する主務省令で定める方法のうち同項第一号に掲げる事項に係るものは、次の各号に掲げる顧客等の区分に応じ、それぞれ当該各号に定める方法とする。

一　自然人である顧客等（次号に掲げる者を除く。）次に掲げる方法のいずれか

イ　当該顧客等又はその代表者等から当該顧客等の本人確認書類（次条に規定する書類をいう。以下同じ。）のうち同条第一号又は第四号に定めるもの（同条第一号ハからホまでに掲げるものを除く。）の提示（同条第一号ロに掲げる書類（一を限り発行又は発給されたものを除く。ロ及びハにおいて同じ。）の代表者等からの提示を除く。）を受ける方法

ロ～リ　（略）

二～三　（略）

2　（前出）
3～4　（略）

規則６条１項では、確認対象者が自然人である顧客等（依頼者）の本人特定事項の確認方法が定められている。

自然人である顧客等の本人特定事項の確認方法－１
対面提示方法：運転免許証等顔写真付き公的書類またはその他の顔写真付き公的書類の提示を受ける方法

この方法では、特定事業者は、顧客等またはその代表者等から、顧客等の本人確認書類のうち運転免許証等顔写真付き公的書類またはその他の顔写真付き公的書類の１点の提示を受けることによって、顧客等の本人特定事項を確認することとなる（非在留外国人については、非在留外国人の特別の本人確認書類（Q161）の提示であっても差し支えない）。

ここで、「提示を受ける」とは、顧客等または代表者等である自然人と対面した上でその自然人から提示を受けることを意味し、つまり、必ず面談を要するということになる。なお、「金融機関等による顧客等の本人確認等に関する法律施行令（案）及び金融機関等による顧客等の本人確認等に関する法律施行規則（案）に対するパブリックコメントの結果について（平成14年７月23日金融庁）」では、自動契約受付機コーナーにおける取引は、少なくとも、テレビカメラ等で顧客の挙動確認が逐次なされていること、確認書類である身分証明書の真偽を確認するに十分な画面の大きさと解像度を有する確認システム（テレビカメラ・スキャナー等）を有していること、の要件を満たすものであれば「対面」していると解されるとされるが、司法書士においては現時点ではそのような機器が普及しているとは言えず、またその職責上の観点からも司法書士にとってはこのような方法で対面しているというには疑問が残る。

Q173　運転免許証のコピーの提示を受けることで、対面提示方法において「提示を受ける」ことに当たるのか。

A173　「提示を受ける」ことに当たらない。

Q174　顔見知りで、日常的に会うことが多い人から特定業務に関する依頼を受ける場合、そのときは、電話で依頼を受けただけでも、対面提示方法によって本人特定事項の確認を行うことができるのか。

A174　対面提示方法としては本人特定事項の確認を行うことはできない。

◇◇◇◇◇ **解説** ◇◇◇◇◇

提示とは、運転免許証等顔写真付き公的書類またはその他の顔写真付き公的書類を実際に見せることであるが、その本人確認書類について、少なくとも顧客または代表者等が自らその真正性を確認した上で特定事業者に提示することが必要とされるため、提示をする者に意思能力は求められるものの、行為能力は求められない。当然、提示される本人確認書類は原本であることが求められ、その写しの提示を受けることは、対面提示方法としては認められない。

提示は、現実に対面して提示されなければならない。そのため、顔見知りで、日常的に会うことが多い人から特定業務に関する依頼を受ける場合であっても、その際には、特定事業者は依頼者と対面する必要があり、仮に、運転免許証が特定事業者のもとに郵送されたり、他の者（当該依頼には関わっていない者）に頼んで特定事業者のもとに届けられたりし、その上で、依頼者との電話で依頼内容を確認したとしても、対面提示方法には該当しない（非対面による確認は可能である）。

Q175　宅地の売買による所有権移転登記手続の依頼を妻に任せ、その妻が夫に代わって司法書士に依頼する際に、その妻が、夫と自己

の運転免許証を持参した場合、どのように本人特定事項の確認が行うことができるのか。

A175　**その妻から、夫と妻の運転免許証の提示を受けることによって、夫および妻の本人特定事項の確認を行うことができる。**

◇◇◇◇◇ **解説** ◇◇

対面提示方法によって顧客の本人特定事項の確認を行うには、特定事業者が当該顧客と面談し、その運転免許証等顔写真付き公的書類またはその他の顔写真付き公的書類を当該顧客から直接に提示を受ける場合のほか、代表者等から提示を受けることでも行い得る場合がある。

それは、当該顧客とは面談しないものの、その代表者等と面談し、その代表者等から、当該顧客の運転免許証等顔写真付き公的書類またはその他の顔写真付き公的書類の提示を受ける場合で、この方法によっても、対面提示方法の要件は満たされる。

そこで、この事例の場合、宅地の売主が顧客等で、その妻が代表者等に当たり、その両者の本人特定事項の確認を行わなければならないこととなるが、犯罪収益移転防止法上は、実際に面談している妻から、夫である売主の運転免許証の提示を受けることによって、売主の本人特定事項の確認を行うことができる。もちろん、売主自身に対面することが望ましいし、別途適格性および意思の確認についても合理的な方法で行うことが司法書士としては求められる。

妻自身からも、代表者等として、妻自身の運転免許証の提示を受けることで、妻の本人特定事項の確認を行う必要があり、結局、その妻から、夫と妻の運転免許証の提示を受けることによって、取引時確認として、顧客である夫および代表者等である妻の本人特定事項の確認を行うことができるのである。

代表者等自身の確認方法については、犯罪収益移転防止法施行規則の別の規定で定められているので後述する（第3章第8節）。

なお、その他の顔写真付き公的書類であって、複数通発行または発給されているものについては、代表者等から提示を受けることは認められていない。

Q176　宅地の売買による所有権移転登記手続の依頼で、県外から、司法書士事務所を訪れた依頼者が、住民票の写しは持参したが、運転免許証を忘れてきた、あるいは、国民健康保険被保険者証は持参したが、運転免許証を忘れてきたときは、その場で、本人特定事項の取引時確認を完了することはできるのか。

A176　改めて、運転免許証を持参してもらうか、依頼者の住所に宛て、取引関係文書を転送不要書留郵便物等として送付するなどの措置を取らなければ、本人特定事項の時確認を完了することはできない。

◇◇◇◇◇ **解説** ◇◇◇

自然人である顧客等の本人特定事項の確認方法－２

対面提示郵送方法：本人確認書類の提示を受け、取引関係文書を転送不要書留郵便等で送付する方法

【規則６条１項１号ロ】

> ロ　当該顧客等又はその代表者等から当該顧客等の本人確認書類（次条第一号イに掲げるものを除く。）の提示（同号ロに掲げる書類の提示にあっては、当該書類の代表者等からの提示に限る。）を受けるとともに、当該本人確認書類に記載されている当該顧客等の住居に宛てて、預金通帳その他の当該顧客等との取引に係る文書（以下「取引関係文書」という。）を書留郵便若しくはその取扱いにおいて引受け及び配達の記録をする郵便又はこれらに準ずるもの（以下「書留郵便等」という。）により、その取扱いにおいて転送をしない郵便物又はこれに準ずるもの（以下「転送不要郵便物等」という。）として送付する方法

この方法では、特定事業者は、顧客等またはその代表者等から、顧客等の本人確認書類の１点の提示を受けるとともに、本人確認書類に記載されている顧客等の住居（代表者等の住居とはされていない）に宛てて、取引関係文書を、転送不要書留郵便等で送付することによって、顧客等の本人特定事項

を確認することとなる。

対面提示郵送方法で利用することができる本人確認書類は、自然人の本人確認書類に属する種類のものであれば特段の制限はないため、各種健康保険証等や、住民票の写し等の１点の提示を受けることで差し支えないが、手続としてはそれだけでは足りず、さらに、取引関係文書を、転送不要書留郵便等で送付することが必要となる。この方法の場合も、提示を受ける本人確認書類は原本である必要があり、提示は顧客等ないし代表者等、いずれからでもよい。もちろん、提示を受ける本人確認書類が運転免許証等顔写真付き公的書類または一通限り発行されるその他の顔写真付き公的書類であるときには、対面提示郵送方法ではなく、対面提示方法となるので別途の送付は不要である。

また、複数通発行されるその他の顔写真付き公的書類については、顧客等からの提示の場合は対面提示方法となり、代表者等からの提示の場合は、対面提示郵送方法として別途の送付が必要とされる。

提示を受ける相手方が顧客等または代表者等であること、また提示を行う能力については対面提示方法の場合と同じである。

対面提示郵送方法では対面した際に依頼事務に関する打合せ等を行うことができるが、さらに取引関係文書を送付しなければ、本人特定事項の確認を完了することはできない。

この事例のように、運転免許証の提示ではなく、住民票の写しの提示を受けることで本人特定事項の確認を行う場合は、その後、住民票の写しに記載されている依頼者の住所に宛てて取引関係文書を送付しなければならないこととなる。本人特定事項の確認は合理的期間内に済ませれば足りるので、通常は、運転免許証等を取りに帰ってもらうことで本人特定事項の確認を進めることが多いと思われるが、このような場合に、後述する他の方法に利用することができる他の本人確認書類がない、なかなか見付からない、あるいは再訪が難しい等の事情があるときは、対面提示郵送方法によらざるを得ない場合もあり得よう。

この事例の後段のように、運転免許証の提示はないが、国民健康保険被保険者証の提示は受けることができる事例では、従前は（平成28年10月1日改正犯罪収益移転防止法施行までは）、その提示だけで対面提示方法として運転免許証と同様の取扱いが認められていたところ、現在は、このような取扱いは認められず、後述する他の方法に利用することができる他の本人確認書類がない、なかなか見付からない、あるいは再訪が難しい等の事情があるときは、対面提示郵送方法として、別途の取引関係文書の送付が必要とされる。

Q177　**特定業務に関する依頼にあたり、司法書士が、職務上請求書によって取得した依頼者の住民票の写しは、対面提示郵送方法に利用することはできないのか。**

A177　**司法書士が、正当に取得した依頼者の住民票の写しは、顧客等または代表者等と対面して、依頼者の住民票の写しに間違いないことを確認することにより、対面提示郵送方法を利用することができる。**

解説

対面提示郵送方法で利用される本人確認書類の中には、住民票の写し等のように、司法書士が受任している事件または事務に関する業務を遂行するために必要がある場合に職務上請求をして交付を受けることができるものがあることから、そのようにして司法書士が取得した本人確認書類をもって本人特定事項の確認を行うことができるのか否かが実務上問題となる。

前述のように「提示」とは、少なくとも、提示者が自らその真正性を確認した上で特定事業者に提示することが求められているため、顧客等または代表者等が取得した本人確認書類の提示を受けることが原則となる。

しかし、司法書士が、正当に、顧客等の本人確認書類を取得した場合であっても、顧客等または代表者等と対面して当該本人確認書類を直接確認させて、それが正に、そのものに間違いないことを確認することにより「提示」の実質を備えることができ、その場合は本人特定事項の確認としての提示を受けたと言えよう。

なお、司法書士による戸籍謄本等、住民票の写しなどの交付請求については、戸籍法、住民基本台帳法を順守して行わなければならず、詳しくは、日本司法書士会連合会司法書士執務調査室執務部会「司法書士のための戸籍謄本・住民票の写し等の交付請求の手引き［第２版］」（平成28年３月）を熟読していただきたい。

Q178　**取引関係文書とは、どのような文書なのか。**

A178　**預金通帳その他の当該顧客等との取引に係る文書で、司法書士にとっては、委任状がその典型例である。**

◇◇◇◇◇ **解説** ◇◇

対面提示郵送方法では、本人確認書類の提示の後で取引関係文書を送付しなければならないが、ここで取引関係文書とは、預金通帳その他の当該顧客等との取引に係る文書であると定義されている。

司法書士にとって取引とは依頼のことであると理解してよいことから、具体的には、委任状がその典型であろう。ほかにも、依頼に関するものであれば、登記原因証明情報なども含まれ、業務委託書、業務確認書、請求書、領収書なども、依頼の概要が分かる程度のものであって、通常他の者への到達が期待されないものは取引関係文書に該当するが、誰にでも頒布されるパンフレットは該当するとは言えない[25]。

Q179　**取引関係文書は、どのように送付するのか。**

A179　**本人確認書類に記載されている顧客等の住居に宛てて（代表者等の住居に宛ててではない）、転送不要書留郵便物等として送付しなければならない。**

25　犯罪収益移転防止制度研究会編著・前掲注１・89頁

◇◇◇◇◇ **解説** ◇◇◇

取引関係文書の送付は、本人確認書類に記載されている顧客等の住居に宛てて（代表者等の住居に宛ててではない）、転送不要書留郵便物等として送付しなければならない。したがって、たまたま事前に依頼者の住所を知っているからといって、本人確認書類の提示を受ける前に、その住所に委任状等を送付し、本人確認書類の提示の際に、その署名押印した委任状を持参することでは、本人特定事項の確認が完了したとは言えない。もちろん、その本人確認書類が運転免許証等顔写真付き公的書類などであって、対面提示方法を採ることができれば、本人特定事項の確認を完了させることができる。

送付の手段は、転送不要書留郵便等（転送不要扱いによる書留郵便等）に限られている。転送不要扱いとは、「その取扱いにおいて転送をしない郵便物又はこれに準ずるもの」を指し、書留郵便等とは「書留郵便若しくはその取扱いにおいて引受け及び配達の記録をする郵便又はこれらに準ずるもの」を指す。郵便の場合は、転送不要扱いとする一般書留郵便および簡易書留郵便がこれに該当するが、特定記録郵便は含まれない。レターパックのうち、レターパックプラスは書留郵便等に当たるが、レターパックライトは、それには当たらない。また、宅配便や信書便であっても、転送不要として送付され、引受けおよび配達の記録がなされるものであれば、転送不要書留郵便物等に含まれる。なお、取引関係文書が信書に当たる場合には宅配便を利用することは郵便法上問題となり、司法書士業務における取引関係文書はほとんど信書に該当すると思われる。

対面提示郵送方法において、顧客等の本人確認書類の提示は、顧客等からだけでなく、代表者等から提示を受けることでも差し支えないが、送付先は顧客等の本人確認書類に記載された住居とされているので、提示を受けた代表者等の住居へ送付をしても、顧客等の本人特定事項の確認は完成しない。

対面提示郵送方法における本人特定事項の確認は「送付する方法」とされ、法律上は到達することが要件とはされていない。したがって、取引関係文書を顧客等に宛てて送付することによって、一応、本人特定事項の確認行為を行ったことになる。ただ、これが受領されずに返送されてしまうと本人特定事項の確認の意味をなさないので、改めて送付し直し、受領されるか、別の本人特定事項の確認方法を採らなければならなくなる。実務的には、「送付し、返送されないこと」が必要とならざるを得ず、返送されないことが明らかな期間を待って本人特定事項の確認行為を完了するか、積極的に郵便追跡サービス等を活用して、その到達を確認することをもって本人特定事項の確認行為を完了することが必要となろう。

なお、司法書士にとっての取引関係文書には委任状のように依頼者の署名押印を要する書類もあるが、業務確認書のようにそれを要しない書類もあり、いずれの場合でも、取引関係文書が顧客等に宛てて送付されること（返送されないこと）は必要であるが、依頼者から当該文書が司法書士事務所に届けられることは、犯罪収益移転防止法上の要件とはされていない。

Q176の事例では、依頼者にいったん自宅に帰ってもらってから、委任状の用紙を依頼者宅に送付し、署名押印の上で司法書士事務所に届けてもらうことでも足りるが、実務上は、最初に対面したときに委任状に署名押印をしてもらった上で、後に業務確認書なり、請求書なりを送付することが多いのではなかろうか。

Q180　**宅地の売買による所有権移転登記手続の依頼で、県外から、司法書士事務所を訪れた買主である依頼者が、運転免許証等は有していないので、国民健康保険被保険者証は持参したといい、また、登記手続に添付するために住民票の写しを持参しているが、この場合、本人特定事項の確認を完了することはできるのか。**

A180　**国民健康保険被保険者証および住民票の写しの双方の提示によって、本人特定事項の確認を完了することができる。**

◇◇◇◇◇ **解説** ◇◇

自然人である顧客等の本人特定事項の確認方法－3

対面2点提示方法：各種健康保険証等その他の書類の2点の提示を受ける方法

【規則6条1項1号ハ】

> ハ　当該顧客等若しくはその代表者等から当該顧客等の本人確認書類のうち次条第一号ハに掲げるもののいずれか二の書類の提示を受ける方法又は同号ハに掲げる書類及び同号ロ、ニ若しくはホに掲げる書類若しくは当該顧客等の現在の住居の記載がある補完書類（次項に規定する補完書類をいう。ニにおいて同じ。）の提示（同号ロに掲げる書類の提示にあっては、当該書類の代表者等からの提示に限る。）を受ける方法

この方法では、特定事業者は、顧客等またはその代表者等から、顧客等の本人確認書類のうち各種健康保険証等その他の書類の2点の提示を受けることによって、顧客等の本人特定事項を確認することとなる。

この方法で利用され、2点の提示を受ける各種健康保険証等その他の書類のパターンは、次のとおりである。

各種健康保険証等1点	+	①　各種健康保険証等1点
		②　その他の顔写真付き公的書類1点
		③　住民票の写し等1点
		④　その他の顔写真なし公的書類1点
		⑤　補完書類1点

なお、「その他の顔写真付き公的書類1点」の提示にあっては、複数通発行されるものを代表者から提示を受ける場合にだけ対面2点提示方法となり、1通のみ発行されるものの顧客等または代表者等の提示、あるいは複数通発行されるものの顧客等からの提示の場合は、その1点だけで対面提示方法となる。

そこで、この事例は、依頼者が運転免許証等顔写真付き公的書類は有していないが、各種健康保険証等のうち国民健康保険被保険者証の１点の提示を受けた事例である。各種健康保険証等は、その１点の提示を受けるだけでは足りず、別途、二次的な措置を講じなければならない本人確認書類であり、ここでは、他に、住民票の写しを持参していることから、国民健康保険被保険者証の１点と、住民票の写し１点の提示を受けることで、対面２点提示方法として本人特定事項の確認を完了することができる。

Q181　宅地の売買による所有権移転登記手続の依頼で、県外から、司法書士事務所を訪れた売主である依頼者が、運転免許証等は有していないので、国民健康保険被保険者証は持参したが、登記手続に必要な印鑑登録証明書を持参し忘れたとのことであるが、この場で、本人特定事項の確認を完了することはできるのか。

A181　改めて、印鑑登録証明書を持参してもらうか、依頼者の住所に宛て、取引関係文書を転送不要書留郵便物等として送付するなどの措置を取らなければ、本人特定事項の確認を完了することはできない。

◇◇◇◇◇ **解説** ◇◇◇

自然人である顧客等の本人特定事項の確認方法－４

対面提示送付方法：各種健康保険証の提示を受けて、その他の本人確認書類等の送付を受けて、確認記録に添付する方法

【規則６条１項１号ニ】

ニ　当該顧客等又はその代表者等から当該顧客等の本人確認書類のうち次条第一号ハに掲げるものの提示を受け、かつ、当該本人確認書類以外の本人確認書類若しくは当該顧客等の現在の住居の記載がある補完書類又はその写しの送付を受けて当該本人確認書類若しくは当該補完書類又はその写し（特定事業者が作成した写しを含む。）を第十九条第一項第二号に掲げる方法により確認記録に添付する方法この方法では、特定事業者は、顧客等またはその代表者等から、顧客等の本人確認書類のうち各種健康保険証等の提示を受けて、かつ、当該本人確認書類以外の本人確認書類または補完書類の送付を受けることによって、顧客等の本人特定事項を確認することとなる。

対面提示送付方法による送付を受ける本人確認書類には制限はなく（もちろん、既に提示を受けたものは除かれる）、その本人確認書類または補完書類は原本でも写しでも差し支えないが、特定事業者は、送付を受けた書類を確認記録に添付することによって（添付の方法については、Q209で後述する）、本人特定事項の確認が完了する。この場合、添付すべき書類は、本人確認書類または補完書類は原本でも、送付者が作成した写しでも、特定事業者が作成した写しでも差し支えない。送付を受ける書類は、顧客等からでも代表者等からでも差し支えない。

「送付を受ける」の意味は、後述する非対面送付郵送方法の場合と同様である（Q182）。

そこで、この事例であるが、これは、Q180の事例と同様、依頼者が運転免許証等顔写真付き公的書類は有していない中、各種健康保険証等のうち国民健康保険被保険者証の1点の提示を受けた事例であり、その他の本人確認書類、補完書類を持参していないが、自宅には印鑑登録証明書をきちんと保管している場合である。もちろん、再度、司法書士事務所への訪問によって、その印鑑登録証明書の提示を受けることで対面2点提示方法として本人特定事項の確認を行うこともできるが、再訪が難しい場合は、対面提示郵送方法によるか、後日、司法書士が、その印鑑登録証明書の送付を受けて、その写しを確認記録に添付することで本人特定事項の確認を完了することができる（Q182）。

Q182　**宅地の売買による所有権移転登記手続の依頼について、依頼者が遠方で対面できず、やむを得ず電話で依頼を受けたときは、その運転免許証のコピーを郵送してもらえば、本人特定事項の確認を完了する**

ことができるのか。

A182　改めて、依頼者の住所に宛て、取引関係文書を転送不要書留郵便物等として送付するなどの措置を取らなければ、本人特定事項の確認を完了することはできない。

◇◇◇◇◇ **解説** ◇◇

自然人である顧客等の本人特定事項の確認方法－５
非対面送付郵送方法：本人確認書類の送付を受けて、確認記録に添付して、取引関係文書を転送不要書留郵便等で送付する方法

【規則６条１項１号ホ】

> ホ　当該顧客等又はその代表者等から当該顧客等の本人確認書類のうち次条第一号若しくは第四号に定めるもの又はその写しの送付を受けて当該本人確認書類又はその写し（特定事業者が作成した写しを含む。）を第十九条第一項第二号に掲げる方法により確認記録に添付するとともに、当該本人確認書類又はその写しに記載されている当該顧客等の住居に宛てて、取引関係文書を書留郵便等により、転送不要郵便物等として送付する方法

この方法では、特定事業者は、顧客等またはその代表者等から、顧客等の自然人の本人確認書類（いずれの書類でも差し支えない）またはその写しの送付を受けて（非在留外国人については非在留外国人の特別の本人確認書類（Ｑ161）の提示であっても差し支えない）、本人確認書類に記載されている顧客等の住居（代表者等の住居とはされていない）に宛てて、取引関係文書を、転送不要書留郵便等で送付することによって、顧客等の本人特定事項を確認することとなる。

顧客等の本人確認書類は、特定事業者は、顧客等から直接送付を受けるだけでなく、代表者等から送付を受けても差し支えなく、送付を受ける本人確認書類は原本でも写しでも差し支えないが、特定事業者は、送付を受けた書類を確認記録に添付しなければならない（添付の方法については、Ｑ209で解説する。なお添付すべき書類は、本人確認書類は原本でも、送付者又は特

定事業者が作成した写しでも差し支えない)。さらに、顧客等の住居に宛てて、取引関係文書を、転送不要書留郵便等で送付することによって、本人特定事項の確認を完了することができる。

取引関係文書の定義、転送不要書留郵便等で送付することの要件等は、対面提示郵送方法と同じである。

非対面送付郵送方法は、依頼者が（その代理人なども）遠方にいて、司法書士が対面できない事情がある場合などに選択される。

犯罪収益移転防止法では、特定事業者が一度も対面せずに郵便のやり取りだけで本人特定事項の確認を済ませることができるが、司法書士の場合は、適格性や意思の確認を要するので、この方法を選択せざるを得ないときであっても、最低限電話するなど心証を得ることができる職責上合理的な方法を併用すべきである。

なお、顧客等または代表者等から、本人確認書類の写しの提示を受けた場合は、提示を受け得る本人確認書類は原本に限られているため、その写しの提示を受けるということは結果的に写しの送付を受けることと同義となると解される。したがって、たとえ、顧客等から直接、運転免許証等顔写真付き公的書類の写しの提示を受けたとしても、これだけでは対面提示方法としては成立せず、改めて原本の提示を受けるか、他の要件を満たす方法をとるか、非対面送付郵送方法として、確認記録に添付して、取引関係文書を転送不要書留郵便等で送付して、本人特定事項の確認を完成させる必要がある。

そこで、この事例のようなケースでは非対面送付郵送方法を利用することができるが、まず、依頼者から本人確認書類を送付してもらう必要がある。前述のとおり、送付される本人確認書類は原本でも写しでも差し支えないが、普通は、運転免許証等の提示書類は写しを、住民票の写し等は原本（ここでは市町村から発行を受けた「住民票の写し」が原本）または写し（ここでは市町村から発行を受けた「住民票の写し」を送付者がコピーしたもの）の送付を受けることになろう。もちろん、依頼者の都合により提示書類の原本の送付でも構わないものの、管理、返却におけるリスクを考えると原本の取扱いは慎重にならざるを得ない。

このケースでは、依頼者には対面できないのであるから、事前に住民票の写し等の送付を受けて、委任状の用紙を依頼者宅に送付し、署名押印の上、司法書士事務所に返送してもらうことが一般的であろうと思われるが、たまたま事前に依頼者の住所を知っているからといって本人確認書類（写し）の送付を受ける前に、その住所に委任状等を送付し、司法書士が、その署名押印した委任状の送付を受けることでは本人特定事項の確認を完成させたとは言えない。

「送付を受ける」の「送付」とは、少なくとも、本人確認書類について顧客または代表者等がその真正性を確認した上で特定事業者に送付することが必要とされるため、提示の場合と同様に、この場合の送付には、行為能力は必要ないが、意思能力は必要とされる。

依頼者である顧客等から直接に依頼がなされるときは問題ないが、代表者等を通じて行われるとき、実務的には、遠方の依頼者に互いに郵送のやり取りで犯罪収益移転防止法上の本人特定事項の確認を行い、電話等で適格性および意思の確認を行うのであれば、あえて対面できない遠方の代表者等と同様のやり取りをする必要性も乏しく、顧客等からの直接の依頼として取り扱う方が一般的であると思われる。顧客も代表者等も遠方で対面できないような特段の事情がある事例に限り、代表者等からの送付による非対面送付郵送方法を選択すべきこととなろう。

送付を受ける写しについては、送付を行った者による「写しに相違ない」旨の認証文は必要なく、単なるコピーで差し支えない。

なお、規則６条１項１号ホは、平成30年11月30日以降は同号チと改められている。

Q183　**Q182の事例で、依頼者から、その運転免許証のコピーのPDFがメール添付で司法書士に届いた場合は、非対面送付郵送方法を利用することはできないのか。**

A183　**この場合であっても、非対面送付郵送方法を利用することができる。**

Q184　**Q183の事例で、そのコピーのPDFが、不鮮明である場合は、どのように対応することになるのか。**

A184　**本人特定事項の確認に支障がある場合には、改めて、鮮明なものの送付を受けなければ、非対面送付郵送方法を利用することはできない。**

◇◇◇◇◇ **解説** ◇◇

本人確認書類（写し）の特定事業者への送付の場合の「送付を受ける」とは、特定事業者が顧客等または代表者等である自然人と対面する必要はなく、郵便等の手段で、特定事業者に本人確認書類（写し）が到達することで足りる。よって、その手段に制限はなく、普通の郵送のほか、宅配便、信書便、使者、ファックス等で、あるいは当該本人が特定事業者に対面せずにその郵便受けに差し入れておく、または本人確認書類の写しに係る画像ファイルをインターネットや電子メール経由で受け取ることも可能である。

本人確認書類の写しが送付される場合、その写しは鮮明なものでなければならず、本人特定事項の確認を行うのに必要な事項や、確認記録として保存されることが必要な事項について読み取れないような書類は、そもそも適法な本人特定事項の確認を行ったことにはならず、確認記録の保存義務にも違反していることになる。また、送付を受けた写しが、不自然なコピーであったり、加工した疑いがあったりする場合も同様であろう。

前述のとおり、この方法では、取引関係文書を送付するほかに、本人確認書類またはその写しを本人確認記録に添付しなければ犯罪収益移転防止法上の本人特定事項の確認が完了しない。添付すべきものは、本人確認書類の原本そのものでも、送付を受けた本人確認書類の写しそのものでも、送付を受けた本人確認書類の原本または写しを司法書士がコピーした写しであっても差し支えない。

Q185　本人確認書類を利用しなければ、自然人である顧客等について、本人特定事項の確認を行うことはできないのか。

A185　特定本人限定受取郵便方法、電子署名送信方法を利用して、本人特定事項の確認を行うことができる。

◇◇◇◇◇ **解説** ◇◇◇◇◇

自然人である顧客等の本人特定事項の確認方法－6

特定本人限定受取郵便方法：取引関係文書を特定の本人限定受取郵便等によって送付する方法

【規則6条1項1号へ】

> へ　その取扱いにおいて名宛人本人若しくは差出人の指定した名宛人に代わって受け取ることができる者に限り交付する郵便又はこれに準ずるもの（特定事業者に代わって住居を確認し、本人確認書類の提示を受け、並びに第二十条第一項第一号、第三号（括弧書を除く。）及び第十一号に掲げる事項を当該特定事業者に伝達する措置がとられているものに限る。）により、当該顧客等に対して、取引関係文書を送付する方法

この方法では、特定事業者が、顧客等に対して、取引関係文書を、特定の本人限定受取郵便等で送付することによって、顧客等の本人特定事項を確認することとなる。

本人限定受取郵便等とは、その取扱いにおいて名宛人本人もしくは差出人の指定した名宛人に代わって受け取ることができる者に限り交付する郵便またはこれに準ずるものであって、特定事業者に代わって住居を確認し、本人確認書類の提示を受けて、ならびに規則20条1項1号、3号（括弧書を除く）および11号に掲げる事項に掲げる事項を当該特定事業者に伝達する措置が取られているものをいう。

特定本人限定受取郵便方法では、特定の本人限定受取郵便等で、取引関係文書を送付し、一定の事項を特定事業者に伝達するというもので、特定事業

者が直接本人確認書類（写し）を確認することはない。司法書士にとっては、電話等による確認を別途行うにしても、これまでの述べた他の犯罪収益移転防止法上の本人特定事項の確認方法が利用できない特段の事情があるときに限り、この方法を利用することができるというべきであろう。

なお、規則6条1項1号へは、平成30年11月30日以降は同号リと改められている。

自然人である顧客等の本人特定事項の確認方法－7
電子署名送信方法：特定の電子署名が行われた特定取引等に関する情報の送信を受ける方法

【規則6条1項1号ト以下】

ト　当該顧客等から、電子署名及び認証業務に関する法律（平成十二年法律第百二号。以下この項において「電子署名法」という。）第四条第一項に規定する認定を受けた者が発行し、かつ、その認定に係る業務の用に供する電子証明書（当該顧客等の氏名、住居及び生年月日の記録のあるものに限る。）及び当該電子証明書により確認される電子署名法第二条第一項に規定する電子署名が行われた特定取引等に関する情報の送信を受ける方法

チ　当該顧客等から、電子署名等に係る地方公共団体情報システム機構の認証業務に関する法律（平成十四年法律第百五十三号。以下この号において「公的個人認証法」という。）第三条第六項の規定に基づき地方公共団体情報システム機構が発行した署名用電子証明書及び当該署名用電子証明書により確認される公的個人認証法第二条第一項に規定する電子署名が行われた特定取引等に関する情報の送信を受ける方法（特定事業者が公的個人認証法第十七条第四項に規定する署名検証者である場合に限る。）

リ　当該顧客等から、公的個人認証法第十七条第一項第五号に掲げる総務大臣の認定を受けた者であって、同条第四項に規定する署名検証者である者が発行し、かつ、当該認定を受けた者が行う特定認証業務（電子署名法第二条第三項に規定する特定認証業務をいう。）の用に供する電子証明書（当該顧客等の氏名、住居及び生年月日の記録のあるものに限り、当該顧客等に係る利

用者（電子署名法第二条第二項に規定する利用者をいう。）の真偽の確認が、電子署名及び認証業務に関する法律施行規則（平成十三年総務省・法務省・経済産業省令第二号）第五条第一項各号に掲げる方法により行われて発行されるものに限る。）及び当該電子証明書により確認される電子署名法第二条第一項に規定する電子署名が行われた特定取引等に関する情報の送信を受ける方法

この方法では、特定事業者が、顧客等から、電子証明書および電子署名が行われた特定取引等に関する情報の送信を受けることによって、顧客等の本人特定事項を確認することとなる。

電子署名送信方法として、次のものが定められている。

①　電子署名法に基づく電子証明書（当該顧客等の氏名、住居および生年月日の記録のあるものに限る）および当該電子証明書により確認される電子署名が行われた特定取引等に関する情報の送信を受ける方法

②　電子署名等に係る地方公共団体情報システム機構の認証業務に関する法律（公的個人認証法）に基づく地方公共団体情報システム機構が発行した署名用電子証明書および当該署名用電子証明書により確認される電子署名が行われた特定取引等に関する情報の送信を受ける方法（特定事業者が公的個人認証法に規定する署名検証者である場合に限る）

③　公的個人認証法に掲げる総務大臣の認定を受けた者であって、同法に規定する署名検証者である者が発行し、かつ、当該認定を受けた者が行う特定認証業務の用に供する電子証明書（当該顧客等の氏名、住居および生年月日の記録のあるものに限り、当該顧客等に係る利用者の真偽の確認が、電子署名および認証業務に関する法律施行規則に掲げる方法により行われて発行されるものに限る）および当該電子証明書により確認される電子署名法に規定する電子署名が行われた特定取引等に関する情報の送信を受ける方法

なお、規則６条１項１号ト、チ、リは、平成30年11月30日以降は同号ヌ、ル、ヲと改められている。

Q186　特定本人限定受取郵便方法を利用して行った本人特定事項の確認に問題があり、取引時確認に不備が生じた場合は、その責任は日本郵便株式会社が負い、特定事業者の責任は免責されるのか。

A186　免責されることはない。

◇◇◇◇◇ **解説** ◇◇◇◇◇

特定本人限定受取郵便方法を利用する際は、最終的に取引時確認の義務を負っているのは、あくまでも特定事業者であることに留意が必要である[26]。

特定本人限定受取郵便方法を満たすサービスのうち郵便局が取り扱うものに、「特定事項伝達型本人限定受取郵便」がある（他の本人限定受取である「基本型」および「特例型」は、犯罪収益移転防止法の要件を満たさない）。

特定事項伝達型本人限定受取郵便では、特定事業者に代わって住居を確認し、本人確認書類の提示を受け、ならびに、①取引時確認を行った者の氏名その他の当該者を特定するに足りる事項（規則20条１項１号）、②顧客等の本人特定事項の確認のために本人確認書類又は補完書類の提示を受けたときは、当該提示を受けた日付及び時刻（同３号（括弧書を除くため、常に時刻の伝達も必要））および③顧客等の本人特定事項の確認のために本人確認書類または補完書類の提示を受けたときは、当該本人確認書類または補完書類の名称、記号番号その他の当該本人確認書類または補完書類を特定するに足りる事項（同11号に掲げる事項（以下「特定伝達事項」という））を特定事業者に伝達する措置が取られている。

さらに、法定の伝達事項ではないが、確認記録の作成に必要な当該人の生年月日についても伝達されることとなっている。具体的には、郵便事業株式会社の支店（郵便局ではない）のみでの取扱いとなり、あらかじめ差出事業所（郵便局を除く）に利用の申出を行い、受取人がその事業所から原則とし

26　手塚・前掲注９・39頁

て通知書の送付を受けることにより連絡を受け、郵便局の窓口を除く郵便窓口において、運転免許証等の公的証明書１点を提示することにより、郵便物であるその取引関係文書を受領することができるシステムであり、特定伝達事項は、郵便事業株式会社のホームページ（登録制）からダウンロードすることができるようになっている。詳しくは、JP 日本郵便の次の URL を参照されたい。

https://www.post.japanpost.jp/service/fuka_service/honnin/

その取扱いにおいて名宛人本人もしくは差出人の指定した名宛人に代わって受け取ることができる者に限り交付するもので、特定事業者に代わって住居を確認し、本人確認書類の提示を受け、本人伝達事項を特定事業者に伝達する措置が取られているものであれば、宅配便や信書便であっても、特定本人限定受取郵便方法として利用することができるが、確認記録作成のために必要な事項である生年月日が特定伝達事項としては法定されていないため、その伝達もなされる措置が取られているか等、事前に適切な方法で確認しておくことが望ましい。

5　法人である顧客等の本人特定事項の確認の方法

問い24　宅地分譲を行う上場会社でない株式会社から、宅地の売買による所有権移転登記手続の依頼を受ける際、その会社の担当者から当該株式会社の登記事項証明書の交付を受け、その担当者の運転免許証の提示を受けたときは、どのように本人特定事項の確認を行うのか。

答え24　法人対面提示方法によって当該株式会社の本人特定事項の確認を行い、併せて、対面提示方法によって担当者の本人特定事項の確認を行う。

解説

法人である顧客等の本人特定事項の確認方法－１

法人対面提示方法：法人の本人確認書類の提示を受ける方法

【規則６条１項３号イ】

> 三　法人である顧客等　次に掲げる方法のいずれか
> 　イ　当該法人の代表者等から本人確認書類のうち次条第二号又は第四号に定めるものの提示を受ける方法

法人の本人特定事項の確認方法は、顧客である法人そのものの本人特定事項の確認の場合のみに利用することができる。法人の本人特定事項の確認を行う際は、併せて、常に、自然人である代表者等の本人特定事項の確認も必要となるが、例えば、代表者等から当該法人の登記事項証明書の提示を受けると同時に、代表者等である当該法人の担当者自身の運転免許証等の提示を受けることによって、当該法人と当該代表者等の両者の本人特定事項の確認を済ませる必要がある。代表者等の確認方法は、第３章第８節で解説する。

また、顧客は法人であっても、国等や、上場会社等である場合には、犯罪収益移転防止法上は、顧客等である法人の本人特定事項の確認ではなく、その代表者等の本人特定事項の確認を行うこととなる（問い16）。

この方法では、特定事業者は、顧客等である法人の代表者等から、顧客等の本人確認書類のうち法人登記事項証明書等または法人その他の公的書類の１点の提示を受けることによって、顧客等である法人そのものの本人特定事項を確認することとなる（外国法人については外国法人の特別の本人確認書類（Q161）の提示であっても差し支えない）。ここで顧客等である法人の本人確認書類は、特定事業者は、当然に、自然人である代表者等から提示を受けることとなる（法人そのものから本人確認書類の提示を受けるということは物理的に不可能である）。この方法は、自然人の場合の対面提示方法に相当するもので、この方法で法人の本人確認を行う場合、常に代表者等から提示を受けることとなる。

以下、Q187～Q190においては、代表者等の確認については触れない。

Q187　**顧客である株式会社の担当者が、インターネットによる登記情報提供サービスをもって取得した法人の登記情報をプリントアウトしたものの提示を受けることで、当該株式会社の本人特定事項の確認を行うことができるのか。**

A187　**そのプリントアウトしたものの提示を受けても、法人対面提示方法によって当該株式会社の本人特定事項の確認を行うことはできないが、平成30年11月30日以降は、一定の場合、一般財団法人民事法務協会が運営する登記情報提供サービスからの登記情報の送信を受ける方法として本人特定事項の確認を行うことができる。**

解説

Ｑ159のとおり、インターネットによる登記情報提供サービスをもって取得した法人の登記情報をプリントアウトしたものは、本人確認書類には当たらない。インターネットによる登記情報提供サービスをもって取得した法人の登記情報は、プリントアウトしたものであっても、法人登記事項証明書等にも、法人その他の公的書類にも該当しない。

また、司法書士がインターネットによる登記情報提供サービスによって法人の登記情報を確認しても、犯罪収益移転防止法上の本人特定事項の確認を行ったことにはならないし、その登記情報をダウンロードし、プリントアウトしても、当該法人の本人特定事項の確認を行ったことにはならない。

なお、平成30年11月30日以降は、一定の場合、一般財団法人民事法務協会が運営する登記情報提供サービスからの登記情報の送信を受けることで、本人特定事項の確認を行うことができることとなった（本章第９節「平成30年11月30日以降に追加された本人特定事項の確認の方法」参照）。

Q188　**顧客である株式会社について、司法書士が取得した当該株式会社の登記事項証明書は、本人特定事項の確認には利用することができないのか。**

A188　**当該株式会社の代表者等が司法書士と対面し、それが当該株式会社のものに間違いないことが確認されることで、当該株式会社の本人特定事項の確認に利用することができる。**

◇◇◇◇◇ **解説** ◇◇◇

法人対面提示方法では、代表者等に対面して、法人登記事項証明書等の提示を受けなければならない。そのため、司法書士が単に当該法人の登記事項証明書を取得しただけでは本人特定事項の確認を行ったことにはならない。

この事例も、そのままでは本人特定事項の確認を行ったことにならず、当該株式会社側で取得した登記事項証明書等を、その代表者等から提示してもらう必要がある。

ただ、提示の意味は自然人の本人特定事項の確認の場合と同義であるので、提示の実質を備えることで本人特定事項の確認を行うことができる（Q177）。つまり、司法書士が取得した当該株式会社の登記事項証明書であっても、代表者等が司法書士と対面し、それが正に当該法人のものに間違いないことを代表者等が確認し、その旨を述べることにより、本人特定事項の確認とすることができる。

Q189　**問い24の事例で、その会社の担当者から当該株式会社の登記事項証明書のコピーが司法書士に郵送された場合、司法書士が当該担当者に確認の電話をしたときは、本人特定事項の確認を完了することができるのか。**

A189　**改めて、当該会社の本店に宛て、取引関係文書を転送不要書留郵便物等として送付するなどの措置を取らなければ、本人特定事項の確認を完了することはできない。**

◇◇◇◇◇ **解説** ◇◇◇

法人である顧客等の本人特定事項の確認方法ー２

法人非対面送付郵送方法：法人の本人確認書類の送付を受けて、確認記録に添付して、取引関係文書を転送不要書留郵便等で送付する方法

【規則６条１項３号ロ】

> ロ　当該法人の代表者等から本人確認書類のうち次条第二号若しくは第四号に定めるもの又はその写しの送付を受けて当該本人確認書類又はその写し（特定事業者が作成した写しを含む。）を第十九条第一項第二号に掲げる方法により確認記録に添付するとともに、当該本人確認書類又はその写しに記載されている当該顧客等の本店、主たる事務所、支店（会社法第九百三十三条第三項の規定により支店とみなされるものを含む。）又は日本に営業所を設けていない外国会社の日本における代表者の住居（以下「本店等」という。）に宛てて、取引関係文書を書留郵便等により、転送不要郵便物等として送付する方法

この方法では、特定事業者は、顧客等である法人の代表者等から、顧客等の本人確認書類のうち法人登記事項証明書等もしくは法人その他の公的書類（いずれの書類でも差し支えない）またはその写しの送付を受けて（外国法人については外国法人の特別の本人確認書類（Ｑ161）の送付であっても差し支えない）、本人確認書類に記載されている顧客等である法人の本店、主たる事務所等に宛てて、取引関係文書を、転送不要書留郵便等で送付することによって、顧客等の本人特定事項を確認することとなる。

法人非対面送付郵送方法は、自然人の場合の非対面送付郵送方法に相当するもので、この方法で法人の本人特定事項の確認を行う場合、法人そのものから本人確認書類の送付を受けるということは物理的に不可能であるから、常に代表者等から送付を受けることとなる。

まず、代表者等から本人確認書類の原本または写しの送付を受けて、その写し（司法書士が作成した写しを含む）を本人確認記録に添付し、取引関係文書を転送不要扱いによる書留郵便等で送付しなければならないが、この場合の特定事業者への送付方法、写しの意義、写しの添付、取引関係文書、転送不要扱いによる書留郵便等、到達については、自然人の場合と同様である（Ｑ182）。

取引関係文書の送付先については、本人確認書類またはその写しに記載さ

れている当該顧客等の登記されている本店、主たる事務所、支店（外国会社が日本に設けた営業所を含む）または日本に営業所を設けていない外国会社の日本における代表者の住居（これらを総称して「本店等」という）に宛てて送付しなければならないため、その送付を行った代表者等の住居に宛てて送付することはできない。また、支店登記がされていない営業所・出張所等に送付することはできず、会社でない法人の従たる事務所にあってはそれが登記されてあるものであっても送付することもできない（特例については第３章第７節８で後述する）。

代表者等から送付を受けるものは本人確認書類（写し）であるから、インターネットの登記情報提供サービスによる法人登記情報のプリントアウトしたものの送付を受けても、本人特定事項の確認の方法とすることはできない。

本人確認書類をもって法人の本人確認を行う方法は、法人対面提示方法と法人非対面送付郵送方法に限られている。本人確認書類の原本の種類によって確認の方法に差異が設けられている自然人の場合と異なり、本人確認書類の種類を問わず原本の提示による場合はすべて法人対面提示方法が適用され、本人確認書類の写しを利用する場合にはすべて法人非対面送付方法が適用されることとなる。したがって、代表者等から本人確認書類の写しの提示を受ける場合については、法人非対面送付郵送方法が適用されることとなる。

なお、法人である顧客に対しては、特定本人限定受取郵便方法は利用することができない。

なお、規則６条１項３号ロは、平成30年11月30日以降は同号ニと改められている。

Q190　**本人確認書類を利用しなければ、法人である顧客等について、本人特定事項の確認を行うことはできないのか。**

A190　**商業登記電子署名送信方法を利用して、本人特定事項の確認を行うことができる。**

◇◇◇◇◇ **解説** ◇◇

法人である顧客等の本人特定事項の確認方法－3

商業登記電子署名送信方法：商業登記法に基づく電子署名が行われた特定取引等に関する情報の送信を受ける方法

【規則6条1項3号ハ】

> ハ　当該法人の代表者等から、商業登記法（昭和三十八年法律第百二十五号）第十二条の二第一項及び第三項の規定に基づき登記官が作成した電子証明書並びに当該電子証明書により確認される電子署名法第二条第一項に規定する電子署名が行われた特定取引等に関する情報の送信を受ける方法

この方法では、特定事業者が、顧客等である法人の代表者等から、商業登記法に基づく電子証明書ならびに当該電子証明書により確認される電子署名が行われた特定取引等に関する情報の送信を受けることによって、顧客等である法人そのものの本人特定事項を確認することとなる。

なお、規則6条1項3号ハは、平成30年11月30日以降は同号ホと改められている。

6　外国人、外国法人である顧客等の本人特定事項の確認方法の特例

問い25　**外国法人や、外国人については、本人特定事項の確認方法の特例はないのか。**

答え25　**外国法人、一定の外国人について本人確認書類については特例があり、特例外国人については本人特定事項の確認の方法についての特例があるが、外国法人、特例外国人でない外国人についての本人特定事項の確認の方法についての特例はない。**

解説　一定の特定取引の場合において顧客等が特例外国人である場合の当該特例外国人の本人特定事項は、氏名、生年月日ならびに国籍および旅券等の番号となるため（Q129)、このようなときには旅券等の提示を受けることで本人特定事項の確認を行うことができる。これは、我が国

に上陸する外国人は、遭難等のきわめて例外的な場合を除き旅券等を所持している[27]ことにより、本人特定事項の確認方法として認められたものである。

【規則6条1項2号】

> 二　法第四条第一項第一号に規定する外国人である顧客等（第八条第一項第一号に掲げる特定取引等に係る者に限る。）当該顧客等から旅券等（出入国管理及び難民認定法（昭和二十六年政令第三百十九号）第二条第五号に掲げる旅券又は同条第六号に掲げる乗員手帳をいい、当該顧客等の氏名及び生年月日の記載があるものに限る。以下同じ。）であって、第八条第一項第一号に定める事項の記載があるものの提示を受ける方法

ただし、司法書士にとっての特定取引の場合には、氏名、生年月日のほかは、国籍および旅券等の番号ではなく、原則どおり住居の確認を行わなければならないので、司法書士が、ビジネスで日本に短期間滞在中の外国人などの特例外国人から特定業務の依頼を受ける場合には、これまでに解説（問い23 Q173～Q185）した顧客等である自然人の本人特定事項の確認方法を利用しなければならない。

日本に在留していない外国人が顧客等である場合も、自然人の本人確認書類を利用して、顧客等である自然人の本人特定事項の確認方法によって、その本人特定事項の確認を行うことが原則である。ただ、通常、非在留外国人が、日本国（地方公共団体を含む）の発行した本人確認書類を有していることは少ないと思われる。このような場合、既に述べたとおり、利用することができる本人確認書類については、さらに、非在留外国人の特別の本人確認書類として、日本国政府の承認した外国政府または権限ある国際機関の発行した書類その他これに類するもので、自然人の本人確認書類に準ずるもの（氏名、住居および生年月日の記載のあるものに限る）として、非在留外国人の特別の本人確認書類も利用することができる（Q161）。非在留外国人の

27　犯罪収益移転防止制度研究会編著・前掲注1・93頁

特別の本人確認書類を利用することができる本人特定事項の確認方法は、非在留外国人でない自然人である顧客等の本人特定事項の確認方法（自然人である顧客等の通常の方法）と同じであるが、通常は、非対面送付郵送方法によることになると思われる。

外国法人が顧客等である場合も、法人の本人確認書類を利用して、顧客等である法人の本人特定事項の確認方法によって、その本人特定事項の確認を行うことが原則である。ただ、通常、外国法人の代表者等が、日本国（地方公共団体を含む）の発行した本人確認書類を有していることは少ないと思われる。このような場合、既に述べたとおり、利用することができる本人確認書類については、さらに、外国法人の特別の本人確認書類として、日本国政府の承認した外国政府または権限ある国際機関の発行した書類その他これに類するもので、法人の本人確認書類に準ずるもの（名称および本店または主たる事務所の所在地の記載があるものに限る）として、外国法人の特別の本人確認書類も利用することができる（Q161）。外国法人の特別の本人確認書類を利用することができる本人特定事項の確認方法は、外国法人でない法人である顧客等の本人特定事項の確認方法（法人である顧客等の通常の方法）と同じであり、通常は、法人非対面送付郵送方法によると思われるが、代表者等と対面することができる場合は法人対面提示方法を採ることもできる。

顧客等が外国人（日本の国籍を有しない自然人）の場合であっても（住居が日本国内外にあるか否かを問わない）、または顧客等が外国法人の場合であっても、その本人特定事項の確認方法は、原則として、これまでに述べた顧客等である自然人の本人特定事項の確認方法、または顧客等である法人の本人特定事項の確認方法をもって行わなければならない。

Q191　外国に居住している日本人が所有している日本国内の宅地の売買（売却）による所有権移転登記手続について、司法書士が、一時帰国している同人から、その外国の公証人が作成した書類（同人の氏名、生年月日および当該外国における同人の住居の記載がある）の提示を受け

て、依頼を受けた場合、そのままで本人特定事項の確認を行うことができるのか。

A191　**当該外国に存する日本国の大使館等の発行する本人の当該外国における住居を証する書類を本人確認書類として提示を受けるなどする必要がある。**

◇◇◇◇◇ **解説** ◇◇

この事例でも、通常は旅券（住居の自署のあるもの）など、本人確認書類を利用するほかなく、例えば、本人確認書類として戸籍の謄抄本（戸籍の附票の写し付き）等の書類で外国における住居が確認できないときなど、日本国内で発行された本人確認書類では本人特定事項の確認が確認できないときや、日本国内で発行された本人確認書類がないときは、当該外国に存する日本国の大使館、領事館等日本の官公庁の発行する本人の当該外国における住居を証する書類を本人確認書類として、一時的に帰国している場合には対面提示方法、非対面送付郵送方法等をもって、本人特定事項の確認を行う必要がある。

当該外国に所属する公証人が作成した書類、外国政府等の発行した書類は、本人確認書類にはなり得ない（Q163）。

日本人の場合は、日本に居住していない場合であっても、本人特定事項の確認方法の特例は認められていないのである。

7　現在の住居等の補完的な確認の併用

問い26　**依頼者の本人特定事項の確認のため提示を受けた運転免許証に記載されている住居の記載が依頼者の転居前の住所のままになっているときは、その運転免許証を利用しては、全く本人特定事項の確認を行うことはできないのか。**

答え26　**現在の住居の記載された他の本人確認書類や補完書類とともに利用することで、当該運転免許証をもって本人特定事項の確認を行うことができる。**

解説　本人特定事項の１つである住居とは、まさに現在の住居をいうことから、本人確認書類に記載された住居が現在のものでないときは、そのままでは本人特定事項の確認を行うことができない。例えば本人特定事項の確認のため提示を受けた運転免許証に記載された住居が古いままのものであるときは、原則として、運転免許証の裏面備考欄に現在の住居への変更の記載を受けた上で、再提示を求めなければならない（もちろん、現住居の記載のある他の有効な運転免許証等顔写真付き公的書類があれば、その提示を受けることで、適式に本人特定事項の確認ができるのであれば、それで差し支えないことは言うまでもない）。

【規則６条２項】

２　特定事業者は、前項第一号イからホまで又は第三号イ若しくはロに掲げる方法（同項第一号ハに掲げる方法にあっては当該顧客等の現在の住居が記載された次の各号に掲げる書類のいずれか（本人確認書類を除き、領収日付の押印又は発行年月日の記載があるもので、その日が特定事業者が提示又は送付を受ける日前六月以内のものに限る。以下「補完書類」という。）の提示を受ける場合を、同号ニに掲げる方法にあっては当該顧客等の現在の住居が記載された補完書類又はその写しの送付を受けて当該補完書類又はその写し（特定事業者が作成した写しを含む。）を第十九条第一項第二号に掲げる方法により確認記録に添付する場合を除く。）により本人特定事項の確認を行う場合において、当該本人確認書類又はその写しに当該顧客等の現在の住居又は本店若しくは主たる事務所の所在地の記載がないときは、当該顧客等又はその代表者等から、当該記載がある当該顧客等の本人確認書類若しくは補完書類の提示を受け、又は当該本人確認書類若しくはその写し若しくは当該補完書類若しくはその写しの送付を受けて当該本人確認書類若しくはその写し（特定事業者が作成した写しを含む。）若しくは当該補完書類若しくはその写し（特定事業者が作成した写しを含む。）を第十九条第一項第二号に掲げる方法により確認記録に添付することにより、当該顧客等の現在の住居又は本店若しくは主たる事務所の所在地を確認することができる。この場合においては、前項の規定にかかわらず、同項第一号ロ若しくはホ又は第三号ロに規

> 定する取引関係文書は、当該本人確認書類若しくは当該補完書類又はその写しに記載されている当該顧客等の住居又は本店等に宛てて送付するものとする。
> 一～五　（前出）

このような場合でも、一定の補完的な確認を行うことによって本人特定事項の確認を行うことができる場合があり、現在の住居の記載のない運転免許証等と併せて、現在の住居が記載された他の本人確認書類や、補完書類（第３章第７節３）を利用することによって、運転免許証等の記載の変更等を経ずして、運転免許証等を利用した本人特定事項の確認を行うことができることとなる。

法人の本人確認書類に記載された当該法人の本店または主たる事務所の所在地が現在のものでないときも同様であり、自然人の住居、法人の本店または主たる事務所の所在地を総称して、本書では以下「住居等」と呼ぶ。

Q192　**顧客等の本人特定事項の確認のため提示を受けた運転免許証に記載されている住所が、顧客の転居前の住所のまま記載されていたが、登記手続のため住民票の写しを持参している場合は、どのような本人特定事項の確認を行うことができるのか。**

A192　**転居前の住所のままの運転免許証の提示に加え、現在の住所の記載のある住民票の写しの提示を受けることによって、現在の住居等の補完的な確認を行い、本人特定事項の確認を完了することができる。**

◇◇◇◇◇ **解説** ◇◇◇◇◇

本人確認書類に記載された本人特定事項が現在のものでないときに補完的な確認方法を併用して本人特定事項の確認を行うことができる。

現在の住居等の補完的な確認を併用することで顧客等である自然人の本人特定事項の確認を行うことができるのは、本人確認書類を利用して行う方法の場合である。そして、その当該本人確認書類またはその写しに当該顧客等の現在の住居の記載がないときに、現在の住居等の補完的な確認を行うことができることとなる。特定本人限定受取郵便方法および電子署名送信方法では、現在の住居等の補完的な確認は認められない。

この事例でも、運転免許証の住居の記載が現在のものではないので、当該運転免許証の提示を受けるだけでは対面提示方法による本人特定事項の確認を完成させることにはならないが、併せて現在の住居が記載されている住民票の写しの提示を受けて現在の住居を確認することで、運転免許証を利用した対面提示方法を補完し、本人特定事項の確認を完成することができる。

現在の住居等の補完的な確認に利用される書類は、現在の住居等の記載がある当該顧客等の本人確認書類または補完書類である。ここでは、前者については補完的に現住居等を確認する際に用いる本人確認書類を意味するが、現在の住居等が記載されている本人確認書類は、そもそも本来の本人確認書類として利用することができるので、補完的に現住居等を確認する際に用いる書類として挙げられていることに奇異な感じを受けるかもしれない。しかしこれは、この事例のように、対面提示方法において提示を受けた運転免許証等顔写真付き公的書類に記載された住居が現在のものでないときに、現在の住居が記載された住民票の写し等を併用することで、取引関係文書を送付することなく本人特定事項の確認を行うことができるというところに意義がある。本来は住民票の写し等を利用する本人特定事項の確認においては対面の場合であっても取引関係文書の送付を要するが、現在の住居等の補完的な確認では、あくまでも先に提示を受けた運転免許証等顔写真付き公的書類による対面提示方法の枠内で本人特定事項の確認を済ませることができるというところに意味がある。

Q193　**現在の住居等の補完的な確認は、どのように行うのか。**

A193　**当該顧客等またはその代表者等から、現在の住居等の記載がある顧客等の本人確認書類または補完書類の提示を受けること、あるいは、それらの書類（写し）の送付を受けることで（送付を受けた場合に**

は、その書類の写しを確認記録に添付して)、当該顧客等の現在の住居等を確認することができる。

◇◇◇◇◇ **解説** ◇◇◇

先の本人確認書類には顧客等の現在の住居等が記載されていないため、それをもって当該顧客等の住居を確認することはできないが、その他の本人特定事項について本来の本人特定事項の確認の各方法の要件を充たした上で(当然、対面提示郵送方法、非対面送付郵送方法、法人非対面送付郵送方法の場合は取引関係文書の送付を要し、対面提示送付方法、非対面送付郵送方法、法人非対面送付郵送方法の場合は送付を受けた書類（写し（特定事業者が作成した写しを含む)）の確認記録への添付を要する)、さらに、当該顧客等またはその代表者等から、現在の住居等の記載がある顧客等の本人確認書類または補完書類の提示を受けること、あるいは、それらの書類（写し）の送付を受けることで、当該顧客等の現在の住居等を確認することができる(現在の住居等の補完的な確認)。

ただ、それらの書類（写し）の送付を受けた場合には、その書類（写し（特定事業者が作成した写しを含む)）を確認記録に添付しなければ（添付の方法については、Q209のとおりである)、本人特定事項の確認は完了しない。

現在の住居等の補完的な確認を併用する場合の対面提示郵送方法、非対面送付郵送方法、法人非対面送付郵送方法においては、取引関係文書は、現在の住居等の記載がある顧客等の本人確認書類または補完書類に記載された当該顧客等の住居または本店等に宛てて送付しなければ意味をなさない。

Q192の事例のように、先に、現在の住居の記載のない運転免許証の提示を受けて、後に現在の住居が記載された住民票の写しが提示されれば、本人特定事項の確認は完了する。

もちろん、後に提示を受けた本人確認書類が、他の運転免許証等顔写真付き公的書類またはその他の顔写真付き公的書類で、現在の住居が記載されたものであるときは、後に提示を受けた本人確認書類をもって本来の対面提示方法とすることができることから、あえて、現在の住居等の補完的な確認として取り扱う必要はない。

Q192の事例で、後に提示を受けた、現在の住居が記載された住民票の写しをもって本人特定事項の確認を行おうとすると、それは対面提示郵送方法となり、さらに、取引関係文書を転送不要書留郵便等で送付する必要があるが、先に提示を受けた運転免許証による対面提示方法において、後に提示された住民票の写しによる現在の住居等の補完的な確認として取り扱うことで、取引関係文書の送付をすることなく、本人特定事項の確認を完了することができる。

また、後に提示を受けた書類が、現在の住居が記載された国税の領収証書などの補完書類である場合には、本人確認書類である住民票の写しなどと異なり、この書類のみをもって本人特定事項の確認を行うことはできず、必ず、先に提示を受けた、現在の住居の記載がない運転免許証等顔写真付き公的書類またはその他の顔写真付き公的書類と併せて、現在の住居等の補完的な確認として取り扱うことで、本人特定事項の確認を完了することができる（取引関係文書の送付は必要ない）。

あるいは、対面提示方法において、提示を受けた運転免許証等顔写真付き公的書類またはその他の顔写真付き公的書類に現在の住居の記載がない場合、さらに、現在の住居の記載がある顧客等の本人確認書類または補完書類（写し）の送付を受けることで、現在の住居を確認することができれば、現在の住居等の補完的な確認を行うことができる。この場合には、後に送付を受けた現在の住居の記載がある顧客等の本人確認書類または補完書類（写し（特定事業者が作成した写しを含む））を確認記録に添付しなければ、本人特定事項の確認は完了しない（先の本人確認書類（写し）の添付は必要ない）。

後に送付を受けた書類が、現在の住居の記載がある顧客等の本人確認書類（写し）である場合は、後の本人確認書類をもって本人特定事項の確認を行おうとすると、それは非対面送付郵送方法となり、さらに、取引関係文書を転送不要書留郵便等で送付する必要があるが、先に提示を受けた運転免許証による対面提示方法において、後に送付された本人確認書類（写し）による現在の住居等の補完的な確認として取り扱うことで、取引関係文書の送付をすることなく、後の本人確認書類（写し（特定事業者が作成した写しを含む））を確認記録に添付して、本人特定事項の確認を完了することができる。

後に送付を受けた書類が、現在の住居が記載された国税の領収証書などの補完書類である場合には、本人確認書類である住民票の写しなどと異なり、この書類のみをもって本人特定事項の確認を行うことはできず、必ず、先に提示を受けた、現在の住居の記載がない運転免許証等顔写真付き公的書類またはその他の顔写真付き公的書類と併せて、現在の住居等の補完的な確認として取り扱い、その補完書類（写し（特定事業者が作成した写しを含む））を確認記録に添付して、本人特定事項の確認を完了することができる（取引関係文書の送付は必要ない）。

なお、対面２点提示方法において１点の提示について補完書類を利用する場合、対面提示送付方法において補完書類（写し）の送付を受ける場合は、現在の住居等の補完的な確認を併用することはできない。

法人の場合も、本人確認書類を利用して行う方法によって顧客等である法人の本人特定事項の確認を行うとき、その本人確認書類に記載された本店または主たる事務所が現在のものでないときは、補完書類による現在の本店または主たる事務所の補完的な確認を行うことができる。具体的には、その代表者等から、現在の本店または主たる事務所の所在地の記載がある顧客等の本人確認書類もしくは補完書類の提示を受けることによって顧客等の現在の本店または主たる事務所の所在地を確認することができる。

あるいは、その代表者等から、現在の本店または主たる事務所の所在地の記載がある顧客等の本人確認書類または補完書類（写し）の送付を受けて、その本人確認書類または補完書類もしくはそれらの写し（特定事業者が作成した写しを含む）を確認記録に添付（添付の方法については前記自然人の場合と同様である）することによって、当該顧客等の現在の本店または主たる事務所の所在地を確認することとなる。

もちろん取引関係文書の送付が必要となる場合の送付先は、補完的に利用される本人確認書類または補完書類（写し）に記載されている顧客等の現在の本店または主たる事務所の所在地としなければならない（対面提示方法によって取引関係文書の郵送を必要としない場合は、補完的な確認を併用する場合であっても、取引関係文書の郵送は必要ない）。

現在の住居等の補完的な確認は、本人確認書類を利用しない方法である商業登記電子署名送信方法には併用することはできない。

Q194　**現在の住居等の補完的な確認において利用する本人確認書類または補完書類には、現在の住居等のほか、本来の本人特定事項の確認のために利用された本人確認書類（現在の住居等の記載はない）に記載された住居等（旧の住居等）も記載されていなければならないのか。**

A194　**現在の住居等が記載されていれば足りる。**

自然人の場合であっても法人の場合であっても、補完的に利用すべき本人確認書類または補完書類（以下「補完的な確認書類」という）に記載されている住居等は、現在のものであれば足り、本来の本人特定事項の確認のために利用された本人確認書類（現在の住居等の記載はない）に記載された住居等（旧の住居等）も記載されていなければならないものではない。

これは、犯罪収益移転防止法上は、当初の本人確認書類に記載されている現在のものでない住居等とのつながりの記載まで求められるわけではないと言えるが、司法書士の職責に基づく本人確認の心証形成において必要があれば、そのつながりの確認も怠らないようにすべきである。

司法書士としては、むしろできるだけ完全な本人確認書類で本人特定事項の確認、本人確認を行うべきである。

Q195　**顧客等の本人特定事項の確認のため提示または送付を受けた本人確認書類に、現在の住居等だけでなく、旧の住居等の記載もなかった場合は、現在の住居等の補完的な確認を行うことはできないのか。**

A195　**現在の住居等の補完的な確認を行うことはできる。**

解説

例えば、旅券の住居欄に住居の自署があるときは本人確認書類として利用することができるが、住居の自署がない場合は、それだけでは本人特定事項の確認を完了することはできない。

しかし、このような本人確認書類であっても当該顧客等の現在の住居等の記載がないときに当たり、現在の住居等の補完的な確認を併用することができる。

Q196　**ゆうちょ銀行の貯金通帳（顧客の現在の住所、氏名が記載されているもの）を利用して、現在の住居等の補完的な確認を行うことはできないのか。**

A196　**ゆうちょ銀行の貯金通帳では、現在の住居等の補完的な確認を行うことはできない。**

解説

ゆうちょ銀行の貯金通帳は、それに当該顧客の現在の住所、氏名が記載されていても、補完的な確認書類には該当しない。

そのため、ゆうちょ銀行の貯金通帳（顧客の現在の住所、氏名が記載されているもの）の提示を受けても、現在の住居等の補完的な確認を行うことはできない。

Q197　**旅行中の者から、その旅先で特定業務に関する依頼を受けるときは、その本人特定事項の確認に運転免許証の提示を受ける場合であっても、現在の住居等の補完的な確認を併用しなければならないのか。**

A197　**その運転免許証に現在の住居の記載があれば、現在の住居等の補完的な確認を併用する必要はない。**

◇◇◇◇◇ **解説** ◇◇◇

出張中や旅行中のように一時的に生活の本拠を離れている者の住居は生活の本拠であるので、その住居が記載されている本人確認書類をもって出張中、旅行中の特定取引であっても本人確認を行うことができる。

出張、旅行の滞在先にいることの書類が必要とされるわけではなく、その運転免許証に現在の住居の記載があれば、当然、現在の住居等の補完的な確認を併用する必要はなく、本人特定事項の確認を完了することができる。

Q198　**顧客等の本人特定事項確認のため提示を受けた運転免許証に記載されている氏名が顧客の婚姻前の氏のままで記載されていたので、氏の変更のつながりが確認できる戸籍の抄本の提示も受けることで、本人特定事項の確認を完了することができるのか。**

A198　**本人特定事項の確認を完了することはできない。**

補完的な確認を併用することで本人特定事項の確認を完了することができるためには、それが、当初の本人確認書類に、住居等について現在の記載がない場合に限られる（正に、「現在の住居等の補完的な確認」であるゆえん）。

したがって、当初の本人確認書類に生年月日の記載に過誤がある場合はもちろん、この事例のように氏名が現在のものでない場合には、補完的な確認を併用することはできない。後者の場合、氏の変更のつながりが確認できる戸籍抄本等の提示を受けたとしても、それだけで、本人特定事項の確認を完成させることにはならないことになる。

法人の場合も、補完的な確認方法を併用することができるのは、本店または主たる事務所の所在地が現在のものでないときに限られる。

8　取引関係文書の送付先、送付の方法の特例

問い27　**取引関係文書を送付する場合、その送付先、方法について、特例は設けられていないのか。**

答え27　**法人に対して取引関係文書の送付する場合には、その送付先に特例が設けられている。また、取引関係文書の送付については、その送付に代わる方法が規定されている。**

解説

・法人に対する取引関係文書の送付先の特例

本人特定事項の確認のために取引関係文書の送付を要する場合、その送付先は、自然人に対しては当該本人確認書類に記載されている当該顧客等の住居に、法人に対しては本店等（当該本人確認書類に記載されている当該顧客等の本店、主たる事務所、支店または日本に営業所を設けていない外国会社の日本における代表者の住居）にしなければならない。

これが、後者、すなわち、法人に対して取引関係文書を送付する場合には、その送付先に特例が設けられている。この場合、特例として、当該顧客等の本店等に代えて、当該顧客等の代表者等から、当該顧客等の営業所であると認められる場所に送付することが認められる場合もあり、Q199において解説する。

・取引関係文書の送付に代わる方法

本人特定事項の確認のために取引関係文書の送付を要する場合、その送付は、書留郵便等により転送不要郵便物等として送付しなければならない。

これが、一定の場合、特例として、当該特定事業者の役職員が、当該本人確認書類またはその写しに記載されている当該顧客等の住居または本店等に赴いて当該顧客等に交付する方法などが認められる場合もあり、Q200において解説する。

Q199　**法人に対する取引関係文書の送付を営業所に送付するためには、どのような手続が必要とされるのか。**

A199　**補完的な確認書類の提示または送付を受け、その記載によって確認することができる営業所に対しても取引関係文書を送付する**

ことができ、この場合、その書類（写し）を確認記録に添付しなければならない。

◇◇◇◇◇ **解説** ◇◇

法人非対面送付郵送方法によって顧客等である法人の本人特定事項の確認を行う場合、特定事業者は取引関係文書を送付しなければならない。送付先は本店等（本店、主たる事務所、支店等）に限られるが、一定の場合には、支店登記がされていない営業所に送付することも許される。

【規則6条3項】

> 3　特定事業者は、第一項第三号ロに掲げる方法により本人特定事項の確認を行う場合においては、当該顧客等の本店等に代えて、当該顧客等の代表者等から、当該顧客等の営業所であると認められる場所の記載がある当該顧客等の本人確認書類若しくは補完書類の提示を受け、又は当該本人確認書類若しくはその写し若しくは当該補完書類若しくはその写しの送付を受けて当該本人確認書類若しくはその写し（特定事業者が作成した写しを含む。）若しくは当該補完書類若しくはその写し（特定事業者が作成した写しを含む。）を第十九条第一項第二号に掲げる方法により確認記録に添付するとともに、当該場所に宛てて取引関係文書を送付することができる。

つまり、一定の場合には、提示または送付を受けた補完的な確認書類（送付を受ける場合は、その写しでも差し支えない）の記載によって確認することができる営業所に対しても取引関係文書を送付することができるのである。

なお、その送付を受けたときは、その書類（写し（特定事業者が作成した写しを含む））を確認記録に添付しなければならない。この特例は、あくまでも取引関係文書の送付先に関する特例であるため、法人の本人確認書類によって主たる事務所または本店の確認をしなければならないことはいうまでもない。

また、この特例は法人の場合にだけ適用されるため、自然人の場合は個人事業主・個人商店主であっても、その事業所の所在地・商店の所在地に取引関係文書を送付することはできない。

Q200　**取引関係文書の送付に代わる方法には、どのような方法があるのか。**

A200　**本人確認書類に記載されている住居または本店等に赴いて顧客等（法人である場合にあっては、その代表者等）に取引関係文書を交付（手交）する方法などが認められている。**

◇◇◇◇◇ **解説** ◇◇◇

顧客等の本人特定事項の確認方法として、取引確認文書の転送不要書留郵便等での送付について、顧客等が自然人である場合も、法人である場合も、一定の場合、それに代わる手段が設けられている（代表者等についても同様）。

【規則6条4項】

> 4　特定事業者は、第一項第一号ロ若しくはホ又は第三号ロに掲げる方法により本人特定事項の確認を行う場合においては、取引関係文書を書留郵便等により転送不要郵便物等として送付することに代えて、次の各号に掲げる方法のいずれかによることができる。
>
> 一　当該特定事業者の役職員が、当該本人確認書類又はその写しに記載されている当該顧客等の住居又は本店等に赴いて当該顧客等（法人である場合にあっては、その代表者等）に取引関係文書を交付する方法（次号に規定する場合を除く。）
>
> 二　当該特定事業者の役職員が、当該顧客等の本人確認書類若しくは補完書類又はその写しに記載されている当該顧客等の住居又は本店等に赴いて当該顧客等（法人である場合にあっては、その代表者等）に取引関係文書を交付する方法（当該本人確認書類若しくは補完書類又はその写しを用いて第二項の規定により当該顧客等の現在の住居又は本店若しくは主たる事務所の所在地を確認した場合に限る。）
>
> 三　当該特定事業者の役職員が、当該顧客等の本人確認書類若しくは補完書類又はその写しに記載されている当該顧客等の営業所であると認められる場所に赴いて当該顧客等の代表者等に取引関係文書を交付する方法（当該顧客等の代表者等から、当該本人確認書類若しくは補完書類の提示を受

け、又は当該本人確認書類若しくはその写し若しくは当該補完書類若しくはその写しの送付を受けて当該本人確認書類若しくはその写し（特定事業者が作成した写しを含む。）若しくは当該補完書類若しくはその写し（特定事業者が作成した写しを含む。）を第十九条第一項第二号に掲げる方法により確認記録に添付する場合に限る。）

【規則12条３項】

３　特定事業者は、第一項において準用する第六条第一項第一号ロ又はホに掲げる方法により本人特定事項の確認を行う場合においては、取引関係文書を書留郵便等により転送不要郵便物等として送付することに代えて、次の各号に掲げる方法のいずれかによることができる。

一　当該特定事業者の役職員が、当該本人確認書類又はその写しに記載されている当該代表者等の住居に赴いて当該代表者等に取引関係文書を交付する方法（次号に規定する場合を除く。）

二　当該特定事業者の役職員が、当該代表者等の本人確認書類若しくは補完書類又はその写しに記載されている当該代表者等の住居に赴いて当該代表者等に取引関係文書を交付する方法（当該本人確認書類若しくは補完書類又はその写しを用いて第一項において準用する第六条第二項の規定により当該代表者等の現在の住居を確認した場合に限る。）

三　当該特定事業者の役職員が、当該代表者等に係る顧客等又は当該代表者等の本人確認書類若しくは補完書類又はその写しに記載されている当該顧客等の本店等若しくは営業所又は当該代表者等が所属する官公署であると認められる場所に赴いて当該代表者等に取引関係文書を交付する方法（当該代表者等から、当該本人確認書類若しくは補完書類の提示を受け、又は当該本人確認書類若しくはその写し若しくは当該補完書類若しくはその写しの送付を受けて当該本人確認書類若しくはその写し（特定事業者が作成した写しを含む。）若しくは当該補完書類若しくはその写し（特定事業者が作成した写しを含む。）を第十九条第一項第二号に掲げる方法により確認記録に添付する場合に限る。）

まず、顧客等が自然人である場合も法人である場合も、本人確認書類に記載されている住居または本店等に赴いて顧客等（法人である場合にあっては、その代表者等）に取引関係文書を交付する方法が認められている。つまり、転送不要書留郵便等によらずに、特定事業者の役職員が、本人確認書類に記載されている住居または本店等に赴いて、顧客等または代表者等に取引関係文書を直接交付（手交）することをもって、転送不要扱いによる書留郵便等での送付に代えることができる。

また、現在の住居等の補完的な確認を行う場合にも、転送不要書留郵便等によらずに、特定事業者の役職員が、補完的書類に記載されている住居または本店等に赴いて、顧客等または代表者等に取引関係文書を直接交付（手交）することをもって、転送不要扱いによる書留郵便等での送付に代えることができる。

さらに、特定事業者の役職員が、補完的書類に記載されている当該顧客等の営業所であると認められる場所に赴いて、その代表者等に取引関係文書を直接交付（手交）することをもって、転送不要扱いによる書留郵便等での送付に代えることができる。ただし、この場合は、補完的書類（写し（特定事業者が作成した写しを含む））を確認記録に添付する必要がある。

なお、以上の取引関係文書の送付に代わる方法として、取引関係文書を直接交付（手交）することができる特定事業者の役職員とは、「役職に就いている者」の意ではなく、役員または職員の意であることから、役員の場合はもちろん、普通の従業員でも問題ない[28]。

28　手塚・前掲注９・33頁

第８節　代表者等の確認の方法

問い28　司法書士が、株式会社の目的変更登記手続の依頼を受ける際には、必ず、代表取締役等の代表権を有する役員から依頼の事務を受けなければならないのか。

答え28　必ずしも、代表権を有する役員から依頼を受ける必要はないが、実際に依頼の担当者（代表権を有する役員を含む）が代表者等と認められる要件および当該代表者等の本人特定事項の確認をする必要がある。

解説　代表者等の確認は、顧客等の確認とは異なる規定が設けられている。代表者等を確認するということは、代表者等、つまり、現に特定取引等の任に当たっている自然人であるか否か（代表者等と認められる要件）と、当該自然人の本人特定事項の両方を確認するということを意味する。

問い15 でも述べたとおり、取引時確認において特定事業者が代表者等を確認しなければならない場合は、次の場合である。

・自然人である顧客等（依頼者）の依頼を代表者等（代理人等）から受ける場合　→　顧客等と代表者等の双方の確認
・法人である顧客等（依頼法人）の依頼を受ける場合　→　顧客等と代表者等の双方の確認
・国等・人格のない社団または財団である顧客等（依頼団体）の依頼を受ける場合　→　代表者等の確認

Q201　代表者等の本人特定事項の確認は、どのように行うのか。

A201　原則として、顧客等の本人特定事項の確認の方法と同様の方法によって行う。

◇◇◇◇◇ 解説 ◇◇

代表者等は常に自然人であり、その本人特定事項の確認の方法は、（問い23）の自然人である顧客等の本人特定事項の確認方法と同じ方法である（規則12条１項、６条１項・２項）。もちろん、自然人である代表者等自身の本人特定事項の確認であるから、自然人である顧客等の本人特定事項の確認方法のうち、顧客等又は代表者等からの提示・送付は、代表者等からの提示・送付でなければならず、提示・送付を受ける本人確認書類は、代表者等のものでなくてはならないなど、次のとおり、規則12条１項の表において、読替え規定が設けられている。

規　則	左の規則中の文言	読み替え
第六条第一項第一号イ	当該顧客等又はその代表者等から当該顧客等	当該代表者等から当該代表者等
	提示（同条第一号ロに掲げる書類（一を限り発行又は発給されたものを除く。ロ及びハにおいて同じ。）の代表者等からの提示を除く。）	提示
第六条第一項第一号ロ	当該顧客等又はその代表者等	当該代表者等
	当該顧客等の	当該代表者等の
	次条第一号イ	次条第一号イ及びロ
	提示（同号ロに掲げる書類の提示にあっては、当該書類の代表者等からの提示に限る。）	提示
第六条第一項第一号ハ	当該顧客等若しくはその代表者等	当該代表者等
	当該顧客等の	当該代表者等の
	同号ロ、ニ	同号ニ
	提示（同号ロに掲げる書類の提示にあっては、当該書類の代表者等からの提示に限る。）	提示

第六条第一項第一号ニ及びホ	当該顧客等又はその代表者等	当該代表者等
	当該顧客等の	当該代表者等の
第六条第一項第一号へからリまで	当該顧客等	当該代表者等
第六条第二項各号列記以外の部分	当該顧客等の	当該代表者等の
	当該顧客等又はその代表者等	当該代表者等
第六条第二項第四号	当該顧客等が自然人である場合にあっては、前各号	前各号
	当該顧客等の	当該代表者等の
第六条第二項第五号	当該顧客等が自然人の場合にあってはその氏名及び住居、法人の場合にあってはその名称及び本店又は主たる事務所の所在地	当該代表者等の氏名及び住居

要するに、例えば、対面提示方法によって代表者等の本人特定事項を確認するには、代表者等の運転免許証等顔写真付き公的書類またはその他の顔写真付き公的書類を、代表者等から提示を受ける方法によって確認することとなる。また、対面提示郵送方法、非対面送付郵送方法または特定本人限定受取郵便方法を利用する場合は、次の方法も認められる。

すなわち、当該代表者等の住居に代えて、当該代表者等から、当該代表者等に係る顧客等（国等（人格のない社団または財団、令14条４号に掲げるものおよび18条６号から10号までに掲げるものを除く）に限られる）の本店等もしくは営業所もしくは当該代表者等が所属する官公署であると認められる場所の記載がある当該顧客等もしくは当該代表者等の本人確認書類もしくは補完書類の提示を受け、または当該本人確認書類もしくはその写し、もしくは当該補完書類もしくはその写しの送付を受けて、当該本人確認書類もしくはその写し（特定事業者が作成した写しを含む）もしくは当該補完書類もしくはその写し（特定事業者が作成した写しを含む）を確認記録に添付するとともに、当該場所に宛てて取引関係文書を送付することもできる。

さらに、対面提示郵送方法または非対面送付郵送方法を利用する場合には、取引関係文書を書留郵便等により転送不要郵便物等として送付することに代えて、次のいずれかの方法によることも認められている。

1　当該特定事業者の役職員が、当該本人確認書類またはその写しに記載されている当該代表者等の住居に赴いて当該代表者等に取引関係文書を交付する方法

2　当該特定事業者の役職員が、当該代表者等の本人確認書類もしくは補完書類またはその写しに記載されている当該代表者等の住居に赴いて当該代表者等に取引関係文書を交付する方法（当該本人確認書類もしくは補完書類またはその写しを用いて1項において準用する規則6条2項の規定により当該代表者等の現在の住居を確認した場合に限る）

3　当該特定事業者の役職員が、当該代表者等に係る顧客等または当該代表者等の本人確認書類もしくは補完書類またはその写しに記載されている当該顧客等の本店等もしくは営業所または当該代表者等が所属する官公署であると認められる場所に赴いて当該代表者等に取引関係文書を交付する方法（当該代表者等から、当該本人確認書類もしくは補完書類の提示を受け、または当該本人確認書類もしくはその写しもしくは当該補完書類もしくはその写しの送付を受けて当該本人確認書類もしくはその写し（特定事業者が作成した写しを含む）もしくは当該補完書類もしくはその写し（特定事業者が作成した写しを含む）を確認記録に添付する場合に限る）

Q202　**代表者等と認められる要件の確認は、どのように行うのか。**

A202　**規則12条4項で定められていることによって行う。**

解説

現に特定取引等の任に当たっている自然人が、顧客等と異なるとき、つま

り、顧客等そのものではなく、その依頼事務の担当者から依頼を受ける場合には、依頼者である顧客等の本人特定事項だけでなく、代表者等に該当する担当者の本人特定事項をも確認しなければならないが、その場合には、代表者等と認められる要件も確認することとなる。

代表者等であると認められる要件は、顧客等が自然人である場合と、それ以外の場合（顧客等が人格のない社団または財団である場合を除く。つまり、事実上、顧客等が法人である場合）とで、規則12条４項で定められていることは、Ｑ100、Ｑ101で解説している。

代表取締役からの依頼である場合が、典型的な代表者等の該当要件であるが、代表者等に該当するには、民事上の代表権、代理権を有している場合に限られない。民事上の代表権、代理権を有しないものであっても、正当に、顧客等の依頼の事務の任に当たっている者であり、かつ、規則12条４項で定める要件に該当する者は、代表者等であると認めることができることとなる。

ここで補足すると、同項１号ニおよび２号ニの「当該顧客等と当該代表者等との関係を認識していることその他の理由により当該代表者等が当該顧客等のために当該特定取引等の任に当たっていることが明らかであること」には、例えば、特定事業者が、法人と支店長との関係を従前から認識している場合や、顧客の事業所を訪問して取引担当者と面談することにより、その取引担当者が取引の任に当たっていることが確かであると認められる状況である場合が当たる。

なお、顧客等が人格のない社団または財団である場合については、その実在性の証明が困難であることを踏まえ顧客等の本人特定事項の確認を要しないとされているところ（Ｑ118）、代表者等が顧客等のために特定取引等の任に当たっていることについても同様であることから、規則12条４項では、その要件が定められていない。つまり、このような場合は、代表者等の本人特定事項を確認は要するが、代表者等と認められる要件の確認を要しないこととなっている（確認記録への記録については、Ｑ218で後述する）。もちろん、司法書士にあっては、職責に照らして適切な方法によって、その団体の依頼の任に現に当たっている者であることを確認する必要がある。

Q203　**司法書士が、株式会社の目的変更登記手続の依頼を、代表取締役から依頼を受けた場合、あるいは担当者から依頼を受けた場合、取引時確認の際、何をどのように確認するのか。**

A203　**法人である顧客等の本人特定事項の確認方法によって当該顧客等の本人特定事項の確認に加え、自然人の本人特定事項の確認の方法によって当該代表者等の本人特定事項を確認を行い、当該代表者等が代表者等と認められる要件を規則12条4項で定めることによって確認する。**

◇◇◇◇◇ **解説** ◇◇◇

代表者等による依頼の場合には、顧客等の本人特定事項の確認に加え、当該代表者等が代表者等と認められる要件および当該代表者等の本人特定事項の確認をする必要がある。

この事例は、代表者等によって依頼を受ける場合の典型的な例であるが、まず、一例として、当該代表者等から、当該株式会社の登記事項証明書および当該代表者等の運転免許証の提示を受けることで、顧客等である当該株式会社の本人特定事項の確認と、代表者等の本人特定事項の確認を行う。

また、当該代表者等が代表者等と認められる要件については、前者にあっては、その登記事項証明書をもって代表権の確認をすることで当該代表者等が代表者等と認められる要件を確認することができ、後者にあっては、当該代表者等が有する委任状などを確認することで当該代表者等が代表者等と認められる要件を確認することができる。

いずれにしても、代表者等について、自然人の本人特定事項の確認の方法（第3章第7節4）によって当該代表者等の本人特定事項の確認を行い、さらに、顧客等が自然人である場合と、それ以外の場合（顧客等が人格のない社団または財団である場合を除く。つまり、事実上、顧客等が法人である場合）とに分けて、それぞれ当該代表者等が代表者等と認められる要件を確認しなければならない（Q100、Q101）。

第9節　平成30年11月30日以降に追加された本人特定事項の確認の方法

平成30年内閣府、総務省、法務省、財務省、厚生労働省、農林水産省、経済産業省、国土交通省令第３号によって規則が一部改正され、公布の日（平成30年11月30日）から施行された（一部は、平成32年４月１日施行）。

これにより、本人特定事項の確認の方法が、新たに追加された。

1　自然人について、本人の顔の画像等を活用することによりオンラインで完結する確認の方法

まず、自然人の本人特定事項の確認の方法として、次の方法が追加された。

【改正後の規則６条１項１号（追加された条文）】

ホ　当該顧客等又はその代表者等から、特定事業者が提供するソフトウェアを使用して、本人確認用画像情報（当該顧客等又はその代表者等に当該ソフトウェアを使用して撮影をさせた当該顧客等の容貌及び写真付き本人確認書類の画像情報であって、当該写真付き本人確認書類に係る画像情報が、当該写真付き本人確認書類に記載されている氏名、住居及び生年月日、当該写真付き本人確認書類に貼り付けられた写真並びに当該写真付き本人確認書類の厚みその他の特徴を確認することができるものをいう。）の送信を受ける方法

ヘ　当該顧客等又はその代表者等から、特定事業者が提供するソフトウェアを使用して、本人確認用画像情報（当該顧客等又はその代表者等に当該ソフトウェアを使用して撮影をさせた当該顧客等の容貌の画像情報をいう。）の送信を受けるとともに、当該顧客等又はその代表者等から当該顧客等の写真付き本人確認書類（氏名、住居、生年月日及び写真の情報が記録されている半導体集積回路（半導体集積回路の回路配置に関する法律（昭和六十年法律第四十三号）第二条第一項に規定する半導体集積回路をいう。以下同じ。）が組み込まれたものに限る。）に組み込まれた半導体集積回路に記録された当該情報の送信を受ける方法

ト　当該顧客等又はその代表者等から、特定事業者が提供するソフトウェアを

使用して、本人確認用画像情報（当該顧客等又はその代表者等に当該ソフトウェアを使用して撮影をさせた当該顧客等の本人確認書類のうち次条第一号又は第四号に定めるもの（同条第一号ニ及びホに掲げるものを除き、一を限り発行又は発給されたものに限る。以下トにおいて単に「本人確認書類」という。）の画像情報であって、当該本人確認書類に記載されている氏名、住居及び生年月日並びに当該本人確認書類の厚みその他の特徴を確認することができるものをいう。）の送信を受け、又は当該顧客等若しくはその代表者等に当該ソフトウェアを使用して読み取りをさせた当該顧客等の本人確認書類（氏名、住居及び生年月日の情報が記録されている半導体集積回路が組み込まれたものに限る。）に組み込まれた半導体集積回路に記録された当該情報の送信を受けるとともに、次に掲げる行為のいずれかを行う方法（取引の相手方が次の(1)又は(2)に規定する氏名、住居及び生年月日の確認に係る顧客等になりすましている疑いがある取引又は当該確認が行われた際に氏名、住居及び生年月日を偽っていた疑いがある顧客等（その代表者等が氏名、住居及び生年月日を偽っていた疑いがある顧客等を含む。）との間における取引を行う場合を除く。）

(1)　他の特定事業者が令第七条第一項第一号イに掲げる取引又は同項第三号に定める取引を行う際に当該顧客等について氏名、住居及び生年月日の確認を行い、当該確認に係る確認記録を保存し、かつ、当該顧客等又はその代表者等から当該顧客等しか知り得ない事項その他の当該顧客等が当該確認記録に記録されている顧客等と同一であることを示す事項の申告を受けることにより当該顧客等が当該確認記録に記録されている顧客等と同一であることを確認していることを確認すること。

(2)　当該顧客等の預金又は貯金口座（当該預金又は貯金口座に係る令第七条第一項第一号イに掲げる取引を行う際に当該顧客等について氏名、住居及び生年月日の確認を行い、かつ、当該確認に係る確認記録を保存しているものに限る。）に金銭の振込みを行うとともに、当該顧客等又はその代表者等から当該振込みを特定するために必要な事項が記載された預貯金通帳の写し又はこれに準ずるものの送付を受けること。

これにより、特定事業者が、自然人である顧客等またはその代表者等から、特定事業者が提供するソフトウェアを使用して、本人確認用画像情報の送信を受けることで、当該顧客等またはその代表者等の本人特定事項を確認することができるとするなど、本人の顔の画像等を活用したオンラインで、犯罪収益移転防止法上の本人特定事項の確認が完結するようにされた。

2　法人について、一般財団法人民事法務協会が運営する登記情報提供サービスからの登記情報の送信を受ける方法、国税庁が運営する法人番号公表サイトで公表されている登記情報を確認する方法

次に、法人の本人特定事項の確認の方法として、次の方法が追加された。

【改正後の規則６条１項３号（追加された条文）】

> ロ　当該法人の代表者等から当該顧客等の名称及び本店又は主たる事務所の所在地の申告を受け、かつ、電気通信回線による登記情報の提供に関する法律（平成十一年法律第二百二十六号）第三条第二項に規定する指定法人から登記情報（同法第二条第一項に規定する登記情報をいう。以下同じ。）の送信を受ける方法（当該法人の代表者等（当該顧客等を代表する権限を有する役員として登記されていない法人の代表者等に限る。）と対面しないで当該申告を受けるときは、当該方法に加え、当該顧客等の本店等（本店、主たる事務所、支店（会社法第九百三十三条第三項の規定により支店とみなされるものを含む。）又は日本に営業所を設けていない外国会社の日本における代表者の住居をいう。以下同じ。）に宛てて、取引関係文書を書留郵便等により、転送不要郵便物等として送付する方法）
>
> ハ　当該法人の代表者等から当該顧客等の名称及び本店又は主たる事務所の所在地の申告を受けるとともに、行政手続における特定の個人を識別するための番号の利用等に関する法律（平成二十五年法律第二十七号）第三十九条第四項の規定により公表されている当該顧客等の名称及び本店又は主たる事務所の所在地（以下「公表事項」という。）を確認する方法（当該法人の代表者等と対面しないで当該申告を受けるときは、当該方法に加え、当該顧客等の本店等に宛てて、取引関係文書を書留郵便等により、転送不要郵便物等として送付する方法）

これにより、特定事業者が、法人である顧客等について、当該法人の代表

者等から当該顧客等の名称および本店または主たる事務所の所在地の申告を受け、かつ、インターネット登記情報提供サービスから登記情報の送信を受けることで、あるいは、当該法人の代表者等から当該顧客等の名称および本店または主たる事務所の所在地の申告を受けるとともに、法人番号公表サイトで公表されている登記情報を確認することで、当該法人の本人特定事項の確認が完結するようにされた。

なお、前者の方法においては代表権のない代表者等から非対面で申告を受けるとき、あるいは、後者の方法においては代表者等から非対面で申告を受けるときは、さらに、当該法人の本店に宛てて、取引関係文書を書留郵便等により、転送不要郵便物等として送付しなければならないこととなっている。

3　司法書士の職責との関係

以上の改正により追加された確認の方法は、あくまでも犯罪による収益の移転防止に関する法律により求められる本人特定事項の確認方法に関する改正であり、司法書士の職責としての本人確認等については、引き続き各司法書士会が定める「依頼者等の本人確認等に関する規程」等に基づき適正に実施する必要がある（平成30年11月30日日司連発第1625号）。

4　規則のその他の改正

今次の規則の改正において、司法書士に直接に関係する条項は本人特定事項の確認の方法の追加が中心になると思われるが、その他にも、４条、６条（前記以外の部分）、12条、19条、20条などの規定が改正され、また、平成32年４月１日の一部改正の施行に合わせて（非対面取引における転送不要郵便物等や、本人限定受取郵便等を利用する方法の見直し）、諸条文が改正されている（詳細は前記日司連発第1625号参照）。

第4章

記録

―確認記録、特定受任行為の代理等に関する記録―

第1節　確認記録

1　作成義務

問い29　特定事業者は、取引時確認を行った場合には、何らかの記録を作成しなければならないのか。

答え29　確認記録を作成しなければならない。

解説　特定事業者は、一定の場合には取引時確認を行わなければならないが、取引時確認を行った場合は、確認記録を作成する義務を負うこととなる。

【法6条1項】

> （確認記録の作成義務等）
> 第六条　特定事業者は、取引時確認を行った場合には、直ちに、主務省令で定める方法により、当該取引時確認に係る事項、当該取引時確認のためにとった措置その他の主務省令で定める事項に関する記録（以下「確認記録」という。）を作成しなければならない。

確認記録とは、いわゆる本人確認記録のことであり、取引時確認に係る事項、当該取引時確認のために取った措置その他の主務省令で定める事項に関する記録がなされ、取引時確認が行われたことを確実に担保するため、誰を、いつ、どのように確認したのか等の重要事項が記録されることとなる。

特定事業者である司法書士が業務の依頼を受けた場合であっても、その依頼が特定取引に該当しないものであるときは、司法書士会の会則に基づく本人確認記録は作成するものの、犯罪収益移転防止法上は確認記録の作成義務を負わない。

Q204　**確認記録の作成、保存を第三者に委託することはできるのか。**

A204　**司法書士の場合は、原則として、当該司法書士が作成し、保存する必要がある。**

◇◇◇◇◇ **解説** ◇◇◇◇◇

確認記録の作成、保存を第三者に委託すること自体は法令上禁止されてはいないが[1]、第三者による確認記録の作成、保存が、犯罪収益移転防止法が規定する要件を満たした形で、確実に行われていることを特定事業者が監督、確認できる必要がある。ただ、個人情報保護法の要件を満たし、司法書士の場合は、さらに司法書士法が規定する秘密を守る義務なども確保する必要があるので、原則として、当該司法書士が作成し、当該司法書士が保存する必要がある。

Q205　**司法書士が、特定業務に関する依頼を受け、取引時確認を行ったものの、結局、依頼が取りやめになったときは、確認記録は作成する必要はないのか。**

A205　**この場合でも、確認記録を作成し、保存する必要がある。**

◇◇◇◇◇ **解説** ◇◇◇◇◇

司法書士が、特定業務に関する依頼を受けたものの、結局、依頼が取りやめになったときであっても、取引時確認を行った以上、確認記録は作成しなければならない。

例えば、宅地の売買による所有権移転登記手続の依頼を受けて取引時確認を行った後、登記申請までの間に登記権利者および登記権利者の都合による合意で当該司法書士に対する委任契約が解除されたときも、その司法書士は

1　手塚崇史著『よくわかるマネーロンダリング対策―犯罪収益移転防止法の実務』（金融財政事情研究会、2008年）118頁

確認記録を作成しなければならないこととなる。

Q206　司法書士が、特定業務に関する依頼を受けることを前提とはしても、諸々の打合せを行った程度で、結局は受任・受託に至らなかった（依頼がなかった）ときであっても、確認記録は作成する必要があるのか。

A206　確認記録を作成する必要はない。

◇◇◇◇◇ **解説** ◇◇◇◇◇

Q205と異なり、特定業務に関する依頼を受けることを前提とはしても、顧客等または代表者等と諸々の打合せを行った程度で、結局は受任・受託に至らなかった（依頼がなかった）ときは、本人の確認を行ったとしても、確認記録を作成する必要はない。

このようなときは、そもそも特定取引を行ったことにはならないので、取引時確認を要しないからである。

Q207　確認記録は、取引時確認を行った場合には、遅滞なく、作成することで差し支えないのか。

A207　直ちに、作成しなければならない。

◇◇◇◇◇ **解説** ◇◇◇◇◇

確認記録は、特定事業者が取引時確認を行った場合には、「直ちに」、作成しなければならないと規定されている。

取引時確認を行う時期を規定する「際に」とは異なるので、注意を要する。

「直ちに」とは、「即時に」または「間を置かずに」というニュアンスで[2]、取引時確認を行ったときは、すぐに確認記録を作成しなければならないので

2　手塚・前掲注1・89頁

ある。

Q208　**確認記録は、どのような方法で作成するのか。**

A208　**確認記録は、文書、電磁的記録またはマイクロフィルムを用いて作成し、添付資料を文書、電磁的記録またはマイクロフィルムを用いて確認記録に添付する方法による。**

◇◇◇◇◇ **解説** ◇◇

確認記録は、主務省令で定める方法により作成しなければならず、その方法は次のとおり規則で定められている。

【規則19条】

（確認記録の作成方法）

第十九条　法第六条第一項に規定する主務省令で定める方法は、次の各号に掲げる方法とする。

一　確認記録を文書、電磁的記録（電子的方式、磁気的方式その他人の知覚によっては認識することができない方式で作られる記録であって、電子計算機による情報処理の用に供されるものをいう。以下同じ。）又はマイクロフィルムを用いて作成する方法

二　次のイからヘまでに掲げる場合に応じ、それぞれ当該イからヘまでに定めるもの（以下「添付資料」という。）を文書、電磁的記録又はマイクロフィルム（ハに掲げる場合にあっては、電磁的記録に限る。）を用いて確認記録に添付する方法

イ　第六条第一項第一号ニ（第十二条第一項において準用する場合を含む。）に掲げる方法により本人特定事項の確認を行ったとき　当該送付を受けた本人確認書類若しくは補完書類又はその写し

ロ　第六条第一項第一号ホ（第十二条第一項において準用する場合を含む。）又は第三号ロに掲げる方法により本人特定事項の確認を行ったとき　当該本人確認書類又はその写し

ハ　第六条第一項第一号トからリまで（これらの規定を第十二条第一項に

おいて準用する場合を含む。）又は第三号ハに掲げる方法により本人特定事項の確認を行ったとき　当該方法により本人特定事項の確認を行ったことを証するに足りる電磁的記録

ニ　本人確認書類若しくは補完書類又はその写しの送付を受けることにより第六条第二項（第十二条第一項において準用する場合を含む。）の規定により顧客等若しくは代表者等の現在の住居又は本店若しくは主たる事務所の所在地の確認を行ったとき　当該本人確認書類若しくは補完書類又はその写し

ホ　本人確認書類若しくは補完書類又はその写しの送付を受けることにより、第六条第三項若しくは第十二条第二項の規定により当該各項に規定する場所に宛てて取引関係文書を送付したとき又は第六条第四項若しくは第十二条第三項の規定により第六条第四項第三号若しくは第十二条第三項第三号に規定する場所に赴いて取引関係文書を交付したとき　当該本人確認書類若しくは補完書類又はその写し

ヘ　本人確認書類若しくは補完書類又はその写しの送付を受けることにより第十四条第一項第二号に掲げる方法により本人特定事項の確認を行ったとき　当該本人確認書類若しくは補完書類又はその写し

2　前項第二号に掲げる方法において確認記録に添付した添付資料は、当該確認記録の一部とみなす。

確認記録は、文書、電磁的記録またはマイクロフィルムを用いて作成しなければならない。電磁的記録とは、電子的方式、磁気的方式その他人の知覚によっては認識することができない方式で作られる記録であって、電子計算機による情報処理の用に供されるものを指す。

司法書士の場合は、通常、紙による帳簿として作成するか、パソコンで作成することが多いと思われるが、いずれの方法であっても、少なくとも保存期間に耐え得るものでなければならない。

このとおり、作成媒体については法定されているが、確認記録の様式や書式等は法定されていない。したがって、確認記録は、主務省令に定める方法にのっとって、後述する法定の事項が記録されていれば足り、様式や書式等については確認記録の用をなすものであれば、任意のもので差し支えない。

なお、司法書士の作成する確認記録は、犯罪収益移転防止法上の要件を満たし、司法書士の職責において記録する必要がある事項をも記録することができるように工夫する必要があろう。

Q209　**確認記録に、添付資料を添付するには、どのような方法によるのか。**

A209　**添付資料も文書、電磁的記録またはマイクロフィルムを用いて作成し、物理的に添え付けられている場合のほか、直ちに検索できる状態になるような方法による。**

◇◇◇◇◇ **解説** ◇◇

確認記録には必要的に資料を添付しなければならない場合があり、この場合に確認記録に添付される法定されたものを添付資料といい、確認記録に添付された添付資料も含めて、確認記録ということとなる。したがって、添付資料も文書、電磁的記録またはマイクロフィルムを用いて作成しなければならないこととなる（電磁的記録で作成しなければならないものもある）。

ここで「添付」とは、確認記録に添付資料が物理的に添え付けられている場合のほか、コンピュータシステム等により、物理的に添え付けられている場合と同様に、直ちに本人確認書類の写しに関する情報が検索できる状態になっている場合が考えられる。

添付資料の添付を要する場合は、対面提示送付方法（各種健康保険証の提示を受けて、その他の本人確認書類等の送付を受けて、確認記録に添付する方法）、非対面送付郵送方法（本人確認書類の送付を受けて、確認記録に添付して、取引関係文書を転送不要書留郵便等で送付する方法）、または法人非対面送付郵送方法（法人の本人確認書類の送付を受けて、確認記録に添付して、取引関係文書を転送不要書留郵便等で送付する方法）、さらに、現在の住居等の補完的な確認、顧客等である法人の取引関係文書の送付先の特例、取引関係文書の送付に代わる方法を採った場合である（第3章第7節）。

このように必ず添付資料を添付しなければならない場合は、後述するとおり（Q234)、添付資料に記録された事項については本人確認事項の記録を省略することができることとなる。一方、当該本人確認書類の名称、記号番号その他の当該本人確認書類を特定するに足りる事項を記録することにより、添付資料の添付を省略することは認められない。

電子署名送信方法（特定の電子署名が行われた特定取引等に関する情報の送信を受ける方法）または商業登記電子署名送信方法（商業登記法に基づく電子署名が行われた特定取引等に関する情報の送信を受ける方法）を採った場合は、当該方法により本人特定事項の確認を行ったことを証するに足りる電磁的記録を添付資料として、確認記録に添付しなければならない。「当該方法により本人確認を行ったことを証するに足りる電磁的記録」とは、記録保存期間を通じて電子署名が有効であることを要求するものではなく、当該方法が適切に用いられたことが事後的に検証可能であればよいとされる[3]。なお、この「当該方法により本人確認を行ったことを証するに足りる電磁的記録」は、当然のことながら電磁的記録を用いて作成されなければならない。

2　記録すべき事項

問い30　**確認記録には、何を記録するのか。**

答え30　**基本的な事項、原則的な取引時確認の方法ごとに記録しなければならない事項、特例的な取引時確認の方法の場合に記録しなければならない事項を記録しなければならない。**

解説　確認記録に記録しなければならない事項は、規則20条1項で法定されており、そのすべてを記録しなければ確認記録を完成させたことにはならない。

記録事項には、基本的な事項、原則的な取引時確認の方法ごとに記録しなければならない事項、特例的な取引時確認の方法の場合に記録しなければな

3　犯罪収益移転防止制度研究会編著『逐条解説犯罪収益移転防止法』（東京法令出版、2009年）215頁

らない事項がある。

【規則20条１項】

（確認記録の記録事項）
第二十条　法第六条第一項に規定する主務省令で定める事項は、次の各号に掲げるものとする。
一～二十四　（後出）

Q210　**確認記録には、固有の番号等を付さなければならないのか。**

A210　**必ずしも固有の番号等を付さなければならないわけではないが、確認記録は、顧客等の氏名または名称等から容易に検索できる状態にしておかなければならない。**

◇◇◇◇◇ **解説** ◇◇

確認記録は、顧客等の氏名または名称等から容易に検索できなければならない。

確認記録が電磁的記録によって作成されている場合は通常は容易に検索できるであろうが、電磁的記録でないときで、確認した順に編綴している場合は、例えば、別途五十音順索引を作成するなどしていなければ容易に検索できるとは言えないだろう。

したがって、確認記録には、必ずしも固有の番号等を付さなければならないわけではないが、そのようにしなければ容易に検索ができないときには、検索の手段として番号等を付す必要があろう。固有の番号等としては、通算番号や暦年番号を付すか、五十音順、アルファベット順の見出し等を付すことも考えられる。

Q211　**確認記録に記録すべき基本的な事項は、どのような事項か。**

A211 **「取引時確認を行った者の氏名その他の当該者を特定するに足りる事項」など、次に掲げる事項である。**

◇◇◇◇◇ **解説** ◇◇

確認記録に記録すべき基本的な事項は、次のとおりである。

・規則20条1項1号　取引時確認を行った者の氏名その他の当該者を特定するに足りる事項
・規則20条1項2号　確認記録の作成者の氏名その他の当該者を特定するに足りる事項
・規則20条1項9号　取引時確認を行った取引の種類
・規則20条1項10号　顧客等または代表者等の本人特定事項の確認を行った方法
・規則20条1項14号　顧客等の本人特定事項（顧客等が国等である場合にあっては、当該国等の名称、所在地その他の当該国等を特定するに足りる事項）
・規則20条1項15号　代表者等による取引のときは、当該代表者等の本人特定事項、当該代表者等と顧客等との関係および当該代表者等が顧客等のために特定取引等の任に当たっていると認めた理由
・規則20条1項20号　顧客等が自己の氏名および名称と異なる名義を取引に用いるときは、当該名義ならびに顧客等が自己の氏名および名称と異なる名義を用いる理由
・規則20条1項21号　取引記録等を検索するための口座番号その他の事項
・規則20条1項22号　顧客等が令12条3項各号に掲げるものであるときは、その旨および同項各号に掲げるものであると認めた理由

なお、司法書士にとっては、規則20条1項8号「法第四条第一項第二号から第四号までに掲げる事項又は資産及び収入の状況の確認を行ったときは、確認を行った事項に応じ、確認を行った日付」、16号「顧客等（国等（人格のない社団又は財団を除く。）を除く。次号において同じ。）が取引を行う目的」、17号「顧客等の職業又は事業の内容並びに顧客等が法人である場合に

あっては、事業の内容の確認を行った方法及び書類の名称その他の当該書類を特定するに足りる事項」、18号「顧客等（国等を除く。）が法人であるときは、実質的支配者の本人特定事項及び当該実質的支配者と当該顧客等との関係並びにその確認を行った方法（当該確認に書類を用いた場合には、当該書類の名称その他の当該書類を特定するに足りる事項を含む。）」、19号「資産及び収入の状況の確認を行ったときは、当該確認を行った方法及び書類の名称その他の当該書類を特定するに足りる事項」、24号「第八条第二項の規定により在留期間等の確認を行ったときは、同項に規定する旅券又は許可書の名称、日付、記号番号その他の当該旅券又は許可書を特定するに足りる事項」は記録事項とならない。

Q212　**「取引時確認を行った者の氏名その他の当該者を特定するに足りる事項」は、どのように記録するのか。**

A212　**原則として、現実に確認を行った司法書士の氏名を記録する。**

解説

【規則20条１項１号】

一　取引時確認を行った者の氏名その他の当該者を特定するに足りる事項

取引時確認を行った者とは、現実に確認行為を行った自然人のことであり、具体的には取引時確認の確認者のことである（第３章第６節）。自然人である特定事業者自身が確認行為を行った場合は当該特定事業者、法人である特定事業者の場合はその従業員等で現実に確認行為を行った者が取引時確認を行った者として記録される。

また、確認行為は外部の者に委託することもできると解されるので、その場合は代理店等の担当者など委託を受けて現実に確認行為を行った者を、確認を行った者として記録しなければならない。

司法書士の場合は、原則として確認行為を他の者に委託することはできないため、司法書士が単独で受任したような場合は当該司法書士が取引時確認を行った者として記録される。司法書士法人が受任する場合は、司法書士法人に属して現実に確認行為を行った司法書士が取引時確認を行った者として記録される。複数の司法書士が同一の依頼人の特定業務について共同で受任する場合に、それら複数の司法書士のうちの１人が確認行為を行ったときは、その現実に確認を行った司法書士が取引時確認を行った者として記録される。

Q133のような復代理のケースでは、犯罪収益移転防止法上は復代理人である司法書士乙が、復代理人に委任した司法書士甲に取引時確認を委託することができるが、この場合に司法書士甲が取引時確認を行ったときは、司法書士乙の確認記録に記録すべき取引時確認を行った者は、司法書士甲となる（司法書士甲自身の確認記録の取引時確認を行った者も司法書士甲となる）。

そこで、「氏名その他の当該者を特定するに足りる事項」とは、現実に確認を行った司法書士の氏名が原則であるが、職名や登録番号等で当該司法書士を特定することができれば、氏名以外のものを記録することも認められる。

取引時確認を行った者の住居は記録する必要はないが、氏名以外の事項が記録される場合であって、その事項だけでは当該者を特定するに足りないときには、住居の記載も必要となる場合があると思われる。

Q213　**「確認記録の作成者の氏名その他の当該者を特定するに足りる事項」は、どのように記録するのか。**

A213　**原則として、現実に作成した司法書士の氏名を記録する。**

解説

【規則20条１項２号】

二　確認記録の作成者の氏名その他の当該者を特定するに足りる事項

確認記録の作成者とは、確認記録を作成した自然人のことであり、現実に

書類としての確認書類を作成し、あるいはコンピュータ上のデータとしてある確認書類に入力（を指示）した者を指す。

通常は、取引時確認を行った司法書士が作成者となり、共同受任や復代理の場合は、現実に確認を行った他の司法書士の取引時確認をもって確認記録を作成する司法書士が確認記録の作成者となる。

司法書士法人の場合は、実際に、取引時確認を行って、確認記録を作成する当該司法書士法人に属する司法書士が、確認記録の作成者となる。

Q214　「取引時確認を行った取引の種類」は、どのように記録するのか。

A214　「宅地の売買による所有権移転登記手続（に関する委任契約の締結）」のように、依頼を受けた業務の種類を、その趣旨がわかる範囲で記録する。

◇◇◇◇◇ 解説 ◇◇◇◇◇

【規則20条１項９号】

九　取引時確認を行った取引の種類

「取引時確認を行った取引の種類」とは、取引時確認を行うこととなる前提の依頼の種類のことであり、要するに「どのような業務の依頼を受けたのか」ということである。厳密には、ここでいう「取引」とは、依頼者と司法書士との依頼に関する契約であり、当該業務に関する委任契約等の締結をいうが、依頼の趣旨がわかる範囲で、例えば依頼を受けた手続の種類の記載でも差し支えない。

不動産登記手続については、例えば、次のように記録すればよい。

・「宅地の売買による所有権移転登記手続（に関する委任契約の締結）」
・「建物の売買による持分移転登記手続（に関する委任契約の締結）」
・「宅地及び建物の売買による所有権移転登記手続（に関する委任契約の締結）」

この場合、宅地または建物の別は明らかにする必要はあるが、所在、地番、家屋番号等当該宅地または建物の詳細な表示は必要ない。ただし、売買であることを示す登記原因および登記の依頼内容である登記の目的を記録する必要はあろう。登記原因については、その日付については必ずしも記録する必要はない。これらの記録に併せて、その手続の委任契約の締結であることを記録する場合もあるが、その旨の記録がなくても依頼の趣旨がわかれば問題ない。

商業・法人登記についての記録は、例えば、次のようになる。

・「株式会社の取締役の選任の登記手続（に関する委任契約の締結）」
・「株式会社の目的の変更の登記手続（に関する委任契約の締結）」
・「一般社団法人の理事の選任の登記手続（に関する委任契約の締結）」

この場合、株式会社その他の法人等の種類を明記し、登記の依頼内容である登記の事由を記録する必要がある。登記の事由に日付を記載する場合であっても、その日付は記録する必要はない。また、選任された取締役の氏名や、変更後の目的などの詳細の記録も必要はない。

財産管理業務にあっては、次のように記録することになろう。

・「現金及び有価証券の管理（に関する契約の締結）」
・「現金、有価証券、不動産および貴金属等の管理および処分（に関する契約の締結）」

この場合、現金、有価証券、不動産および貴金属等の財産の種類を明記し、それらについての管理または処分の別（併記も可）を記録する必要があるが、それらの財産の内訳の詳細や、価額の記録は必要ない。

なお、管理または処分する財産の価額が200万円を超えないときは、取引時確認の義務は生じない（問い10）。

Q215

「顧客等又は代表者等の本人特定事項の確認を行った方法」は、どのように記録するのか。

A215　**どのような方法で本人特定事項の確認を行ったかということを記録する。規則６条各項各号の該当条項の記録をすることでも差し支えない。**

◇◇◇◇◇ **解説** ◇◇◇◇◇

【規則20条１項10号】

十　顧客等又は代表者等の本人特定事項の確認を行った方法

「顧客等又は代表者等の本人特定事項の確認を行った方法」とは、犯罪収益移転防止法施行規則で定める範囲内で、本人特定事項の確認を行うために行った方法であり（第３章第７節１、４～８）、要するに「どのような方法で本人特定事項の確認を行ったかということを記録しなければならない」ということである。

例えば、いつ、誰から、どのような本人確認書類の提示を受けて本人特定事項の確認を行ったのかを具体的に記録することが一般的に考えられる。なお、「どこで」は犯罪収益移転防止法上の記録事項ではないが、本人特定事項の確認を行った方法の一部として記録しておくことは司法書士の職責上は重要なことではなかろうか。

また、「規則６条１項１号イの方法」などのように規則６条各項各号の該当条項の記録をすることでも差し支えない。

それらの方法について、あらかじめ主要なものを記録しておき、該当項目にチェックを記録することでもよい。

本人特定事項の確認の方法によっては、添付資料を要する場合がある（Q209）。

Q216　**「顧客等の本人特定事項（顧客等が国等である場合にあっては、当該国等の名称、所在地その他の当該国等を特定するに足りる事項）」は、どのように記録するのか。**

A216 **自然人である顧客等の場合は氏名、住居および生年月日を、法人である顧客等の場合は名称および本店または主たる事務所の所在地を記録する。**

◇◇◇◇◇ **解説** ◇◇◇◇◇

【規則20条1項14号】

> 十四　顧客等の本人特定事項（顧客等が国等である場合にあっては、当該国等の名称、所在地その他の当該国等を特定するに足りる事項）

自然人である顧客等の場合は、氏名、住居および生年月日（西暦で記録しても、和暦で記録しても差し支えない）を記録しなければならず、法人である顧客等の場合は、名称および本店または主たる事務所の所在地を記録しなければならない。

顧客等が国等（第3章第3節）である場合にあっては、顧客等の本人特定事項ではなく、当該国等の名称、所在地その他の当該国等を特定するに足りる事項を記録することとなる。

Q217 **自然人である顧客等について、確認記録には、性別、本籍地、ふりがなも記録するべきなのか。**

A217 **いずれも記載事項ではないが、ふりがなを記載することは記録の検索の都合上、便利であろう。**

◇◇◇◇◇ **解説** ◇◇◇◇◇

第3章第4節のとおり、例えば、性別、本籍地、世帯主との続柄、法人の成立年月日、資本金の額、支店の所在地等は本人特定事項ではないため、記録する必要はない。電話番号やメールアドレス等も本人特定事項ではないので、記録する必要はない。

氏名、名称の「ふりがな」も本人特定事項ではないので、必ずしも記録する必要はないが、検索の都合上、「ふりがな（フリガナ）」や「読み」を記録しておくことや、その他、本人特定事項以外の事項を記録しておくこともできる。

ただ、本籍地にあっては機微情報に該当するため、不必要な記録には、とくに慎重であらなければならない。

Q218　**「代表者等による取引のときは、当該代表者等の本人特定事項、当該代表者等と顧客等との関係及び当該代表者等が顧客等のために特定取引等の任に当たっていると認めた理由」は、どのように記録するのか。**

A218　**前者については法律上の地位、代理人の種類、使者や履行補助者と顧客の関係、社内での地位等を記録し、後者については規則12条4項で定められた要件を記録する。**

解説

【規則20条1項15号】

> 十五　代表者等による取引のときは、当該代表者等の本人特定事項、当該代表者等と顧客等との関係及び当該代表者等が顧客等のために特定取引等の任に当たっていると認めた理由

現に特定取引の任に当たっている自然人（代表者等）が当該顧客等と異なるときは、当該代表者等の本人特定事項も確認記録に記録しなければならず、さらに当該代表者等と顧客等との関係および当該代表者等が顧客等のために特定取引等の任に当たっていると認めた理由も記録しなければならないこととなる。顧客等が法人である場合は、常に当該法人の本人特定事項のほか、その代表者等である自然人の本人特定事項も記録事項となる。

当該代表者等と顧客等との関係としては、法律上の地位、代理人の種類、使者や履行補助者と顧客の関係、社内での地位等を記録すれば足りる。例えば、「成年後見人」「代理人」「任意代理人」「妻」「夫」「同居の親族」「親族」「知人」「代表取締役」「代表者」「取締役」「営業課長」「営業担当従業員」「担当者」「成年後見人である法人の担当者」などと記録することとなる。

当該代表者等と顧客等との関係を確認した方法は記録事項ではないが、特定取引等の任に当たっていると認めた理由を記録する必要がある。これは、規則12条４項で定められた要件（Q99～Q101）を記録することとなり、同項１号ニおよび２号ニの「当該顧客等と当該代表者等との関係を認識していることその他の理由により当該代表者等が当該顧客等のために当該特定取引等の任に当たっていることが明らかであること」に該当する場合は、その具体的な事情を記録する必要があろう。

代表者等の本人特定事項の確認を行った方法については、記録事項となっている（Q215)。また、司法書士甲が、登記業務等を他の司法書士乙から委任を受けて復代理をする場合、司法書士甲にとって代表者等に該当することとなる司法書士乙も、自然人の本人特定事項として氏名、住居および生年月日が求められるので、司法書士乙が職名を使用している場合であっても、あるいは住居と事務所所在地が異なる場合でも、氏名（本名)、住居を本人確認記録に記録しなければならない。

顧客等が国等である場合は、当該国等の名称、所在地その他の当該国等を特定するに足りる事項のほか、代表者等である自然人の本人特定事項を確認し、記録することとなる。この場合も、当該代表者等と顧客等との関係および当該代表者等が顧客等のために特定取引等の任に当たっていると認めた理由を記録することとなる。

顧客等が国等である場合、Q216の当該国等の名称、所在地その他の当該国等を特定するに足りる事項および当該代表者等と顧客等との関係は、例えば、次のとおり記録することとなる。

・「国　○○省○○局○○地方事務所総務課主任」
・「○○県　○○県○○地方局○○課担当者」
・「○○県○○市　○○市役所○○支所○○課長」
・「独立行政法人○○機構　○○事務所長」
・「人格のない社団　○○会　代表者○○から依頼を受けた管理者」
・「人格のない財団　○○基金　管理人」

顧客等が人格のない社団または財団である場合には、犯罪収益移転防止法施行規則では代表者等と認められる要件が定められていないため（Q202）、当該代表者等が顧客等のために特定取引等の任に当たっていると認めた理由については、具体的に記録する必要があろう。

Q219 **「顧客等が自己の氏名及び名称と異なる名義を取引に用いるときは、当該名義並びに顧客等が自己の氏名及び名称と異なる名義を用いる理由」は、どのように記録するのか。**

A219 **「通称名」「商店名」「芸名」などと、そして「日常から通称名を使用しているため」「営業上の理由」「商用のため」「職業上の理由」などと記録する。**

解説

【規則20条1項20号】

> 二十　顧客等が自己の氏名及び名称と異なる名義を取引に用いるときは、当該名義並びに顧客等が自己の氏名及び名称と異なる名義を用いる理由

顧客等が自己の氏名および名称と異なる名義を取引に用いるときとは、例えば、顧客等から、いわゆる「通称名」や個人商人の「商店名」など、あるいは「芸名」「雅号」「僧籍名」等をもって依頼を受ける場合などが想定される。

このような場合は、顧客等の氏名（本名）、名称は必ず記録しなければならないが（Q124、Q216）、さらに、その依頼に用いられた「通称名」「商店名」「芸名」「雅号」「僧籍名」などの名義を記録することとなる。併せて、その名義を用いる理由を、例えば、「日常から通称名を使用しているため」「営業上の理由」「商用のため」「職業上の理由」などと記録する必要がある。

これらの事項は、顧客等が法人である場合にも適用されるため、当該法人が、登記された商号・名称以外に、依頼にあたって営業上の名称を使用している場合は、その営業上の名称を記録しなければならない。その用いる理由

としては「商売上の必要」などと記録すれば足りる。

Q220 **「取引記録等を検索するための口座番号その他の事項」は、どのように記録するのか。**

A220 **確認記録からその取引時確認に基づいて行われた取引記録等に容易にたどり着けるようにするために付された取引記録等の番号等を記録する。**

◇◇◇◇◇ **解説** ◇◇◇◇◇

【規則20条1項21号】

二十一　取引記録等を検索するための口座番号その他の事項

「取引記録等を検索するための口座番号その他の事項」とは、確認記録からその取引時確認に基づいて作成された取引記録等（特定受任行為の代理等に関する記録、つまり、実際に行った事務の記録で、第4章第2節で解説する）に容易にたどり着けるようにするために付された取引記録等の番号等のことである。要するに、確認記録と取引記録等の連絡性および検索性を確保するための番号等の付与が義務付けられている[4]ということである。

新たな依頼の際に、確認記録に記録されている顧客等と同一であることが確認できるときは、確認記録の作成は不要であるため（第5章第1節）、その場合は、既に作成済みの確認記録に取引記録等の検索事項を追加することになる。つまり、既に取引時確認済みで、かつ確認記録のある顧客等で、面識がある場合等にあっては、1つの確認記録に複数の取引記録等（特定受任行為の代理等に関する記録）を検索するための事項が記録されていくことになる。

必ずしも必要はないが、特定取引の終了日を記載しておくと保存期間の終期を知る上で便利であろう。

4　犯罪収益移転防止制度研究会編著・前掲注3・219頁

Q221　「顧客等が令第十二条第三項各号に掲げるものであるときは、その旨及び同項各号に掲げるものであると認めた理由」は、どのように記録するのか。

A221　顧客等が、外国PEPs（重要な公的地位にある者、例えば、外国の元首等、その地位にあった者およびその家族ならびに実質的支配者がこれらの者である者）である場合に、その旨、および、その者が外国PEPsに該当すると認めた理由を記録する。

◇◇◇◇◇ **解説** ◇◇

【規則20条１項22号】

> 二十二　顧客等が令第十二条第三項各号に掲げるものであるときは、その旨及び同項各号に掲げるものであると認めた理由

顧客等が、外国PEPs（重要な公的地位にある者、例えば、外国の元首等、その地位にあった者およびその家族ならびに実質的支配者がこれらの者である者）である場合（Q81）、その旨、および、その者が外国PEPsに該当すると認めた理由を記録しなければならない。

Q222　確認記録に記録すべき原則的な取引時確認の方法ごとに記録しなければならない事項は、どのような事項か。

A222　「顧客等又は代表者等の本人特定事項の確認のために本人確認書類又は補完書類の提示を受けたとき（第十四条第一項第二号に掲げる方法において本人確認書類又は補完書類の提示を受けたときを除く。）は、当該提示を受けた日付及び時刻（当該提示を受けた本人確認書類又は補完書類の写しを確認記録に添付し、確認記録と共に次条第一項に定める日から七年間保存する場合にあっては、日付に限る。）」など、次に掲げる事項である。

解説

確認記録に記録すべき原則的な取引時確認の方法ごとに記録しなければならない事項は、次のとおりである。

・規則20条1項3号　顧客等または代表者等の本人特定事項の確認のために本人確認書類または補完書類の提示を受けたとき（14条1項2号に掲げる方法において本人確認書類または補完書類の提示を受けたときを除く）は、当該提示を受けた日付および時刻（当該提示を受けた本人確認書類または補完書類の写しを確認記録に添付し、確認記録とともに21条1項に定める日から7年間保存する場合にあっては、日付に限る）

・規則20条1項4号　顧客等または代表者等の本人特定事項の確認のために本人確認書類もしくは補完書類またはその写しの送付を受けたとき（14条1項2号に掲げる方法において本人確認書類もしくは補完書類またはその写しの送付を受けたときを除く）は、当該送付を受けた日付

・規則20条1項5号　6条1項1号ロ、ホおよびへ（これらの規定を12条1項において準用する場合を含む）または3号ロに掲げる方法により顧客等または代表者等の本人特定事項の確認を行ったときは、特定事業者が取引関係文書を送付した日付

・規則20条1項11号　顧客等または代表者等の本人特定事項の確認のために本人確認書類または補完書類の提示を受けたときは、当該本人確認書類または補完書類の名称、記号番号その他の当該本人確認書類または補完書類を特定するに足りる事項

Q223　**本人特定事項の確認のために本人確認書類の提示を受けたときは、その提示を受けた日のほか、時刻も記録しなければならないのか。**

A223　**時刻の記録を要するものの、本人確認書類の写しを確認記録に添付することで、時刻の記録を省略することができる。**

◇◇◇◇◇ 解説 ◇◇◇◇◇

【規則20条1項3号】

> 三　顧客等又は代表者等の本人特定事項の確認のために本人確認書類又は補完書類の提示を受けたとき（第十四条第一項第二号に掲げる方法において本人確認書類又は補完書類の提示を受けたときを除く。）は、当該提示を受けた日付及び時刻（当該提示を受けた本人確認書類又は補完書類の写しを確認記録に添付し、確認記録と共に次条第一項に定める日から七年間保存する場合にあっては、日付に限る。）

この記録事項は、本人特定事項の確認のために本人確認書類または補完書類の提示を受けたときの記録事項である。例えば、顧客等または代表者等から、当該顧客等または代表者等の運転免許証の提示を受けたときは、その提示を受けた日時を記録する必要がある。「平成○○年○月○○日　午後○時○○分」というように記録することとなるが、年については西暦でも差し支えない（以下、年を記録する場合は同様である）。

時刻については、本人確認を行った状況等が特定できる程度の範囲が求められるため、実際に提示を受けた時刻を記録しなければならない。したがって、その時刻を一律に、毎日の事務所の終業時刻として記録することでは「時刻」を記録したことにはならない。なお、提示を受けた本人確認書類の写しを確認記録に添付し、確認記録とともに確認記録と同一の期間保存する場合にあっては、時刻の記録を省略することができるため、その場合は「平成○○年○月○○日」の記録だけで足りる。

したがって、この事例では、原則として時刻の記録を要するものの、本人確認書類の写しを確認記録に添付し、確認記録とともに確認記録と同一の期間保存する場合は時刻の記録を省略することができることとなる。

Q224　**本人特定事項の確認のために本人確認書類の送付を受けたときは、その送付を受けた日のほか、時刻も記録しなければならない**

のか。

A224　**時刻の記録は必要ない。**

◇◇◇◇◇ **解説** ◇◇

【規則20条1項4号】

> 四　顧客等又は代表者等の本人特定事項の確認のために本人確認書類若しくは補完書類又はその写しの送付を受けたとき（第十四条第一項第二号に掲げる方法において本人確認書類若しくは補完書類又はその写しの送付を受けたときを除く。）は、当該送付を受けた日付

この事項は、本人特定事項の確認のために本人確認書類又は補完書類（写しを含む）の送付を受けたときの記録事項である。例えば、顧客等から当該顧客等の運転免許証の写しの送付を受けたときは、その送付を受けた日付を記録する必要がある。前述した提示を受けた場合と異なり、時刻の記録は不要であるので、「平成○○年○月○○日」と記録することとなる。

Q225　**本人特定事項の確認のために本人確認書類の送付を受けたものの、それが、特定事業者の休業日に配達されていて、正確な配達日がわからない場合は、その送付を受けた日は、いつの日を記録するのか。**

A225　**特定事業者が受領したと認められる日を記録しておけば足りる。**

◇◇◇◇◇ **解説** ◇◇

本人特定事項の確認のために本人確認書類または補完書類（写しを含む）の送付を受けたものの、例えば、顧客等から当該顧客等の運転免許証の写しの送付を受けたものの、事務所の休業日に本人確認書類が事務所の郵便受けに配達されていて、休業明けにその配達に気が付いたようなときのように、本人確認書類または補完書類（写し）の送付を受けた日が明確でない場合は、特定事業者が受領したと認められる日を記録しておけば足りると思われる。

Q226　本人特定事項の確認のために、取引関係文書を、書留郵便等により転送不要郵便物等として送付したときは、到達した日も記録する必要があるのか。

A226　到達した日を記録する必要はない。

◇◇◇◇◇ **解説** ◇◇◇◇◇

【規則20条１項５号】

> 五　第六条第一項第一号ロ、ホ及びヘ（これらの規定を第十二条第一項において準用する場合を含む。）又は第三号ロに掲げる方法により顧客等又は代表者等の本人特定事項の確認を行ったときは、特定事業者が取引関係文書を送付した日付

この記録事項は、本人特定事項の確認のために、取引関係文書を、書留郵便等により転送不要郵便物等として送付したとき、または、特定の本人限定受取郵便等によって送付したときの記録事項である。例えば、顧客等から当該顧客の運転免許証の写しの送付を受けたときに、さらに、その住居に宛てて委任状等を送付した日付を記録する必要がある。

この場合は、取引関係文書を送付した日付だけを記録すれば足り、したがって、この事例でも、その送付をした時刻や、到達の日付を記録する必要はなく、取引関係文書を送付した日付として単に「平成○○年○月○○日」と記録する。ただし、Q179のとおり、到達せずに、返送されたときは、本人特定事項の確認は完成していないので、注意を要する。

なお、このような場合、併せて、本人確認書類の送付を受けた日をも記録しなければならないことは言うまでもない（Q224）。

Q227　本人特定事項の確認のために、本人確認書類または補完書類の提示を受けたときは、例えば、「運転免許証」と記録すれば足り

るのか。

A227　**運転免許証であること、および記号番号その他の当該運転免許証を特定するに足りる事項を記録する。**

◇◇◇◇◇ **解説** ◇◇

【規則20条1項11号】

> 十一　顧客等又は代表者等の本人特定事項の確認のために本人確認書類又は補完書類の提示を受けたときは、当該本人確認書類又は補完書類の名称、記号番号その他の当該本人確認書類又は補完書類を特定するに足りる事項

この記録事項は、本人特定事項の確認のために、本人確認書類または補完書類の提示を受けたときの記録事項である。

例えば、顧客等から当該顧客等の運転免許証の提示を受けたときは、運転免許証であること、および記号番号その他の当該運転免許証を特定するに足りる事項を記録する必要がある。

記録事項としては、単にその本人確認書類の種類や名称を記録するだけでは足りず、実際に提示を受けた現物が特定できる程度の事項を記録しなければならない。したがって、まず名称を記録し、記号番号があれば発行者・発給者とその記号番号（旅券にあっては国籍および発行番号）を記録することで特定することができるが、記号番号がない場合には、名称のほかに発行者・発給者と発行・発給年月日、その他の当該書類に記載されている、その特定に資する適切な事項を記録しなければならないだろう。

本人確認書類に関する記録事項の例示は、次のとおり記録することが考えられる。

・運転免許証　「運転免許証（○○県公安委員会　番号第○○○○○○○○○○○○○号）」

・国民健康保険被保険者証　「国民健康保険被保険者証（○○市記号○国保番号○○○○○○）」

・介護保険被保険者証　「介護保険被保険者証（○○市　被保険者番号○○

○○○○○○○)」

・後期高齢者医療被保険者証　「後期高齢者医療被保険者証（○○県後期高齢者医療広域連合　被保険者番号○○○○○○○○○)」

・住民基本台帳カード　「住民基本台帳カード（○○県○○市　○○○○年○月○○日まで有効　連絡先○○市役所市民課)」

・旅券　「旅券（○○国　旅券番号○○○○○○○○)」

なお、提示を受けた当該本人確認書類の写しを確認記録に添付することによって、本人確認書類を特定するに足りる事項についての記録を省略することができることは、後述する（Q234)。

ちなみに、本人確認書類の送付を受けた場合では、常に当該本人確認書類(写し）を確認記録に添付しければならないので、あえて本人確認書類を特定するに足りる事項は記録事項とはなっていない。

なお、個人番号、基礎年金番号は記録することはできないので、コピーをとる場合にも、とくに留意しておかなければならない（Q145、Q149)。

補完書類に関する記録の例示は、次のとおり記録することが考えられる。

・納税証明書　「平成○○年○月○○日○○税務署発行の所得税の納税証明書（証明書番号等がある場合は、その番号も記録する)」

・水道料金領収書　「平成○○年○月○○日○○市公営企業局発行の水道料金の領収書」

・ガス料金領収書　「平成○○年○月○○日○○ガス株式会社発行のガス料金の領収書」

・電気料金領収書　「平成○○年○月○○日○○電力株式会社発行のガス料金の領収書」

Q228　**確認記録に記録すべき特例的な取引時確認の方法の場合に記録しなければならない事項は、どのような事項か。**

A228　**「第六条第四項又は第十二条第三項の規定により顧客等又は代表者等の本人特定事項の確認を行ったときは、当該各項に規定す**

る交付を行った日付」など、次に掲げる事項である。

◇◇◇◇◇ **解説** ◇◇

確認記録に記録すべき特例的な取引時確認の方法の場合に記録しなければならない事項は、次のとおりである。

・規則20条１項６号　６条４項または12条３項の規定により顧客等または代表者等の本人特定事項の確認を行ったときは、当該各項に規定する交付を行った日付

・規則20条１項７号　14条１項２号に掲げる方法において本人確認書類もしくは補完書類の提示を受け、または本人確認書類もしくはその写しもしくは補完書類もしくはその写しの送付を受けたときは、当該提示または当該送付を受けた日付

・規則20条１項12号　本人確認書類または補完書類の提示を受けることにより６条２項（12条１項において準用する場合を含む）の規定により顧客等または代表者等の現在の住居または本店もしくは主たる事務所の所在地の確認を行ったときは、当該本人確認書類または補完書類の名称、記号番号その他の当該本人確認書類または補完書類を特定するに足りる事項

・規則20条１項13号　本人確認書類または補完書類の提示を受けることにより、６条３項もしくは12条２項の規定により当該各項に規定する場所に宛てて取引関係文書を送付したときまたは６条４項もしくは12条３項の規定により６条４項３号もしくは12条３項３号に規定する場所に赴いて取引関係文書を交付したときは、営業所の名称、所在地その他の当該場所を特定するに足りる事項および当該本人確認書類または補完書類の名称、記号番号その他の当該本人確認書類または補完書類を特定するに足りる事項

・規則20条１項23号　法４条２項１号に掲げる取引に際して確認を行ったときは、関連取引時確認に係る確認記録を検索するための当該関連取引時確認を行った日付その他の事項

Q229　「第六条第四項又は第十二条第三項の規定により顧客等又は代表者等の本人特定事項の確認を行ったときは、当該各項に規定する交付を行った日付」は、どのような場合に記録するのか。

A229　取引確認文書を転送不要書留郵便等で送付することに代えて認められている、本人確認書類に記載されている住居または本店等に赴いて、顧客等または代表者等に取引関係文書を直接交付（手交）するなどの場合である。

◇◇◇◇◇ **解説** ◇◇◇◇◇

【規則20条１項６号】

> 六　第六条第四項又は第十二条第三項の規定により顧客等又は代表者等の本人特定事項の確認を行ったときは、当該各項に規定する交付を行った日付

この記録事項は、顧客等の本人特定事項の確認方法として、取引確認文書の転送不要書留郵便等での送付について、次のとおり、その代替手段によって行った場合（Ｑ200）の記録事項である。

・転送不要書留郵便等によらずに、特定事業者の役職員が、本人確認書類に記載されている住居または本店等に赴いて、顧客等または代表者等に取引関係文書を直接交付（手交）すること

・現在の住居等の補完的な確認を行う場合において、転送不要書留郵便等によらずに、特定事業者の役職員が、補完的書類に記載されている住居または本店等に赴いて、顧客等または代表者等に取引関係文書を直接交付（手交）すること

・転送不要書留郵便等によらずに、特定事業者の役職員が、補完的書類に記載されている当該顧客等の営業所であると認められる場所に赴いて、その代表者等に取引関係文書を直接交付（手交）すること

以上の場合には、取引関係文書を直接交付（手交）した日を記録することとなる。

Q230　「第十四条第一項第二号に掲げる方法において本人確認書類若しくは補完書類の提示を受け、又は本人確認書類若しくはその写し若しくは補完書類若しくはその写しの送付を受けたときは、当該提示又は当該送付を受けた日付」は、どのような場合に記録するのか。

A230　厳格な顧客管理を行う必要性が特に高いと認められる取引に際して行う確認の方法による場合である。

◇◇◇◇◇ **解説** ◇◇

【規則20条1項7号】

> 七　第十四条第一項第二号に掲げる方法において本人確認書類若しくは補完書類の提示を受け、又は本人確認書類若しくはその写し若しくは補完書類若しくはその写しの送付を受けたときは、当該提示又は当該送付を受けた日付

この記録事項は、厳格な顧客管理を行う必要性がとくに高いと認められる取引に際して行う確認の方法による場合の記録事項であり、この場合には、本人確認書類もしくは補完書類（送付の場合は写しも）の提示または当該送付を受けた日付を記録する。

厳格な顧客管理を行う必要性がとくに高いと認められる取引に際して行う確認の方法については、第5章第2節、第3節で解説する。

Q231　「本人確認書類又は補完書類の提示を受けることにより第六条第二項（第十二条第一項において準用する場合を含む。）の規定により顧客等又は代表者等の現在の住居又は本店若しくは主たる事務所の所在地の確認を行ったときは、当該本人確認書類又は補完書類の名称、記号番号その他の当該本人確認書類又は補完書類を特定するに足りる事項」は、どのような場合に記録するのか。

A231　現在の住居等の補完的な確認を行った場合である。

◇◇◇◇◇ **解説** ◇◇◇

【規則20条１項12号】

> 十二　本人確認書類又は補完書類の提示を受けることにより第六条第二項（第十二条第一項において準用する場合を含む。）の規定により顧客等又は代表者等の現在の住居又は本店若しくは主たる事務所の所在地の確認を行ったときは、当該本人確認書類又は補完書類の名称、記号番号その他の当該本人確認書類又は補完書類を特定するに足りる事項

この記録事項は、現在の住居等の補完的な確認を行ったときの記録事項である。

現在の住居等の補完的な確認については、第３章第７節７で解説している。

Q232　「本人確認書類又は補完書類の提示を受けることにより、第六条第三項若しくは第十二条第二項の規定により当該各項に規定する場所に宛てて取引関係文書を送付したとき又は第六条第四項若しくは第十二条第三項の規定により第六条第四項第三号若しくは第十二条第三項第三号に規定する場所に赴いて取引関係文書を交付したときは、営業所の名称、所在地その他の当該場所を特定するに足りる事項及び当該本人確認書類又は補完書類の名称、記号番号その他の当該本人確認書類又は補完書類を特定するに足りる事項」は、どのような場合に記録するのか。

A232　顧客等である法人の取引関係文書の送付先の特例を利用した場合である。

◇◇◇◇◇ **解説** ◇◇◇

【規則20条１項13号】

> 十三　本人確認書類又は補完書類の提示を受けることにより、第六条第三項若しくは第十二条第二項の規定により当該各項に規定する場所に宛てて取引関係文書を送付したとき又は第六条第四項若しくは第十二条第三項の規定によ

り第六条第四項第三号若しくは第十二条第三項第三号に規定する場所に赴いて取引関係文書を交付したときは、営業所の名称、所在地その他の当該場所を特定するに足りる事項及び当該本人確認書類又は補完書類の名称、記号番号その他の当該本人確認書類又は補完書類を特定するに足りる事項

この記録事項は、顧客等である法人の取引関係文書の送付先の特例を利用した場合の記録事項である。

その営業所の名称、所在地その他の当該場所を特定するに足りる事項は、例えば、次のように記録することが考えられる。

・「○○支店　○○県○○市○○町○番地」
・「○○営業所　○○県○○市○○町○番○号」
・「本店営業部　○○県○○市○○町○番地」
・「○○省○○事務所　○○県○○市○○町○番○号」
・「○○省○○地方○○局○○出張所　○○県○○市○○町○番地」
・「○○県○○市役所○○支所　○○県○○市○○町○番地」

Q233　**「法第四条第二項第一号に掲げる取引に際して確認を行ったときは、関連取引時確認に係る確認記録を検索するための当該関連取引時確認を行った日付その他の事項」は、どのような場合に記録するのか。**

A233　**なりすましている疑いがある場合または偽った疑いのある顧客等との取引の場合である。**

◇◇◇◇◇ **解説** ◇◇◇◇◇

【規則20条1項23号】

二十三　法第四条第二項第一号に掲げる取引に際して確認を行ったときは、関連取引時確認に係る確認記録を検索するための当該関連取引時確認を行った日付その他の事項

この記録事項は、なりすましている疑いがある場合または偽った疑いのある顧客等との取引の場合の記録事項である。

なりすましている疑いがある場合または偽った疑いのある顧客等との取引については、第5章第3節で解説する。

Q234　**本人特定事項の確認のために顧客等の運転免許証の提示を受けた場合には、必ず、その氏名、住居、生年月日、ならびに運転免許証であること、および記号番号その他の当該運転免許証を特定するに足りる事項を記録しなければならないのか。**

A234　**その運転免許証の写しを確認記録に添付するときは、それらの事項は、記録を省略することができる。**

解説

【規則20条2項】

> 2　特定事業者は、添付資料を確認記録に添付するとき又は前項第三号の規定により本人確認書類若しくは補完書類の写しを確認記録に添付するときは、同項各号に掲げるもののうち当該添付資料又は当該本人確認書類若しくは補完書類の写しに記載がある事項については、同項の規定にかかわらず、確認記録に記録しないことができる。

これまで述べた本人確認記録の記録事項は、該当する場合には、すべて記録しなければならないのが原則である。しかし、添付資料を確認記録に添付するとき、または、本人確認書類もしくは補完書類の写しを確認記録に添付するときは、当該添付資料または当該本人確認書類もしくは補完書類の写しに記載がある事項については、確認記録に記録しないことができるという特例が設けられている。

例えば、本人確認書類としての運転免許証の写しを確認記録とともに保存する（確認記録に添付する）ときには、その氏名、住居、生年月日、ならびに運転免許証であること、および記号番号その他の当該運転免許証を特定するに足りる事項の記録は省略することができることとなる。

ただその場合であっても、確認記録の性格上、氏名、名称は記録しておくべきであろう。

特定事業者が、提示を受けた本人確認書類または補完書類の写しを保存しないときは、本人特定事項およびその書類の名称、記号番号その他の当該本人確認書類または補完書類を特定するに足りる事項を記録しなければならないが、その写しを保存する場合において、その写しに記載されている事項については、同じものを別途記録する必要もないからである。

対面提示送付方法、非対面送付郵送方法、法人非対面送付郵送方法による場合、あるいは現現在の住居等の補完的な確認を併用する場合に補完的書類の送付（写し）を受ける場合は、必然的に本人確認書類又は補完書類（写し）を確認記録に添付することになるので、その添付された書類に記載されている事項については、その記録は省略することができることになる。

本人確認書類等（写し）を確認書類とともに保存するとき、または添付資料を添付するときは、個人情報の保護に関する一層の配慮が求められる。例えば、ICカード式の運転免許証（表面の本籍欄がないもの）となる前の運転免許証（本籍地が記載されているもの）にあっては、その写しの、本籍地の記載部分を塗りつぶす等の措置を取り、本籍地と住所が同一地であるため住所として「同上」と記載されているときは、「本籍地」の文言のみを塗りつぶす等の措置を取るなどの配慮が求められていた。その他の本人確認書類についても、本人特定事項以外の記録事項で、当該依頼された業務において保存する必要のない事項は、同様に配慮することが求められる。

3　記録の付記

問い31　**司法書士が管理人として財産管理契約を締結し、本人特定事項の確認を行い、確認記録を作成しているところ、依頼者である当該財産管理契約の相手方本人から、その住居を移転したとの連絡があったときは、確認記録において記録されている従前の住居を、その新しい住居の記録に上書きすればよいのか。**

答え31　**上書きすることは許されず、新しい住居を付記するなどしなければならない。**

解説　作成済みの確認記録の一定の記録事項について、変更または追加があったことを知ったときは、確認記録をそのままにしておくことはできず、一定の措置を取らなければならないとされる。

【規則20条３項】

> ３　特定事業者は、第一項第十四号から第十八号まで及び第二十号から第二十三号までに掲げる事項に変更又は追加があることを知った場合は、当該変更又は追加に係る内容を確認記録に付記するものとし、既に確認記録又は同項第三号の規定により添付した本人確認書類若しくは補完書類の写し若しくは添付資料に記録され、又は記載されている内容（過去に行われた当該変更又は追加に係る内容を除く。）を消去してはならない。この場合において、特定事業者は、確認記録に付記することに代えて、変更又は追加に係る内容の記録を別途作成し、当該記録を確認記録と共に保存することとすることができる。

特定事業者は、規則20条１項14号から18号まで、および20号から23号までに掲げる事項に変更または追加があることを知った場合は、当該変更または追加に係る内容を確認記録に付記するものとし、既に確認記録または添付した本人確認書類もしくは補完書類の写しもしくは添付資料に記録され、または記載されている内容（過去に行われた当該変更または追加に係る内容を除く）を消去してはならず、この場合において、特定事業者は、確認記録に付記することに代えて、変更または追加に係る内容の記録を別途作成し、当該記録を確認記録とともに保存することとすることができるとされている。

例えば、確認記録を作成した顧客等から、何らかの事情で、住所または姓の変更の申出があったとしても、それ自体取引時確認を行わなければならない場合には当たらないが[5]、このような場合には以下に述べる措置を取らな

5　手塚・前掲注１・67頁

ければならない。

ここで、一定の記録事項とは次のとおりである。

・顧客等の本人特定事項（顧客等が国等である場合にあっては、当該国等の名称、所在地その他の当該国等を特定するに足りる事項）（規則20条１項14号）

・代表者等による取引のときは、当該代表者等の本人特定事項、当該代表者等と顧客等との関係及び当該代表者等が顧客等のために特定取引等の任に当たっていると認めた理由（同条１項15号）

・顧客等（国等（人格のない社団又は財団を除く）を除く。次号において同じ）が取引を行う目的（同条１項16号）

・顧客等の職業または事業の内容ならびに顧客等が法人である場合にあっては、事業の内容の確認を行った方法および書類の名称その他の当該書類を特定するに足りる事項（同条１項17号）

・顧客等（国等を除く）が法人であるときは、実質的支配者の本人特定事項および当該実質的支配者と当該顧客等との関係ならびにその確認を行った方法（当該確認に書類を用いた場合には、当該書類の名称その他の当該書類を特定するに足りる事項を含む。同条１項18号）

・顧客等が自己の氏名および名称と異なる名義を取引に用いるときは、当該名義ならびに顧客等が自己の氏名および名称と異なる名義を用いる理由（同条１項20号）

・取引記録等を検索するための口座番号その他の事項（同条１項21号）

・顧客等が令12条３項各号に掲げるものであるときは、その旨および同項各号に掲げるものであると認めた理由（同条１項22号）

・法４条２項１号に掲げる取引に際して確認を行ったときは、関連取引時確認に係る確認記録を検索するための当該関連取引時確認を行った日付その他の事項（同条１項23号）

この事例では、従前の住居の記録はそのままとし、確認記録に新しい住居を付記するか、新しい住居を別途記録して、従前の住居が記録されている確認記録とともに保存することとなる。従前の記録事項は消去してはならないのである。

Q235　**以前、宅地の売買による所有権移転登記手続の依頼を受けて確認記録を作成した依頼者から、その転居の案内が当該司法書士に送られた場合、その司法書士は、その依頼者にかかる確認記録に、当該新たな住居を付記しなければならないのか。**

A235　**原則として、付記する必要はない。**

◇◇◇◇◇ **解説** ◇◇◇

作成済みの確認記録の一定の記録事項について、当該変更または追加に係る内容を確認記録に付記する場合とは、特定事業者が、その記録事項に変更または追加があったことを知ったときである。

通常、確認記録に記録されている顧客等から新たな依頼を受けたときにそれらの記録事項について変更または追加があったことを知った場合がこれに当たる。

また、新たな依頼がなくても何らかの機会にそれらの記録事項について変更または追加があったことを知ったときであっても、当該変更または追加に係る内容を確認記録に付記しなければならない。

問い31 の事例は財産管理業務など継続的取引において、記録事項について変更または追加があったことを知ったときの事例であるが、この事例のように特定業務に係る登記業務などの一回的取引においては、後日、その記録事項について変更または追加があったことを知ったとしても、当該変更または追加に係る内容を確認記録に付記する必要はない。

なお、特定業務に係る登記業務などの一回的取引について、確認記録に記録された依頼者から、再び、特定業務に係る登記業務の依頼を受けたときに、新たな依頼に基づいて新たに取引時確認を行い、新たに確認記録を作成した場合は、従来作成済みの確認記録に記録された同人の住居と、同人の今回の依頼の際の住居が異なっていても、従来の確認記録に新たな住居を付記する必要はない。一方、再び、特定業務に係る登記業務の依頼を受けたときに、新たな依頼に基づいた取引時確認を行わず、既に取引時確認を行っている顧客等であることを確かめる措置を取った場合には、従来の確認記録に新たな住居を付記する必要がある（Q283）。

Q236　**問い31 の事例で、後日、さらに、その住居を移転したとの連絡があったときは、確認記録においては、作成時の住居、中間の住居、今回の住居のすべてが記録されていなければならないのか。**

A236　**作成時の住居、今回の住居が記録されていれば足りる。**

解説

確認記録に対して取るべき「措置」とは、「当該変更又は追加事項を確認記録に付記すること」である。この場合、従前の記録事項は消去してはならないのであって、変更の履歴を上書きすることなく、新たな情報を付記するようにしなければならない。記録事項の一部が省略されている場合、その事項が記載されている確認記録とともに保存される本人確認書類の写しまたは添付資料に記載されている事項について変更または追加があったことを知ったときであっても、従前の記載事項を消去せずに、変更または追加事項を付記しなければならない。

また、確認記録に付記することに代えて、「変更又は追加に係る内容の記録を別途作成し、当該記録を確認記録と共に保存することとする」こともできる。

なお、変更履歴については、作成時の情報と最新の情報を確認できればよく、中間の情報については消去することも可能である。例えば、一度、住居に変更があったことを知ってその事項を確認記録に付記した後、さらに住居の変更があったことを知ったときは、作成時の住居の記録を残し、最終の住居を付記した上で、一度目の変更事項である住居の記録は消去しても差し支えない。

記録事項に変更または追加があったことを知ったときの新たな記録事項の確認方法については法定されていないため、特定事業者である司法書士の責任において、適切な方法で確認する必要がある。この場合における確認方法については、付記事項ではない。

4　記録の保存

問い32　**確認記録は何年間、保存すればよいのか。**

答え32　**７年間、保存しなければならない。**

解説　特定事業者は、確認記録を、特定取引等に係る契約が終了した日その他の主務省令で定める日から、７年間保存しなければならない。

【法６条２項】

> ２　特定事業者は、確認記録を、特定取引等に係る契約が終了した日その他の主務省令で定める日から、七年間保存しなければならない。

したがって、保存期間満了までは確認記録の廃棄、削除、消去を行うことは許されない。

なお、司法書士会会則基準では、本人であることの確認および依頼された事務の内容に関する記録については、事件の終了時から10年間保存しなければならないとされている（後掲・日本司法書士会連合会司法書士会会則基準91条の２）。

Q237　**確認記録の保存期間中に、当該顧客から、当該確認記録の廃棄を求められたときは、司法書士は、廃棄することができるのか。**

A237　**廃棄することはできない。**

◇◇◇◇◇ **解説** ◇◇

確認記録に記録されている顧客等から廃棄等の要請があっても、法定の保存期間内は応じることはできない。

さらに、確認書類またはその写しを確認記録に添付することにより確認記録の記録事項の一部を省略している場合において、その添付されているものを返還することによって省略している記録事項が不明になるようなときは、その返還要請があっても確認記録の保存期間内は応じることはできない[6]。

保存期間中は、司法書士法24条（秘密保持の義務）および個人情報の保護に関する法律その他の法令を遵守し、適正に管理し、万が一にも、その情報が漏洩することのないよう注意して保存しなければならない。

Q238　**保存期間を経過した確認記録は廃棄しなければならないのか。**

A238　**廃棄しなければならないわけではない。**

◇◇◇◇◇ **解説** ◇◇

保存期間を経過したときは、当該確認記録を廃棄することができるが、廃棄する義務を負うわけではないため、廃棄しなければならないわけではない。

そのため、必要があれば経過期間後も保存することは違法ではない。

ただ、廃棄する場合はもちろん、保存し続けるにあたっても、保存期間経過前と同様に、秘密の保持、個人情報の保護等には十分な配慮が求められる。

Q239　**宅地の売買による所有権移転登記手続の依頼の際に行った取引時確認に基づいて作成した確認記録は、いつから7年間保存する**

6　手塚・前掲注1・102頁

ことになるのか。

A239　**通常、当該登記手続が完了し、関連書類を交付し終えた日から７年間保存しなければならない。**

◇◇◇◇◇ **解説** ◇◇◇◇◇

確認記録の保存期間の始期は、特定取引に係る契約が終了した日その他の主務省令で定める日（法６条２項）とされており、その日は、取引終了日および取引時確認済みの取引に係る取引終了日のうち後に到来する日とされる。

取引時確認済みの取引に係る取引終了日についてはＱ285で解説することとし、ここでは、通常の取引終了日を中心に解説する。

【規則21条】

（確認記録の保存期間の起算日）

第二十一条　法第六条第二項に規定する主務省令で定める日は、取引終了日及び取引時確認済みの取引に係る取引終了日のうち後に到来する日とする。

2　前項に規定する「取引終了日」とは、次の各号に掲げる確認記録を作成した特定取引等の区分に応じ、それぞれ当該各号に定める日とする。

一　令第七条第一項第一号イからへまで、チからヌまで、ル（媒介又は代理を行うことを内容とする契約を除く。）、ワ（代理又は媒介を除く。）、カ（媒介を除く。）、ヨ若しくはナからヰまでに掲げる取引、同項第二号、第三号、第五号若しくは第六号に定める取引又は令第九条に規定する取引　当該取引に係る契約が終了した日

二　前号に掲げる取引以外の取引　当該取引が行われた日

3　（後出）

確認記録は「取引終了日」から７年間保存しなければならないこととなるが、司法書士の場合、原則として特定取引に係る契約が終了した日が「取引終了日」、すなわち確認記録の保存期間の始期となる。

特定業務である不動産登記業務の依頼に係る確認記録は、それらの登記手続の委任契約が終了した日から７年間保存しなければならない。委任契約の内容にもよるが、通常は、当該登記を申請し、登記が完了し、依頼者にその

旨を連絡し、登記完了証、登記識別情報を記載した書面その他の関連書類を依頼者に交付し終えた日から7年間保存しなければならないと言うべきであろう。

同様に、特定業務である商業・法人登記業務の依頼に係る確認記録も、それらの登記手続の委任契約が終了した日から7年間保存しなければならない。この場合も、通常は、依頼者側にその旨を連絡し、関連書類を依頼者側に交付し終えた日から7年間保存しなければならないこととなる。

Q240　**財産の管理および処分に関する依頼を受けて行った取引時確認に基づいて作成した確認記録は、当該財産管理契約の締結の日から7年間保存することで足りるのか。**

A240　**通常、当該契約が終了し、その残務事務が完了した日から7年間保存しなければならない。**

解説

財産管理業務の依頼に係る確認記録についても、特定取引に係る契約が終了した日が「取引終了日」、すなわち確認記録の保存期間の始期となる。

この場合、当該財産管理契約、任意代理契約等の契約の終了した日が本人確認記録の保存期間の始期となるので、通常は、依頼者が死亡したり、合意により解約したり、あるいは、それらの契約に定められた終了事項が生じて、その残務事務が完了した日から7年間保存しなければならないだろう。

第２節　特定受任行為の代理等に関する記録

１　作成義務

問い33　**特定事業者は、確認記録以外に、何らかの記録を作成しなければならないのか。**

答え33　**特定業務に係る取引を行った場合、特定受任行為の代理等を行った場合には、取引記録等を作成しなければならない。**

解説　特定事業者は、特定取引を行う際には、取引時確認を行い、確認記録を作成しなければならないが、さらに特定業務に係る取引や、特定受任行為の代理等を行った場合には、それらの行為に関する「取引記録等」を作成しなければならない。

要するに、特定事業者は、特定取引を行って、犯罪収益移転防止法の適用を受ける行為を行った場合には、「取引記録等」を作成しなければならないということである。

【法７条】

（取引記録等の作成義務等）

第七条　特定事業者（次項に規定する特定事業者を除く。）は、特定業務に係る取引を行った場合には、少額の取引その他の政令で定める取引を除き、直ちに、主務省令で定める方法により、顧客等の確認記録を検索するための事項、当該取引の期日及び内容その他の主務省令で定める事項に関する記録を作成しなければならない。

２　第二条第二項第四十四号から第四十七号までに掲げる特定事業者は、特定受任行為の代理等（別表第二条第二項第四十四号に掲げる者の項の中欄に規定する特定受任行為の代理等をいう。以下この条において同じ。）を行った場合には、その価額が少額である財産の処分の代理その他の政令で定める特定受任行為の代理等を除き、直ちに、主務省令で定める方法により、顧客等の確認記録を検索するための事項、当該特定受任行為の代理等を行った期日

> 及び内容その他の主務省令で定める事項に関する記録を作成しなければならない。
> 3　（後出）

「取引記録等」には、金融機関などが作成すべき「特定業務に係る取引に関する記録」と、司法書士等が作成すべき「特定受任行為の代理等に関する記録とがあり、それら2種の記録を総称して「取引記録等」という。

ここで、司法書士等とは、司法書士または司法書士法人、行政書士または行政書士法人、公認会計士（外国公認会計士を含む）または監査法人、税理士又は税理士法人をいう。ちなみに、これらの記録を巷間「取引記録」と呼ぶこともあるが、犯罪収益移転防止法上は、「取引記録」という用語はない。強いて言えば、「特定業務に係る取引に関する記録」を「取引記録」と呼ぶこともできなくはないが、法律用語としては、総称としての「取引記録等」である。

以下、司法書士が作成すべき「取引記録等」を「特定受任行為の代理等に関する記録」として、その記録について解説する。

司法書士が作成しなければならない特定受任行為の代理等に関する記録は、司法書士が、特定業務に属する一定の業務の依頼を受け（特定取引）、取引時確認（本人特定事項の確認）を行った後、実際にその依頼に関する事務を行った（特定受任行為の代理等）ときに作成しなければならない、いわば、実際に行った事務の記録ということになる。

また、特定受任行為の代理等そのものではなくとも、事務所内部または顧客との間で、当該代理等の準備・関連行為と捉えられる事務を行った場合は、記録作成・保存の対象となり得る[7]。

7　犯罪収益移転防止制度研究会編著・前掲注3・223頁

Q241　**司法書士が、宅地の売買による所有権移転登記手続の依頼を受けて、その依頼に基づく登記手続の代理申請を行った場合には、どのような記録を作成しなければならないのか。**

A241　**その依頼に基づいて行った登記手続のうち一定の事項について、特定受任行為の代理等に関する記録として作成しなければならない。**

◇◇◇◇◇ **解説** ◇◇◇

登記業務の場合にあっては、依頼を受けた登記手続について、その依頼に基づいて当該登記手続の代理等を行った場合、つまり、当該登記申請を行った場合に特定受任行為の代理等に関する記録の作成義務が生じることとなる。

例えば、宅地の売買による所有権移転登記手続の依頼を受けたときに、その依頼に基づく登記手続の代理申請を行った場合には特定受任行為の代理等に関する記録を作成しなければならないこととなり、株式会社の商号の変更登記手続の依頼を受けたときにも、その依頼に基づく登記手続の代理申請を行った場合に特定受任行為の代理等に関する記録を作成しなければならないこととなる。いずれの場合にも、その依頼に基づいて行った登記手続のうち一定の事項（第４章第２節２）を、その記録に記録して作成する。

Q242　**司法書士が、株式会社の商号変更の登記申請書の作成だけの依頼を受けて、その依頼に基づいて、当該登記申請書を作成した場合には、どのような記録を作成しなければならないのか。**

A242　**その依頼に基づいて作成した登記申請書の記載事項のうち一定の事項について、特定受任行為の代理等に関する記録として作成しなければならない。**

◇◇◇◇◇ **解説** ◇◇◇

例えば、通常の例として、宅地・建物の売買による所有権移転登記手続の代理を行う前提として、併せて評価証明書や住宅用家屋証明書等の交付請求や登記原因証明情報の作成等も行った場合は、特定受任行為の代理等に関する記録は、当該所有権移転登記手続についてだけ作成すれば足り、併せて行った書類の作成については記録する必要はない。

ただし、登記申請書の作成だけの依頼を受けた場合は、登記申請書を作成したときに、特定受任行為の代理等に関する記録を作成する義務が生じるし、所有権移転登記手続の依頼ではなく、宅地・建物の売買による所有権移転登記に添付する登記原因証明情報の作成だけを依頼され、依頼に応じ作成したときも、特定受任行為の代理等に関する記録として、登記原因証明情報を作成したことを記録する必要が生じる。

Q243　**司法書士が、特定業務に関する依頼は受けたものの、結局、依頼が取りやめになり、依頼に基づく手続等を行ってない場合であっても、特定受任行為の代理等に関する記録を作成しなければならないのか。**

A243　**特定受任行為の代理等に関する記録の作成は要しない。**

解説

特定業務に関する依頼は受けたものの、結局、依頼が取りやめになり、依頼に基づく手続等を行ってない場合は、特定受任行為の代理等を行っていないので、特定受任行為の代理等に関する記録の作成は要しない。例えば、宅地の売買による所有権移転登記手続の依頼を受けて取引時確認を行ったものの、登記申請までに両当事者の都合で司法書士に対する委任契約が解除されたときなどが、その場合に当たる。

この場合であっても、依頼があった以上、取引時確認を行い、確認記録は作成しなければならない（Q205）。

Q244　**司法書士が、財産の管理、処分に関する任意代理人として任意代理契約などの財産管理契約を締結し、その契約に基づいて実際**

に預金および不動産を管理し始め、後日、そのうちの定期預金を解約し、また、管理している不動産を売却した場合には、どのような記録を作成しなければならないのか。

A244 **預金及び不動産の管理を始めたこと、定期預金を解約したこと、不動産を売却したことについて、その都度、その一定の事項について、特定受任行為の代理等に関する記録として作成しなければならない。**

◇◇◇◇◇ **解説** ◇◇

司法書士にとって、財産管理業務（財産の管理または処分）における特定受任行為の代理等とは、現金、預金、有価証券その他の財産の管理または処分についての代理または代行である（Q10、Q11）。

そのため、取引時確認は、当該財産管理契約の締結の際に行い、確認記録を作成しなければならないが（原則として、１回だけ）、その契約に基づいて特定受任行為の代理等を行った場合には取引時確認は必要ない。それは、その特定受任行為の代理等を複数回行ったとしても、同様にその都度の取引時確認は必要ない。

このような場合は、特定受任行為の代理等を行った都度、その一定の事項について、特定受任行為の代理等に関する記録として作成しなければならないもので、この事例のように、実際に預金および不動産を管理し始め、定期預金を解約し、不動産を売却した都度、各別に、特定受任行為の代理等に関する記録を作成することとなる。

現金を預金口座へ預入れする行為、株式を売却する行為等や預金から払出しを行う行為も特定受任行為の代理等に関する記録の作成義務を負うこととなる（作成義務の除外については第４章第２節４）。

通常、登記業務にあっては、１回の取引時確認および１件の確認記録について１回の特定受任行為の代理等および１件の特定受任行為の代理等に関する記録が対応するところ、財産管理業務にあっては、１回の取引時確認および１件の確認記録について複数回の特定受任行為の代理等および複数件の特定受任行為の代理等に関する記録が対応する。

Q245　宅地の売買による所有権移転登記手続の依頼を受けた司法書士甲が、さらに他の司法書士乙に当該登記手続を委任して、当該登記手続が行われた場合、特定受任行為の代理等に関する記録を作成しなければならないのは、甲または乙のいずれであるのか。

A245　甲も、乙も、それぞれ特定受任行為の代理等に関する記録を作成しなければならない。

◇◇◇◇◇ **解説** ◇◇◇◇◇

この事例のような場合、復代理人である司法書士乙は当該登記申請を行ったときには特定受任行為の代理等に関する記録を作成しなければならないことは当然であるが、司法書士甲もまた、他の司法書士乙に委任し、乙が登記申請を行うことによって、特定受任行為の代理等に関する記録を作成する必要があることになる。

この場合、甲は、宅地の売買による所有権移転登記手続を他の司法書士乙に委任したことが、特定受任行為の代理等に当たり、その特定受任行為の代理等に関する記録を作成することとなる。

Q246　特定受任行為の代理等に関する記録は、特定受任行為の代理等を行った場合に、遅滞なく、作成するのか。

A246　特定受任行為の代理等を行った場合には直ちに、作成しなければならない。

◇◇◇◇◇ **解説** ◇◇◇◇◇

特定受任行為の代理等に関する記録は、「特定受任行為の代理等を行った場合には…直ちに」作成しなければならないこととなっている。これは、一切の遅れは許されないという趣旨となる[8]。

8　手塚・前掲注１・114頁

したがって、特定受任行為の代理等が行われるごとに直ちに作成義務が生じ、作成が遅れることは法文上、法令違反となる。

Q247 **特定受任行為の代理等に関する記録は、どのような方法で作成するのか。**

A247 **文書、電磁的記録またはマイクロフィルムを用いて作成する。**

◇◇◇◇◇ **解説** ◇◇

特定受任行為の代理等に関する記録は、法７条２項により、主務省令で定める方法で作成しなければならないこととされており、具体的な方法として、次のとおり定められている。

【規則23条】

> （取引記録等の作成方法）
> 第二十三条　法第七条第一項及び第二項に規定する主務省令で定める方法は、文書、電磁的記録又はマイクロフィルムを用いて作成する方法とする。

特定受任行為の代理等に関する記録の作成方法には、文書を用いて作成する方法、電磁的記録を用いて作成する方法、またはマイクロフィルムを用いて作成する方法があり、通常は、文書で作成するかパソコンで作成することになるだろう。

特定受任行為の代理等に関する記録については、その作成方法だけ法定され、様式や書式等について法令上の特段の定めはないため、後述する事項が記録されていれば、様式や書式等については任意のもので差し支えない。

犯罪収益移転防止法上は、特定受任行為の代理等に関する記録の作成、保存を第三者に委託することを禁ずる規定はないため、それらの義務は必ずしも特定事業者自身によってなされる必要はないが[9]、司法書士にあっては、

9　手塚・前掲注１・118頁

守秘義務、個人情報保護法の遵守の観点から、司法書士事務所内において作成・保存されることが望ましい。

2　記録すべき事項

問い34　**特定受任行為の代理等に関する記録には、どのような事項を記録するのか。**

答え34　**顧客等の確認記録を検索するための事項、当該特定受任行為の代理等を行った期日および内容その他の主務省令で定める事項である。**

解説　特定受任行為の代理等に関する記録の記録事項は、顧客等の確認記録を検索するための事項、当該特定受任行為の代理等を行った期日および内容その他の主務省令で定める事項とされており、具体的な記録事項として、次のとおり定められている。

【規則24条】

> 第二十四条　法第七条第一項及び第二項に規定する主務省令で定める事項は、次の各号に掲げるものとする。
> 一　口座番号その他の顧客等の確認記録を検索するための事項（確認記録がない場合にあっては、氏名その他の顧客等又は取引若しくは特定受任行為の代理等を特定するに足りる事項）
> 二　取引又は特定受任行為の代理等の日付
> 三　取引又は特定受任行為の代理等の種類
> 四　取引又は特定受任行為の代理等に係る財産の価額
> 五　財産移転（令第十五条第一項第一号に規定する財産移転をいう。）を伴う取引又は特定受任行為の代理等にあっては、当該取引又は特定受任行為の代理等及び当該財産移転に係る移転元又は移転先（当該特定事業者が行う取引又は特定受任行為の代理等が当該財産移転に係る取引、行為又は手続の一部分である場合は、それを行った際に知り得た限度において最初の移転元又は最後の移転先をいう。以下この条において同じ。）の名義その他の当該財産移転に係る移転元又は移転先を特定するに足りる事項

六〜七　（略）

これらの事項を不足なく記録しなければ、特定受任行為の代理等に関する記録の要件を満たしたことにはならない。

なお、特定受任行為の代理等に関する記録は、特定事業者が行った特定受任行為に関する一定の内容を記録するものであるため、その記録事項は一般的に特定事業者があえて確認しなくとも了知している事項である。この点、あえて確認しなければ記録することはできない事項のある確認記録の記録事項とは異なる。

Q248　**口座番号その他の顧客等の確認記録を検索するための事項は、どのように記録するのか。**

A248　**対応する確認記録の固有の番号等や、その他、確認記録を特定することができる見出し等を記録する。**

◇◇◇◇◇ **解説** ◇◇

特定受任行為の代理等に関する記録には必ずしも固有の番号等を付さなければならないわけではないが、特定受任行為の代理等に関する記録は、確認記録から容易に検索することができるようになっていなければならない。通常は、通算番号や暦年番号を付して管理することになるものと思われる。

特定受任行為の代理等に関する記録からも、その依頼の基となった確認記録を容易に検索できなければならないため、当該確認記録の固有の番号等や、その他、確認記録を特定することができる見出し等を記録しなければならない。

当該記録を、合理的な期間内に取り出せる体制があれば、容易に検索することができると言えるだろう。

結局、通常は、同一の顧客等について、確認記録と特定受任行為の代理等に関する記録とを互いに対応させるため、そのどちらの記録からでも他方の記録を容易に検索することができるようにしておかなければならないのである。

Q249　司法書士が、成年後見人に選任され、その職務として本人の財産の管理または処分を行ったときは、特定受任行為の代理等に関する記録を作成する必要があるのか。

A249　特定受任行為の代理等に関する記録を作成する必要はない。

◇◇◇◇◇ **解説** ◇◇

成年後見人の職務として行う財産の管理または処分は、特定業務から除外されている（第２章第６節１）。特定業務に該当しないものは、当然、特定受任行為の代理等にも該当しないため、その職務として本人の財産の管理または処分を行ったときは、特定受任行為の代理等に関する記録の作成は必要ない。

その他の特定業務から除外されている業務の場合も同様であり、取引時確認および確認記録の作成も必要ない。

なお、当該司法書士が、本人の宅地を売却した際、その買主から、当該不動産の売買による所有権移転登記の手続の依頼を受けて、登記義務者の法定代理人兼登記権利者の申請代理人として代理申請したときは、成年後見人として本人の宅地を売却し、登記手続をすることは前述のとおり特定業務には該当しないが、買主からの依頼については特定業務から除外されることにはならないので、買主については、取引時確認を行い、確認記録を作成し、登記権利者の申請代理人として代理申請したことについて特定受任行為の代理等に関する記録を作成しなければならない（Q66、Q265）。

Q250　司法書士が、破産財団を組成する宅地の売買（売却）による所有権の移転の登記に関する手続を、その破産管財人から、破産管財人選任書を提示されて依頼されて、当該登記手続を代理申請した場合、口座番号その他の顧客等の確認記録を検索するための事項は、どのように記録するのか。

A250　**氏名その他の顧客等または取引もしくは特定受任行為の代理等を特定するに足りる事項を記録する。**

◇◇◇◇◇ **解説** ◇◇

確認記録がない場合にあっては、氏名その他の顧客等または取引もしくは特定受任行為の代理等を特定するに足りる事項を記録することとなる。

確認記録がない場合には、特定業務に該当する業務の依頼であっても、特定取引から除外されるものとして、国・地方公共団体の法令上の権限かつ手続に基づく依頼の場合、破産管財人等の法令上の権限に基づく依頼の場合が該当する（問い12）。これらの場合は、特定取引から除外されているため、取引時確認および確認記録の作成の義務はないが、特定業務から除外されているわけではないので、実際に当該依頼に係る手続等を行ったときには、特定受任行為の代理等に関する記録の作成義務まで免除されるわけではなく、特定受任行為の代理等に関する記録を作成しなければならない。

ただ、このような場合には前提となる確認記録が存在しないため、確認記録を検索するための事項に代えて、氏名その他の顧客等または取引もしくは特定受任行為の代理等を特定するに足りる事項を記録することとなる。

つまり、通常は、確認記録と特定受任行為の代理等に関する記録はセットで考えることができるが、このように、確認記録は作成されていないが、特定受任行為の代理等に関する記録だけが作成されていることもあり得るのである。

Q251　**取引時確認済みの顧客等からの依頼に基づいて特定受任行為の代理等を行った場合、口座番号その他の顧客等の確認記録を検索するための事項には、何を記録するのか。**

A251　**当初の確認記録の口座番号その他の顧客等の確認記録を検索するための事項を記録する。**

◇◇◇◇◇ **解説** ◇◇◇◇◇

取引時確認済みの顧客等からの依頼に基づいて特定受任行為の代理等を行った場合、口座番号その他の顧客等の確認記録を検索するための事項には、当初の確認記録の口座番号その他の顧客等の確認記録を検索するための事項を記録することになるが、詳細は、Q283で解説する。

Q252　**取引または特定受任行為の代理等の日付は、どのように記録するのか。**

A252　**依頼を受けた登記手続を行った日など、特定受任行為の代理等を行った日を記録する。**

◇◇◇◇◇ **解説** ◇◇◇◇◇

取引または特定受任行為の代理等の日付は、司法書士の場合は、特定受任行為の代理等の日付を記録することとなる。

依頼を受けた事務を実際に行った日を記録するが、登記業務の場合は、委任を受けた登記手続について、代理人として登記所に申請した日が特定受任行為の代理等の日付となる。

財産管理業務の場合は、まず、実際に財産の管理を始めた日が特定受任行為の代理等の日付となり、さらに財産を処分したときは、その処分を行った日も特定受任行為の代理等の日付として記録することとなるなど、特定受任行為の代理等を行った都度、その日を記録する。

Q253　**取引または特定受任行為の代理等の種類は、どのように記録するのか。**

A253　**「○○市○○町○番の宅地の売買による所有権移転登記手続の代理」のように、特定受任行為の代理等の種類を記録する。**

◇◇◇◇◇ **解説** ◇◇◇◇◇

取引または特定受任行為の代理等の種類は、司法書士の場合は、特定受任行為の代理等の種類を記録することとなる。これは、確認記録の記録事項の

「取引時確認を行った取引の種類」に対応する事項となるが（Q214）、実際に行った手続等として、確認記録の記録事項よりも詳細に記録する必要がある。

依頼を受けて実際に行った手続等の種類を記録するが、登記業務の場合は、例えば、次のように、「○○市○○町○番の宅地の売買による所有権移転登記手続の代理」「○○市○○町○番地　家屋番号○番の建物の売買による持分移転登記手続の代理」「株式会社○○の目的の変更の登記手続の代理」などと、地番、家屋番号や商号等も具体的にして記録すべきである。

財産管理業務の場合は、「現金、有価証券、不動産の管理」などとし、財産を処分した場合は「不動産の売却」などと記録し、いずれの場合も、預貯金や有価証券、不動産などを特定することができる事項も記録すべきである。

Q254　**取引または特定受任行為の代理等に係る財産の価額は、どのように記録するのか。**

A254　**原則として、財産管理業務の場合には管理または処分した財産の価額、不動産登記業務の場合には売買価格、商業・法人登記の場合には課税標準額を記録する。**

解説

取引または特定受任行為の代理等に係る財産の価額は、司法書士の場合は「特定受任行為の代理等に係る財産の価額」を記録することとなる。

財産管理業務にあっては、まず当初の管理財産の価額を記録することとなる。現金であればその額となるが、そうでない場合には時価を記録するほかなく、可能な限り市場価額を調査して財産の価額を算出すべきである。さらに財産を処分した場合もその処分額を記録することとなる。司法書士自身が代理人として当該財産を処分するため、当然に当該財産の処分額を把握しているので、その額を記録することとなる。なお、特定受任行為の代理等でその財産の価額が判明せず、かつ、その財産の市場価額がないなどの理由で価額の算定が容易でないため、他の手段でも算出不能である場合には、財産の内容および価額が不明である旨を記載することはやむを得ないと考える。

不動産登記業務の場合、宅地・建物の売買による所有権移転登記手続においては特定受任行為の代理等に係る財産の価額の概念を明確にすることは困難であると思われるが、実務的には、実際の売買価額を記録するべきであり、依頼者に、その確認をすることを要しよう。それでもなお、その価額が判明しない場合は、評価額であることを明記してその金額を記録するか、推定時価であることを明記して、その金額を記録することでもやむを得ない。それでも不明であるときは、「不明」と記録するほかないだろう。

商業・法人登記業務の場合は、登記申請の課税標準額が判明するものについては、課税標準額を記載することで足りるが、課税標準額がないものについては、「算定不能」と記載するほかないと考える。

Q255　**財産移転を伴う取引または特定受任行為の代理等にあっては、当該取引または特定受任行為の代理等および当該財産移転に係る移転元または移転先の名義その他の当該財産移転に係る移転元または移転先を特定するに足りる事項は、どのように記録するのか。**

A255　**財産移転を伴う特定受任行為の代理等の場合には、その財産の移転元または移転先を記録する。**

◇◇◇◇◇ **解説** ◇◇

財産移転を伴う特定受任行為の代理等の場合には、その財産の移転元または移転先が記録事項となる。

財産移転とは、財産に係る権利の移転および財産の占有の移転をいうが(令15条1項1号)、財産管理業務においては、財産移転の移転元または移転先は、財産の処分が行われた場合にこの事項を記録しなければならないこととなる。この場合、財産管理人、任意代理人として司法書士が財産を処分した相手方、例えば買主を「財産移転の移転先」として記録することとなる。

また、財産管理の一環として、財産管理人、任意代理人である司法書士が本人のために何らかの財産を買い入れた場合も、当該財産を買い入れた元である売主を「財産移転の移転元」として記録することとなる。

財産管理人、任意代理人として株式を売買する等、取引所などで取引を行った場合で、その移転元や移転先を知ることが困難な場合（ほとんどの場合は困難であろう）には、金融商品取引清算機関を移転元または移転先として記録すれば足りる[10]。

当該特定事業者が行うのが当該財産移転に係る取引、行為または手続の一部分である場合は、それを行った際に知り得た限度において最初の移転元または最後の移転先を記録すれば足りることとなっている。

登記業務においては、例えば、宅地・建物の売買による所有権移転登記手続を行った場合、それが登記権利者の依頼によって行ったときは登記義務者を「財産の移転元」として記録し、登記義務者の依頼によって行ったときは登記権利者を「財産の移転先」として記録することとなろう。

財産の移転元または移転先は、その「名義その他の当該財産移転に係る移転元又は移転先を特定するに足りる事項」の記録で足りるので、通常は、その氏名や商号を記録することとなる。移転元または移転先が、確認記録に記録されたものであるときには、「平成何年第何号の確認記録の顧客」「平成何年第何号の確認記録の代表者等」などのように記録することもできる。ただし、このように記録した場合は、当該特定受任行為の代理等に関する記録の保存期間中は、援用された確認記録を廃棄することはできないものとなる。

3　記録の保存

問い35　**特定受任行為の代理等に関する記録は、何年間、保存しなければならないのか。**

答え35　**7年間、保存しなければならない。**

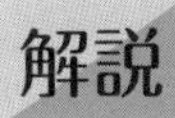
解説　特定受任行為の代理等に関する記録の保存期間は、7年間とされている。

10　手塚・前掲注1・115頁

保存期間中は廃棄してはならず、その管理には十分な注意を払わなければならないことはいうまでもない。

【法7条】

(取引記録等の作成義務等)
第七条　(前出)
2　(前出)
3　特定事業者は、前二項に規定する記録(以下「取引記録等」という。)を、当該取引又は特定受任行為の代理等の行われた日から七年間保存しなければならない。

Q256　**特定受任行為の代理等に関する記録は、いつから、7年間、保存しなければならないのか。**

A256　**当該特定受任行為の代理等が行われた日から、7年間、保存しなければならない。**

◇◇◇◇◇ **解説** ◇◇◇◇◇

特定受任行為の代理等に関する記録は、当該特定受任行為の代理等が行われた日から7年間保存しなければならない。

つまり、登記業務に係る記録については、当該登記手続を行った日(通常は、代理申請した日)から、また、財産管理業務に係る記録については、その財産を管理または処分した日から、7年間保存しなければならないわけである。

4　作成除外

問い36　**司法書士は、特定受任行為の代理等を行ったときは、常に、特定受任行為の代理等に関する記録を作成しなければならないのか。**

答え36　**財産の管理または処分に係る特定受任行為の代理等のうち当該財産の価額が200万円以下のもの、その他、主務省令で定めるも**

のについては、作成義務はない。

解説　司法書士が特定受任行為の代理等を行ったときは、特定受任行為の代理等に関する記録を作成しなければならないところ、一定の場合には、その作成義務が免除されている。

【令15条】

> （少額の取引等）
> 第十五条　（略）
> 2　法第七条第二項に規定する政令で定める特定受任行為の代理等は、次に掲げるものとする。
> 一　法別表第二条第二項第四十四号に掲げる者の項の中欄第三号に掲げる財産の管理又は処分に係る特定受任行為の代理等のうち、当該財産の価額が二百万円以下のもの
> 二　前号に掲げるもののほか、財産移転を把握するために法第七条第二項に規定する記録を作成する必要がない特定受任行為の代理等として主務省令で定めるもの

【規則22条】

> （取引記録等の作成・保存義務の対象から除外される取引等）
> 第二十二条　（略）
> 2　令第十五条第二項第二号に規定する主務省令で定める特定受任行為の代理等は、任意後見契約に関する法律第二条第四号に規定する任意後見人の事務として行う特定受任行為の代理等とする。

特定受任行為の代理等に関する記録の作成が免除される場合は、次のいずれかに該当する場合である。

・財産の管理又は処分に係る特定受任行為の代理等のうち、当該財産の価額が200万円以下のもの
・任意後見人の事務として行う特定受任行為の代理等

Q257　財産管理人である司法書士が、特定受任行為の代理等として、管理している150万円の定期預金を解約したときは、特定受任行為の代理等に関する記録を作成しなければならないのか。

A257　作成する必要はない。

Q258　財産管理人である司法書士が、特定受任行為の代理等として、管理している財産を150万円で売却したときは、特定受任行為の代理等に関する記録を作成しなければならないのか。

A258　作成する必要はない。

◇◇◇◇ **解説** ◇◇◇◇

財産の管理または処分に係る特定受任行為の代理等のうち、当該財産の価額が200万円以下のものについては、特定受任行為の代理等に関する記録の作成義務は免除されている。

この2つの事例ともに、当初の財産管理契約の締結の際には（管理する財産の総額が200万円を超えるものとする）、財産管理人である司法書士は取引時確認を行い、確認記録を作成しているものの、その財産管理業務において、特定の財産を管理または処分し、その財産の価額が200万円以下であることから、特定受任行為の代理等に関する記録を作成する義務は負っていない。

つまり、財産管理業務において、預貯金の200万円以下の払出し、解約等、200万円以下の財産の売却、購入などの場合には、特定受任行為の代理等に関する記録を作成することを要しない。このため、例えば、当該財産管理契約に基づいて、日常的に、預貯金から200万円以下の少額の払出しをすることは、特定受任行為の代理等には該当しても、特定受任行為の代理等に関する記録を作成する必要はないのである。

「200万円」に該当するか否かについて、管理または処分する財産が現金であれば算定に問題はないが、現金以外の財産であるときは、結局、市場価額を基に算定するしかないだろう。

Q259　財産管理人である司法書士が、当該財産管理契約に基づいて、当初、総額200万円以下の財産を管理していたところ、その運用によって、その総額が200万円を超えたときは、取引時確認を行い、確認記録を作成し、特定受任行為の代理等に関する記録を作成しなければならないのか。

A259　取引時確認を行う必要はなく、確認記録、特定受任行為の代理等に関する記録を作成する必要はない。

解説

財産管理業務において、財産の管理または処分に係る特定受任行為の代理等にあっては、当該財産の価額が200万円（敷居値）以下のものは、特定取引から除外されている（問い10）。そこで、この事例では、そもそも、当該財産管理契約の締結時には、取引時確認を必要とせず、したがって、確認記録の作成も要せず、続いて、当該財産管理契約に基づいて、当該財産の管理を開始しても、それは当然に管理する財産の価額が200万円以下であるため、特定受任行為の代理等に関する記録の作成も要しない。

これが、その運用によって、管理する財産の総額が200万円以上となったものであるが、この場合、200万円を超える新たな特定受任行為の代理等として財産の管理または処分をしたわけではないため、特定受任行為の代理等に関する記録を作成する必要はない。

もちろん、取引時確認も、確認記録の作成も必要ない。

Q260　財産管理人である司法書士が、当該財産管理契約に基づいて、当初、総額200万円以下の財産を管理していたところ、新たに、200万円以下の財産の管理を追加依頼され、その管理も開始したときは、取引時確認を行う必要はなく、確認記録、特定受任行為の代理等に関する記録も作成する必要はないのか。

A260　取引時確認を行い、確認記録を作成し、特定受任行為の代理等に関する記録を作成しなければならない。

◇◇◇◇◇ **解説** ◇◇

当初の管理額が200万円以下であったものが、財産管理契約の本人から追加で新たな財産（200万円以下）の管理も行うようになった場合、トータルで200万円を超えるときは、新たな財産の管理を始めたときに特定受任行為の代理等に関する記録を作成しなければならないだろう。この場合、当初は、取引時確認も、確認記録、特定受任行為の代理等に関する記録の作成も要しないが、追加で新たな財産（200万円以下）の管理も行うようになったときは、取引時確認も、確認記録の作成も必要となろう。

司法書士が過払い金を管理する場合も、当初はその金額が各社分トータルでも200万円以下の予定であったものが、予定を超える過払い金が発生しており、結果的にトータルで200万円を超えるような場合には、取引時確認を行い、確認記録を作成し、総額200万円を超える財産の管理を始めたときに、特定受任行為の代理等に関する記録を作成しなければならないと考えられる。

処分の場合には、処分する当該財産が200万円以下である場合に、特定受任行為の代理等に関する記録の作成義務が免除されることとなる。つまり、管理している財産の価額が200万円以下である場合は、その全部または一部を処分しても特定受任行為の代理等に関する記録の作成は不要であり、また、管理している財産は200万円を超えるが、その一部である200万円以下の財産を処分する場合も特定受任行為の代理等に関する記録は不要ということになる。

Q261　Q260の事例において、当初の契約の際、および、当初に財産の管理を開始したときには、常に、取引時確認を行う必要はなく、確認記録、特定受任行為の代理等に関する記録も作成する必要はないのか。

A261　後に追加で財産の管理を依頼されたことが、1回当たりの契約に係る財産の価額を減少させるために一の契約を分割したものの

全部または一部であることが一見して明らかであるときは、取引時確認を行い、確認記録を作成し、特定受任行為の代理等に関する記録を作成しなければならない。

◇◇◇◇◇ **解説** ◇◇

同時にまたは連続して契約を締結する場合において、当該二以上の契約が一回当たりの契約に係る財産の価額を減少させるために一の契約を分割したものの全部または一部であることが一見して明らかであるときは、敷居値の分割に当たり、当該二以上の契約を一の契約とみなされる（Q72）。

そのため、その個々の契約について特定受任行為の代理等に関する記録の作成が不要となることはない。

Q262　**司法書士が、売買価額が200万円以下の建物の売買による所有権移転登記手続の依頼を受けて、当該登記手続を行ったときは、特定受任行為の代理等に関する記録を作成する必要はないのか。**

A262　作成しなければならない。

Q263　**司法書士が、資本金が200万円以下の株式会社の設立の登記手続の依頼を受けて、当該登記手続を行ったときは、特定受任行為の代理等に関する記録を作成する必要はないのか。**

A263　作成しなければならない。

◇◇◇◇◇ **解説** ◇◇

これまで述べた200万円以下の少額の財産に関する特定受任行為の代理等に関する記録作成義務の免除規定は、法別表2条2項44号に掲げる者の項の中欄第3号に掲げる財産の管理または処分に係る特定受任行為の代理等、つまり、通常は、財産管理業務にだけ適用される。

したがって、登記業務にあっては、この免除規定が適用されず、Q262の事例のように、当該建物の売買価額が200万円以下であっても、当該登記申請の代理を行えば、特定受任行為の代理等に関する記録を作成しなければならないこととなる。同様に、Q263の事例のように、例えば、資本金が200万円以下の会社の設立の登記手続を行ったとしても、特定受任行為の代理等に関する記録の作成が免除されることにはならない。

Q264　**成年後見人である司法書士が、その職務として本人の宅地を200万円を超える価格で売却したときは、特定受任行為の代理等に関する記録を作成しなければならないのか。**

A264　**作成する必要はない。**

解説

法律の規定により人または法人のために当該人または法人の財産の管理または処分を行う者として裁判所または主務官庁により成年後見人などに選任され、その職務として行う当該財産の管理または処分については特定業務から除外されており（第2章第6節1）、したがって、特定受任行為の代理等に該当しないこととなる。そのため、司法書士が成年後見人に選任されて財産の管理、処分を行う場合には、犯罪収益移転防止法上は、取引時確認も必要なく、確認記録の作成のみならず、特定受任行為の代理等に関する記録を作成する必要はない。この場合、管理または処分する財産の価額に関係なく、特定受任行為の代理等に関する記録を作成する必要がないことは言うまでもない。

代理権を有する保佐人や補助人が付与された代理権の範囲内において財産を管理・処分した場合も、同様である。

また、租税の納付、罰金、科料、追徴に係る金銭または保釈に係る保証金の納付、過料の納付も特定業務から除外されているため、同様に、任意代理人がその管理する財産から、任意代理契約の本人のために税金を納めたり、過料を納めたりしても、特定受任行為の代理等に関する記録を作成する義務は生じない（Q64）。

この事例では、成年後見人である司法書士がその職務として本人の財産を売却する行為は、それらが売却価額が200万円を超える宅地または建物であっても特定業務から除外されており、特定受任行為の代理等に該当しないため、登記申請を行っても特定受任行為の代理等に関する記録の作成も必要ない。

Q265　成年後見人である司法書士が、その職務として本人の宅地を売却した際、当該買主から当該売買による所有権移転登記手続の依頼も受けて、登記義務者法定代理人兼登記権利者申請代理人として、登記手続を行ったときは、特定受任行為の代理等に関する記録を作成する必要はないのか。

A265　登記権利者申請代理人として登記手続を行ったことについては、特定受任行為の代理等に関する記録を作成する必要がある。

解説

この事例のように、Q264の事例において、その売買の買主から買主の代理人としても登記手続を依頼された場合は、司法書士は、登記義務者である売主の法定代理人兼登記権利者である買主の代理人として登記申請を行うことになる。

売主である成年被後見人のために宅地を売却することは特定受任行為の代理等に関する記録を作成する義務は生じないが、買主からの依頼に基づいて行う登記手続については、成年後見人の職務として行う行為ではない。

つまり、買主に関しては、通常どおり、取引時確認を行い、確認記録を作成し、当該登記手続を行ったことについて特定受任行為の代理等に関する記録の作成義務が生ずることとなる。

Q266　任意後見人である司法書士が、任意後見契約の本人所有の土地を任意後見契約で定められた代理権の範囲内で売却したとき、特定受任行為の代理等に関する記録を作成しなければならないのか。

A266　**作成する必要はない。**

◇◇◇◇◇ **解説** ◇◇◇◇◇

任意後見人が、任意後見契約に基づく任意後見人の事務として特定受任行為の代理等を行った場合には、特定受任行為の代理等に関する記録の作成義務が免除されることになる。

この事例では、財産の処分という特定受任行為の代理等を行ったということになるが、正に任意後見人の事務として行ったものであるので、その価額にかかわらず、特定受任行為の代理等に関する記録の作成義務は生じない。また、当該土地が宅地であったとしてもその作成義務は生じない。これは、任意後見人である司法書士が、売主の代理人として買主と共同して当該売買の登記申請を行った場合も同様であるが、その司法書士が当該売却した宅地の買主からその売却に係る所有権移転登記手続の依頼を受けて当該登記手続を行ったことについては、当該買主に関して特定受任行為の代理等に関する記録の作成を要することとなる。

Q267　**移行型任意後見契約の締結後、任意後見契約発効前に、任意代理人（任意後見契約の受任者）である司法書士が、その本人所有の土地を、その代理権の範囲内で売却したとき、特定受任行為の代理等に関する記録を作成する必要はないのか。**

A267　**少額な財産でない限り、作成しなければならない。**

◇◇◇◇◇ **解説** ◇◇◇◇◇

移行型任意後見契約の締結後（Q74）、任意後見契約発効前に、任意代理人（任意後見契約の受任者）である司法書士が、その本人所有の土地を、その代理権の範囲内で売却したことは特定受任行為の代理等に該当し、特定受任行為の代理等に関する記録を作成しなければならない。

移行型任意後見契約であっても、任意後見契約発効前にあっては、任意代理人（任意後見契約の受任者）である司法書士の行為は、任意後見人の事務として行うものとは言えないからである。

もちろん、その財産の価額が200万円以内の管理または処分においては、特定受任行為の代理等に関する記録を作成義務は免除されている。

第5章

既に取引時確認を行っている顧客等との取引、ハイリスク取引、なりすまし等の疑いがある取引に関する特例

第1節　既に取引時確認を行っている顧客等との取引に関する特例

1　既に取引時確認を行っている顧客等との取引

問い37　**司法書士甲は、平成30年6月1日に乙から宅地の売買による所有権移転登記手続の依頼を受けたが、平成29年7月1日にも乙から宅地の売買による所有権移転登記を依頼されたことがあった場合、今回の依頼の際にも取引時確認を行わなければならないのか。**

答え37　一定の場合、取引時確認を省略することができる。

解説　特定事業者は、顧客等との間で、特定業務のうち、特定取引を行うに際しては、取引時確認を行わなければならない。つまり、司法書士は、宅地の売買による所有権移転登記手続等、特定業務に該当する依頼を受けたときは、その都度、取引時確認を行わなければならないことが原則となっている。

その例外が、既に取引時確認を行っている顧客等との取引であり、いわゆる、本人確認済みの依頼者からの再度の依頼で、そのような取引（依頼）に該当する依頼の場合は、犯罪収益移転防止法上の取引時確認が不要となる。

【法4条3項】

> 3　第一項の規定は、当該特定事業者が他の取引の際に既に同項又は前項（これらの規定を第五項の規定により読み替えて適用する場合を含む。）の規定による確認（当該確認について第六条の規定による確認記録の作成及び保存をしている場合におけるものに限る。）を行っている顧客等との取引（これに準ずるものとして政令で定める取引を含む。）であって政令で定めるものについては、適用しない。

【令13条２項】

> 2　法第四条第三項に規定する政令で定めるものは、当該特定事業者（前項第一号に掲げる取引にあっては、同号に規定する他の特定事業者）が、主務省令で定めるところにより、その顧客等が既に取引時確認を行っている顧客等であることを確かめる措置をとった取引（当該取引の相手方が当該取引時確認に係る顧客等又は代表者等になりすましている疑いがあるもの、当該取引時確認が行われた際に当該取引時確認に係る事項を偽っていた疑いがある顧客等（その代表者等が当該事項を偽っていた疑いがある顧客等を含む。）との間で行うもの、疑わしい取引その他の顧客管理を行う上で特別の注意を要するものとして主務省令で定めるものを除く。）とする。

一度依頼を受けて取引時確認を行っている場合には、同人からの２回目以降の依頼の際には取引時確認について特例を認めようというものである。

取引時確認済みの顧客等との取引とは、既に取引時確認を行っている顧客等との取引であって政令で定めるものとされ、特定事業者が、主務省令で定めるところにより、その顧客等が、既に取引時確認を行っている顧客等であることを確かめる措置を取った取引とされる。

そこで、そのような取引（取引時確認済みの顧客等との取引）に該当する依頼の際には、犯罪収益移転防止法上の本来の取引時確認が不要となり、当然に確認記録の作成も不要となる（別途記録の必要がある場合についてはＱ275で後述する）。

この事例においても、司法書士甲は、まず、平成29年７月１日に乙から建物の売買による所有権移転登記を依頼されたことがあり、その際に乙の取引時確認を行い、確認記録を作成しているため、平成30年６月１日に再び、乙から宅地の売買による所有権移転登記手続の依頼を受けた際には、既に取引時確認を行っている顧客等であることを確かめる措置を取った上で、今回は、取引時確認を省略することができることになる。つまり、乙から再度、運転免許証の提示を受けるなど、本人特定事項の確認を行う必要がないということである。

取引時確認済みの顧客等との取引に該当するには、顧客について既に取引時確認を行っており、かつ、その取引時確認について確認記録を保存している場合に、再び、当該顧客から依頼を受けた際に、既に取引時確認を行っている顧客等であることを確かめる措置を取ることが必要とされる。

Q268　**問い37の事例において、平成30年6月1日に乙から宅地の売買による所有権移転登記手続の依頼を受けた際に、再び、乙の取引時確認を行うことも差し支えないのか。**

A268　**再び取引時確認を行うこともできるが、その場合には、乙の確認記録を作成しなければならない。**

◇◇◇◇◇ **解説** ◇◇◇

既に取引時確認を行っている顧客等との取引に該当する場合であっても、あえて本来の取引時確認を行うこともでき、その場合には、確認記録を作成することとなる。

なお、既に取引時確認を行っている顧客等との取引に該当する場合は、犯罪収益移転防止法上の取引時確認は不要とされるものの、その確認に代わる確認は必要とされるし、司法書士の職責においては、程度の差こそあれ本人確認として慎重に対処しなければならないことは言うまでもない。

Q269　**問い37の事例において、乙が株式会社であり、平成30年6月1日の依頼が乙の目的変更の登記手続の依頼を受けた場合であったときは、取引時確認を省略することはできないのか。**

A269　**取引時確認を省略することができる。**

◇◇◇◇◇ **解説** ◇◇◇

２回目の依頼は、１回目と同種の依頼でなくても差し支えない。特定業務の範囲に属する依頼であれば、既に依頼されたものと再度の依頼が同種のものでなくても、既に取引時確認を行っている顧客等との取引として取り扱うことができる。

この事例のように、宅地の売買による所有権移転登記手続の依頼を受けた後に株式会社の目的変更の登記手続の依頼を受けた場合のほか、例えば、宅地の売買による所有権移転登記手続の依頼を受けた後に建物の売買による所有権移転登記手続を受けた場合、宅地の売買による所有権移転登記手続の依頼を受けた後に財産の管理または処分についての依頼を受けた場合、あるいは、株式会社から取締役の選任登記手続の依頼を受けた後、同社から宅地の売買による所有権移転登記手続の依頼を受けたような場合も、同様に、既に取引時確認を行っている顧客等との取引として取り扱うことができる。

Q270　司法書士甲は、平成29年７月１日に乙株式会社の代表取締役丙から乙株式会社所有の宅地の売買による所有権移転登記手続の依頼を受けたあと、平成30年６月１日に乙株式会社の代表取締役丁から乙株式会社所有の建物の売買による所有権移転登記手続の依頼を受けた際には、乙株式会社の取引時確認を省略することはできず、丁の本人特定事項の確認を行わなければならないのか。

A270　乙株式会社の取引時確認を省略することができ、丁の本人特定事項の確認も省略することができる。

Q271　司法書士甲は、平成29年７月１日に乙株式会社の代表取締役丙から乙株式会社所有の宅地の売買による所有権移転登記手続の依頼を受けたあと、平成30年６月１日に丙から丙所有の宅地の売買による所有権移転登記を依頼された際には、丙の取引時確認を省略することができるのか。

A271　取引時確認を省略することはできない。

◇◇◇◇◇ **解説** ◇◇◇◇◇

既に取引時確認を行っている顧客等であるか否かは、顧客等自身を基準とする。例えば、２回目の依頼の際に、顧客である法人の代表者（現に依頼の任に当たっていない場合も含む）が交代していたり、顧客である自然人の成年後見人が交代していたとしても、顧客自身は、それぞれ当該法人や当該自然人であるため、2回目の依頼の際には、取引時確認を省略することができ、ということは、2回目の依頼の際の代表者や成年後見人の本人特定事項の確認も省略することができる。1回目の依頼が顧客によるもので2回目の依頼が当該顧客の代表者等による場合、あるいは、1回目の依頼が当該顧客の代表者等によるもので2回目の依頼が当該顧客による場合も、同様に、2回目の依頼の際には、既に取引時確認を行っている顧客等として取り扱うことができる。そのため、Q270の事例でも、乙株式会社の取引時確認を省略することができ、丁の本人特定事項の確認も省略することができる。もちろん、司法書士の職責においては、2回目以降の依頼の際の新たな代表者等の依頼に係る権限を確認しなければならないことは言うまでもない。

一方、1回目の依頼と2回目の依頼の依頼の主体である顧客自身が異なるときは、既に取引時確認を行っている顧客等であると取り扱うことはできない。そこで、Q271の事例では、平成30年6月1日に丙から丙所有の宅地の売買による所有権移転登記を依頼された際には、丙の取引時確認を省略することができず、丙の本人特定事項の確認を行い、その確認記録を作成しなければならない。この結論は、平成29年7月1日の依頼の際に作成された乙株式会社の確認記録に丙の本人特定事項が記録されていることを前提としても変わらない。

つまり、複数の顧客について、代表者等が同一人である依頼の先後において既に取引時確認を行っている顧客等として取り扱うことができるか否かということは、顧客を単位としてその取扱いを判断することとなる。Q271の事例のほか、例えば、Bが戊株式会社の代表取締役として依頼の任に当たり、戊社について取引時確認が行われた場合に、Bが己株式会社の代表取締役として己の依頼の任に当たる際には、己社は既に取引時確認を行っている顧客等には該当せず、己社について取引時確認をしなければならず、Bについても己社の代表者等として本人特定事項の確認を行わなければならない。これはＢについて面識がある場合でも同様である（通常は面識があろう）。

このように、同一の代表者等が異なる顧客の依頼の任に当たっている場合や、代表者等が自身の依頼のほかに別の顧客として依頼の任に当たる場合は、その顧客について既に取引時確認を行っている顧客等とする取扱いは認められず、代表者等についても本人特定事項の確認を要することとなる。

Q272　**問い37 の事例で、乙の１回目の依頼が平成19年７月１日であった場合であっても、平成30年６月１日の依頼の際には、取引時確認を省略することができるのか。**

A272　**取引時確認を省略することはできない。**

解説

既に取引時確認を行っている顧客等との取引は、既に取引時確認を行っていて、なおかつ、確認記録を保存していなければならないので、１回目の依頼が、犯罪収益移転防止法が司法書士にも適用（施行）された平成20年３月１日以降でなければ取引時確認を省略することはできない。したがって、この事例のように平成20年２月29日以前に依頼を受けた者からの再度の依頼である場合は、司法書士の職責に基づく本人確認を行い、その記録を保存しているときであっても、既に取引時確認を行っている顧客等との取引には該当しない。甲は改めて乙について、犯罪収益移転防止法にのっとって取引時確認を行い、確認記録を作成しなければならないこととなる（確認記録に相当する記録によって確認を行うことができる点については第５章第１節３で後述する）。

Q273　**問い37 の事例で、乙の１回目の依頼が平成20年５月１日であった場合に、平成30年６月１日の依頼の際には、取引時確認を省略することはできないのか。**

A273　**1回目の依頼の際に作成した乙の確認記録が保存されている限り、取引時確認を省略することができる。**

◇◇◇◇◇ **解説** ◇◇◇◇◇

1回目の依頼が平成20年3月1日以降で取引時確認を行っていたときであっても、確認記録の作成を失念していたり（そもそも、犯罪収益移転防止法違反でもある）、再度の依頼時点において保存期間の経過により確認記録を廃棄していたり、あるいは保存期間の経過前に誤って廃棄してしまった場合（そもそも、犯罪収益移転防止法違反でもある）も、改めて取引時確認を行い、確認記録を作成しなければならない。

他方、この事例のように、保存期間を経過後も確認記録を保存している場合に、その顧客から再度の依頼を受けたときは、既に取引時確認を行っている顧客等との取引として取り扱うことができる。

Q274　**既に取引時確認を行っている顧客等であることを確かめるには、どのような措置を取るのか。**

A274　**預貯金通帳その他の顧客等が確認記録に記録されている顧客等と同一であることを示す書類その他の物の提示または送付を受けること、または、顧客等しか知り得ない事項その他の顧客等が確認記録に記録されている顧客等と同一であることを示す事項の申告を受けることで、一定の記録を7年間保存することである。**

◇◇◇◇◇ **解説** ◇◇◇◇◇

既に取引時確認を行っている顧客等であることを確かめる措置は、顧客等について既に取引時確認を行っていることを確認する方法として、省令で定められており、任意の方法で確かめることは認められていない。

【規則16条】

（顧客等について既に取引時確認を行っていることを確認する方法）
第十六条　令第十三条第二項に規定する主務省令で定める方法は、次の各号に掲げることのいずれかにより顧客等（国等である場合にあっては、その代表者等又は当該国等（人格のない社団又は財団を除く。）。以下この条において同じ。）が確認記録に記録されている顧客等と同一であることを確認するとともに、当該確認を行った取引に係る第二十四条第一号から第三号までに掲げる事項を記録し、当該記録を当該取引の行われた日から七年間保存する方法とする。

一　預貯金通帳その他の顧客等が確認記録に記録されている顧客等と同一であることを示す書類その他の物の提示又は送付を受けること。

二　顧客等しか知り得ない事項その他の顧客等が確認記録に記録されている顧客等と同一であることを示す事項の申告を受けること。

2　（後出）

特定の手順でその同一であることを確認し、なおかつ、一定の記録を７年間保存する方法を採る場合に限り、既に取引時確認を行っている顧客等であることを確かめる措置を取ったことになる。

このうち、特定の手順については、２通りの手順が規定されている。

１つは、預貯金通帳その他の顧客等が確認記録に記録されている顧客等と同一であることを示す書類その他の物の提示または送付を受けることである。これは、顧客等から同一性を示す書類等の提示または送付を受けるということで、代表的な書類等として預金通帳が挙げられている。預金通帳は、通常は金融機関にとっての当該書類等になるだろうが、司法書士の場合、通常は当該依頼者本人しか所持していない書類等が当該書類等となると考えられる。例えば、その司法書士が以前に関わって依頼者に手交した登記済証や、その司法書士が作成して手交した登記手続完了報告書などである。もちろん、他に同一であることを示す書類や物件があればそれらも該当するし、預金通帳についても、過去に財産管理業務に関わった当該司法書士が金融機関から交付された預金通帳であれば、再度財産管理業務の依頼を受けた際にその同一であることを示す書類等に該当し得る。

もう１つの方法は、顧客等しか知り得ない事項その他の顧客等が確認記録に記録されている顧客等と同一であることを示す事項の申告を受けることである。通常は、再度依頼を受ける相手方から、当該確認記録や特定受任行為の代理等に関する記録に記録されている生年月日や、以前に依頼を受けた際の取引時確認の状況や依頼を受けて行った事務の内容等、依頼者本人しか知り得ない事項の申告を受けることによる。顧客等しか知り得ない事項その他の顧客等が確認記録に記録されている顧客等と同一であることを示す事項としての要件は、確認記録以外の事項であっても、その依頼者しか知り得ないと思われる事項であれば足りる。

以上は、犯罪収益移転防止法において認められているものである。しかし、司法書士の職責においては、２回目以降の依頼を受けた際に犯罪収益移転防止法上の手順を形式的に行うだけでは十分とは言えない。

司法書士実務においては、犯罪収益移転防止法が求める取引時確認以上のレベルが要求されるため、確実な面識がない限り、前記の書類等の提示等または事項の申告の一方だけで本人確認が完了したとは言えない。面識がない（過去に依頼を受けた記録はあるが、はっきりした記憶がない）場合に、登記済証の提示を受けただけで本人確認が終わったということができないということは明らかであろう。

司法書士の場合は、それらの書類の提示を受け、なおかつ、種々の事情を聞くなどの作業を通じて、犯罪収益移転防止法で求められるもの以上のレベル（司法書士の職責において求められる適格性の確認）の本人確認を行わなければならないのである。

Q275　**既に取引時確認を行っている顧客等であることを確かめる措置を取る際に記録には、どのような事項を記録するのか。**

A275　**当該確認を行った取引に係る規則24条１号から３号までに掲げる事項である（司法書士にとっては、特定受任行為の代理等に関する記録の記録事項の一部と重複する事項である）。**

解説

既に取引時確認を行っている顧客等であることを確認するには、Q274のいずれかの手順を踏み、併せて一定の記録を作成し、保存する必要がある。この場合の記録事項は、当該確認を行った取引に係る規則24条1号（口座番号その他の顧客等の確認記録を検索するための事項）、2号（取引または特定受任行為の代理等の日付）、および3号（取引または特定受任行為の代理等の種類）までに掲げる事項であり、その記録を7年間保存しなければならないこととなるが、これらの記録は、司法書士にとっては、特定受任行為の代理等に関する記録の記録事項の一部と重複する事項である。

したがって、既に取引時確認を行っている顧客等であることを確かめる措置を取った場合に、その依頼に係る特定受任行為の代理等を行ったときは当該代理等の記録を作成しなければならないため、あえて別途、記録を作成する必要はない。

ただ司法書士の職責上は、その確かめた措置を記録しておく配慮は必要であろう。

Q276　**既に取引時確認を行っている顧客等であることを確かめる措置に特例は認められていないのか。**

A276　**顧客等または代表者等と面識がある場合その他の顧客等が確認記録に記録されている顧客等と同一であることが明らかな場合は、Q274の措置を取る必要はないとされている。**

◇◇◇◇◇ **解説** ◇◇◇◇◇

既に取引時確認を行っている顧客等であることの確認には、特例が設けられている。

【規則16条】

（顧客等について既に取引時確認を行っていることを確認する方法）

第十六条　（前出）

2　前項の規定にかかわらず、特定事業者は、顧客等又は代表者等と面識がある場合その他の顧客等が確認記録に記録されている顧客等と同一であることが明らかな場合は、当該顧客等が確認記録に記録されている顧客等と同一であることを確認したものとすることができる。

それは、顧客等または代表者等と面識がある場合その他の顧客等が確認記録に記録されている顧客等と同一であることが明らかな場合である。

Q277　**既に取引時確認を行っている顧客等であることを確かめる措置に特例が認められる「面識」とはどのような状況なのか。**

A277　**既に取引時確認を行っている顧客等であることを確かめる方法を採ることなく、当該特定事業者の責任において確実に確認記録に記録されている者との同一性を判断できる状況をいう。**

解説

「面識」とは、顧客等が確認記録に記録されている顧客等と同一であることが明らかな場合の典型例として、特定事業者の責任において確実に本人性を判断できることの例示であり、本人確認書類の提示や顧客等しか知り得ない事項等の申告を求めるなど既に取引時確認を行っている顧客等であることを確かめる方法を採ることなく、当該特定事業者の責任において確実に確認記録に記録されている者との同一性を判断できる状況をいう。

そもそも、既に取引時確認を行っている顧客等であることを確かめる方法は、主に金融機関等の規模の大きな特定事業者を想定して設けられた規定であると思われる。金融機関等では代表取締役頭取自身が現に取引時確認を行うわけではなく、支店等の窓口も多く、窓口担当従業員の異動も多いこともあり、本人が再び窓口を訪れても窓口担当従業員にその面識がないケースがほとんどであろうことから、預金通帳等で既に取引時確認を行っている顧客等であることを確認することができるようにしたものと思われる。

一方、司法書士の場合は、再び依頼を受けた者と面識がない、あるいは再び依頼を受けた者が名乗った氏名から以前の確認記録は検索することができたが、記録されている者と目の前の依頼者が同一人であるか否か確信が持てないような場合は、原則どおり、本来の取引時確認、本人確認を行うであろうし、あるいは、Q274の既に取引時確認を行っている顧客等であることを確かめる方法以上のレベルで再確認を行うことになろう。

なお、規則16条２項では、面識以外にも、顧客等が確認記録に記録されている顧客等と同一であることが明らかな場合が規定されているが、司法書士業務にあっては、そのようなケースはほとんど想定できない。例えば、既に取引時確認を行っている顧客等の担当者が交代している場合に、新たな依頼の際に旧担当者から新担当者を紹介すること（現に特定取引の任に当たる自然人は新担当者であるとする）もあろうが、新担当者と面識がなければ、そのような紹介を受けたという理由だけで、顧客等が確認記録に記録されている顧客等と同一であることが明らかな場合には該当しない。したがって、２箇所以上の事務所を設けることができず、取引時確認、本人確認を司法書士以外の者に行わせることが許されない個人の司法書士事務所において、取引時確認の例外が許されるのは、ほとんどが当該依頼者と面識があるケースに限られるであろう。

もちろん司法書士の場合は、再度の依頼を受けた依頼者と、既に取引時確認を行っており、かつ面識があるだけでは足りず、新たな依頼の適格があるか否か及び意思の確認もしなければならない。単に「あのときの誰々さんですね」だけでは足りないのである。

いずれにしても、犯罪収益移転防止法上は、面識がある場合その他の顧客等が確認記録に記録されている顧客等と同一であることが明らかな場合は、既に取引時確認を行っている顧客等であることの確認を行った記録の作成義務は免除されており、面識がある旨も含めて、なんらの記録も作成する必要はない（特定受任行為の代理等に関する記録の作成義務は免除されていない）。

ただここでも、司法書士の職責上は、面識があった旨を記録しておく配慮は必要であろう。

Q278　司法書士甲は、平成30年6月1日に乙社の担当者から宅地の売買による所有権移転登記手続の依頼を受けたところ、以前、平成25年7月1日にも乙社の代表取締役から建物の売買による所有権移転登記を依頼されたことがあったときは、Q274の措置を取らなければ、今回の依頼の際には取引時確認を省略することはできないのか。

A278　その担当者と面識があり、乙社の依頼であることが明らかであるときは、Q274の措置を取ることなく、取引時確認を省略することができる。

◇◇◇◇◇ **解説** ◇◇◇

面識の相手方に関しては、1回目に自然人Aの依頼についてA自身が現に司法書士に依頼し、2回目もAの依頼についてA自身が現に司法書士に依頼した際に、司法書士がAと面識があるケースが一般的であるが、この事例のように担当者（代表者等）から依頼を受けたようなケースでは、面識についてどのように考えるべきか。

面識という手段が、顧客等が確認記録に記録されている顧客等と同一であることが明らかな場合の一態様として規定されていることを考えると、面識の相手方は顧客等本人に限られるとは解されず、「面識がある」ということは、顧客等本人と現に面識がある場合だけでなく、代表者等と現に面識がある場合も含まれ、規則16条2項にも「顧客等又は代表者等」と規定されている。無論、代表者等と現に面識があっても、それによって顧客等が確認記録に記録されている顧客等と同一であることが明らかでなければ、顧客等と面識があることにはならない。当該代表者等と個人的に面識があっても、当該顧客の代表者等であることが確認できなければ、顧客について面識があるとは言えない。

以上のとおり考えると、この事例で、1回目には乙社の社長が現に依頼を行い、2回目も同社長が現に依頼を行った場合でも、あるいは、2回目は担当者が現に依頼を行った場合でも、司法書士甲に、社長または担当者と面識があり、２回目の依頼の乙社が確認記録に記録されている乙社と同一であることが明らかであるときは、２回目の依頼の際には、乙社を既に取引時確認を行っている顧客等として取り扱うことができる。１回目には乙社の担当者が現に依頼を行い、２回目には社長が現に依頼を行った場合、あるいは、２回目は他の担当者が現に依頼を行った場合も、同様である。

このように、既に取引時確認を行っている顧客等であることの確認は、面識を利用する以外の場合を含み、１回目の依頼の際に現に依頼の任に当たった自然人と、２回目の依頼の際に現に依頼の任に当たった自然人が同一人でない場合であっても、その確認を行うことができる。つまり、１回目の依頼の際に顧客本人が現に依頼の任に当たり、２回目の依頼の際には代表者等が現に依頼の任に当たる場合でも、１回目の依頼の際に代表者等が現に依頼の任に当たり、２回目の依頼の際には顧客本人または当初の者とは異なる代表者等が現に依頼の任に当たる場合でも、面識がある場合その他の顧客等が確認記録に記録されている顧客等と同一であることが明らかな場合や、顧客等について既に取引時確認を行っていることを確認する措置を取ることができるのであれば、既に取引時確認を行っている顧客等として取り扱うことができる。法人が顧客である場合、１回目の依頼の際の代表取締役と、２回目の依頼の際の代表取締役が異なる場合にも、既に取引時確認を行っている顧客等として取り扱うことに支障はない。

このような場合にあっては、２回目の依頼の際には、顧客の本人特定事項の確認も、代表者等の本人特定事項の確認も省略できることとなる。既に取引時確認を行っている顧客等からの２回目の依頼の際に、先の取引時確認の際に利用した本人確認書類（その写しが確認記録に添付されているか、またはそれを特定するに足りる事項が確認記録に記録されている場合）の有効期限または有効期間が過ぎている場合であっても、１回目の取引時確認の際に有効な本人確認書類として取引時確認が完了しているのであれば、２回目の依頼の際には新たな取引時確認を行わなくても、既に取引時確認を行っている顧客等として取り扱うことができる。

Q279　旧知の仲にある者から依頼を受ける際には、その者から、初めて依頼を受ける場合にも、面識があるとして、取引時確認を省略することができるのか。

A279　取引時確認を省略することはできない。

◇◇◇◇◇ **解説** ◇◇◇◇◇

旧知の仲であるなど面識のある者であっても、既に取引時確認を行っている顧客等であるためには、あくまでも保存されている確認記録に記録されている者でなければならない。

そのため、平成20年３月１日以降に初めて特定業務に関する依頼を受ける場合は、本来の取引時確認を行わなければならない。

Q280　税理士を兼業する司法書士が、税理士としての特定業務に関する依頼を受け、取引時確認を行い、確認記録を作成し、その保存中に、同一の依頼者から司法書士としての特定業務に関する依頼を受けた際には、取引時確認を省略することはできないのか。

A280　省略することができる。

◇◇◇◇◇ **解説** ◇◇◇◇◇

例えば、司法書士と税理士の兼業である者が、一度、税理士の特定取引として確認記録を作成した顧客について、２回目は司法書士の業務について依頼を受ける際であっても、税理士の特定取引として作成した確認記録をもって、司法書士業務の依頼者について既に取引時確認を行っている顧客等であると取り扱うこともできる。

Q281　宅地の売買による所有権移転登記手続の依頼を権利者および義務者の双方から受ける際に、権利者が既に取引時確認を行ってい

る顧客等であるときは、義務者についても、取引時確認を省略することができるのか。

A281　**義務者については、取引時確認を省略することはできない。**

◇◇◇◇◇ **解説** ◇◇◇◇◇

既に取引時確認を行っている顧客等であるとして取り扱うことができる対象者は当該顧客に限られるため、共同申請の当事者の一方が既に取引時確認を行っている顧客等であるからといって、それだけの理由で他方も同様に取り扱うことはできない。

例えば、宅地の売買による所有権移転登記手続の依頼を権利者および義務者の双方から受ける際に、その一方については既に取引時確認を行っている顧客等であったとしても、それだけで他方についても既に取引時確認を行っている顧客等であることにはならず、その他方について、本来の取引時確認を行わなければならないことになる。

Q282　**顧客が人格のない社団または財団である場合においても、１回目の依頼の際の担当者と、２回目の依頼の際の担当者が異なる場合も、既に取引時確認を行っている顧客等であると取り扱うことができるのか。**

A282　**既に取引時確認を行っている顧客等であると取り扱うことはできない。**

◇◇◇◇◇ **解説** ◇◇◇◇◇

顧客が人格のない社団または財団である場合は、現に特定取引等の任に当たっている自然人（代表者等）が本人特定事項の確認の対象となるため、１回目の依頼の際と、２回目の依頼の際とで代表者等が異なる場合には、２回目の依頼の際に既に取引時確認を行っている顧客等として取り扱うことはできない。

このような場合には、２回目の依頼の際には取引時確認を行わなければならないのである。

Q283　司法書士が、既に取引時確認を行っている顧客等の依頼によって依頼に係る手続等（特定受任行為の代理等）を行ったときは、記録については、どのように取り扱うのか。

A283　そのときに作成する特定受任行為の代理等に関する記録には1回目の依頼の際に作成した確認記録を検索する事項を記録し、その確認記録には特定受任行為の代理等に関する記録を検索するための口座番号その他の事項を付記しなければならない。

◇◇◇◇◇ **解説** ◇◇◇

(1)　既に取引時確認を行っている顧客等の依頼による場合の特定受任行為の代理等に関する記録

既に取引時確認を行っている顧客等から依頼を受けた場合は、確認記録の作成を要しないことは前述したが、既に取引時確認を行っている顧客等から依頼を受けてその事務（特定受任行為の代理等）を行った場合には特定受任行為の代理等に関する記録の作成は免除されない。

このような場合、特定受任行為の代理等に関する記録に記録すべき「口座番号その他の顧客等の確認記録を検索するための事項」としては（Q248）、当初の確認記録を検索するための事項を記録する。つまり、既に取引時確認を行っている顧客等の依頼によりその特定受任行為の代理等を行ったときは、今回の依頼に係る確認記録は作成しないものの、今回作成すべき特定受任行為の代理等に関する記録には、取引時確認済みであることを確認の基礎とした、1回目の依頼の際に作成した確認記録を検索する事項（検索番号等）を記録することとなる。

このように同一の、既に取引時確認を行っている顧客等の依頼により特定受任行為の代理等を行った場合は、その都度（3回目以降も）、同一の確認記録の検索番号等が各特定受任行為の代理等に関する記録に記録される。

(2)　既に取引時確認を行っている顧客等の場合の既存の確認記録への付記

既に取引時確認を行っている顧客等の依頼の場合は確認記録の作成は要し

ないが、１回目の依頼の際に作成した既存の確認記録には一定の記録を付記しなければならない。

これは、確認記録には、「取引記録等を検索するための口座番号その他の事項（特定受任行為の代理等に関する記録の検索番号等）」を記録しなければならず（Q220)、またその事項に追加があることを知った場合は、その追加事項を付記しなければならないことによる（規則20条３項)。

要するに、同一の依頼者について同一の確認記録をもって既に取引時確認を行っている顧客等であることを確認し、特定受任行為の代理等に関する記録を作成したときは、その都度、当該確認記録に特定受任行為の代理等に関する記録の検索番号等を追記していくこととなるので、１つの確認記録に複数の特定受任行為の代理等に関する記録の検索番号等が記録されていく。

(3)　既に取引時確認を行っている顧客等の場合の確認記録と特定受任行為の代理等に関する記録の関係

既に取引時確認を行っている顧客等に関して、司法書士が保存している確認記録と、特定受任行為の代理等を行うごとに作成する特定受任行為の代理等に関する記録の関係は、次のとおりとなる。

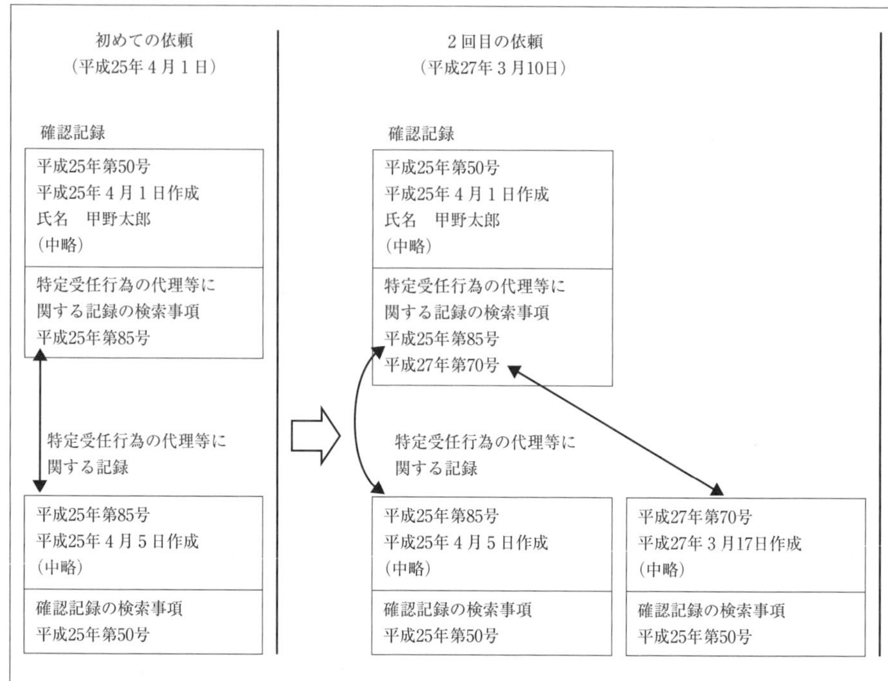

このように、同一人からの2回目以降の依頼を、既に取引時確認を行っている顧客等との取引（依頼）とし
していく。したがって、別途に新たに確認記録を作成することにはならない。また、それに応じて、当初の確

※平成25年第50号の確認記録の
初めての依頼後の保存期間
平成25年4月1日の依頼に係る
委任契約の終了から7年間

※平成25年第50号の確認記録の
2回目の依頼後の保存期間
平成27年3月10日の依頼に係る
委任契約の終了から7年間

Q284　同一人からの依頼であっても、1回目の依頼の際の住居と、2回目の依頼の際の住居が異なるときは、既に取引時確認を行っている顧客等であると取り扱うことはできないのか。

A284　既に取引時確認を行っている顧客等であると取り扱うことができる。

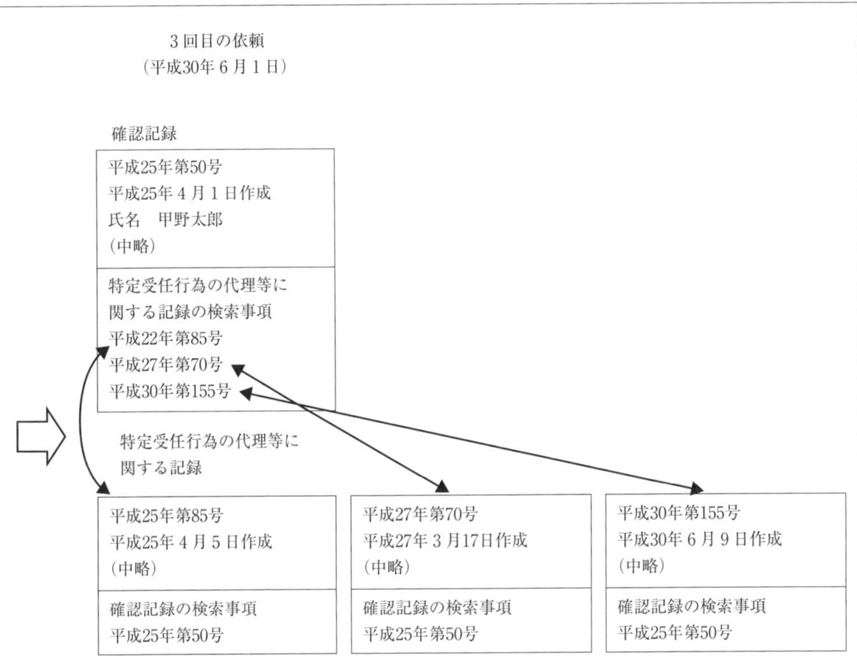

て取り扱う場合は、当該人の確認記録に、2回目以降の特定受任行為の代理等に関する記録の検索事項を追記
認記録の保存期間は次のとおり、伸張される。

※平成25年第50号の確認記録の
3回目の依頼後の保存期間
平成30年6月1日の依頼に係る
代理等の記録に係る事務の終了から7年間

解説

2回目の依頼の際には、確認記録に記録されている顧客または代表者等の住居とは異なる住居であった場合（当初から偽っていたのではなく、転居した場合）も、Q274～Q282で述べた要件を満たし、既に取引時確認を行っている顧客等であることが確認できるとき（なりすましの疑いがない場合に限る）は、本来の取引時確認を省略することができ、さらに現在の住居等の補完的な確認（第３章第７節７）もとる必要はない。この場合、当初の確認記録には、現在の住居を付記しなければならないこととなるが、次に述べる事項に変更があった場合と同様、犯罪収益移転防止法の規定とは別に、それらの事項につき司法書士の職責上適切な確認が必要であることは言うまでもない。

住居のほか、２回目の依頼の際に、顧客または代表者等について、規則20条１項14号から18号までおよび20号から23号までに掲げる事項（問い31）に変更または追加があることを知った場合は確認記録への付記等が必要となる。

また、既に確認記録または規則20条１項３号の規定により添付した本人確認書類もしくは補完書類の写しもしくは添付資料に記録され、または記載されている内容（過去に行われた当該変更または追加に係る内容を除く）を消去してはならず、この場合において、特定事業者は、確認記録に付記することに代えて、変更または追加に係る内容の記録を別途作成し、当該記録を確認記録とともに保存することとすることができる。

Q285　**司法書士甲は、平成30年６月１日に乙社から宅地の売買による所有権移転登記手続の依頼を受けたところ、以前、平成25年７月１日にも乙社から建物の売買による所有権移転登記を依頼されたことがあり、宅地の売買の所有権移転登記手続の依頼に際し、乙社の担当者に面識があり、明らかにその乙社からの依頼であったため、今回の依頼を既に取引時確認を行っている顧客等として取り扱ったときも、当初の確認記録は平成25年７月１日を基準に７年間保存することで差し支えないのか。**

A285　**当初（平成25年７月１日の依頼に係る）の確認記録は、今回（平成30年６月１日の依頼に係る）の登記手続に係る委任契約の終了を基準に７年間保存しなければならない。**

解説

確認記録の保存期間は、一般に、特定取引に係る契約が終了した日から７年間とされているため、例えば特定業務である不動産登記業務の依頼に係る確認記録は、その登記手続の委任契約が終了した日から７年間保存しなければならない。

ところが、既に取引時確認を行っている顧客等として取り扱った場合には、確認記録の保存期間が延長されている。

【規則21条】

（確認記録の保存期間の起算日）
第二十一条　（前出）
２　（前出）
３　第一項に規定する「取引時確認済みの取引に係る取引終了日」とは、法第四条第三項の規定により同条第一項 の規定を適用しないこととされる取引があった場合において、前項の規定中「確認記録を作成した特定取引等」とあるのを「取引時確認済みの顧客等との特定取引等」と読み替えて同項の規定を適用したときにおける同項に定める日とする。

確認記録は、それを作成することとなった当初の特定取引に係る契約の終了の日からではなく、その確認記録を元にして取引時確認済みであることを確認した顧客の依頼があった場合には、２回目以降の特定取引に係る契約の終了の日から７年間保存しなければならないのである。

言わば、確認記録は、後の依頼の際に、それを元の確認記録として既に取引時確認を行っている顧客等として取り扱うこととする限り、当初の７年を超えて保存されることとなり、特定の依頼者から何度も依頼を受けるようなときは、元の確認記録は、司法書士を廃業する（特定事業者でなくなる）まで半永久的に保存しておかなければならない。

この事例では、司法書士甲が平成30年６月１日の依頼に基づいて宅地の売買による所有権移転登記手続を代理したときは、平成25年７月１日に建物の売買による所有権移転登記手続の依頼を受けた際に作成した確認記録に、平成30年６月１日の依頼に基づいて行った宅地の売買による所有権移転登記手続の代理に関する特定受任行為の代理等に関する記録の検索番号等を付記し、元の確認記録は、平成25年7月1日の依頼に係る委任契約が終了したときから7年間ではなく、平成30年6月1日の依頼（2回目の依頼）に係る委任契約が終了したときから7年間保存しなければならないこととなる。

もちろん、面識があり、元の確認記録をもって既に取引時確認を行っている顧客等であると取り扱うことができる場合であっても、あえて取引時確認を行い、2回目の依頼の際に新たな確認記録を作成することもでき（Q268）、その場合は、2回目の依頼に基づいて行った事務についての特定受任行為の代理等に関する記録の検索番号等は新たな確認記録に記録され、元の確認記録に付記されることはない。したがって、この場合は、元の確認記録の保存期間が2回目の依頼によって延長されることはなく、本来の元の確認記録の保存期間、保存することで足りる。

2　特定事業者または顧客等の合併等の場合

問い38　**司法書士法人甲が司法書士法人乙に吸収合併されたところ、合併前に、丙から甲法人が特定業務に関する依頼を受けて、取引時確認を行い、確認記録を作成していた場合に、合併後、乙法人が、丙から特定業務に関する依頼を受けた場合、既に取引時確認を行っている顧客等として取り扱うことができるのか。**

答え38　**犯罪収益移転防止法上は、乙法人が甲法人の作成した当該確認記録を引き継ぎ、保存している場合には、既に取引時確認を行っている顧客等として取り扱うことができるが、司法書士の職責上は、その判断には慎重さが求められよう。**

解説

・既に取引時確認を行っている顧客等として取り扱うことができる特定事業者

2回目の依頼の際の顧客を既に取引時確認を行っている顧客等として取り扱うことができる者は、通常は特定事業者自身であるが、実際に面識を有している者は、特定事業者にあって現実に本人特定事項の確認を行う自然人である。したがって、自然人である特定事業者自身だけでなく、その従業員等（自然人）が当該顧客の面識を有する場合であっても当該特定事業者にとって面識があると言える。

なお、司法書士の場合は、面識がある場合も含めてその確認を他の者に任せることは原則として認められない。

司法書士法人の場合は、社員である司法書士や雇用されている司法書士が当該顧客等の面識を有する場合には、当該司法書士法人にとって面識があると言えることとなる。

以上は、面識がある場合だけでなく、その他の要件を満たすことで既に取引時確認を行っている顧客等として取り扱う場合についても同様である。

さらに、既に取引時確認を行っている顧客等であることを現実に確認する者も、１回目の依頼の際に本人特定事項の確認を行った者と同一人である必要はない。例えば、１回目の依頼の際に司法書士法人甲が取引時確認を行ったときの現実の確認者が甲の社員であるＡ司法書士であった場合、同一顧客からの２回目の依頼の際には、Ａのほか、Ａ以外の甲の社員または雇用されている司法書士も、既に取引時確認を行っている顧客であることを確認して、既に取引時確認を行っている顧客等とする取扱いをすることができる。

また、既に取引時確認を行っている顧客等として取り扱うことができる者は、特定事業者を単位とする。例えば、１回目の特定取引を本店（支店）で行い、取引時確認を行い、確認記録を作成した後、２回目の特定取引が支店（本店または他の支店）で行われる場合、１回目の本店（支店）で取引時確認が行われたことが確認できれば既に取引時確認を行っている顧客等として取り扱うことができ、２回目の取引店での取引時確認は原則不要である。

確認記録は、特定事業者を単位として保存する。したがって、同一顧客について既に取引時確認を行っている顧客等として取り扱う場合は、当該特定事業者に１つの確認記録を保存すればよく、店ごとに確認記録を保存しておく必要はない。ただし、司法書士の場合は２以上の事務所を設けることができない。司法書士法人の場合は従たる事務所を設けることができるが、前述の本・支店間（支店相互間）における既に取引時確認を行っている顧客等としての取扱いは、主に金融機関等を想定しており、司法書士法人の主たる事務所・従たる事務所相互間において既に取引時確認を行っている顧客等の取扱いを行うことは、通常は困難であろうと思われる。

・特定事業者が合併等をした場合

既に取引時確認を行っている顧客等との間で行う取引には、問い37 の取引のほかに、それに準ずるものとして政令で定める取引が含まれる（法4条3項）。

【令13条】

（既に確認を行っている顧客等との取引に準ずる取引等）
第十三条　法第四条第三項に規定する顧客等との取引に準ずるものとして政令で定める取引は、次の各号のいずれかに該当する取引とする。
一　（後出）
二　当該特定事業者が合併、事業譲渡その他これらに準ずるものにより他の特定事業者の事業を承継した場合における当該他の特定事業者が他の取引の際に既に取引時確認を行っている顧客等との間で行う取引（当該他の特定事業者が当該特定事業者に対し当該取引時確認について法第六条第一項の規定により作成した確認記録を引き継ぎ、当該特定事業者が当該確認記録の保存をしている場合におけるものに限る。）
2　（前出）

特定事業者が合併等によって他の特定事業者の事業を承継した場合、他の特定事業者が取引時確認を行っていて、その確認記録を引き継いで、保存しているときは、その引き継いだ特定事業者において、その顧客につき既に取引時確認を行っている顧客等として取扱いができる。

例えば、特定事業者である甲社が合併によって特定事業者である乙社の事業を承継した後、顧客Aが甲社に依頼を行ったが、既に合併前の乙社に依頼を行ったことがあった場合は、乙社がAの取引時確認を行っていて、その確認記録を甲社が合併に伴って引き継いでいるならば、甲社はＡを既に取引時確認を行っている顧客等として取り扱うことができることとなる。合併のほか、会社分割による承継や、会社法467条の事業譲渡による承継の場合もこれに該当する。

この事例でも、司法書士法人乙が、司法書士法人甲の作成した確認記録を引き継いで保存している場合は、丙を既に取引時確認を行っている顧客等として取り扱うことができることとなるが、司法書士法人に合併があった場合には、司法書士の職責上は、この規定に従って既に取引時確認を行っている顧客等と判断することは一般的には困難であろう。また、個人司法書士事務所を他の司法書士が承継した場合、あるいは司法書士が死亡し、その子である司法書士が亡父司法書士の事務所を承継したような場合にも、この規定に従って既に取引時確認を行っている顧客等と判断することは困難であろう。

Q286　**司法書士甲が、丙から特定業務に関する依頼を受けて取引時確認を行い、確認記録を作成し、保存しているとき、司法書士乙が、丙から特定業務に関する依頼を受けた場合、乙は、甲の保存している丙の確認記録を援用して、既に取引時確認を行っている顧客等として取り扱うことができるのか。**

A286　**既に取引時確認を行っている顧客等として取り扱うことはできない。**

◇◇◇◇◇ **解説** ◇◇

特定事業者が他の特定事業者に取引を委託し、取引の委託を受けた特定事業者が取引時確認を行い、確認記録を保存している場合には、その後、当該顧客が取引の委託を行った特定事業者と特定取引を行う際については、取引を委託した特定事業者にとっても既に取引時確認を行っている顧客等として取り扱うことができることが規定されている。つまり、このような場合には、取引の委託を受けた特定事業者が行った取引時確認を、取引を委託した特定事業者が援用することができると言い換えることができる。

この規定が適用されるためには、一定の取引（令７条１項１号に定める取引）を委託している関係が必要である（単に親子会社やグループ会社の関係にあるからといって、それだけで、このような取扱いが認められることにはならない)。この取扱いが認められるのは金融機関等に限られているので、司法書士には適用されない。司法書士などの士業者が、他の士業者に特定受任行為の代理等を再委任した場合でも、再委任を受けた士業者は、再委任を行った士業者による取引時確認を、援用できないこととなる。この点、犯罪による収益の移転防止に関する法律施行令案等に対する意見の募集結果（平成20年１月）では、「本人確認及びその記録の保存に関する技術及びノウハウの蓄積やそれらを確認する手段及びインフラの整備の動向等を踏まえて、今後、検討していく必要があると考えています」とされている。

なお、特定事業者である司法書士自身以外の者が取引時確認を行うことについてはQ134で解説したが、そこでは取引の委託ではなく、取引時確認における確認行為を他の司法書士に委託することを前提として説明した。

したがって、取引時確認の委託とは無関係に他の司法書士や、その他の特定事業者が行った取引時確認を自己の取引時確認として援用することはできない。

Q287　**司法書士甲が、丙から特定業務に関する依頼を受けたが、その手続を司法書士乙に委任し、乙が復代理人として、丙の取引時確認を行い、確認記録を作成し、保存しているとき、司法書士甲が、再び、丙から特定業務に関する依頼を受け場合は、甲は、乙の保存している丙の確認記録を援用して、既に取引時確認を行っている顧客等として取り扱うことができるのか。**

A287　**甲は、乙の保存している丙の確認記録を援用して、既に取引時確認を行っている顧客等として取り扱うことはできないが、甲自身が作成し、保存している丙の確認記録に基づいて、既に取引時確認を行っている顧客等として取り扱うことができる。**

◇◇◇◇◇ **解説** ◇◇

共同受任や復代理（再委任）などの関係があって、なおかつ取引時確認を委託した場合に限って、委託先の取引時確認を自己の取引時確認とする取扱いが可能となる。

そのような関係のない他の特定事業者の行った取引時確認はもとより、共同受任や復代理（再委任）などの関係があっても、取引時確認の委託がない限り、自己の取引時確認とすることはできない。平成21年３月25日民二第751号「犯罪による収益の移転防止に関する法律に関する警察庁の通知について」も同趣旨である。

Q288　**司法書士甲が、乙株式会社から特定業務に関する依頼を受けて取引時確認を行い、確認記録を作成し、保存しているとき、後に、丙株式会社から特定業務に関する依頼を受けが、丙社は乙社を吸収合併した株式会社であった場合、甲は、丙社について、既に取引時確認を行っている顧客等として取り扱うことができるのか。**

A288　**既に取引時確認を行っている顧客等として取り扱うことはできない。**

◇◇◇◇◇ **解説** ◇◇

既に取引時確認を行っている顧客等が法人であって、１回目の依頼の後に合併した場合は、次のように考えることができる。

既に取引時確認を行っている顧客等であるＡ法人が、既に取引時確認を行っている顧客等ではないＢ法人に吸収合併された場合、または既に取引時確認を行っている顧客等であるＡ法人と、Ｃ法人が新設合併してＢ法人（当然、既に取引時確認を行っている顧客等ではない）を設立した場合は、いずれもＡ法人の民事上の権利義務はＢ法人に包括承継されるが、Ａ法人とＢ法人の人格が異なる以上、犯罪収益移転防止法上の取引時確認を行ったことは承継されない。

この事例でも、合併後の丙社から依頼を受ける際には、丙社については既に取引時確認を行っている顧客等には該当せず、取引時確認を行わなければならず、たとえ乙社の依頼の際の代表者等と丙社の依頼の際の代表者等が同一人であったとしても、丙社と代表者等について本人特定事項の確認を行うこととなる。

これと異なり、既に取引時確認を行っている顧客等でない甲法人が、既に取引時確認を行っている顧客等の乙法人に吸収合併された場合に、その後、乙法人から特定業務に関する依頼を受ける際には、それが、旧甲法人の業務部門に属する依頼であったとしても、乙法人について既に取引時確認を行っている顧客等であるとする取扱いをすることができる。

3　取引時確認に相当する確認を行っている顧客等または代表者等について既に当該確認を行っていることの確認

問い39　**司法書士が相続登記の依頼を受けて、その登記手続を行い、その後、同一の依頼者から特定業務に関する依頼を受けた場合は、取引時確認を省略することができる場合はないのか。**

答え39　**相続登記の依頼の際に本人確認を行い、司法書士会の会則に基づいて本人確認記録を作成し、保存している場合には、取引時確認を省略することができる場合がある。**

解説　第5章第1節1、2では、保存している確認記録に基づいて、既に取引時確認を行っている顧客等であると確認することができることを述べてきたが、ここでは、取引時確認に相当する確認を行っている顧客等または代表者等について既に当該確認を行っていることを確認することができることについて述べる。

これは、通常の特定取引の際にとられる取引時確認の場合の本人特定事項の方法に代えて、既に取引時確認を行っている顧客等であることの確認の方法により、特定取引以外の取引において既に取引時確認に相当する確認を行っていることを確認するとともに、確認記録に相当する記録を確認記録として保存する方法によって、特定取引の際に取引時確認を行うことができるとするものである。

【規則13条】

（法第四条第一項に規定する取引に際して行う確認の方法の特例）

第十三条　第六条、第九条、第十条、第十一条第一項及び前条の規定にかかわらず、特定事業者は、次の各号に掲げる方法のいずれかにより法第四条第一項（同条第五項の規定により読み替えて適用する場合を含む。）又は第四項（同条第一項に係る部分に限る。）の規定による確認を行うことができる。ただし、取引の相手方が当該各号に規定する取引時確認若しくは相当する確認に係る顧客等若しくは代表者等になりすましている疑いがある取引、当該取引時確認若しくは相当する確認が行われた際に当該取引時確認若しくは相当する確認に係る事項を偽っていた疑いがある顧客等若しくは代表者等（その代表者等が当該事項を偽っていた疑いがある顧客等又は代表者等を含む。）との間における取引、疑わしい取引又は同種の取引の態様と著しく異なる態様で行われる取引を行う場合は、この限りでない。

一　（略）

二　（略）

三　当該特定事業者が、法第四条第一項（同条第五項の規定により読み替えて適用する場合を含む。）及び第四項（同条第一項に係る部分に限る。）の規定による確認に相当する確認（当該確認について確認記録に相当する記録の作成及び保存をしている場合におけるものに限る。）を行っている顧客等又は代表者等については、第十六条に定める方法に相当する方法により既に当該確認を行っていることを確認するとともに、当該記録を確認記録として保存する方法

2　前条第四項の規定は、前項各号に掲げる方法により代表者等の本人特定事項の確認を行う場合に準用する。

取引時確認に相当する確認とは、犯罪収益移転防止法で定める確認事項を同法で定める水準以上の方法で確認することである。また、確認記録に相当する記録とは、取引時確認に相当する確認を犯罪収益移転防止法で定める確認記録と同程度以上の記録（規則17条に規定する事項と同程度以上の内容を

含む記録）である。

確認記録に相当する記録は、他の法令に基づいて行われた顧客の確認に係る記録に限られない。法令上の義務はないが、業務上の必要性から顧客の本人性を確認した記録であっても、犯罪収益移転防止法上の要件を満たすものであれば、当該記録に該当する[1]。この場合、その取引時確認に相当する記録を確認記録として保存することが求められる。つまり、本来の確認記録を作成する代わりに、その確認に用いた取引時確認に相当する記録を確認記録として保存することとなる。「保存する」とは、システム上での管理を含めて、少なくとも、必要な場合に特定事業者の責任において、速やかにこれを検索、出力することが可能となっている状態をいう。

そして、当該記録は、それ以降、犯罪収益移転防止法上の確認記録として取り扱われなければならず、その保存期間の起算点は当初の「特定取引以外の取引」を行った時点ではなく、特定取引によって判断されることは当然である[2]。

そこで、この事例のように、相続による所有権移転登記の委任を受ける際や、その他、例えば、任意後見契約の締結の際に（いずれも、犯罪収益移転防止法上は取引時確認の義務はなく、確認記録を作成する義務もない）、その依頼者について、取引時確認に相当する確認を行い、確認記録に相当する記録を作成していたとする。その後、同一人から特定取引である宅地の売買による所有権移転登記手続の委任を受ける際は、面識があるなど既に取引時確認を行っている顧客等であることを確認する方法と同一の方法によって、既に取引時確認に相当する確認を行っていることを確認するとともに、確認記録に相当する記録を確認記録として保存することで取引時確認を行うことができる。

特定業務に係る依頼ではないが、司法書士会の会則上の本人確認を行って

1　犯罪収益移転防止制度研究会編著『逐条解説犯罪収益移転防止法』（東京法令出版、2009年）94頁
2　犯罪収益移転防止制度研究会編著・前掲注1・95頁

いる場合、会則上の本人確認記録も、犯罪収益移転防止法の要件を満たす限り（通常は満たされる)、確認記録に相当する記録となる。

なお、特定業務に関する依頼を受けることを前提として、顧客または代表者等と諸々の打合せを行い、本人確認を行ったものの、結果的に受任・受託に至らなかったときは、仮に、その確認に関する記録を作成していたとしても、当該記録は、確認記録にも、確認記録に相当する記録にも該当せず、当該記録に基づいて取引時確認を行うことはできない。

Q289　**司法書士と土地家屋調査士を兼業する者が、土地家屋調査士業務の依頼を受けて、その登記手続を行い、その後、同一の依頼者から特定業務に関する依頼を受けた場合は、取引時確認を省略することができる場合はないのか。**

A289　**土地家屋調査士業務の依頼の際に本人確認を行い、その本人確認に関する記録を作成し、保存している場合には、取引時確認を省略することができる場合がある。**

◇◇◇◇◇ **解説** ◇◇

司法書士と土地家屋調査士を兼業する者が、土地家屋調査士業務の依頼（当然、特定取引ではない）を受けるに際しては、犯罪収益移転防止法上は取引時確認の義務はない。ただ、その際に、取引時確認と同様の確認を行って確認記録に相当する記録を作成している場合に、同一人から宅地の売買による所有権移転登記手続の委任を受ける際にも、問い39 と同様によって、土地家屋調査士業務として依頼を受けた際に作成した当該記録をもって、確認記録に相当する記録として取り扱うことができる。

第2節　ハイリスク取引に関する特例

Q290　**司法書士が、ハイリスク取引に関する依頼を受ける際には、どのように取引時確認を行うのか。**

A290　**通常の確認方法をとった上で、さらに、追加の措置を取ることによって確認を行う必要がある。**

解説

特別の注意を要する取引は特定取引に含まれ（通常の特定取引は「対象取引」とも呼ばれることから、特定取引は「対象取引」および「特別の注意を要する取引」を包含する）、取引時確認を行うこととなるが、ハイリスク取引（Q78）は、特定取引とは別の取引であり（一部重複する取引もある）、別途の確認が義務付けられている。特定取引とハイリスク取引を総称して「特定取引等」という（第２章第７節）。

ハイリスク取引における取引時確認は、特定取引以上に厳格な確認が求められる。

特定取引の取引時確認における確認事項は、本人特定事項（自然人にあっては氏名、住居（本邦内に住居を有しない外国人で政令で定めるものにあっては、主務省令で定める事項）および生年月日をいい、法人にあっては名称および本店または主たる事務所の所在地）、取引を行う目的、当該顧客等が自然人である場合にあっては職業、当該顧客等が法人である場合にあっては事業の内容、および、当該顧客等が法人である場合において、その事業経営を実質的に支配することが可能となる関係にあるものとして主務省令で定める者があるときにあっては、その者の本人特定事項である。

ハイリスク取引の場合は、さらに、当該取引がその価額が200万円を超える財産の移転を伴う場合にあっては、当該顧客等の資産および収入の状況をも確認しなければならないことになる。

【法4条2項】

2　特定事業者は、顧客等との間で、特定業務のうち次の各号のいずれかに該当する取引を行うに際しては、主務省令で定めるところにより、当該顧客等について、前項各号に掲げる事項並びに当該取引がその価額が政令で定める額を超える財産の移転を伴う場合にあっては、資産及び収入の状況（第二条第二項第四十四号から第四十七号までに掲げる特定事業者にあっては、前項第一号に掲げる事項）の確認を行わなければならない。この場合において、第一号イ又はロに掲げる取引に際して行う同項第一号に掲げる事項の確認は、第一号イ又はロに規定する関連取引時確認を行った際に採った当該事項の確認の方法とは異なる方法により行うものとし、資産及び収入の状況の確認は、第八条第一項の規定による届出を行うべき場合に該当するかどうかの判断に必要な限度において行うものとする。

一　（後出）

二　特定取引のうち、犯罪による収益の移転防止に関する制度の整備が十分に行われていないと認められる国又は地域として政令で定めるもの（以下この号において「特定国等」という。）に居住し又は所在する顧客等との間におけるものその他特定国等に居住し又は所在する者に対する財産の移転を伴うもの

三　前二号に掲げるもののほか、犯罪による収益の移転防止のために厳格な顧客管理を行う必要性が特に高いと認められる取引として政令で定めるもの

【令12条】

（厳格な顧客管理を行う必要性が特に高いと認められる取引等）

第十二条　法第四条第二項第一号に規定する政令で定める取引は、その締結が同条第一項に規定する特定取引に該当することとなる契約に基づく取引であって、次の各号のいずれかに該当するものとする。

一　（後出）

二　（後出）

2　法第四条第二項第二号に規定する政令で定める国又は地域は、次に掲げる

とおりとする。

一　イラン

二　北朝鮮

3　法第四条第二項第三号に規定する政令で定める取引は、次に掲げる顧客等との間で行う同条第一項に規定する特定取引とする。

一　外国の元首及び外国の政府、中央銀行その他これらに類する機関において重要な地位を占める者として主務省令で定める者並びにこれらの者であった者

二　前号に掲げる者の家族（配偶者（婚姻の届出をしていないが、事実上婚姻関係と同様の事情にある者を含む。以下この号において同じ。）、父母、子及び兄弟姉妹並びにこれらの者以外の配偶者の父母及び子をいう。）

三　法人であって、前二号に掲げる者がその事業経営を実質的に支配することが可能となる関係にあるものとして主務省令で定める者であるもの

【規則14条】

（厳格な顧客管理を行う必要性が特に高いと認められる取引に際して行う確認の方法）

第十四条　法第四条第二項（同条第五項の規定により読み替えて適用する場合を含む。）又は第四項（同条第二項に係る部分に限る。）の規定による顧客等又は代表者等の本人特定事項の確認の方法は、次の各号に掲げる方法とする。…（後段後出）…。

一　第六条又は第十二条に規定する方法

二　次のイ又はロに掲げる前号に掲げる方法の区分に応じ、それぞれ当該イ又はロに定める方法

イ　第六条第一項第一号イからヘまで（これらの規定を第十二条第一項において準用する場合を含む。）、第二号並びに第三号イ及びロに掲げる方法　当該顧客等又は当該代表者等から、当該顧客等若しくは当該代表者等の住居若しくは本店若しくは主たる事務所の所在地の記載がある当該顧客等若しくは当該代表者等の本人確認書類（当該方法において用いたもの（その写しを用いたものを含む。）を除く。）若しくは補完書類（当該方法において用いたもの（その写しを用いたものを含む。）を除く。）

の提示を受け、又は当該本人確認書類若しくはその写し若しくは当該補完書類若しくはその写しの送付を受けて当該本人確認書類若しくはその写し（特定事業者が作成した写しを含む。）若しくは当該補完書類若しくはその写し（特定事業者が作成した写しを含む。）を第十九条第一項第二号に掲げる方法により確認記録に添付する方法

ロ　第六条第一項第一号トからリまで（これらの規定を第十二条第一項において準用する場合を含む。）及び第三号ハに掲げる方法　当該顧客等又は当該代表者等から、当該顧客等若しくは当該代表者等の本人確認書類の提示を受け、又は当該本人確認書類若しくはその写しの送付を受けて当該本人確認書類若しくはその写し（特定事業者が作成した写しを含む。）を第十九条第一項第二号に掲げる方法により確認記録に添付する方法（当該本人確認書類又はその写しに当該顧客等又は当該代表者等の現在の住居又は本店若しくは主たる事務所の所在地の記載がないときは、当該方法に加え、当該顧客等又は当該代表者等から、当該記載がある当該顧客等若しくは当該代表者等の補完書類の提示を受け、又は当該補完書類若しくはその写しの送付を受けて当該補完書類若しくはその写し（特定事業者が作成した写しを含む。）を同号に掲げる方法により確認記録に添付する方法）

2　法第四条第二項（同条第五項の規定により読み替えて適用する場合を含む。）の規定による同条第一項第二号及び第三号に掲げる事項の確認の方法は、第九条及び第十条に規定する方法とする。

3　（略）

4　（略）

司法書士の場合は、当該顧客等の資産および収入の状況ではなく、本人特定事項の確認を行うことで足りるため、特定取引の場合も、ハイリスク取引の場合も、結局、本人特定事項の確認を行えば足りることとなる。

ただし、司法書士に対しても、ハイリスク取引の場合の本人特定事項の確認の方法について特別の規定が設けられている。

ハイリスク取引の場合の取引時確認は、司法書士にとっては、顧客等または代表者等の本人特定事項の確認を意味し、通常の確認の方法を採る上で、

さらに、追加の措置を取ることによって確認を行う必要があり、別途、本人確認書類もしくは補完書類の提示、または本人確認書類もしくは補完書類（写し）の送付を受けて確認記録に添付することを要する。

ハイリスク取引のうち、なりすまし等の疑いがある取引については、第5章第3節で解説する。

第３節　なりすまし等の疑いがある取引に関する特例

問い40　再度の依頼があった際に、既に取引時確認を行っている顧客等として取り扱おうとしたが、１回目の依頼の際に、依頼者に、なりすましの疑いがあった場合、再度の依頼の際には、依頼者について、どのような確認を行うのか。

答え40　ハイリスク取引としての確認方法によって、本人特定事項の確認を行うことで取引時確認を行わなければならない。

解説　通常、既に取引時確認を行っている顧客等から再度の依頼があった際には、既に取引時確認を行っている顧客等として取り扱い、取引時確認を省略することができるが（第５章第１節）、その際、１回目の依頼の際に、依頼者に、なりすましの疑いがあった場合には、既に取引時確認を行っている顧客等として取り扱うことはできない。

この場合には、ハイリスク取引としての確認方法によって、本人特定事項の確認を行うことで取引時確認を行わなければならないことになる。

【法４条２項】

２　特定事業者は、顧客等との間で、特定業務のうち次の各号のいずれかに該当する取引を行うに際しては、主務省令で定めるところにより、当該顧客等について、前項各号に掲げる事項並びに当該取引がその価額が政令で定める額を超える財産の移転を伴う場合にあっては、資産及び収入の状況（第二条第二項第四十四号から第四十七号までに掲げる特定事業者にあっては、前項第一号に掲げる事項）の確認を行わなければならない。この場合において、第一号イ又はロに掲げる取引に際して行う同項第一号に掲げる事項の確認は、第一号イ又はロに規定する関連取引時確認を行った際に採った当該事項の確認の方法とは異なる方法により行うものとし、資産及び収入の状況の確認は、第八条第一項の規定による届出を行うべき場合に該当するかどうかの判断に必要な限度において行うものとする。

一　次のいずれかに該当する取引として政令で定めるもの

イ　取引の相手方が、その取引に関連する他の取引の際に行われた前項若しくはこの項（これらの規定を第五項の規定により読み替えて適用する場合を含む。）又は第四項の規定による確認（ロにおいて「関連取引時確認」という。）に係る顧客等又は代表者等（第六項に規定する代表者等をいう。ロにおいて同じ。）になりすましている疑いがある場合における当該取引

ロ　関連取引時確認が行われた際に当該関連取引時確認に係る事項を偽っていた疑いがある顧客等（その代表者等が当該事項を偽っていた疑いがある顧客等を含む。）との取引

二　（前出）

三　（前出）

【規則14条】

（厳格な顧客管理を行う必要性が特に高いと認められる取引に際して行う確認の方法）

第十四条　法第四条第二項（同条第五項の規定により読み替えて適用する場合を含む。）又は第四項（同条第二項に係る部分に限る。）の規定による顧客等又は代表者等の本人特定事項の確認の方法は、次の各号に掲げる方法とする。この場合において、同条第二項第一号に掲げる取引に際して当該確認（第一号に掲げる方法が第二号ロに掲げる方法によるもの（関連取引時確認が、同項に規定する取引に際して行われたものであって、第一号に掲げる方法が第二号ロに掲げる方法によるものである場合におけるものを除く。）を除く。）を行うときは、関連取引時確認において用いた本人確認書類（その写しを用いたものを含む。）及び補完書類（その写しを用いたものを含む。）以外の本人確認書類若しくは補完書類又はその写しの少なくとも一を用いるものとする。

一　（前出）

二　（前出）

2　（前出）

3　（略）

４　（略）

【令13条２項】

２　法第四条第三項に規定する政令で定めるものは、当該特定事業者（前項第一号に掲げる取引にあっては、同号に規定する他の特定事業者）が、主務省令で定めるところにより、その顧客等が既に取引時確認を行っている顧客等であることを確かめる措置をとった取引（当該取引の相手方が当該取引時確認に係る顧客等又は代表者等になりすましている疑いがあるもの、当該取引時確認が行われた際に当該取引時確認に係る事項を偽っていた疑いがある顧客等（その代表者等が当該事項を偽っていた疑いがある顧客等を含む。）との間で行うもの、疑わしい取引その他の顧客管理を行う上で特別の注意を要するものとして主務省令で定めるものを除く。）とする。

つまり、当該取引の相手方が当該取引時確認に係る顧客等または代表者等になりすましている疑いがあるもの、当該取引時確認が行われた際に当該取引時確認に係る事項を偽っていた疑いがある顧客等（その代表者等が当該事項を偽っていた疑いがある顧客等を含む）との間で行うものものについては、顧客管理を行う上で特別の注意を要するものとして、既に取引時確認を行っている顧客等との取引から除外されている。

再度の依頼が、なりすまし等の疑いがある取引に該当する場合には、通常の取引時確認より、厳格な確認が求められている。

なりすまし等の疑いがある取引とは、次のいずれかに該当する取引（依頼）である。

・取引の相手方が、関連取引時確認に係る顧客等または代表者等になりすましている疑いがある場合における当該取引
・関連取引時確認が行われた際に当該関連取引時確認に係る事項を偽っていた疑いがある顧客等（その代表者等が当該事項を偽っていた疑いがある顧客等を含む）との取引

ここで、関連取引時確認とは、当該取引に関連する他の取引の際に行われ

た取引時確認のことであり、簡単に言うと、２回目の依頼があったときの、その依頼者による１回目の依頼の際に行った取引時確認のことである。

Q291 **なりすまし等の疑いがある取引の場合の取引時確認として、本人特定事項の確認は、どのように行うのか。**

A291 **通常の本人特定事項の確認の方法によって確認し、追加で、別途、本人確認書類もしくは補完書類の提示、または本人確認書類もしくは補完書類（写し）の送付を受け確認記録に添付する必要があり、その場合に提示または送付を受ける本人確認書類もしくは補完書類は、関連取引時確認において用いた書類以外の書類でなければならない。**

◇◇◇◇◇ **解説** ◇◇

ハイリスク取引の場合の取引時確認は、司法書士にとっては、顧客等または代表者等の本人特定事項の確認を意味し、通常の確認の方法を採った上で、さらに、追加の措置を取ることによって確認を行う必要があり、別途、本人確認書類もしくは補完書類の提示、または本人確認書類もしくは補完書類（写し）の送付を受け確認記録に添付する必要がある。

さらに、なりすまし等の疑いがある取引にあっては、関連取引時確認において用いた本人確認書類（その写しを用いたものを含む）および補完書類（その写しを用いたものを含む）以外の本人確認書類もしくは補完書類またはその写しの少なくとも一を用いなければならないとされている。

例えば、１回目の依頼の際に本人確認書類として運転免許証を利用していた場合には、２回目の依頼（なりすまし等の疑いがある取引）の際には、マイナンバーカードなど、運転免許証以外の本人確認書類を利用して、本人特定事項の確認を行わなければならないのである。

なりすまし等の疑いがある取引は、継続的な契約に基づく取引の場合にも起こり得る。例えば、預貯金契約に基づく預貯金の払戻しの場合には、その際になりすましまたは偽りの疑いがある場合には、通常の確認方法または追加の確認方法において、当初の継続的な契約（当該預貯金契約）の際に運転免許証によって本人特定事項の確認を行っていたときは、当該取引（当該払戻し）の際には、マイナンバーカード等の運転免許証以外の本人確認書類によって本人特定事項の確認を行わなければならないということで、主として金融機関等を念頭に置いていると思われる。

司法書士に該当する事例としては、財産管理業務において該当する場面が想定されるが、登記業務においてはまれであろう。強いて想定すると、例えば次のようなケースが考えられる。

甲から、複数の宅地の売買の所有権移転登記手続について一括して委任を受けた場合であって、「物件ごとの所有権移転登記申請時期は、甲の指示があった時とする」旨の条件が付されている場合において、当該委任契約に基づいて、甲が時期を異にして、司法書士に対し物件ごとに申請の指示を行うというような場合が想定されよう。この場合には、甲の都度の指示が、ここでいう「取引」に当たることになる。それは、特定受任行為の代理等を行うことを包括的に委任した依頼者が、その包括的な委任に基づいて、個別に特定受任行為の代理等を行うことを指示、依頼することである。このような事例では、初めに締結した包括的な委任契約が、特定受任行為の代理等を行うことを内容とする契約として特定取引に該当することとなり、その際に、取引時確認を行うこととなるが、その後の甲の都度の指示の際には、甲の本人特定事項の確認を要せず、その指示は、契約の締結ではないため、特定取引には該当しないと言える。そこで、このような場合、当初の包括的な委任契約の際になりすまし等の疑いがあった場合には、その後の指示の際には、ハイリスク取引として、通常の確認のほか、他の本人確認書類による追加の確認を要するのである。当然、確認記録も作成しなければならない。

なお、初めて取引時確認を行わなければならない際に、依頼の相手方になりすましの疑いがある場合には、そもそも取引時確認を正確に行うことができるとは言えないため、その疑い等が解消され、取引時確認が完了するまでは、依頼に係る事務を進行させることはできない。

Q292 「なりすまし等の疑いがある」とは、どのような状況をいうのか。

A292 なりすましの疑いがある、または、偽っている疑いがある状況をいう。

◇◇◇◇◇ 解説 ◇◇◇◇◇

なりすまし等の疑いがある取引とは、「取引の相手方が、関連取引時確認に係る顧客等又は代表者等になりすましている疑いがある場合における当該取引」、または「関連取引時確認が行われた際に当該関連取引時確認に係る事項を偽っていた疑いがある顧客等（その代表者等が当該事項を偽っていた疑いがある顧客等を含む。）との取引」をいう。これは、前者が「なりすましの疑い」がある取引、後者が「偽りの疑い」がある取引である。

「なりすまし等」には、２つの状況が含まれ、その１つが「なりすまし」である。「なりすまし」については特段の定義はなく、一般的な意味と同義であり、まさに他人になりすます、ということを意味する。

もう１つの状況は、他人になりすましているわけではなく本人自身ではあるが、氏名、住居または生年月日（名称および本店または主たる事務所の所在地）を一部でも偽ることがこれに該当する。また、「偽り」とは、告げるべき情報を隠匿することも含まれる[3]。

よって、「なりすまし等」とは、「なりすますこと（なりすまし）」および「本人特定事項を偽ること（偽り）」の２つの状況を総称することとなり、「なりすまし等の疑いがある」とは、結局、なりすましが疑われる状況または偽りが疑われる状況をいうことになる。

誰に関する疑い等をもって判断すべきかについては、まず「なりすましの疑いがある」では、顧客等から依頼を任される代表者等を装って司法書士に依頼をしている疑いがある場合と、顧客等または顧客等から依頼を任される

3　犯罪収益移転防止制度研究会編著・前掲注１・199頁

代表者等に該当する者ではあるが、他の顧客等または顧客等から依頼を任される代表者等に該当する者を装って司法書士に依頼をしている疑いがある場合をもって判断することとなる[4]。

また「偽りの疑いがある」では、顧客等および代表者等の双方の本人特定事項のすべてについて偽りが疑われない場合でない場合をいい、その双方または一方の本人特定事項に一部でも偽りの疑いがあるときは、「偽りの疑いがある」と判断することになる。

4　犯罪収益移転防止制度研究会編著・前掲注1・199頁

第6章

取引時確認の不備等

第1節　注意義務、不完全な確認

問い41　**本人特定事項の確認に誤りがあった場合、直ちに、犯罪収益移転防止法違反となるのか。**

答え41　**通常必要とされる注意を払っているときは、本人特定事項の確認に誤りがあったということだけで、直ちに、犯罪収益移転防止法違反とされるものではないが、司法書士にとっては、司法書士の職責において通常要求される程度の注意が求められよう。**

解説

(1)　取引時確認の際の注意義務

特定事業者が犯罪収益移転防止法に従って取引時確認を行い、本人であるとの心証を得ていたとしても、確認記録を作成した後になって、本人（真の本人）でなかったということが判明することもないとは言えない。

このような場合に、当該特定事業者に犯罪収益移転防止法上の義務違反が生じるか否かが問題となる。具体的には、特定取引に関し直接利益の真の帰属者が別にいた場合や、特定取引の相手方であるＡと名乗る者が実はＡでなかった場合等である。また、Ａではあっても本人特定事項に誤りがあった場合等でも義務違反が生じるか否かが問題となる。

しかし、特定事業者において、顧客の態様等に応じて取引に通常要求される程度の注意を払ったにもかかわらず、真の「顧客」（直接利益の真の帰属者）の存在を見抜けなかったからといって、直ちに義務違反として行政庁から是正命令や業法に基づく業務停止等の行政処分が行われることにはならない。このような場合には、行政庁による措置が取られるとしても、助言・指導・監督等、より緩やかなものとなることが想定される[1]。

1　犯罪収益移転防止制度研究会編著『逐条解説犯罪収益移転防止法』（東京法令出版、2009年）68頁

したがって、顧客または顧客の特定事項の真偽を通常の取引において必要とされる善管注意義務を果たして判断し、その結果として虚偽の書類であったこと、虚偽の陳述であったことを見抜けなかった場合には、取引時確認の義務を怠ったとして責任を問われることはない[2]だろう。

司法書士の場合も、顧客等もしくは代表者等が提示または送付する本人確認書類や、その陳述について、司法書士の職務として通常必要とされる注意を払って相手方が顧客等または代表者等に該当するかどうかを判断していれば、直ちに犯罪収益移転防止法違反とはならないだろう。なお、司法書士にとっては、司法書士の職責において通常要求される程度の注意が求められよう。

司法書士の場合は、取引時確認に不備があったときは、それが犯罪収益移転防止法違反に該当するケースでは、司法書士法違反にも該当（品位保持（法令遵守）義務違反）することになるが、仮に犯罪収益移転防止法違反には該当しないケースであっても、司法書士法上の責任を問われることもあり得ることには留意する必要がある。

面識がある場合などのように、既に取引時確認を行っている顧客等であることを確認したときも、前述と同様、特定事業者にとって通常必要とされる注意をもって確認すれば足りることとなる。ただ、「面識」規定を用いることは簡便であるが、職員（の離職後）に行政庁が事後的に確認したところ面識についてあやふやであったという場合には、犯罪収益移転防止法上特定事業者がその責任・リスク（是正命令等）を負うことになる[3]。

(2)　なりすまし等の疑いがある取引に関する注意義務

ハイリスク取引の場合には取引時確認において、厳格な本人特定事項の確認の方法が用いられる（第5章第2節、第3節）。なりすまし等の疑いがある取引はハイリスク取引に該当するため、関連取引時確認に係る顧客等また

2　経済法令研究会編『金融機関における犯罪収益移転防止法Q＆A―本人確認と疑わしい取引の届出』（経済法令研究会、2008年）100頁
3　犯罪収益移転防止制度研究会編著・前掲注1・201頁

は代表者になりすましている疑いがある場合と、関連取引時確認が行われた際に当該確認に係る事項を偽っていた疑いがある顧客等との取引に該当するか否かも、一応、検討の対象となる。そこで、特定事業者は当該取引について、なりすまし等の疑いがあるか否かの判断を行うこととなるが、この場合にどの程度の注意義務が必要とされるのか。

なりすまし等の疑いがあるか否かの判断に関する注意義務の程度は、職務上において通常要求される程度の注意義務が必要とされると考えて差し支えないであろう。

したがって、もし、なりすまし等を見破ることができなかったような場合であっても、職務上において通常要求される程度の注意義務が果たされていたとすれば犯罪収益移転防止法違反に問われることにはならないが、例えば、明らかに顧客や取引の任に当たっている者が本人特定事項を偽っているような場合（具体的には、状況にもよるが、取引の申込書類に住所を記入する際に、引越したばかりでもないのに、メモか何かを見ながら書き写していたような場合）に[4]、なりすまし等を疑わずに本来行うべき取引時確認を怠ったようなときには、犯罪収益移転防止法違反となり得る。

なお、犯罪収益移転防止法上、「なりすまし等の疑いがある」と判断されるまでには至らなくても、疑わしい取引の届出を行う必要がある場合がある。例えば、口座名義人である法人の実体がないとの疑いが生じた口座を使用した出入金において、「法人の実体の有無や背後にある真の権利帰属関係が解明されるまで取引を停止する」というまでの判断に至らない場合などが想定される[5]。

ただし、後述のとおり現時点では司法書士に「疑わしい取引の届出」の義務は課せられていない。とはいえ司法書士としては、どこまでも職責を踏まえた注意義務をもって、なりすまし等の疑いの有無について慎重に判断し、

4　手塚崇史『よくわかるマネーロンダリング対策―犯罪収益移転防止法の実務』（金融財政事情研究会、2008年）82頁

5　犯罪収益移転防止制度研究会編著・前掲注１・68頁

心証を得る必要がある。

Q293　司法書士が、以前、特定業務に関する依頼を受けたＡから、再度、特定業務に関する依頼を受けた際、先の依頼の際の取引時確認行において、Ａの生年月日の確認を失念し、確認記録にも生年月日を記録していないことに気が付いた場合であっても、Ａと面識があり、先の依頼者Ａであることが明らかであるならば、既に取引時確認を行っている顧客等との取引として、取引時確認を省略して、依頼された手続等を行っても差し支えないのか。

A293　取引時確認をやり直して、生年月日を確認し、確認記録に記録しなければ、依頼された手続等を行うことはできない。

◇◇◇◇◇ **解説** ◇◇

取引時確認が行われたが、その確認に不備があったことがわかった場合、例えば本人特定事項の一部を確認していなかった場合や、誤った本人特定事項を確認していた場合、あるいは本人特定事項以外の法定の記録事項を確認し忘れていた場合や、記録し忘れていた場合には、特定事業者には、取引時確認に関する法定の要件を完全に充足させる義務が生じる。

そのため、初回の依頼の際に行われた取引時確認に不備があることを初回の依頼に基づく事務の履行前に気が付いたとき、初回の依頼の際に行われた取引時確認に不備があることを２回目の依頼の際に気が付いたときは、なりすまし等の疑いがない場合であっても、直ちに取引時確認をやり直して、完全な取引時確認を完成させなければ、それ以降、依頼された事務の履行を行うことはできない。

第2節　顧客等に求められる義務等

問い42　司法書士は、特定業務に関する依頼をされたとき、依頼者が取引時確認に応じない場合であっても、その依頼を拒否することはできないのか。

答え42　依頼者が取引時確認に応じるまでは、依頼を拒否することができる。

解説

(1)　顧客の不実告知の禁止と特定事業者の免責

特定事業者には犯罪収益移転防止法上の目的に沿って、取引時確認などの種々の義務が課せられているが、顧客等の側にもそれらの義務の履行が適切に行われるための一定の義務が課されている。

特定事業者が取引時確認を行う場合に、顧客側は、その確認に係る事項を偽ってはならない（当り前のことではあるが）という、法律上の不実告知を禁止する規定があり、その一方、顧客が取引時確認に応じないときには、特定事業者は依頼に伴う事務を行わなくてもよいとする特定事業者の免責の規定がある。

(2)　顧客の不実告知の禁止

【法4条6項】

> 6　顧客等及び代表者等（前二項に規定する現に特定取引等の任に当たっている自然人をいう。以下同じ。）は、特定事業者が第一項若しくは第二項（これらの規定を前項の規定により読み替えて適用する場合を含む。）又は第四項の規定による確認（以下「取引時確認」という。）を行う場合において、当該特定事業者に対して、当該取引時確認に係る事項を偽ってはならない。

特定事業者が取引時確認を行うときに、顧客等が真正な本人確認書類等の提示などを行い、また真実を述べ、その取引時確認が適切に行われるようにされることは当然に要求されることであり、犯罪収益移転防止法における義務とされている。

この義務は、顧客等及び代表者等の双方に課せられている。司法書士が取引時確認を行う際には、顧客等は顧客等自身の本人特定事項を偽ってはならず、代表者等はその顧客等の本人特定事項も、代表者等自身の本人特定事項も偽ってはならないこととなる。

もし、偽っていることが明らかであるとか、偽っているおそれがある場合には、その偽りが解消されない限り、特定事業者はそれ以降の依頼に基づく事務の履行を行うことはできない。

(3)　顧客が取引時確認に応じない場合

【法5条】

（特定事業者の免責）
第五条　特定事業者は、顧客等又は代表者等が特定取引等を行う際に取引時確認に応じないときは、当該顧客等又は代表者等がこれに応ずるまでの間、当該特定取引等に係る義務の履行を拒むことができる。

特定事業者には完全な取引時確認を行う義務が課せられ、顧客等の側には本人特定事項などの確認に係る事項を偽ってはならないという義務が課せられているが、特定事業者が取引時確認を行う際に、現実に、顧客等の側が取引時確認に応じない場合には、特定事業者はどのように対応すればいいのか。

このような場合には、特定事業者の免責規定により、顧客等の側が取引時確認に応じるまでは、特定事業者はその依頼に基づく事務の履行を拒否することができることとなる。

特定事業者による依頼事務の保留について、顧客が特定事業者に対して、履行請求や損害賠償請求を行使してくることも考えられるが、法5条の免責規定は民法の原則に対する特例として規定されたものであるため[6]、特定事業者がこのような顧客の請求に応じる必要はないのである。

本条の「応じない」とは、顧客等または代表者等が、当該取引が取引時確認の対象となる取引であることを認識しており、取引時確認に応じない意思を明らかにしている、または取引時確認に応じない意思をもっていることが合理的に推定される場合をいう。

取引時確認の対象となる取引か否かの判断に、特定事業者の主観が伴う場合、本条の免責を受けるためには、顧客等に対し疑いを持っていることを告げなければならない[7]。例えば、顧客等が本人特定事項を偽っている疑いがある場合や、取引を行おうとしている者が当該顧客等になりすましている疑いのある場合において、顧客等からは、特定事業者が犯罪収益移転防止法上の取引時確認の義務を果たそうとしているのか、それとも法の枠外の本人確認を自らのリスク回避のために自主的に行っているのか判断できない。このような場合に、特定事業者は顧客等に対し当該疑いを持っていることを告げることとなる。

また、取引時確認に応じない意思を明らかにしている、または取引時確認に応じない意思を持っていることが合理的に推定されると言えるかどうかは、個々の経済取引において具体的に判断されるものであるが、単に一度の連絡不通等の事情では足りず、累次の連絡を行ったにもかかわらず連絡不通である等の事情が必要である[8]。

要するに本条の免責規定は、完全な取引時確認が行われるまでは、顧客の側には取引時確認に応じる義務があり、その義務に応じるまでの間は、依頼事務の履行を保留することができることを意味する。

初回の依頼の際に顧客が取引時確認に応じないときに、その依頼に係る事務の履行を保留することができることは、本条の適用そのものであるが、本条は完全な取引時確認が行われることを担保するために設けられている。したがって、依頼を受けて取引時確認を行い、確認記録を作成したものの、当

6　経済法令研究会編・前掲注２・103頁
7　犯罪収益移転防止制度研究会編著・前掲注１・208頁
8　犯罪収益移転防止制度研究会編著・前掲注１・209頁

該依頼に基づく特定受任行為の代理等を行う前に、例えば顧客等の住居に誤りがあったなど、取引時確認に不備があったことが判明したときは、顧客等の側に取引時確認のやり直しの協力を求めて、顧客がそれに応じて不備が是正されない限り、特定事業者は特定受任行為の代理等を行うことを拒否することができる。

さらに、依頼を受け取引時確認を行い、確認記録を作成し、当該依頼に基づく特定受任行為の代理等を行った後、２回目の依頼の際に、前回の依頼の際の取引時確認が不備であったことが判明した場合も、顧客等の側に取引時確認のやり直しの協力を求めて、顧客がそれに応じてその不備が是正されない限り、特定事業者は特定受任行為の代理等を行うことを拒否することができる。

なお、そもそも依頼の申込の際に、顧客が本人確認に応じず、結局、本人確認を行い得ないことを理由に、司法書士がその依頼を拒否することは、司法書士法21条の「正当な事由」があると言える。この点は、依頼者等の本人確認等に関する規程基準６条（後掲）によって明らかにされている。

本条では、依頼事務の保留は顧客等または代表者等のいずれか一方に係る。犯罪収益移転防止法上、代表者等がある依頼の場合において現に特定取引の任に当たる者は代表者等だけであるためである。ただ、司法書士業務においては、意思確認においては顧客本人に確認しなければならないこともある。そのような状況において、代表者等は取引時確認に応じているものの、顧客自身が意思確認等に応じないような場合には、同様にその確認の心証が得られるまでは、依頼事務に応じないこととなろう。

第7章

疑わしい取引の届出等、取引時確認等を的確に行うための措置

第１節　疑わしい取引の届出等

問い43　**司法書士は、特定業務に関する依頼を受けたとき、その依頼に関して、マネー・ローンダリング等の疑いがあると認めた場合は、法務局に届け出なければならないのか。**

答え43　**現時点では、届け出なければならない義務はない。**

解説

(1)　概論

犯罪収益移転防止法は、特定事業者に「疑わしい取引の届出」を行政庁へ行う義務を課している。また、疑わしい取引として行政庁に届け出られた事項を、当該行政庁から国家公安委員会へ通知することも規定されている。

【法８条】

> （疑わしい取引の届出等）
> 第八条　特定事業者（第二条第二項第四十四号から第四十七号までに掲げる特定事業者を除く。）は、特定業務に係る取引について、当該取引において収受した財産が犯罪による収益である疑いがあるかどうか、又は顧客等が当該取引に関し組織的犯罪処罰法第十条の罪若しくは麻薬特例法第六条の罪に当たる行為を行っている疑いがあるかどうかを判断し、これらの疑いがあると認められる場合においては、速やかに、政令で定めるところにより、政令で定める事項を行政庁に届け出なければならない。
> 2　前項の規定による判断は、同項の取引に係る取引時確認の結果、当該取引の態様その他の事情及び第三条第三項に規定する犯罪収益移転危険度調査書の内容を勘案し、かつ、主務省令で定める項目に従って当該取引に疑わしい点があるかどうかを確認する方法その他の主務省令で定める方法により行わなければならない。

3　特定事業者（その役員及び使用人を含む。）は、第一項の規定による届出（以下「疑わしい取引の届出」という。）を行おうとすること又は行ったことを当該疑わしい取引の届出に係る顧客等又はその者の関係者に漏らしてはならない。
4　行政庁（都道府県知事又は都道府県公安委員会に限る。）は、疑わしい取引の届出を受けたときは、速やかに、当該疑わしい取引の届出に係る事項を主務大臣に通知するものとする。
5　行政庁（都道府県知事及び都道府県公安委員会を除く。）又は前項の主務大臣（国家公安委員会を除く。）は、疑わしい取引の届出又は同項の通知を受けたときは、速やかに、当該疑わしい取引の届出又は通知に係る事項を国家公安委員会に通知するものとする。

疑わしい取引の届出の制度は、犯罪収益等の仮装・隠匿等のマネー・ローンダリング行為が、特定事業者における特定業務を利用して行われる等、犯罪による収益の移転に利用されやすいことにかんがみ、特定事業者から犯罪による収益に係る疑わしい取引に関する情報を集約してマネー・ローンダリング犯罪およびその前提犯罪の捜査に役立てることを主目的とするとともに、犯罪者によって特定事業者が利用されることを防止し、特定事業者に対する信頼を確保しようとするものである[1]。

現時点では、特定事業者であっても、司法書士、弁護士、行政書士、公認会計士、税理士には「疑わしい取引の届出」の義務は課せられていない。司法書士など、固有の守秘義務等に関する権利義務を有し、かつ依頼に基づく信頼関係を基礎として業務を行う法律・会計専門家にとっては、このような犯罪収益移転防止法上の義務を課すべきではないことは当然であると考えることができる。

反面、社会全体（国内外問わず）の要請として、司法書士などもマネー・ローンダリング等に関わらない、利用されない、ならびにその実効性の確保

1　犯罪収益移転防止制度研究会編著『逐条解説犯罪収益移転防止法』（東京法令出版、2009年）240頁

が求められており、第3次FATF対日相互審査においても、司法書士などに「疑わしい取引の届出」の義務が課せられていないことが問題として指摘されている。

そこで、現時点では司法書士には適用はないものの、今後の動静に注目し、司法書士自治の範囲内における代替的な措置の検討にも資するためにも、「疑わしい取引の届出」について以下概説し、参考に供したい。

(2)　届出義務等

本条の「疑いがある」とは、当該特定事業者の従業者が、当該業界等における一般的な知識と経験を前提として、当該取引の形態を見た場合に、収受した財産が犯罪による収益である疑いがあり、または犯罪による収益の仮装・隠匿罪に当たる行為を行っている疑いがあることをいう[2]。

疑わしい取引として本条1項で定義されているものには2種ある。同項前段が、特定業務において「収受した財産が犯罪による収益である疑いがあ」ると認められる場合であるが、この場合は、顧客との間で取引が成立して既に特定事業者が財産を収受したことを要すると考えられる。一方、後段の、顧客等が特定業務に関し「組織的犯罪処罰法第十条の罪若しくは麻薬特例法第六条の罪に当たる行為を行っている疑いがある」と認められる場合には、必ずしも顧客等との間の取引が成立したことは要しない。例えば、特定事業者において、顧客等がマネー・ローンダリングを行っているとの疑いを持ち、それを理由に取引を謝絶することも想定されるが、このような場合も、特定事業者は疑わしい取引の届出義務を負う[3]。

当該届出の義務と併せて、特定事業者には疑わしい取引の届出を行おうとすることまたは行ったことを当該届出に係る顧客等またはその者の関係者に漏らしてはならない義務も課される。ここで、「関係者」とは、顧客等の家族、顧客等が会社である場合のその従業員はもとより、振込における振込先、外

2　犯罪収益移転防止制度研究会編著・前掲注1・241頁
3　犯罪収益移転防止制度研究会編著・前掲注1・242頁
4　犯罪収益移転防止制度研究会編著・前掲注1・244頁

国送金における送金先等が考えられる[4]。

特定事業者による疑わしい取引の届出先は行政庁となる。当該届出は、規則で定める様式で、文書又は電磁的記録媒体によって行わなければならないとされ（規則25条）、届出作成プログラムで届出書のデータを作成し、当該データおよび画像化した参考資料をインターネットで申請することもできる[5]。

届け出る事項は、次のとおりである（令16条）。

・疑わしい取引の届出を行う特定事業者の名称および所在地
・疑わしい取引の届出の対象となる取引（以下この項において「対象取引」という）が発生した年月日及び場所
・対象取引が発生した業務の内容
・対象取引に係る財産の内容
・特定事業者において知り得た対象取引に係る法４条１項各号に掲げる事項
・疑わしい取引の届出を行う理由
・その他主務省令で定める事項

(3)　疑わしい取引の参考事例

疑わしい取引の届出に係る「疑わしさ」の判断については、犯罪収益移転防止法案の国会審議において繰り返し取り上げられるなど、要件が曖昧であるとの疑問が少なからず提起された。その判断は、事案ごとに、当該顧客との間の日頃の取引状況、送金方法・態様等個々の具体的な要素を考慮してなされるものであり、特定事業者がその業務の過程で把握している顧客の職業、事業内容等からみて、合理性のない高額の取引、合理性のない頻繁な取引である疑いがあるなどの情報を総合的に考慮して判断されることとなろう[6]。

疑わしい取引に該当するか否かの参考として、各所管省庁からガイドライ

5　廣渡鉄著『金融機関のためのマネー・ローンダリング対策Ｑ＆Ａ［第３版］』（金融財政事情研究会、2016年）263頁
6　犯罪収益移転防止制度研究会編著・前掲注１・241頁

ンが作成されているので、資料として後掲し、その一部を以下に掲げる。

【金融機関】

・多額の現金（外貨を含む）または小切手により、入出金（有価証券の売買、送金および両替を含む。以下同じ）を行う取引。とくに、顧客の収入、資産等に見合わない高額な取引、送金や自己宛小切手によるのが相当と認められる場合にもかかわらず、あえて現金による入出金を行う取引

・短期間のうちに頻繁に行われる取引で、現金または小切手による入出金の総額が多額である場合。敷居値を若干下回る取引が認められる場合も同様とする

・多量の小額通貨（外貨を含む）により入金または両替を行う取引

・夜間金庫への多額の現金の預入れまたは急激な利用額の増加に係る取引

・架空名義口座または借名口座であるとの疑いが生じた口座を使用した入出金

・口座名義人である法人の実体がないとの疑いが生じた口座を使用した入出金

・住所と異なる連絡先にキャッシュカード等の送付を希望する顧客または通知を不要とする顧客に係る口座を使用した入出金

・多数の口座を保有していることが判明した顧客に係る口座を使用した入出金。屋号付名義等を利用して異なる名義で多数の口座を保有している顧客の場合を含む

・当該支店で取引をすることについて明らかな理由がない顧客に係る口座を使用した入出金

・口座開設後、短期間で多額または頻繁な入出金が行われ、その後、解約または取引が休止した口座に係る取引

・多額の入出金が頻繁に行われる口座に係る取引

・口座から現金で払戻しをし、直後に払い戻した現金を送金する取引（伝票の処理上現金扱いとする場合も含む）。とくに、払い戻した口座の名義と異なる名義を送金依頼人として送金を行う場合

・多数の者に頻繁に送金を行う口座に係る取引。とくに、送金を行う直前に多額の入金が行われる場合

・多数の者から頻繁に送金を受ける口座に係る取引。とくに、送金を受けた直後に当該口座から多額の送金または出金を行う場合

・匿名又は架空名義と思われる名義での送金を受ける口座に係る取引

・通常は資金の動きがないにもかかわらず、突如多額の入出金が行われる口座に係る取引

・経済合理性から見て異常な取引。例えば、預入れ額が多額であるにもかかわらず、合理的な理由もなく、利回りの高い商品を拒む場合

・口座開設時に確認した取引を行う目的、職業または事業の内容等に照らし、不自然な態様・頻度で行われる取引

・延滞していた融資の返済を予定外に行う取引

・融資対象先である顧客以外の第三者が保有する資産を担保とする融資の申込み

・公務員や会社員がその収入に見合わない高額な取引を行う場合

・複数人で同時に来店し、別々の店頭窓口担当者に多額の現金取引や外国為替取引を依頼する一見の顧客に係る取引

・取引時確認が完了する前に行われたにもかかわらず、顧客が非協力的で取引時確認が完了できない取引。例えば、後日提出されることになっていた取引時確認に係る書類が提出されない場合。代理人が非協力的な場合も同様とする。

・暴力団員、暴力団関係者等に係る取引

・職員の知識、経験等から見て、不自然な態様の取引または不自然な態度、動向等が認められる顧客に係る取引

・その他（公的機関など外部から、犯罪収益に関係している可能性があるとして照会や通報があった取引等）

【不動産の売買】

・多額の現金により、宅地または建物を購入する場合（とくに、顧客の収入、

資産等に見合わない高額の物件を購入する場合）

・短期間のうちに行われる複数の宅地または建物の売買契約に対する代金を現金で支払い、その支払い総額が多額である場合
・売買契約の締結が、架空名義または借名で行われたとの疑いが生じた場合
・顧客が取引の関係書類に自己の名前を書くことを拒む場合
・申込書、重要事項説明書、売買契約書等の取引の関係書類それぞれに異なる名前を使用しようとする場合
・売買契約の契約者である法人の実体がないとの疑いが生じた場合
・顧客の住所と異なる場所に関係書類の送付を希望する場合
・同一人物が、短期間のうちに多数の宅地または建物を売買する場合
・宅地または建物の購入後、短期間のうちに当該宅地または建物を売却する場合
・経済合理性から見て異常な取引を行おうとする場合（例えば、売却することを急ぎ、市場価格を大きく下回る価格での売却でも厭わないとする場合等）
・短期間のうちに複数の宅地または建物を購入するにもかかわらず、各々の物件の場所、状態、予想修理費等に対してほとんど懸念を示さない場合
・取引の規模、物件の場所、顧客が営む事業の形態等から見て、当該顧客が取引の対象となる宅地または建物を購入または売却する合理的な理由が見出せない場合
・合理的な理由なく、予定されていた決済期日の延期の申入れがあった場合
・顧客が（売買契約締結後に）突然、高額の不動産の購入への変更を依頼する場合
・公務員や会社員がその収入に見合わない高額な取引を行う場合
・顧客が自己のために取引しているか疑いがあるため、真の受益者について確認を求めたにもかかわらず、その説明や資料提出を拒む場合
・顧客が取引の秘密を不自然に強調する場合
・顧客が、宅地建物取引業者に対して「疑わしい取引の届出」を行わないよ

うに依頼、強要、買収等を図る場合

・暴力団員、暴力団関係者等に係る取引

・自社従業員の知識、経験等から見て、不自然な態様の取引または不自然な態度、動向等が認められる顧客に係る取引

・犯罪収益移転防止対策室その他の公的機関など外部から、犯罪収益に関係している可能性があるとして照会や通報があった取引

(4)　国家公安委員会の責務等

国家公安委員会は、毎年、犯罪による収益の移転に係る手口その他の犯罪による収益の移転の状況に関する調査及び分析を行った上で、特定事業者その他の事業者が行う取引の種別ごとに、当該取引による犯罪による収益の移転の危険性の程度等の調査分析の結果を記載した犯罪収益移転危険度調査書を作成・公表し、必要に応じ、関係行政機関及び特定事業者等に対し、資料の提出、意見の表明、説明その他必要な協力を求めることができる（法3条）。

国家公安委員会は、疑わしい取引に関する情報が、検察官・検察事務官・

《疑わしい取引に関する情報の活用》

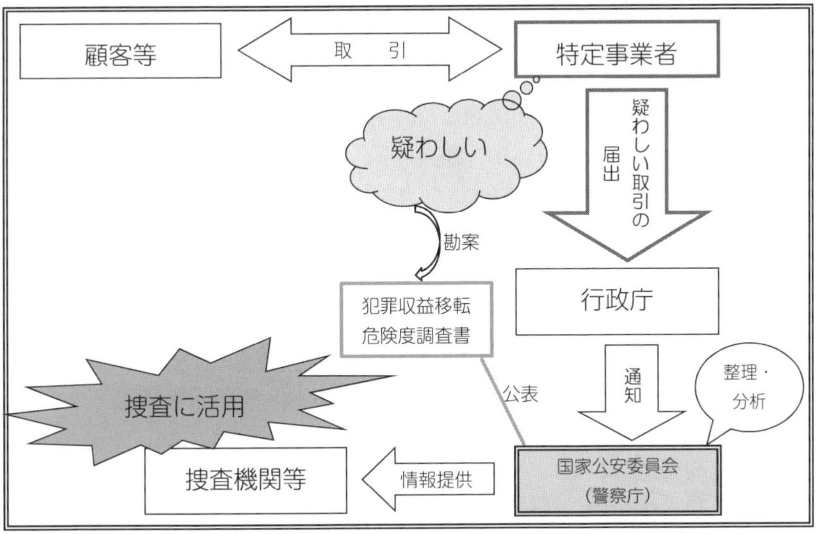

JAFIC「犯罪収益移転防止法の概要［平成30年11月30日以降の特定事業者向け］」39頁

司法警察職員・税関職員・証券取引等監視委員会の職員（以下「検察官等」という）による特定の罪に係る刑事事件の捜査または犯則事件の調査に資すると認めるときは、これを検察官等に提供するものとされている。また、検察官等は、それらの罪に係る刑事事件の捜査または犯則事件の調査のため必要と認めるときは、国家公安委員会に対し、疑わしい取引に関する情報の記録の閲覧もしくは謄写またはその写しの送付を求めることができる（法13条）。

【疑わしい取引の届出をすべき場合とは】

本法律では、司法書士等の士業者を除く特定事業者は、

● 特定業務において収受した財産が犯罪による収益である疑いがある

又は、

● 顧客等が特定業務に関し組織的犯罪処罰法第10条の罪若しくは麻薬特例法第６条の罪に当たる行為を行っている疑いがある

と認められる場合には、疑わしい取引の届出を行政庁に行うこととされています（各特定事業者ごとの届出先は〈別表９〉（略）を参照下さい。）。

その際、事業者は、届出を行おうとすること又は行ったことを顧客又はその関係者に漏らしてはなりません。

① 特定業務において収受した財産が犯罪による収益である疑いがある場合

特定事業者が顧客と取引を行う際に、取引に使用されたお金などが「犯罪による収益」であるとの疑いが生じた場合に疑わしい取引の届出の対象となります。

「犯罪による収益」については以下で説明しますが、簡単に言えば、犯罪によって得た財産（お金に限らない）ということになります。

例えば、詐欺や恐喝などの犯罪により得たお金で不動産や宝石を購入する場合や、詐欺によりだまし取った現金の受取窓口として郵便物受取サービス業者を利用する場合などが考えられます。

また、窃盗や強盗によって奪った宝石を古物商で売却する場合や、詐欺によりだまし取った不動産を宅地建物取引業者に売却するような場合も届出の対象であり、「犯罪による収益」はお金であるとは限りません。

以上のように、事業者が受け取った財産が犯罪によって得た財産ではないかという疑いが生じた場合が届出の対象となります。

《犯罪による収益とは》

本法律において「犯罪による収益」とは、組織的犯罪処罰法第2条第4項に規定する「犯罪収益等」又は麻薬特例法第2条第5項に規定する「薬物犯罪収益等」のことを指します。組織的犯罪処罰法第2条第4項では、「犯罪収益等」とは、「犯罪収益」、「犯罪収益に由来する財産」又は「これらの財産とそれ以外の財産とが混和した財産」を指すとされています。

犯罪による収益 （犯罪収益等）	=	犯罪収益	+	犯罪収益に由来する財産	+	混和財産

◆犯罪収益

「犯罪収益」の中心となるのは、組織的犯罪処罰法第2条第2項第1号に規定する別表に掲げる犯罪行為により生じ、若しくは当該犯罪行為により得た財産又はその報酬として得た財産です。ここでいう財産とは、社会通念上経済的価値が認められる利益一般のことであり、動産、不動産といった有体物に限りません。

別表に掲げる犯罪行為は多岐に渡りますが、例えば殺人、強盗、恐喝、詐欺、貸金業法違反（無登録営業等）などの重大な犯罪や暴力団等の資金源となる犯罪などが含まれています。なお、これらの犯罪は組織的に行われたか否かは問いません。

このほか、平成13年の米国同時多発テロ事件を受けて制定された公衆等脅迫目的の犯罪行為のための資金の提供等の処罰に関する法律に規定する資金提供罪に係る資金（テロ資金）についても「犯罪収益」に該当しますので、テロに関連する資金を収受した疑いがある場合も届出の対象となります。

◆犯罪収益に由来する財産

「犯罪収益に由来する財産」とは、犯罪収益の果実として得た財産、犯罪収益の対価として得た財産や犯罪収益の保有又は処分に基づき得た財産などを指します。

例えば、犯罪収益を預金した際の利息や、窃盗により奪った犯罪収益である宝石を売却して得た代金などが該当します。

◆混和財産

「犯罪収益」、「犯罪収益に由来する財産」とこれらの財産以外の財産が混和した財産をいいます。

② 顧客等が特定業務に関し組織的犯罪処罰法第10条の罪若しくは麻薬特例法第６条の罪に当たる行為を行っている疑いがある場合

組織的犯罪処罰法、麻薬特例法では、犯罪収益を得た前提となる犯罪（前提犯罪といいます。）とは別に、犯罪収益等の取得又は処分について事実を仮装したり、犯罪収益等を隠匿する行為自体を処罰の対象としています。

「組織的犯罪処罰法第10条の罪若しくは麻薬特例法第６条の罪」については以下で説明しますが、簡単に言えば、犯罪によって財産（お金に限らない）を得た事実をごまかすことや、犯罪によって得た財産を隠すことであり、それ自体が処罰の対象となっています。

この規定はいわゆるマネー・ローンダリングを処罰するためのものです。偽名や第三者名義を用いて犯罪収益が移転してしまえば、その犯罪収益を追跡することは極めて困難となり、その剥奪も難しくなります。また、犯罪収益が新たな別の犯罪行為に利用されるおそれもあります。

したがって、マネー・ローンダリングを防止するためにも、その疑いがある場合には疑わしい取引の届出を行うことが必要となります。

この規定については、顧客との取引が成立したことは必ずしも必要ではなく、未遂に終わった場合や契約の締結を断った場合でも届出の対象となります。

例えば、詐欺や恐喝で奪ったお金を偽名や第三者名義の預金口座に預け入れたり、偽名や第三者名義を用いて宝石や不動産を購入しようとしている場合などが届出の対象となりますが、特定事業者において顧客がマネー・ローンダリングを行っているとの疑いを持ち、それを理由に取引を断ったとしても届出の対象となります。

《組織的犯罪処罰法第10条の罪若しくは麻薬特例法第６条の罪とは》

組織的犯罪処罰法第10条では、犯罪収益等の取得若しくは処分につき事実を仮装し、又は犯罪収益等を隠匿した者を処罰の対象としています。麻薬特例法第６条でも同様に、大麻や麻薬などの薬物犯罪により得た収益の仮装、隠匿行為を処罰の対象となります。

③　疑いがあるかどうかの判断方法

疑いがあるかどうかの判断については、取引時確認の結果、取引の態様その他の事情及び国家公安委員会が作成・公表する犯罪収益移転危険度調査書の内容を勘案し、取引の性質に応じて次の方法により判断します。

ⅰ）過去に取引を行ったことのない顧客等との取引（いわゆる一見取引）であってⅲ）でない取引犯罪収益移転防止法施行規則第26条各号の項目（※１）に従って、取引に疑わしい点があるかどうかを確認する方法

ⅱ）過去に取引を行ったことがある顧客等との取引（いわゆる既存顧客との取引）であってⅲ）でない取引

当該顧客等に係る確認記録や取引記録等を精査した上で、犯罪収益移転防止法施行規則第26条各号の項目に従って、取引に疑わしい点があるかどうかを確認する方法

ⅲ）マネー・ローンダリングに利用されるおそれの高い取引（※２）

上記ⅰ）又はⅱ）に定める方法に加えて、

○顧客等に対して質問を行ったり、取引時確認の際に顧客から申告を受けた職業等の真偽を確認するためにインターネット等を活用して追加情報を収集したりするなど、必要な調査を行う

こととするとともに、

○上記の措置を講じた上で、当該取引に疑わしい点があるかどうかを統括管理者又はこれに相当する者に確認させる

方法

※１　①当該取引の態様と、他の顧客等との間で通常行う取引の態様との比較、②当該取引の態様と、過去の当該顧客等との取引との比較、③当該取引の態様と取引時確認の結果に関して有する情報との整合性

※２　ハイリスク取引や、特別の注意を要する取引、高リスク国に居住・所在する顧客との取引等、犯罪収益移転危険度調査書の内容を勘案してマネー・ローンダリングに悪用されるリスクが高いと認められる取引をいう。

なお、疑いがあるか否かは、個々の取引の形態や顧客の属性等によっても異なりますので、一律にいくら以上の現金取引であるとか、何回以上の頻繁な取引といったように画一的な基準を定めることはできませんが、各行政庁において所管事業者向けに、疑わしい取引に該当するかを判断する上での目安としてガイドラインを作成・公表していますのでご参照下さい。

ただし、ガイドラインはあくまで目安となる参考事例を例示しているものですので、ガイドラインに掲載されている事例に形式的に合致するものが全て疑わしい取引に該当するものではない一方、事例に該当しない取引であっても、特定事業者が疑わしい取引に該当すると判断したものは届出の対象となることに注意してください。

JAFIC「犯罪収益移転防止法の概要［平成30年11月30日以降の特定事業者向け］」40頁～42頁

Q294　**司法書士は、依頼が犯罪収益の移転を目的とする疑いがあるものであっても、その依頼を受ける義務があるのか。**

A294　**司法書士は、その依頼が犯罪収益の移転を目的とするものであるか否かについて慎重に検討しなければならず、依頼が犯罪収益の移転を目的とするものであると認めるときは、その依頼を受けてはならない。**

◇◇◇◇◇ **解説** ◇◇◇◇◇

司法書士には、疑わしい取引の届出の義務はないとはいえ、依頼が犯罪収益の移転を目的とするものであるか否かと無関係に、その依頼を受けなければならないということではない。

犯罪収益の移転を目的とするとは、依頼に係る財産が犯罪による収益である、または依頼者が当該依頼に関し組織的犯罪処罰法10条の罪（犯罪収益等隠匿）もしくは麻薬特例法６条の罪（薬物犯罪収益等隠匿）に当たる行為を行っている場合をいい、司法書士が、マネー・ローンダリング等にかかわらず、利用されないために、平成22年３月、日本司法書士会連合会理事会は、犯罪による収益の移転防止に関する執務指針（後掲）を決定した。

まず、司法書士は、司法書士業務の依頼を受けようとするときは、その依頼が犯罪収益の移転を目的とするものであるか否かについて慎重に検討しなければならず、その結果、その依頼が犯罪収益の移転を目的とするものであると認めるときは、その依頼を受けてはならないとされている。また、司法書士は、司法書士業務の依頼を受けた後に、その依頼が犯罪収益の移転を目的とするものであることを知ったときは、既に犯罪収益の移転が終了していた場合を除いて、依頼者に対し違法であることを説明するとともに、その目的の実現を回避するように説得に努め、依頼者が説得に応じない場合には、依頼を受けた業務から辞任しなければならないとされている。

つまり、依頼が犯罪収益の移転を目的とするものである場合には、依頼に応ずる義務を定めた司法書士法21条の正当な事由がある場合に当たることになる。

第２節　取引時確認等を的確に行うための措置

問い44　**取引時確認、確認記録の作成、特定受任行為の代理等に関する記録の作成のほか、犯罪収益移転防止法において、司法書士には、どのような措置をとることが求められているのか。**

答え44　**取引時確認等を的確に行うための措置をとる必要がある。**

解説　特定事業者には、取引時確認（第３章）、確認記録の作成（第４章第１節）、特定受任行為の代理等に関する記録の作成（第４章第２節）、疑わしい取引の届出等（第７章第１節）のほか、犯罪収益移転防止法において、取引時確認等を的確に行うための措置をとることが求められている。

取引時確認等の措置とは、取引時確認、取引記録等の保存、疑わしい取引の届出等の措置を総称して言うため、特定事業者は、それらの措置を的確に行うため、当該取引時確認をした事項に係る情報を最新の内容に保つための措置（取引時確認をした事項に係る情報を最新の内容に保つための措置）を講じなければならないとされている。

これは司法書士にも適用があり、疑わしい取引の届出等の措置を除いて、司法書士も、それらの措置を的確に行うため、当該取引時確認をした事項に係る情報を最新の内容に保つための措置を講じなければならない。

【法11条】

（取引時確認等を的確に行うための措置）

第十一条　特定事業者は、取引時確認、取引記録等の保存、疑わしい取引の届出等の措置（以下この条において「取引時確認等の措置」という。）を的確に行うため、当該取引時確認をした事項に係る情報を最新の内容に保つための措置を講ずるものとするほか、次に掲げる措置を講ずるように努めなければならない。
一　使用人に対する教育訓練の実施
二　取引時確認等の措置の実施に関する規程の作成
三　取引時確認等の措置の的確な実施のために必要な監査その他の業務を統括管理する者の選任
四　その他第三条第三項に規定する犯罪収益移転危険度調査書の内容を勘案して講ずべきものとして主務省令で定める措置

Q295　**取引時確認をした事項に係る情報を最新の内容に保つための措置について、司法書士は、どのように対応するべきなのか。**

A295　**登記業務を除いて、依頼を受ける際に、確認した本人特定事項等に変更があった場合には、依頼者が司法書士に届け出る旨を書面化しておく等の措置を講ずる必要がある。**

◇◇◇◇◇ **解説** ◇◇◇◇◇

取引時確認をした事項に係る情報を最新の内容に保つための措置をとることは、司法書士の義務であり、この措置によって、依頼者の最新の本人特定事項等を把握し、なりすましの疑い等を的確に判断するに資するものとなる。

具体的には、特定業務に係る依頼を受ける際に、今後、確認した本人特定事項等に変更があった場合には、顧客が特定事業者に、その旨を届け出ることとし、そのことを約款に盛り込むこと等の措置を講ずることである。

要するに、依頼の後には、当該業務終了後であっても、依頼者の氏名や住居、名称、本店・主たる事務所に変更があった場合には、その変更した事項を依頼者が司法書士に届け出ることを約し、それを書面化することが求められることになる。財産管理業務においては、当該財産管理契約書中に、依頼者の本人特定事項に変更があった場合には、依頼者は当該変更後の事項を司法書士に届け出なければならないという条項を設けておくことが必要となろう。そして、その届出があった場合には、司法書士は、その旨を確認記録に付記することになるのである（問い31）。

ただ、登記業務のような１回的取引にあっては、この措置は適用とはならず、後日、依頼者の本人特定事項に変更があったことの届出を求めることは必要とされない。

Q296　**取引時確認等を的確に行うための措置について、取引時確認をした事項に係る情報を最新の内容に保つための措置以外では、特定事業者には、どのような措置が求められるのか。**

A296　**使用人に対する教育訓練の実施、取引時確認等の措置の実施に関する規程の作成、取引時確認等の措置の的確な実施のために必要な監査その他の業務を統括管理する者の選任、その他犯罪収益移転危険度調査書の内容を勘案して講ずべきものとして主務省令で定める措置をとる努力義務が求められている。**

解説

取引時確認等を的確に行うための措置について、取引時確認をした事項に係る情報を最新の内容に保つための措置以外では、特定事業者には、使用人に対する教育訓練の実施、取引時確認等の措置の実施に関する規程の作成、取引時確認等の措置の的確な実施のために必要な監査その他の業務を統括管理する者の選任、その他犯罪収益移転危険度調査書の内容を勘案して講ずべきものとして主務省令で定める措置をとる努力義務が求められている。この努力義務は、司法書士にも適用される。

(1)　使用人に対する教育訓練の実施

マネー・ローンダリングのリスクがあるか否かを認識するための具体的な注意点や対応要領についての教育訓練、犯罪収益移転防止法の遵守状況を監査する機能の強化、取引を行うに当たっての内部手続を定めた規則の作成、本人特定事項等をスムーズかつ効率的に識別できる情報検索システムの導入

(2)　取引時確認等の措置の実施に関する規程の作成

取引時確認等の的確な実施を確保するため、取引時確認等の措置の実施手順や対応要領等を定めた規程の作成

(3)　取引時確認等の措置の的確な実施のために必要な監査その他の業務を統括管理する者の選任

教育訓練の実施、内部規程の作成、法の遵守状況の監査等、取引時確認等の的確な実施のために必要な業務に関する責任の所在を明らかにし、一元的・効率的な業務運営を行うための、取引時確認等の実施等に関する事項を統括管理する者の選任

(4)　犯罪収益移転危険度調査書の内容を勘案して講ずべきものとして主務省令で定める措置

【規則32条】

（取引時確認等を的確に行うための措置）

第三十二条　法第十一条第四号に規定する主務省令で定める措置は、次の各号に掲げる措置とする。

一　自らが行う取引（新たな技術を活用して行う取引その他新たな態様による取引を含む。）について調査し、及び分析し、並びに当該取引による犯罪による収益の移転の危険性の程度その他の当該調査及び分析の結果を記載し、又は記録した書面又は電磁的記録（以下この項において「特定事業者作成書面等」という。）を作成し、必要に応じて、見直しを行い、必要な変更を加えること。

二　特定事業者作成書面等の内容を勘案し、取引時確認等の措置（法第十一条 に規定する取引時確認等の措置をいう。以下この条において同じ。）を行うに際して必要な情報を収集するとともに、当該情報を整理し、及び分析すること。

三　特定事業者作成書面等の内容を勘案し、確認記録及び取引記録等を継続的に精査すること。

四　顧客等との取引が第二十七条第三号に規定する取引に該当する場合には、当該取引を行うに際して、当該取引の任に当たっている職員に当該取引を行うことについて法第十一条第三号の規定により選任した者の承認を受けさせること。

五　前号に規定する取引について、第二号に規定するところにより情報の収

集、整理及び分析を行ったときは、その結果を記載し、又は記録した書面又は電磁的記録を作成し、確認記録又は取引記録等と共に保存すること。
六　取引時確認等の措置の的確な実施のために必要な能力を有する者を特定業務に従事する職員として採用するために必要な措置を講ずること。
七　取引時確認等の措置の的確な実施のために必要な監査を実施すること。
２～４（略）

主務省令で定める措置は、規則32条に掲げられた措置であり、おおむね、次のような措置とされる。

・リスク評価、情報収集、記録の精査

自らが行う取引を調査、分析して、マネー・ローンダリングのリスクを評価した上で書面化、更新

その作成した書面（特定事業者作成書面等）の内容を勘案し、取引時確認等の措置を行うに際して必要な情報の収集、当該情報の整理、分析、確認記録や取引記録等の継続的な精査

・リスクの高い取引を行う際の対応

外国PEPsとの取引や通常でない取引等のリスクの高い取引を行うに際して統括管理者の承認

リスクの高い取引を行うに当たって行われる情報の収集、整理及び分析の結果を書面化し、確認記録や取引記録等とともに保存

・必要な能力を有する職員の採用

取引時確認等の措置が的確に行われるために必要な能力を有する者を採用するために必要な措置

・取引時確認等に係る監査の実施

取引時確認等の措置の的確な実施のために必要な監査の実施

ここで、犯罪収益移転危険度調査書とは、国家公安委員会が、毎年、犯罪による収益の移転に係る手口その他の犯罪による収益の移転の状況に関する調査及び分析を行った上で、特定事業者その他の事業者が行う取引の種別ごとに、当該取引による犯罪による収益の移転の危険性の程度その他の当該調

査及び分析の結果を記載したもので（法３条３項)、JAFIC のホームページで公表されている（https://www.npa.go.jp/sosikihanzai/jafic/nenzihokoku/nenzihokoku.htm)。

第8章

監督、罰則

第１節　監督

問い45　**犯罪収益移転防止法において、司法書士に対して、報告または提出を求め、立入検査をし、あるいは指導等を行う必要がある場合、それらは、都道府県警察が行うのか。**

答え45　**法務局・地方法務局の長が行う。**

解説

(1)　報告

犯罪による収益移転の防止の効果を促進するため、行政庁による監督に関する規定が設けられている。

まず、第一段階として、行政庁は特定事業者に対し報告または資料の提出を求めることができる。

【法15条、22条】

（報告）

第十五条　行政庁は、この法律の施行に必要な限度において、特定事業者に対しその業務に関して報告又は資料の提出を求めることができる。

（行政庁等）

第二十二条　この法律における行政庁は、次の各号に掲げる特定事業者の区分に応じ、当該特定事業者に係る事項に関して、それぞれ当該各号に定める者とする。

一～十五　（略）

十六　第二条第二項第四十四号に掲げる特定事業者　法務大臣

十七　（略）

２～９　（略）

10　前各項に規定するもののほか、第八条及び第十五条から第十九条までの規定による行政庁の権限の行使に関して必要な事項は、政令で定める。

【令35条】

（司法書士等に係る取引等に関する行政庁の権限委任等）

第三十五条　法第二条第二項第四十四号に掲げる特定事業者に対する法第十五条、第十六条第一項及び第十七条に定める法務大臣の権限は、その事務所（司法書士法人にあっては、主たる事務所）の所在地を管轄する法務局及び地方法務局の長に委任する。ただし、法務大臣が自らその権限を行使することを妨げない。

2　前項に規定する法務大臣の権限で、法第二条第二項第四十四号に掲げる特定事業者（司法書士法人に限る。次項において同じ。）の主たる事務所以外の事務所（以下この条において「従たる事務所」という。）に対するものについては、前項に規定する法務局及び地方法務局の長のほか、当該従たる事務所の所在地を管轄する法務局及び地方法務局の長も行使することができる。

3　前項の規定により法第二条第二項第四十四号に掲げる特定事業者の従たる事務所に対して報告若しくは資料の提出の求め若しくは質問若しくは立入検査又は指導、助言若しくは勧告（以下この条及び次条において「検査・指導等」という。）を行った法務局又は地方法務局の長は、当該特定事業者の主たる事務所又は当該従たる事務所以外の従たる事務所に対して検査・指導等の必要を認めたときは、当該主たる事務所又は当該従たる事務所以外の従たる事務所に対し、検査・指導等を行うことができる。

司法書士にとっての行政庁とは法務大臣であり、法務大臣はその権限を、司法書士の事務所（司法書士法人にあっては、主たる事務所）の所在地を管轄する法務局および地方法務局の長に委任するとされている。もちろん必要があれば、法務大臣自身が、その権限を行使することもできる。司法書士法人の場合にあっては、その従たる事務所の所在地を管轄する法務局および地方法務局の長もその権限を行使することができる。その場合、従たる事務所に対して、報告、もしくは資料の提出の求めもしくは質問もしくは立入検査または指導、助言もしくは勧告（以下「検査・指導等」という）を行った法務局または地方法務局の長は、必要に応じて当該司法書士法人の主たる事務所または当該従たる事務所以外の従たる事務所にも検査・指導等を行うことができるものとされる。つまり、司法書士に対して犯罪収益移転防止法に基づく監督の一環として報告などを求めるとは、「法務大臣（法務局長・地方法務局長）は、犯罪収益移転防止法の施行に必要な限度において、特定事業者に対しその業務に関して報告又は資料の提出を求めることができる」ということとなる。

理論的には、行政庁による報告徴収は、国家公安委員会による報告徴収と異なり、個別の事業者について特定の違反事実の嫌疑がない場合であっても行うことができる[1]。また、この規定による報告徴収に特定事業者は応ずる義務があるが、罰則規定の適用は別として、行政庁は、相手方が明確に義務の履行を拒否しているにもかかわらず、相手方の意思を抑圧し、または物理的に抵抗を排除して報告徴収を実施することはできない[2]。

「その業務」には、「この法律の施行に必要な限度において」特定業務以外の業務も含まれる。したがって、必要な限度であれば、法務大臣（法務局長・地方法務局長）は司法書士に対し、特定業務以外の業務についても、報告または資料の提出を求めることができると解されている。

「資料」は、犯罪収益移転防止法の規定に基づいて作成された確認記録、取引記録等（それらの添付資料を含む）には該当しなくても、「この法律の施行に必要な限度において」行政庁の権限行使の対象となり得る。したがって、必要な限度であれば、法務大臣（法務局長・地方法務局長）は司法書士に対し、領収書、事件簿、会則に基づいて作成した各種記録、事務所独自に作成している資料等の提出を求めることもできると解されている。

1　犯罪収益移転防止制度研究会編著『逐条解説犯罪収益移転防止法』（東京法令出版、2009年）277頁
2　犯罪収益移転防止制度研究会編著・前掲注１・277頁

(2)　立入検査

【法16条】

（立入検査）

第十六条　行政庁は、この法律の施行に必要な限度において、当該職員に特定事業者の営業所その他の施設に立ち入らせ、帳簿書類その他の物件を検査させ、又はその業務に関し関係人に質問させることができる。

2　前項の規定により立入検査をする当該職員は、その身分を示す証明書を携帯し、関係人の請求があったときは、これを提示しなければならない。

3　第一項の規定による立入検査の権限は、犯罪捜査のために認められたものと解してはならない。

4　（略）

行政庁は、特定事業者による犯罪収益移転防止法上の義務の履行の確保を図るため、犯罪収益移転防止法の施行に必要な限度において、特定事業者に対する立入検査を行うことができる。

行政庁が行う立入検査は、都道府県警察による立入検査と異なり、個別の事業者について特定の違反事実の嫌疑がない場合であっても行うことができる[3]。立入検査では、当該職員に特定事業者の営業所その他の施設に立ち入らせ、帳簿書類その他の物件を検査させ、またはその業務に関し関係人に質問させることができる。

法16条のいう「営業所その他の施設」とは、司法書士の場合は、司法書士事務所が該当することになるが、事務所以外の場所であっても、帳簿書類等を保管しているところがあれば、その場所も含まれることになると解されている。

「帳簿書類その他の物件」についても、同法15条の規定の解釈と同様、犯罪収益移転防止法に係るもの以外のものも含まれると考えられる。

「関係人」については、少なくとも補助者はこれに該当し、通常は、共同

3　犯罪収益移転防止制度研究会編著・前掲注1・279頁

事務所・合同事務所の他の司法書士や、雇用司法書士も該当するものと思われる。

法15条の場合と同様、行政庁は、相手方が明確に義務の履行について拒否しているにもかかわらず、相手方の意思を抑圧し、または物理的に抵抗を排除して立入検査を実施することはできず[4]、特定事業者が行政庁に対して、立入検査に応じて回答することは、司法書士法24条の「秘密の保持の義務」にも、個人情報の保護に関する法律23条の「第三者提供の制限」にも違反することにはならないと解され、行政庁の立入検査に応じないときは、刑事罰の対象となる。

(3)　指導等

【法17条】

> （指導等）
> 第十七条　行政庁は、この法律に定める特定事業者による措置の適正かつ円滑な実施を確保するため必要があると認めるときは、特定事業者に対し、必要な指導、助言及び勧告をすることができる。

本条は、行政庁が特定事業者に対し、必要な指導等をすることができることを明定したものであり、指導等の内容として、指導、助言および勧告が規定されている。通常、法15条の報告、法16条の立入検査を経て、その結果、特定事業者に問題があると行政庁が認めたときに、必要な指導、助言および勧告を行うと思われるが、法15条および法16条の手続を経なくても（犯罪収益移転防止法上の措置の適正性等に問題があることが明らかである場合等）、行政庁は本条の指導等を行うことができる。

Q297　**司法書士が、法務局長・地方法務局長から、犯罪収益移転防止法の施行に必要な限度において、その業務に関して報告または資**

4　犯罪収益移転防止制度研究会編著・前掲注１・280頁

料の提出を求められて応じることは、守秘義務違反に該当するのか。

A297　**守秘義務違反には該当しない。**

◇◇◇◇◇ **解説** ◇◇◇

犯罪収益移転防止法に基づく資料の提供と秘密保持義務や個人情報保護との関係については、特定事業者が行政庁に対し、特定業務に関する（または関しない）事項を報告することや、犯罪収益移転防止法により作成、保存義務がある確認記録、取引記録等（それらの添付資料を含む）、あるいは同法に基づかない事件簿等を提供することは、司法書士法24条の「秘密の保持の義務」にも、個人情報の保護に関する法律23条の「第三者提供の制限」にも違反することにはならないと解される。

なお、行政庁による報告・資料提供の徴収に応じないときは、問い46のとおり、刑事罰の対象となる。

司法書士も特定事業者として犯罪収益移転防止法上の監督や罰則規定の適用を受けるが、司法書士は、法務局による懲戒権の行使という形で間接的な監督を受けるとともに、司法書士会の会則等によって会長指導や注意勧告といった自治的な監督も受けている。また、犯罪収益移転防止法違反は司法書士法上の法令遵守義務（品位保持義務）違反にも該当し得る。

したがって、行政庁や国家公安委員会の犯罪収益移転防止法に基づく権限行使に先立って、司法書士法に基づいた監督権の発動によって問題の解決が図られるよう運用されるべきであろうと考える。

Q298　**司法書士が、確認記録の作成義務を怠っているときは、直ちに、刑事罰の対象となるのか。**

A298　**直ちに、刑事罰の対象となることはないが、是正命令に違反すると、刑事罰の対象となる。**

◇◇◇◇◇ **解説** ◇◇

是正命令

【法18条】

（是正命令）

第十八条　行政庁は、特定事業者がその業務に関して第四条第一項若しくは第二項（これらの規定を同条第五項の規定により読み替えて適用する場合を含む。）若しくは第四項、第六条、第七条、第八条第一項から第三項まで、第九条又は第十条の規定に違反していると認めるときは、当該特定事業者に対し、当該違反を是正するため必要な措置をとるべきことを命ずることができる。

本条は、特定事業者の取引時確認の義務、確認記録の作成、保存の義務、取引記録等の作成、保存の義務、疑わしい取引の届出の義務等の違反行為があると認めるときは、行政庁が特定事業者に対して、違反を是正するため必要な措置を取るべきことを命ずることができることを明定したものである。

通常、法15条の報告、法16条の立入検査、法17条の指導等を経てもなお、特定事業者について犯罪収益移転防止法上の違反の是正がみられない場合に行政庁から是正命令が発せられるものと思われるが、法15条、法16条、法17条の手続を経なくても（悪質な違反である場合等）、是正命令を発することができる。

是正命令は、あくまでも犯罪収益移転防止法上の義務違反の是正を目的としたものである。例えば、司法書士の犯罪収益移転防止法違反が品位保持義務違反として懲戒の対象となるときは、懲戒処分としては、司法書士法の規定によってなされることとなることは言うまでもない。

そこで、司法書士が、確認記録の作成を怠っているときは、直ちに、刑事罰の対象となるわけではないが、是正命令に違反すると、刑事罰の対象となる（Q300）。

是正命令の内容は、「当該違反を是正するため必要な措置」であり、通常は、「是正命令以後は法を遵守し、確認記録及び取引記録等を作成せよ」というような措置であろうと思われるが、事案によっては、「是正命令以後は法を遵守し、確認記録および取引記録等を作成するとともに、過去における未作成の確認記録および取引記録等を作成せよ」という措置になる可能性も高いと考えられる。

Q299　**司法書士に、犯罪収益移転防止法上の違反が認められるときは、国家公安委員会が、司法書士に対して懲戒処分を行うのか。**

A299　**国家公安委員会は、司法書士が、犯罪収益移転防止法の規程に違反していると認めるときは、当該司法書士に対し懲戒処分を行うべき旨の意見を述べることができるが、懲戒処分については、司法書士法に基づいて、法務局・地方法務局の長が行う。**

◇◇◇◇◇ **解説** ◇◇

国家公安委員会の意見の陳述

【法19条】

> （国家公安委員会の意見の陳述）
>
> 第十九条　国家公安委員会は、特定事業者がその業務に関して前条に規定する規定に違反していると認めるときは、行政庁（都道府県公安委員会を除く。以下この条において同じ。）に対し、当該特定事業者に対し前条の規定による命令を行うべき旨又は他の法令の規定により当該違反を理由として業務の停止その他の処分を行うことができる場合にあっては、当該特定事業者に対し当該処分を行うべき旨の意見を述べることができる。
>
> 2　国家公安委員会は、前項の規定により意見を述べるため必要な限度において、特定事業者に対しその業務に関して報告若しくは資料の提出を求め、又は相当と認める都道府県警察に必要な調査を行うことを指示することができる。
>
> 3　前項の指示を受けた都道府県警察の警視総監又は道府県警察本部長は、同項の調査を行うため特に必要があると認められるときは、あらかじめ国家公安委員会の承認を得て、当該職員に、特定事業者の営業所その他の施設に立ち入らせ、帳簿書類その他の物件を検査させ、又はその業務に関し関係人に

> 質問させることができる。この場合においては、第十六条第二項から第四項までの規定を準用する。
> 4　国家公安委員会は、前項の承認をしようとするときは、あらかじめ、行政庁（行政庁が都道府県知事である場合にあっては、主務大臣を経由して当該都道府県知事）にその旨を通知しなければならない。
> 5　前項の通知を受けた行政庁は、政令で定めるところにより、国家公安委員会に対し、第十六条第一項の規定による権限の行使と第三項の規定による都道府県警察の権限の行使との調整を図るため必要な協議を求めることができる。この場合において、国家公安委員会は、その求めに応じなければならない。

犯罪収益移転防止法による監督に関する規定には、行政庁による監督のほか、国家公安委員会による監督に関する規定も設けられている。

犯罪収益移転防止法による監督は行政庁によるものが主であり、国家公安委員会による監督はあくまでも補完的なものであるべきであろうが、理論的には、国家公安委員会による監督は、行政庁による監督と並列して行われることもあり得る。

国家公安委員会は、特定事業者がその業務に関して取引時確認の義務、確認記録の作成、保存の義務、取引記録等の作成、保存の義務、疑わしい取引の届出の義務等に違反していると認められるときは、行政庁に対し、当該特定事業者に対し是正命令を行うべき旨または他の法令の規定により当該違反を理由として業務の停止その他の処分（司法書士法に基づく懲戒処分）を行うべき旨の意見を述べることができる。ここでは、国家公安委員会は、行政庁にそのような意見を述べることができることが規定されているだけであり、あくまでも是正命令や懲戒処分は行政庁が行うものである。

また、国家公安委員会は、行政庁に対して意見を述べるため必要な限度において、特定事業者に対しその業務に関して報告もしくは資料の提出を求め、または相当と認める都道府県警察に必要な調査を行うことを指示することができ、さらに、その指示を受けた都道府県警察の警視総監・道府県警察本部長は、その調査を行うためとくに必要があると認められるときは、あらかじめ国家公安委員会の承認を得て、当該職員に、特定事業者の営業所等に立ち入らせ、帳簿書類等を検査させ、またはその業務に関し関係人に質問させることができる。この場合、国家公安委員会がその承認をしようとするときは、あらかじめ、行政庁にその旨を通知しなければならないとされている。

都道府県警察による立入検査等は、行政庁による監督措置の補完を旨とするものであることを踏まえ、実施にあたっては、みだりに顧客の秘密を探知するような不当な権限の行使がないよう、十分に留意されるべきであるとされる。

第2節　罰則

問い46　**犯罪収益移転防止法に基づく法務局・地方法務局長による資料提出の求めを受けて、司法書士が資料の提出をしないときは、刑事罰の対象とされるのか。**

答え46　刑事罰の対象とされる。

解説

報告・資料提出拒否、虚偽報告・虚偽資料提出、立入検査不答弁・虚偽答弁・拒否・妨害・忌避

【法26条】

> 第二十六条　次の各号のいずれかに該当する者は、一年以下の懲役若しくは三百万円以下の罰金に処し、又はこれを併科する。
> 一　第十五条若しくは第十九条第二項の規定による報告若しくは資料の提出をせず、又は虚偽の報告若しくは資料の提出をした者
> 二　第十六条第一項若しくは第十九条第三項の規定による当該職員の質問に対して答弁をせず、若しくは虚偽の答弁をし、又はこれらの規定による検査を拒み、妨げ、若しくは忌避した者

行政庁による報告徴収（法15条）、国家公安委員会の指示による都道府県警による報告徴収（法19条２項）に対して、報告もしくは資料の提出をせず、または虚偽の報告もしくは資料の提出をした者は、１年以下の懲役もしくは300万円以下の罰金に処され、またはこれらを併科される。

また、行政庁による立入検査（法16条１項）、国家公安委員会の指示による都道府県警による立入検査（法19条３項）に対して、質問に答弁をせず、もしくは虚偽の答弁をし、またはこれらの規定による検査を拒み、妨げ、もしくは忌避した者も、300万円以下の罰金に処され、またはこれらを併科さ

れる。

Q300 **是正命令に従わないことで、刑事罰の対象とされることがあるのか。**

A300 **刑事罰の対象とされる。**

◇◇◇◇◇ **解説** ◇◇◇◇◇

是正命令違反

【法25条】

> 第二十五条　第十八条の規定による命令に違反した者は、二年以下の懲役若しくは三百万円以下の罰金に処し、又はこれを併科する。

犯罪収益移転防止法では、取引時確認の義務、確認記録の作成、保存の義務、取引記録等の作成、保存の義務、疑わしい取引の届出の義務等の違反行為があったからといって、それが即、刑事罰の対象とはされているわけではない。報告拒否、立入検査拒否の場合のほかは、上記の違反行為があって、さらに是正命令を受けても、その是正命令に従わないときに、刑事罰の対象となる。

行政庁の発した是正命令に違反した者は、２年以下の懲役もしくは300万円以下の罰金に処され、またはこれらを併科される。

Q301 **犯罪収益移転防止法上、特定事業者以外の者も、刑事罰の対象とされることがあるのか。**

A301 **依頼者（顧客）または担当者（代表者等）の本人特定事項を隠蔽する目的で、それらの本人特定事項を偽った者などは、刑事罰の対象とされる。**

◇◇◇◇◇ 解説 ◇◇◇◇◇

(1)　本人特定事項の隠蔽

【法27条】

> 第二十七条　顧客等又は代表者等の本人特定事項を隠蔽する目的で、第四条第六項の規定に違反する行為（当該顧客等又は代表者等の本人特定事項に係るものに限る。）をした者は、一年以下の懲役若しくは百万円以下の罰金に処し、又はこれを併科する。

顧客等又は代表者等の本人特定事項を隠蔽する目的で、当該顧客等または代表者等の本人特定事項を偽った者は、１年以下の懲役もしくは100万円以下の罰金に処され、またはこれらを併科される。

(2)　なりすましによる預貯金口座の譲受等

【法28条】

> 第二十八条　他人になりすまして特定事業者（第二条第二項第一号から第十五号まで及び第三十六号に掲げる特定事業者に限る。以下この条において同じ。）との間における預貯金契約（別表第二条第二項第一号から第三十七号までに掲げる者の項の下欄に規定する預貯金契約をいう。以下この項において同じ。）に係る役務の提供を受けること又はこれを第三者にさせることを目的として、当該預貯金契約に係る預貯金通帳、預貯金の引出用のカード、預貯金の引出し又は振込みに必要な情報その他特定事業者との間における預貯金契約に係る役務の提供を受けるために必要なものとして政令で定めるもの（以下この条において「預貯金通帳等」という。）を譲り受け、その交付を受け、又はその提供を受けた者は、一年以下の懲役若しくは百万円以下の罰金に処し、又はこれを併科する。通常の商取引又は金融取引として行われるものであることその他の正当な理由がないのに、有償で、預貯金通帳等を譲り受け、その交付を受け、又はその提供を受けた者も、同様とする。
>
> ２　相手方に前項前段の目的があることの情を知って、その者に預貯金通帳等を譲り渡し、交付し、又は提供した者も、同項と同様とする。通常の商取引又は金融取引として行われるものであることその他の正当な理由がないの

に、有償で、預貯金通帳等を譲り渡し、交付し、又は提供した者も、同様とする。
3　業として前二項の罪に当たる行為をした者は、三年以下の懲役若しくは五百万円以下の罰金に処し、又はこれを併科する。
4　第一項又は第二項の罪に当たる行為をするよう、人を勧誘し、又は広告その他これに類似する方法により人を誘引した者も、第一項と同様とする。

本条は、他人になりすまして預貯金通帳等を譲り受ける行為等のうち一定の行為等を刑事罰の対象とするものである。

(3)　なりすましによる為替取引による送金等

【法29条、30条】

第二十九条　他人になりすまして第二条第二項第三十号に掲げる特定事業者（以下この項において「資金移動業者」という。）との間における為替取引により送金をし若しくは送金を受け取ること又はこれらを第三者にさせることを目的として、当該為替取引に係る送金の受取用のカード、送金又はその受取に必要な情報その他資金移動業者との間における為替取引による送金又はその受取に必要なものとして政令で定めるもの（以下「為替取引カード等」という。）を譲り受け、その交付を受け、又はその提供を受けた者は、一年以下の懲役若しくは百万円以下の罰金に処し、又はこれを併科する。通常の商取引として行われるものであることその他の正当な理由がないのに、有償で、為替取引カード等を譲り受け、その交付を受け、又はその提供を受けた者も、同様とする。
2　相手方に前項前段の目的があることの情を知って、その者に為替取引カード等を譲り渡し、交付し、又は提供した者も、同項と同様とする。通常の商取引として行われるものであることその他の正当な理由がないのに、有償で、為替取引カード等を譲り渡し、交付し、又は提供した者も、同様とする。
3　業として前二項の罪に当たる行為をした者は、三年以下の懲役若しくは五百万円以下の罰金に処し、又はこれを併科する。
4　第一項又は第二項の罪に当たる行為をするよう、人を勧誘し、又は広告その他これに類似する方法により人を誘引した者も、第一項と同様とする。

第三十条　他人になりすまして第二条第二項第三十一号に掲げる特定事業者（以下この項において「仮想通貨交換業者」という。）との間における仮想通貨交換契約（資金決済に関する法律第二条第七項各号に掲げる行為を行うことを内容とする契約をいう。以下この項において同じ。）に係る役務の提供を受けること又はこれを第三者にさせることを目的として、仮想通貨交換業者において仮想通貨交換契約に係る役務の提供を受ける者を他の者と区別して識別することができるように付される符号その他の当該役務の提供を受けるために必要な情報（以下この条において「仮想通貨交換用情報」という。）の提供を受けた者は、一年以下の懲役若しくは百万円以下の罰金に処し、又はこれを併科する。通常の商取引として行われるものであることその他の正当な理由がないのに、有償で、仮想通貨交換用情報の提供を受けた者も、同様とする。

2　相手方に前項前段の目的があることの情を知って、その者に仮想通貨交換用情報を提供した者も、同項と同様とする。通常の商取引として行われるものであることその他の正当な理由がないのに、有償で、仮想通貨交換用情報を提供した者も、同様とする。

3　業として前二項の罪に当たる行為をした者は、三年以下の懲役若しくは五百万円以下の罰金に処し、又はこれを併科する。

4　第一項又は第二項の罪に当たる行為をするよう、人を勧誘し、又は広告その他これに類似する方法により人を誘引した者も、第一項と同様とする。

本両条は、他人になりすました為替取引による送金、仮想通貨交換用情報の提供等のうち一定の行為等を刑事罰の対象とするものである。

Q302　**是正命令に違反した場合の法定刑は、司法書士の場合も、司法書士法人の場合も同じなのか。**

A302　**司法書士の場合と司法書士法人の場合とでは法定刑が異なり、前者は2年以下の懲役もしくは300万円以下の罰金（または、これらを併科)、後者は3億円以下の罰金となる。**

◇◇◇◇◇ **解説** ◇◇

両罰規定

犯罪収益移転防止法に違反した場合の刑事罰は、一定の場合、行為者本人が罰せられるほか、その所属する法人または行為者以外の人も罰せられることがある。

【法31条】

> 第31条　法人の代表者又は法人若しくは人の代理人、使用人その他の従業者が、その法人又は人の業務に関して次の各号に掲げる規定の違反行為をしたときは、その行為者を罰するほか、その法人に対して当該各号に定める罰金刑を、その人に対して各本条の罰金刑を科する。
> 一　第二十五条　三億円以下の罰金刑
> 二　第二十六条　二億円以下の罰金刑
> 三　第二十七条　同条の罰金刑

当該法人にも刑事罰が課せられる場合は、法人の代表者または法人もしくは人の代理人、使用人その他の従業者が、その法人または人の業務に関して一定の違反行為をしたときである。

一定の場合とは、是正命令違反（法25条）、報告・資料提出拒否、虚偽報告・虚偽資料提出、立入検査不答弁・虚偽答弁・拒否・妨害・忌避（法26条）、本人特定事項の隠蔽（法27条）の場合である。

是正命令違反について本条が適用されるときは、行為者が、２年以下の懲役もしくは300万円以下の罰金に処される（またはこれらの併科）ほか、その行為者の所属する法人は３億円以下の罰金、その行為者（代理人、使用人その他の従業員）の所属する行為者以外の人（個人事業主）も300万円以下の罰金に処されることとなる。

また、報告・資料提出拒否、虚偽報告・虚偽資料提出、立入検査不答弁・虚偽答弁・拒否・妨害・忌避について本条が適用されるときは、行為者が、１年以下の懲役もしくは300万円以下の罰金に処される（またはこれらの併科）ほか、その行為者の所属する法人は２億円以下の罰金、その行為者（代理人、使用人その他の従業員）の所属する行為者以外の人（個人事業主）も300万円以下の罰金に処されることとなる。

本人特定事項の隠蔽について本条が適用されるときは、行為者が、１年以下の懲役もしくは100万円以下の罰金に処される（またはこれらの併科）ほか、その行為者の所属する法人も100万円以下の罰金、その行為者（代理人、使用人その他の従業員）の所属する行為者以外の人（個人事業主）も100万円以下の罰金に処されることとなる。

ここでいう法人には、司法書士法人も含まれる。

第9章

司法書士の本人確認

第1節　本人確認－犯罪収益移転防止法と司法書士の職責の差異

(1)　概説

本書では、これまで、犯罪収益移転防止法における本人確認、すなわち、取引時確認を中心に、特定事業者が順守すべき義務を解説し、併せて必要に応じ「司法書士の職責」の場合についても言及した。これは、犯罪収益移転防止法における本人確認と、司法書士の職責に基づく本人確認とは形式的には一致するところもありつつも、両者は異なる目的を有する、異なる本人確認であることについて、注意を促したものである。

司法書士が業務を遂行する場合は、まず、司法書士の職責に基づく本人確認が求められる。そして、その業務が犯罪収益移転防止法上の特定業務であれば、さらに、犯罪収益移転防止法における取引時確認の要件を満たさなければならない。どちらか一方の本人確認の要件を満たすだけでは足りないのである。

しかも、その業務が、不動産登記のように法令上の諸要件をも満たす必要があり、例えば、宅地の売買による所有権の移転の登記手続の代理を依頼された場合、その登記義務者の本人確認については、司法書士の職責に基づく本人確認によって登記義務者本人であることの心証を得、後述する一定の記録を作成し、保存することになる。そして、この場合の本人確認の方法や記録の作成、保存は、犯罪収益移転防止法にものっとったものでなければならない（通常は、1つの本人確認で、両者の本人確認を兼ね備えることとなる）。

その上で、登記義務者の実印（印影）の確認のために印鑑登録証明書が必要となるが、ここで、犯罪収益移転防止法上の本人確認書類の一部として印鑑登録証明書を利用することもできる場合もある（Q152）。この際留意すべき点は、犯罪収益移転防止法上の印鑑証明書の有効期限は6か月以内とされているところ、登記申請の添付書類としての印鑑証明書は、当然のことながら3か月以内でなければならないことである。すなわち、「犯罪収益移転防止法の規定が、不動産登記法の規定の特例とはならない」ということである。

このように、本人確認のためには、【図表】のＡ、Ｂ、Ｃの領域の３つの重なった部分で、各々の実質及び形式を満たす必要があるのである。

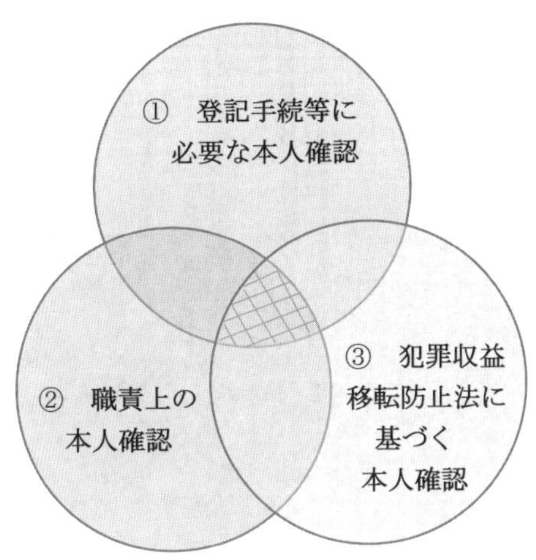

(2)　司法書士の職責に基づく本人確認

①　本人確認の段階

ｉ　概要

司法書士の職責に基づく本人確認には４つの段階があると言われている。１回の本人確認ですべてを満たす場合もあるが、複数回の本人確認をもってすべてを満たす場合もある。

・実在性の確認

・同一性の確認

・適格性の確認

・意思の確認

ⅱ　実在性の確認

「実在性の確認」とは、司法書士に業務の依頼をしようとしている者が、実在するか否かの確認をいい、対象者が、架空人でない、あるいは死者でないことを確認する。架空人や死者からは、依頼を受けることができない。

例えば、売買による所有権の移転の登記手続を買主の委任をもって依頼されたとき、その委任者が死者でないかという確認のことである。もし、現実に司法書士に依頼した者が買主の相続人であったとすると、その生前売買の委任は、委任時に死亡している買主ではなく、その相続人から委任を受けなければ適法な依頼とは言えない。

実在性の確認は、通常、公的な書類等によって形式的に判断される。

iii　同一性の確認

「同一性の確認」とは、依頼者である甲（と名乗る者）が実在することを前提に、その「甲」が、運転免許証などの本人確認書類に記載されている「甲」と同一人であるか否かの確認をいう。

同一性の確認は、通常、運転免許証等の公的な本人確認書類によって形式的に判断される。

iv　適格性の確認

司法書士の職責に基づく本人確認にあっては、実在性の確認および同一性の確認に加えて、「適格性の確認」も求められる。つまり、司法書士に依頼をしている者が、当該業務の依頼者であることの適格性を確認しなければならないとされている。

典型的な例が、登記義務者の本人確認である。所有権の移転の登記において登記義務者として司法書士に依頼をする甲が、その運転免許証に記載されている「甲」と同一人であることを確認した上で、登記記録の所有権登記名義人として記録されている「甲」と同一人であることを確認することとなる。例えば「甲」が甲野太郎である場合、依頼をしている者が運転免許証に記載されている甲野太郎であると確認することができたとしても、それだけで直ちに登記記録上の甲野太郎と同一人であるとは限らない。同氏同名の場合もあり得るところ、司法書士に依頼をしている目の前の甲野太郎が、真に、当該登記を受けた甲野太郎でなければ、適法な依頼を受けることができないからである。

その他の業務においても、登記権利者の場合には単なる甲野太郎としてではなく、買主の甲野太郎であることを確認するなど、当該依頼人に適格性があることを確認する必要がある。

適格性の確認は、通常、登記識別情報・登記済証、印鑑証明書等の各手続で求められる書類等だけでなく、契約書その他の関係書類・資料や、当該人・関係者の言動、依頼の経緯など、当該依頼に係る諸状況を総合的に勘案し、実質的に心証を得ることによって判断される。

v　意思の確認

実在性の確認、同一性の確認、適格性の確認は依頼者の本人性の確認であると言えるが、さらに、依頼をする意思が確認されなければ、依頼を受けることができない（依頼が成立しない）。

成年後見業務等の場合を除いて、本人（または本人を適法に代理する者）からの依頼がなければ、司法書士の業務は発生することはなく、これは、「依頼なければ、業務はない」ということを意味する。依頼をされた業務以外にも、当該依頼者にとって有益な事務があると司法書士が思ったとしても、その事務に関する新たな依頼を受けなければ、司法書士は当該事務を行い得ない。依頼がないにもかかわらず、司法書士が、ある事務を行ったならば、たとえ「よかれ」と思ってした行為であっても、適法であるとは言えないことは明らかである。

「意思の確認」とは、まさに、この依頼の意思を確認することであり、原則として、実際に依頼者に面談し、直接その意思を確認することである。代理人等が依頼の任に当たる場合は、その代理権の確認と、代理人等の当該意思を確認することとなる。意思の確認も、実質的に心証を得ることによって判断される。

以上、４段階の本人確認は、段階を経て行われる場合もあろうが、通常は、一連の確認行為のうちにそれらを兼ね備えることとなろう。

②　本人確認の根拠規定

司法書士の職責に基づく本人確認の根拠は、司法書士法２条および３条１項に求められるだろう。

【司法書士法２条、３条】

（職責）
第２条　司法書士は、常に品位を保持し、業務に関する法令及び実務に精通して、公正かつ誠実にその業務を行わなければならない。

（業務）
第３条　司法書士は、この法律の定めるところにより、他人の依頼を受けて、次に掲げる事務を行うことを業とする。
（以下、略）

司法書士法２条で、「公正かつ誠実に」行わなければならない「業務」が、同法３条１項柱書の「業と」して行う「事務」であるとすると、それは、「他人の依頼を受けて」行われなければならないこととなる。

そこで、現に依頼をしている者が、同条に定める「他人（者）」であるか否か、実在性の確認、同一性の確認、適格性の確認、意思の確認を、司法書士の職責に基づく本人確認として行うのである。

③　本人確認に関する規定

司法書士の職責に基づく本人確認方法については、司法書士法には具体的記述はなく、抽象的な概念であったところ、日本司法書士会連合会において、平成19年に司法書士会会則基準が改正され、次の規定が追加された。

【司法書士会会則基準91条の２】

（依頼者等の本人確認等）
第91条の２　会員は、業務（相談業務を除く。）を行うに際し、依頼者及びその代理人等の本人であることの確認並びに依頼の内容及び意思の確認を行い、本人であることの確認及び依頼された事務の内容に関する記録を書面又は電磁的記録により作成しなければならない。
２　前項の記録は、事件の終了時から10年間保存しなければならない。
３　前２項について必要な事項は、理事会において定める。

併せて、「依頼者等の本人確認等に関する規程基準」も制定され、司法書士の職責に基づく本人確認が、依頼者および、その代理人等の本人であることの確認ならびに依頼の内容および意思の確認であることが明らかにされ、その方法、記録の作成、保存その他の事項について、一定程度、具体化された（実際の施行は、これを受けた各司法書士会の会則、同規程による）。

これらの詳細は、その後の改正後の同基準と日司連作成の補足説明など、次の関連する通知等を参考にしていただきたい。

・本人確認等に関する資料集（平成20年８月日司連発行）

・登記事務における本人確認等についてのＱ＆Ａ（金融機関用）－追補版（会社法人等番号利用に伴う追補）－（平成27年11月18日日司連発第1115号）

・依頼者等の本人確認等に関する規程基準新旧対照表（補足説明を含む）（平成28年１月27日日司連発第1529号）

・不動産登記における会社法人等番号提供制度に関するＱ＆Ａ（平成28年５月24日日司連発第196号）

第2節　懲戒事例

⑴　本人確認に関連する懲戒

司法書士が、司法書士法または同法に基づく命令に違反したときは、その事務所の所在地を管轄する法務局または地方法務局の長は、当該司法書士に対し、戒告、２年以内の業務の停止、または業務の禁止の処分をすることができる（司法書士法47条）。同様に、司法書士法人が同法または同法に基づく命令に違反したときは、当該司法書士法人に対し、戒告、２年以内の業務の全部もしくは一部の停止、または解散の処分をすることができる（司法書士法48条）。

そこで、司法書士が行った本人確認、意思確認が、その職責に照らして、同法等に違反する行為に該当すると認められた場合には、懲戒処分の対象となる。

懲戒処分に関して、非違行為の該当性に関する基準、その処分内容に関する基準については法令上に規定はないところ、「司法書士等に対する懲戒処分に関する訓令（平成19年５月17日民二訓第1081号訓令）」が発せられ、違反行為の別ごとに、懲戒処分の量定に関する標準が定められ、さらに、その運用に関して、「司法書士等及び土地家屋調査士等に対する懲戒処分の運用について（平成22年９月９日民二第2237号通知）」「平成24年４月25日法務省民事局民事第二課事務連絡」が発せられている。

本人確認、意思確認については、「司法書士等に対する懲戒処分に関する訓令」別表において、登記申請意思確認義務違反または本人確認義務違反（登記申請人の申請意思確認または本人確認を怠ったもの）として、２年以内の業務の停止または業務の禁止と規定されている。

以下、本人確認、意思確認に関する懲戒事例の主なものを掲げる。

⑵　懲戒事例

・抹消登記の登記義務者となる会社の関係者として、当該人物が示した１枚の名刺をもって確認、なりすましを見抜くことができなかったことで、戒告の懲戒処分がなされた事例（月報司法書士（以下「月報」という）2005年３月号76頁）

・虚偽の内容の本人確認情報を作成、提供したことで、業務禁止の懲戒処分がなされた事例（月報2006年５月号108頁）

・本人の子と名乗る者からの依頼で、本人に面談することなく虚偽の本人確認情報を作成したことで、業務停止（３か月）の懲戒処分がなされた事例（月報2007年６月号125頁）

・継続的に登記の申請手続の依頼を受けている土地家屋調査士から、土地の所有権保存登記の申請手続の依頼を受けたが、土地の所有者に一切連絡をとらずに登記を申請したことで、戒告の懲戒処分がなされた事例（月報2007年７月号74頁）

・弁護士の紹介があり、保証書を作成するため、老人ホームで登記義務者と面談したところ、登記義務者が動作で首肯したことから登記申請意思はあるものと判断したことで、業務停止（１か月）の懲戒処分がなされた事例（月報2007年11月号78頁）

・本人確認情報の作成根拠とならない書類に基づいて漫然と本人確認情報の作成を行ったとして、戒告の懲戒処分がなされた事例（月報2008年１月号76頁）

・その年格好が年齢に相応であったことから、口頭での本人確認にとどまり、身分証明書等の確認を怠った結果、死亡者からの贈与という不実の登記がなされたとして、業務停止（３週間）の懲戒処分がなされた事例（月報2008年７月号91頁）

・90歳以上の高齢者から子への贈与による所有権移転登記申請について、当該高齢者に面談することなく、当該子に委任状を手交し、当該高齢者に署名、捺印させるよう伝え、当該子が持参した委任状、印鑑証明書等をもとに登記申請を行ったが、その確認に問題があったとして、業務停止（２か月）の懲戒処分がなされた事例（月報2008年10月号112頁）

・本人の夫からの依頼で、本人に面談することなく虚偽の本人確認情報を作成したことで、業務禁止の懲戒処分がなされた事例（月報2009年7月号92頁）
・司法書士が、本人（になりすました者）と面談した際、運転免許証のコピー（偽造）の提示をもって、原本を確認したとする本人確認情報を提供したことで、業務停止（3か月）の懲戒処分がなされた事例（月報2009年5月号108頁）
・本人宅に赴いたが玄関先で見かけただけで、また、後日、関係者が集まった際、本人の妻の携帯電話にかかってきた者と話し、電話の相手を本人と判断して、本人確認を行わなかったにもかかわらず、本人確認情報を作成したことで、業務停止（2か月）の懲戒処分がなされた事例（月報2009年9月号90頁）
・登記権利者および登記義務者双方の代理人と称する登記権利者の娘婿から依頼を受け、当該娘婿に委任状等は本人に押印させるよう指示し、当該娘婿から本人の承諾を得ているとの説明を受け、本人確認を行うことなく、登記を申請したが、その確認に問題があったことで、業務停止（1か月）の懲戒処分がなされた事例（月報2010年2月号97頁）
・登記権利者から、登記義務者の本人確認および意思確認を確実に行っているとして電話での確認を要請され、電話先の者に対して、氏名、生年月日および干支等を確認し、保証人として保証書を作成し、登記を申請したところ、本人確認に問題があったとして、業務停止（1週間）の懲戒処分がなされた事例（月報2010年5月号106頁）
・高齢の登記義務者に、2度、面談し、意思確認をしたが、不十分な意思確認であったとして業務停止（1週間）の懲戒処分がなされた事例（月報2011年7月号124頁）
・事実と相違する3か月以上前の日を作成日および面談日時を記載した本人確認情報を提供したことで、業務停止（1か月）の懲戒処分がなされた事例（月報2011年8月号129頁）

・司法書士が、面識がある信用金庫の担当者から、社団法人の抵当権の抹消登記の依頼を受けた際、その担当者を信頼していたことから、登記権利者（所有者）の本人確認、意思確認を行わずに、登記申請を行ったが、登記権利者は死亡していて、委任状の委任の日付は死亡後の日付であったことから、戒告の懲戒処分がなされた事例（月報2011年11月号103頁）
・長年仕事上の付き合いのある者から同人を総務部長とする会社および代表取締役個人を登記義務者とする登記申請を受任した際、その代表取締役に対する本人確認および登記申請意思を行わなかったところ、本人確認に問題があったとして、業務停止（３週間）の懲戒処分がなされた事例（月報2011年12月号147頁）
・相続人の１人から法定相続分による共同相続の登記を依頼された際、他の相続人にも登記識別情報が交付されるように、他の相続人の本人確認をせずに、事務所の認印を使って委任状を作成し、登記申請を行ったことで、業務停止（１か月）の懲戒処分がなされた事例（月報2011年12月号150頁）
・補助者が本人に面談したのみで、司法書士は面談していないにもかかわらず、司法書士が面談したとする本人確認情報を作成したことで、業務停止（１年６か月）の懲戒処分がなされた事例（月報2012年１月号138頁）
・長年継続的な取引関係にある税理士事務所から依頼された登記について、登記権利者および登記義務者に全く接触せずに登記申請を行ったことで、業務停止（１週間）の懲戒処分がなされた事例（月報2012年６月号139頁）
・長年にわたり仕事上の付合いのある経理事務所の事務員から、有限会社の取締役および代表取締役の変更登記の依頼を受けたが、有限会社の新代表者の本人確認を行わないまま登記申請を行ったことで、戒告の懲戒処分がなされた事例（月報2012年７月号108頁）
・以前から面識のある者から、その者を登記権利者、その者の夫を登記義務者とする贈与による移転登記の申請の依頼を受けた際、その夫の署名押印がされている委任状等を受領し、当該夫に対して本人確認をせずに、登記の申請をしたが、その確認に問題があったとして戒告の懲戒処分がなされ

た事例（月報2012年７月号109頁）

・仮登記および本登記を受任し、仮登記を申請したのち、登記権利者から本登記の依頼があった際、改めて登記義務者の本人確認を行わず、本人確認情報を作成して、本登記を申請したことで、業務停止２週間の懲戒処分がなされた事例（月報2012年８月号116頁）

・相続人の１人から、遺産分割協議のとおり、他の相続人に係る相続登記についても依頼され、直接、他の相続人の本人確認を行うことなく登記申請をしたが、当該相続人が他の相続人から登記申請についての授権があるものと誤認していたことで、戒告の懲戒処分がなされた事例（月報2012年８月号118頁）

・金融機関担当者から、登記名義人を被相続人とする法定相続による相続登記の依頼を受け、法定相続人の委任状を作成して当該担当者に渡し、担当者から押印後の当該委任状を渡されたが、法定相続人に直接本人確認の確認をせずに登記申請を行ったため、その確認に問題があったとして、戒告の懲戒処分がなされた事例（月報2013年１月号100頁）

・登記義務者である会社の所有する不動産につき、代物弁済による所有権移転登記の依頼を受任したが、同社の代表取締役に面談した事実および同代表取締役から運転免許証の原本の提示を受けた事実なしに虚偽の本人確認情報を作成し、登記申請を行ったことで、業務停止（１年６か月）の懲戒処分がなされた事例（月報2013年２月号113頁）

第3節　裁判例

(1)　本人確認に関連する裁判例

司法書士による本人確認に不備があり、それにより依頼者等に損害が生じた場合には、委任契約上の義務違反、不法行為によって、民事上の責任を問われる場合がある。また、その行為が刑事法令に触れるときは、刑事上の責任を問われることもある。

以下、本人確認、意思確認に関する民事および刑事の裁判例の主なものを掲げる。

(2)　裁判例

・従来の代理人が持参した本人の印鑑証明書委任状に疑うべき点がなかった等の事情があるときは司法書士において保証人として保証書を作成するような慣行があったとしても、その者が僭称代理人であった場合、それだけでは過失がなかったとは言えないとされた事例（大判昭和20年12月22日民集24巻137頁）

・本人と称する者が本人の印鑑証明書、印鑑を持参したこと、誓約書をとっただけで、特別の調査をしなかったことは、印鑑所有者本人と信じた点において重大な過失があるとされた事例（東京地判昭和34年６月30日判タ96号44頁、判時197号18頁）

・司法書士はその職務の性格からみて、依頼人からその交付を受けた登記申請に添付すべき書類が偽造のものであるかどうかの調査義務は、特段の事情がない限りこれを負わないものであり、そして、その特段の事情とは、当該書類が偽造または変造されたものであることが一見明白な場合や、とくに依頼人からその成立の真否についての調査を委託された場合等をいうとされた事例（東京高判昭和48年１月31日判タ302号197頁、金商360号19頁）

・登記義務者本人について代理権授与の有無を確かめる注意義務が存するとされた事例（最三小判昭和50年11月28日裁判集民116号557頁、金法777号

24頁）

・自称本人とは面識がないにもかかわらず単に印鑑証明書を受領し、生年月日や数え年を尋ねた程度で自称本人を本人と誤信したことが、委任契約における善良なる管理者の注意義務に違反するとされた事例（東京地判昭和52年３月29日金商531号34頁、判時867号71頁）

・委任状、印鑑証明書にそれぞれ押捺された印影の照合に関する司法書士の照合義務の具体的内容および程度は、特段の事情（例えば、当事者の一方の同一性に明白な疑いがあるのに、他方がそれに気付いていないことが窺われる場合とか当事者の一方または双方からとくに印影の照合を依頼された場合）がない限り、印影を肉眼で対照して両印影の大きさ型、字体等に差異がないかどうかを検討することをもって足り、逐一拡大鏡や印鑑対照検査機等の器機を用いた精密な照合をなすべき義務までは負わないとされた事例（東京地判昭和52年７月12日判タ365号296頁）

・自称本人と初対面であるときは、登記権利者を介したとしても、自称本人につき本人として面識を生じたことにはならず、ある人物につき「人違なきことを保証」し得るのは、その人物と面識を有する場合以外にはあり得ず、実印や印鑑証明書の所持によってその保証はなし得ないとされた事例（仙台高判昭和56年２月17日判タ438号119頁）

・土地の所有者と称して売主から偽造書類をもって登記を依頼された司法書士に、依頼の経緯や、土地の所有者の事情を知り得た等の事情から、一層慎重に調査吟味すべきであるとされた事例（名古屋高判平成元年11月27日登記先例解説集354号129頁）

・登記義務者の代理人と称する者からの登記申請の依頼を受けた司法書士が、その代理人と称する者の言動、提出された書類の性格、形状、内容等に照らして、登記義務者本人の登記意思もしくはその代理人と称する者に対する授権の存在を疑うに足りる事情が認められる場合は、登記義務者本人に当たるなどしてその確認をなすべき義務があるものというべく、反面、そのような事情が認められない場合には、確認義務は存在しないとさ

れた事例（東京高判平成２年１月29日判時1347号49頁、金法1259号40頁）

・自称本人が持参した偽造登記済権利証について、土地の表示が区画整理前に作成されたはずであるのに区画整理後の表示となっていたなどの事実を看過した司法書士に債務不履行責任があるとされた事例（東京地判平成９年９月９日金法1518号45頁）

・自称本人が偽造した運転免許証について、真正に成立した免許証との相違点および氏名の文字の違いが見られたが、運転免許試験場に問い合わせるなどをせず、問題がないと速断した司法書士に委任契約上の調査確認義務違反の債務不履行責任があるとされた事例（大阪地判平成９年９月17日判タ974号140頁、判時1652号104頁、金法1509号37頁）

・自称本人が提出した本人名義の印鑑証明書記載の生年月日と自称本人の顔貌から推測し得る年恰好がほぼ一致したことから、運転免許証の提示を求める等、通常本人性を確認するために行う確認手段を講じなかった等、司法書士が注意義務を尽くしたとは認められなかった事例（千葉地判平成９年10月27日判時1658号136頁）

・自称本人から提示された印鑑証明書に記載された本人の年齢等と自称本人のそれとが大体一致していることを確認したのみで、身分証明書での本人確認を行うなどそれ以上の本人確認を何ら行わずに保証人となったときに、本人確認は登記権利者の責任である旨、登記権利者が承諾したからといって、司法書士の責任を免責する事情とはなり得ないとされた事情（名古屋地判平成12年４月10日判タ1060号214頁、判時1717号119頁）

・登記済証が偽造されたものであることを認識することはさほど困難でなかったとして、また、受付年の表示についても、該当欄を子細に観察すれば、その記載に疑念を抱くことができたと考えられる等の事情のもと、その偽造を窺わせる事情を看過した司法書士に注意義務違反があったとされた事例（東京地判平成13年５月10日判タ1141号198頁、判時1768号100頁）

・登記義務者である会社の登記簿上の代表者について、面談し、身分証明書で確認し、保証書を作成したとき、当該代表者が真の代表者でなかった場合に、司法書士に、会社に問い合わせて、当該代表社員が真の代表者であることを確認する義務はないとされた事例（那覇地判平成13年12月26日 LLI／DB　判例秘書登載）

・法務局の登記済印の下部に登記済印番号が付記されるようになったことが連絡されている中、司法書士が登記申請のために受領した登記済証には、本来であれば記載されているはずの登記済印番号が記載されていなかったにもかかわらず、登記済証が偽造されたものであることを見落としたことに過失があるとされた事例（東京地判平成14年４月23日 LLI／DB　判例秘書登載）

・売買契約の立会人として記名・捺印し、所有権移転登記の依頼を受けた司法書士に、売主の真意ないし、自称代理人の代理権の有無に一応疑念を入れるべき事情は存在していたものと言うべきであるとされた事例（広島高判平成15年10月31日 LLI／DB　判例秘書登載）

・偽造書類による根抵当権抹消登記申請の依頼に際し、その精巧な偽造から、当初、依頼の時点においては登記義務者の登記申請意思を疑うべきとする事情があったとまでは言えないところ、別の銀行の根抵当権の抹消に関する書類に不備がある疑いが生じ、支店に問い合わせた際、担当者から、根抵当権の抹消を依頼していないとの回答を得た以後は、他の根抵当権抹消登記の登記義務者の登記申請意思を疑うべき事情が認められ、登記義務者本人に当たるなどして、その登記申請意思を確認すべき義務があったとされた事例（東京地判平成16年９月６日判タ1172号197頁）

・抵当権抹消登記の際、司法書士の補助者が、不安を覚え、登記済証の偽造を疑うに足りる事情があった場合、当該登記済証を提出した登記申請が登記官の審査を通ったからといって注意義務がなかったものとは言えず、司法書士には、その結果生じた損害を賠償する責任があるとされた事例（東京地判平成17年11月29日判タ1232号278頁）

・偽造登記済証に押された登記済印が旧の印影であった場合に、それを看過した司法書士に、真正な登記済印の印影について印鑑証明のようなものはなく、また、司法書士が法務局で使用する印の改印に関する情報に接することはないなどの事情のもと、司法書士に当該登記済印の印影の真正について確認するべき注意義務があったとはされなかった事例（大阪地判平成17年12月５日判タ1207号168頁、判時1928号89頁）

・旧不動産登記法100条２項に定める保存登記については、司法書士には、原則として、委任契約など契約関係のない売主の代理意思を確認すべき注意義務がないとされた事例（東京地判平成19年４月26日 LLI ／ DB　判例秘書登載）

・直接の嘱託者に対する登記意思確認の懈怠が、直接の嘱託を受けたわけではない登記の相手方当事者に対する関係でも、司法書士に不法行為責任を構成し得るとされ、また、登記権利者の代理人（登記義務者の代理人からの委任を経た復代理人）である司法書士には、登記義務者に司法書士がついている場合には、相手方の司法書士の言動や登記関係書類の記載から、当事者の意思確認が不十分であると考えられる事情のないかぎり、登記義務の代理人である司法書士が依頼者の登記意思を確認し、反対当事者の司法書士は、自己の依頼者との登記意思の不一致や齟齬がないか否か、相手方の司法書士を通して確認すれば足りるとされた事例（さいたま地判平成19年７月18日判時1996号77頁）

・司法書士が本人確認情報を作成するにあたり、本人と称する者からケースに入ったままの運転免許証を手渡され、中身をケースから出すこともしないまま、当該免許証が真正なものであると判断し、免許証に貼付された写真と本人と称する者の容貌を照合して同一人物であると判断したとき、免許証をケースから取り出して確認していれば、偽造運転免許証であることを発見できた可能性は十分にあった場合、司法書士は過失によって本人確認情報を作成したと言え、司法書士（および、その所属する司法書士法人）は、買主に対し損害賠償義務を負うとされた事例（東京地判平成20年11月27日判タ1301号265頁、判時2057号107頁）

・本人の身代わりとして来所した者が、本人の妻と同行し、本人の妻が本人の実印、当該不動産の登記済証、印鑑登録証明書、後期高齢者医療被保険者証を持参し、司法書士が、本人の身代わりとして来所した者に直接、氏名と生年月日を確認したが、直接、住所の確認をしなかったことで、過失があったとされた事例（宮崎地判平成22年５月26日判時2111号45頁）

・本人の身代わりとして来所した者が、本人の妻と同行し、本人の妻が本人の実印、当該不動産の登記済証、印鑑登録証明書、後期高齢者医療被保険者証を持参し、司法書士が、本人の身代わりとして来所した者に直接、氏名と生年月日を確認したが、直接、住所の確認をしなかったとしても、「司法書士会依頼者等の本人確認等に関する規程」に定める本人確認および登記意思確認の方法にのっとったものであるとして、司法書士の善管注意義務が否定された事例（注意義務違反を問うことはできない。福岡高判平成22年10月29日判時2111号41頁）

・司法書士は、本人確認規程によれば、代表取締役および取締役の辞任によって当該株式会社の代表者となった新代表取締役の本人確認を行うのであり、辞任した（とされる）者の意思確認をすべきであったとはされなかった事例（東京地判平成23年３月７日民事研修649号47頁：司法書士の責任と懲戒191頁）

・司法書士は、特段の事情がない限り、依頼者に意思能力がないかどうかについてまで調査確認すべき義務を一般的に負うことはなく、依頼者が統合失調症で入院中であることを知っていたとしても、依頼された登記が公正証書に基づくものであり、依頼者が名前を言え、字が書け、内容を理解していたことなどから、その意思能力に疑問を持たなかったことは、統合失調症の病歴等を知っていたことのみをもって特段の事情があるとは言えないとされた事例（東京地判平成24年６月27日判タ1394号239頁、判時2178号36頁、登記情報620号82頁）

・自らその専門家としての職業倫理に甚だしく背いて、悪質な犯罪に加担し、積極的にこれを遂行するに至ったもので、ことに、犯行の中で用いられた本人確認情報提供制度は、登記名義人の本人確認事務につき司法書士等に一定の公証機能まで付与した画期的な制度改革であったが、司法書士である被告人は、この制度施行後わずか２か月余りで早くもこの制度を悪用し、共犯者と自己の不法な利益獲得手段としてこれを用いるに至ったのであり、このような被告人の行為は、これまで多くの司法書士が長年にわたり積み重ねてきた地道な努力に対する冒涜であるだけでなく、同時に、新制度が前提とする司法書士への社会の信頼を大きく損なわせ、ひいては司法書士等に対する社会的信頼を基盤として設計された新しい本人確認制度の妥当性・合理性そのものを突き崩しかねない可能性もあり、被告人の刑事責任はかなり重いといわざるを得ないとして、懲役１年２か月の実刑が言い渡された事例（大阪地判平成17年12月21日 LLI／DB　判例秘書登載）

巻末資料

・犯罪による収益の移転防止に関する法律施行規則の一部改正について（お知らせ）（日司連発第1625号）一部抜粋

・確認記録の参考様式（JAFIC「犯罪収益移転防止法 平成30年11月30日以降の特定事業者向け」34頁～37頁）

・公証人法施行規則13条の4

日司連発第１６２５号
平成３０年（2018年）１１月３０日

司法書士会会長　殿

日本司法書士会連合会
会長　今　川　嘉　典

犯罪による収益の移転防止に関する法律施行規則の一部改正について（お知らせ）

標記について、本日、犯罪による収益の移転防止に関する法律施行規則（以下「犯収法施行規則」という。）の一部を改正する命令により、犯収法施行規則の一部が改正されましたので、改正後の条文を別添のとおりお送りいたします。

改正により導入される顧客等の本人特定事項に関する新たな確認方法の概要は次のとおりです。

＜犯収法施行規則の一部改正により新設される本人特定事項の確認方法の概要＞

１．自然人の本人特定事項の確認方法
本人の顔の画像等を活用することによりオンラインで完結する本人確認方法（改正後第６条第１項第１号ホ・ヘ・ト(1)（2)）。

２．法人の本人特定事項の確認方法
（１）一般財団法人民事法務協会が運営する登記情報提供サービスからの登記情報の送信を受ける方法（改正後第６条第１項第３号ロ）。
（２）国税庁が運営する法人番号公表サイトで公表されている登記情報を確認する方法（改正後第６条第１項第３号ハ）。

※確認方法の例やイメージ図について、以下の首相官邸Ｗｅｂサイト「資料８：警察庁提出資料」に掲載されておりますので、ご参照ください。

なお、上記はあくまでも犯罪による収益の移転防止に関する法律により求められる本人特定事項の確認方法に関する改正であり、司法書士の職責としての本人確認等については、引き続き各司法書士会が定める「依頼者等の本人確認等に関する規程」等に基づき適正に実施する必要がありますので、その旨申し添えます。

・首相官邸Ｗｅｂサイト（日本経済再生本部未来投資会議産官協議会「FinTech／キャッシュレス化」会合（第２回）配布資料）
http://www.kantei.go.jp/jp/singi/keizaisaisei/miraitoshikaigi/sankankyougikai/fintech/dai2/index.html

【確認記録の参考様式】

個　人

取引時確認を行った者	
確認記録を作成した者	
取引時確認を行った取引の種類　□　ハイリスク取引	
口座番号・顧客番号等	
関連取引時確認に係る確認記録を検索するための事項	

顧　客　関　係

本人特定事項	氏名（フリガナ）	
	住居	
	生年月日	（西暦）
自己の氏名・名称と異なる名義 （いわゆる通称）を用いる場合		（通称）
		（その理由）

本人確認書類	□ 運転免許証・運転経歴証明書 □ 在留カード・特別永住者証明書 □ 個人番号カード □ 旅券・乗員手帳 □ 身体障害者手帳等 □ その他官公庁から発行又は発給された書類等（写真あり） □ 各種健康保険証 □ 国民年金手帳等 □ 印鑑登録証明書（取引申込等書類に押印した印鑑） □ 印鑑登録証明書（取引申込等書類に押印した印鑑以外） □ 戸籍謄本又は抄本 □ 住民票の写し又は記載事項証明書 □ その他官公庁から発行又は発給された書類等（写真なし） □ 外国政府又は国際機関が発行した書類等 名称　（　　　） 発行者　（　　　） 記号番号　（　　　）	□　対面取引 □　原本の提示 年月日　（　　　） 時刻　（　　　） □　原本又は写しの送付を受けた日付 年月日　（　　　） □　取引関係文書の送付 年月日　（　　　） □　取引関係文書の訪問での交付 年月日　（　　　） □　本人確認書類（写し）の添付 □　有　　□　無 □　追加の書類の確認（ハイリスク取引の場合） 年月日　（　　　） □　非対面取引 □　原本又は写しの送付を受けた日付 年月日　（　　　） □　取引関係文書の送付 年月日　（　　　） □　取引関係文書の訪問での交付 年月日　（　　　） □　本人確認書類（写し）の添付 □　追加の書類の確認（ハイリスク取引の場合） 年月日　（　　　） □　本人確認書類（写し）の提示又は送付を受けた日と異なる日に確認した場合 □　取引を行う目的 年月日　（　　　） □　職業 年月日　（　　　） □　資産及び収入の状況（ハイリスク取引の場合） 年月日　（　　　）
本人確認書類を補完する書類 （顔写真のない本人確認書類の提示を受けた場合・本人確認書類に現在の住居の記載がない場合）	□ 他の本人確認書類 □ 国税又は地方税の領収証又は納税証明書 □ 社会保険料の領収証書 □ 公共料金の領収証書 □ その他官公庁から発行又は発給された書類等 □ 外国政府又は国際機関が発行した書類等 名称　（　　　） 発行者　（　　　） 記号番号　（　　　）	
取引を行う目的		
職業		
ハイリスク取引の場合：追加で本人特定事項を確認した書類	名称　（　　　） 発行者　（　　　） 記号番号　（　　　）	
ハイリスク取引の場合：資産及び収入の状況の確認方法及び確認した書類	確認方法 名称　（　　　） 発行者　（　　　） 記号番号　（　　　）	
ハイリスク取引の場合：外国ＰＥＰｓとの取引	□ 顧客が外国ＰＥＰｓに該当する 顧客が外国ＰＥＰｓに該当すると認めた理由	
備考		

代表者等（代理人）関係

本人特定事項等	氏名（フリガナ）	
	住居	
	生年月日	（西暦）
	顧客との関係	
	顧客のために取引の任に当たっていると認めた理由	

本人確認書類	□ 運転免許証・運転経歴証明書 □ 在留カード・特別永住者証明書 □ 個人番号カード □ 旅券・乗員手帳 □ 身体障害者手帳等 □ その他官公庁から発行又は発給された書類等（写真あり） □ 各種健康保険証 □ 国民年金手帳等 □ 印鑑登録証明書（取引申込等書類に押印した印鑑） □ 印鑑登録証明書（取引申込等書類に押印した印鑑以外） □ 戸籍謄本又は抄本 □ 住民票の写し又は記載事項証明書 □ その他官公庁から発行又は発給された書類等（写真なし） □ 外国政府又は国際機関が発行した書類等 名称　（　　　） 発行者　（　　　） 記号番号　（　　　）	□　対面取引 □　原本の提示 年月日　（　　　） 時刻　（　　　） □　原本又は写しの送付を受けた日付 年月日　（　　　） □　取引関係文書の送付 年月日　（　　　） □　取引関係文書の訪問での交付 年月日　（　　　） □　本人確認書類（写し）の添付 □　有　　□　無 □　追加の書類の確認（ハイリスク取引の場合） 年月日　（　　　） □　非対面取引 □　原本又は写しの送付を受けた日付 年月日　（　　　） □　取引関係文書の送付 年月日　（　　　） □　取引関係文書の訪問での交付 年月日　（　　　） □　本人確認書類（写し）の添付 □　追加の書類の確認（ハイリスク取引の場合） 年月日　（　　　）
本人確認書類を補完する書類 （写真のない本人確認書類の提示を受けた場合・本人確認書類に現在の住居の記載がない場合）	□ 他の本人確認書類 □ 国税又は地方税の領収証又は納税証明書 □ 社会保険料の領収証書 □ 公共料金の領収証書 □ その他官公庁から発行又は発給された書類等 □ 外国政府又は国際機関が発行した書類等 名称　（　　　） 発行者　（　　　） 記号番号　（　　　）	
追加で本人特定事項を確認した書類 （ハイリスク取引の場合）	名称　（　　　） 発行者　（　　　） 記号番号　（　　　）	
備　考		

備考1　添付資料を確認記録に添付するとき又は本人確認書類の写しを確認記録に添付するときには、当該書類又はその写しに記載がある事項については、確認記録への記載を省略することができます。

2　「関連取引時確認に係る確認記録を検索するための事項」欄は、なりすまし又は偽りが疑われる取引に際して取引時確認を行った場合に記入してください。

3　「本人確認書類」欄は、次の分類に従い該当する項目の□にレ点を記入してください。

「運転免許証・運転経歴証明書」	・・・・・道路交通法第92条第１項に規定する運転免許証又は同法第104条の４第５項に規定する運転経歴証明書
「在留カード・特別永住者証明書」	・・・・・出入国管理及び難民認定法第19条の３に規定する在留カード、日本国との平和条約に基づき日本の国籍を離脱した者等の出入国管理に関する特例法第７条第１項に規定する特別永住者証明書
「個人番号カード」	・・・・・行政手続における特定の個人を識別するための番号の利用等に関する法律第２条第７項に規定する個人番号カード
「旅券・乗員手帳」	・・・・・出入国管理及び難民認定法第２条第５号に掲げる旅券又は同条第６号に掲げる乗員手帳で、当該自然人の氏名及び生年月日の記載があるものに限ります。
「身体障害者手帳等」	・・・・・身体障害者手帳、精神障害者保健福祉手帳、療育手帳又は戦傷病者手帳（当該自然人の氏名、住居及び生年月日の記載があるものに限ります。）
「その他官公庁から発行又は発給された書類等（写真あり）」	・・・・・官公庁から発行され、又は発給された書類その他これに類するもので、当該自然人の氏名、住居及び生年月日の記載があり、かつ、当該官公庁が当該自然人の写真を貼り付けたもの
「各種健康保険証」	・・・・・国民健康保険、健康保険、船員保険、後期高齢者医療若しくは介護保険の被保険者証、健康保険日雇特例被保険者手帳、国家公務員共済組合若しくは地方公務員共済組合の組合員証又は私立学校教職員共済制度の加入者証（当該自然人の氏名、住居及び生年月日の記載があるものに限ります。）
「国民年金手帳等」	・・・・・国民年金法第13条第１項に規定する国民年金手帳、児童扶養手当証書、特別児童扶養手当証書又は母子健康手帳（当該自然人の氏名、住居及び生年月日の記載があるものに限ります。）
「印鑑登録証明書（取引申込等書類に押印した印鑑）」	・・・・・取引を行うための申込み又は承諾に係る書類に顧客等が押印した印鑑に係る印鑑登録証明書
「印鑑登録証明書（取引申込等書類に押印した印鑑以外）」	・・・・・上記以外の印鑑登録証明書
「戸籍謄本又は抄本」	・・・・・抄本は、戸籍の附票の写しが添付されているものに限ります。
「住民票の写し又は記載事項証明書」	・・・・・住民票の記載事項証明書とは、地方公共団体の長の住民基本台帳の氏名、住所その他の事項を証する書類をいいます。
「その他官公庁から発行又は発給された書類等（写真なし）」	・・・・・官公庁から発行され、又は発給された書類その他これに類するもので、当該自然人の氏名、住居及び生年月日の記載があり、かつ、当該自然人の写真がないもの（個人番号の通知カードを除く。）
「外国政府又は国際機関が発行した書類等」	・・・・・日本国政府の承認した外国政府又は権限ある国際機関の発行した書類その他これに類するもので、当該自然人の氏名、住居及び生年月日の記載があるもの

4　「本人確認書類を補完する書類」欄は、次の分類に従い該当する項目の□にレ点を記入してください。

「他の本人確認書類」	・・・・・「本人確認書類」欄に記載した本人確認書類以外の本人確認書類
「国税又は地方税の領収証又は納税証明書」	・・・・・所得税・住民税等の領収証書又は納税証明書
「社会保険料の領収証書」	・・・・・所得税法第74条第２項に規定する社会保険料の領収証書
「公共料金の領収証書」	・・・・・日本国内において供給される電気、ガス及び水道水その他これに準ずるものに係る料金の領収証書
「その他官公庁から発行又は発給された書類等」	・・・・・官公庁から発行され、又は発給された書類その他これに類するもので、当該自然人の氏名及び住居の記載があるもの（個人番号の通知カードを除く。）
「外国政府又は国際機関が発行した書類等」	・・・・・日本国政府の承認した外国政府又は権限ある国際機関の発行した書類その他これに類するもので、当該自然人の氏名及び住居の記載があるもの

5　「本人確認書類」、「本人確認書類を補完する書類」、「追加で本人特定事項を確認した書類」及び「資産及び収入の状況の確認方法及び確認した書類」欄に記載する書類は、当該書類の詳細を「名称」、「発行者」及び「記号番号」欄に記入してください。
　ただし、当該書類が
ⅰ）個人番号カードの場合には、「記号番号」欄に個人番号を記入せず、有効期間を記入して下さい。
ⅱ）国民年金手帳の場合には、「記号番号」欄に年金番号を記入せず、交付年月日を記入して下さい。

6　「本人確認書類」欄に記載する書類のうち、次に掲げる書類は、原本の提示を受けた場合でも、他の本人確認書類又は補完書類（備考４に掲げる「他の本人確認書類」以外の書類）の提示又は送付を受けるか、取引関係文書の送付が必要となります。
(1)　「各種健康保険証」
(2)　「国民年金手帳等」
(3)　「印鑑登録証明書（取引申込等書類に押印した印鑑）」

7　「本人確認書類」欄に記載する書類のうち、次に掲げる書類は、原本の提示を受けた場合でも取引関係文書の送付が必要となります。
(1)　「印鑑登録証明書（取引申込等書類に押印した印鑑以外）」
(2)　「戸籍謄本又は抄本」
(3)　「住民票の写し又は記載事項証明書」
(4)　「その他官公庁から発行又は発給された書類等（写真なし）」

8　「本人確認書類を補完する書類」欄に記載する書類は、領収日付の押印又は発行年月日の記載のあるもので、その日が事業者が提示又は送付を受ける日前６ヶ月以内のものに限ります。（「他の本人確認書類」を除く。）

9　電子署名法、公的個人認証法の規定により電子証明が行われた特定取引等に関する情報の送信を受ける方法等により本人特定事項の確認を行ったときは、当該方法により本人特定事項の確認を行ったことを証明するに足りる電磁的記録を、確認記録の添付資料とする必要があります。

10　本邦内に住居を有しない短期在留者（観光者等）であって、旅券等の記載によって当該外国人の属する国における住居を確認することができないものの住居に代わる本人特定事項は、国籍及び旅券番号になります（外貨両替、貴金属等の売買（貴金属等の引渡しと同時にその代金の全額を受領するものに限る。）等の取引に限ります。その他の取引時確認が必要な取引については、原則通り当該外国人の属する国における住居が確認できない限り取引はできません。）。

11　「資産及び収入の状況」関係の欄は、200万円を超える財産の移転を伴うハイリスク取引を行う場合に記入してください。

12　「外国ＰＥＰｓとの取引」欄は、顧客が外国の重要な公的地位にある者等に該当する場合に記入して下さい。

13　「対面取引」欄で「原本の提示」にある「時刻」は、原本の写しを添付する場合には記入の必要はありません。

14　「非対面取引」に該当する場合は、必ず本人確認書類（写し）を確認記録に添付しなければなりません。

法　人

取引時確認を行った者	
確認記録を作成した者	
取引時確認を行った取引の種類　□ ハイリスク取引	
口座番号・顧客番号等	
関連取引時確認に係る確認記録を検索するための事項	

顧　客　関　係

項目	細目	内容	確認方法
本人特定事項		名称（フリガナ） 所在地	
本人確認書類		□ 登記事項証明書 □ 印鑑登録証明書 □ その他官公庁から発行又は発給された書類等 □ 外国政府又は国際機関が発行した書類等 名称　（　） 発行者　（　） 記号番号　（　）	□ 対面取引 □ 原本の提示 年月日　（　） 時刻　（　） □ 取引関係文書の送付 年月日　（　） □ 本人確認書類（写し）の添付 □ 有　□ 無 □ 追加の書類の確認（ハイリスク取引の場合） 年月日　（　） □ 非対面取引 □ 原本又は写しの送付を受けた日付 年月日　（　） □ 取引関係文書の送付 年月日　（　） □ 取引関係文書の訪問での交付 年月日　（　） □ 本人確認書類（写し）の添付 □ 追加の書類の確認（ハイリスク取引の場合） 年月日　（　） □ 本人確認書類（写し）の提示又は送付を受けた日と異なる日に確認した場合 □ 取引を行う目的 年月日　（　） □ 事業の内容 年月日　（　） □ 実質的支配者 年月日　（　） □ 資産及び収入の状況（ハイリスク取引の場合） 年月日　（　）
現在の所在地を確認した書類（本人確認書類と現在の所在地が異なる場合）		□ 他の本人確認書類 □ 国税又は地方税の領収証又は納税証明書 □ 社会保険料の領収証書 □ 公共料金の領収証書 □ その他官公庁から発行又は発給された書類等 □ 外国政府又は国際機関が発行した書類等 名称　（　） 発行者　（　） 記号番号　（　）	
営業所の場所を確認した書類（本人確認書類に記載された本店等以外の営業所等に取引関係文書を送付する場合）		□ 他の本人確認書類 □ 国税又は地方税の領収証又は納税証明書 □ 社会保険料の領収証書 □ 公共料金の領収証書 □ その他官公庁から発行又は発給された書類等 □ 外国政府又は国際機関が発行した書類等 名称　（　） 発行者　（　） 記号番号　（　） 営業所の名称　（　） 営業所の所在地　（　）	
取引を行う目的			
事業の内容			
事業の内容を確認した方法及び書類		事業の内容を確認した方法 □ 定款 □ その他法令により法人が作成する書類 □ 登記事項証明書 □ その他官公庁から発行又は発給された書類等 名称　（　） 発行者　（　） 記号番号　（　）	
実質的支配者		氏名（フリガナ） 住居 生年月日　（西暦） 顧客との関係 上記の事項を確認した方法	
ハイリスク取引の場合	追加で本人特定事項を確認した書類	名称　（　） 発行者　（　） 記号番号　（　）	
	実質的支配者と顧客との関係を確認した書類	名称　（　） 発行者　（　） 記号番号　（　）	
	資産及び収入の状況の確認方法及び確認した書類	確認方法 名称　（　） 発行者　（　） 記号番号　（　）	
	実質的支配者が外国ＰＥＰｓである顧客との取引	□ 顧客の実質的支配者が外国ＰＥＰｓに該当する 顧客の実質的支配者が外国ＰＥＰｓに該当すると認めた理由	
備考			

代表者等（取引担当者）関係

項目	内容	確認方法
本人特定事項等	氏名（フリガナ） 住居 生年月日 顧客との関係 顧客のための取引の任に当たっていると認めた理由	
本人確認書類	□ 運転免許証・運転経歴証明書 □ 在留カード・特別永住者証明書 □ 個人番号カード □ 旅券・乗員手帳 □ 身体障害者手帳等 □ その他官公庁から発行又は発給された書類等（写真あり） □ 各種健康保険証 □ 国民年金手帳等 □ 印鑑登録証明書（取引申込等書類に押印した印鑑） □ 印鑑登録証明書（取引申込等書類に押印した印鑑以外） □ 戸籍謄本又は抄本 □ 住民票の写し又は記載事項証明書 □ その他官公庁から発行又は発給された書類等（写真なし） □ 外国政府又は国際機関が発行した書類等 名称　（　） 発行者　（　） 記号番号　（　）	□ 対面取引 □ 原本の提示 年月日　（　） 時刻　（　） □ 原本又は写しの送付を受けた日付 年月日　（　） □ 取引関係文書の送付 年月日　（　） □ 取引関係文書の訪問での交付 年月日　（　） □ 本人確認書類（写し）の添付 □ 有　□ 無 □ 追加の書類の確認（ハイリスク取引の場合） 年月日　（　） □ 非対面取引 □ 原本又は写しの送付を受けた日付 年月日　（　） □ 取引関係文書の送付 年月日　（　） □ 取引関係文書の訪問での交付 年月日　（　） □ 本人確認書類（写し）の添付 □ 追加の書類の確認（ハイリスク取引の場合） 年月日　（　）
本人確認書類を補完する書類（写真のない本人確認書類の提示を受けた場合・本人確認書類に現在の住居の記載がない場合）	□ 他の本人確認書類 □ 国税又は地方税の領収証又は納税証明書 □ 社会保険料の領収証書 □ 公共料金の領収証書 □ その他官公庁から発行又は発給された書類等 □ 外国政府又は国際機関が発行した書類等 名称　（　） 発行者　（　） 記号番号　（　）	
追加で本人特定事項を確認した書類（ハイリスク取引の場合）	名称　（　） 発行者　（　） 記号番号　（　）	
備　考		

備考1　添付資料を確認記録に添付するとき又は本人確認書類の写しを確認記録に添付するときには、当該書類又はその写しに記載がある事項については、確認記録への記載を省略することができます。

2　「関連取引時確認に係る確認記録を検索するための事項」欄は、なりすまし又は偽りが疑われる取引に際して取引時確認を行った場合に記入してください。

3　「顧客関係」欄の「本人確認書類」は、次の分類に従い該当する項目の□にレ点を記入してください。

「登記事項証明書」	・・・・・当該法人が設立の登記をしていないときは、当該法人を所管する行政機関の長の当該法人の名称及び本店又は主たる事務所の所在地を証する書類を用いてください。
「印鑑登録証明書」	・・・・・当該法人の名称及び本店又は主たる事務所の所在地の記載があるものに限ります。
「その他官公庁から発行又は発給された書類等」	・・・・・官公庁から発行され、又は発行された書類その他これに類するもので、当該法人の名称及び本店又は主たる事務所の記載があるもの
「外国政府又は国際機関が発行した書類等」	・・・・・日本国政府の承認した外国政府又は権限ある国際機関の発行した書類その他これに類するもので、当該法人の名称及び本店又は主たる事務所の所在地の記載があるもの

4　「本人確認書類」欄は、次の分類に従い該当する項目の□にレ点を記入してください。

「運転免許証・運転経歴証明書」	・・・・・道路交通法第92条第1項に規定する運転免許証又は同法第104条の4第5項に規定する運転経歴証明書
「在留カード・特別永住者証明書」	・・・・・出入国管理及び難民認定法第19条の3に規定する在留カード、日本国との平和条約に基づき日本の国籍を離脱した者等の出入国管理に関する特例法第7条第1項に規定する特別永住者証明書
「個人番号カード」	・・・・・行政手続における特定の個人を識別するための番号の利用等に関する法律第2条第7項に規定する個人番号カード
「旅券・乗員手帳」	・・・・・出入国管理及び難民認定法第2条第5号に掲げる旅券又は同条第6号に掲げる乗員手帳で、当該自然人の氏名及び生年月日の記載があるものに限ります。
「身体障害者手帳等」	・・・・・身体障害者手帳、精神障害者保健福祉手帳、療育手帳又は戦傷病者手帳（当該自然人の氏名、住居及び生年月日の記載があるものに限ります。）
「その他官公庁から発行又は発給された書類等（写真あり）」	・・・・・官公庁から発行され、又は発給された書類その他これに類するもので、当該自然人の氏名、住居及び生年月日の記載があり、かつ、当該官公庁が当該自然人の写真を貼り付けたもの
「各種健康保険証」	・・・・・国民健康保険、健康保険、船員保険、後期高齢者医療若しくは介護保険の被保険者証、健康保険日雇特例被保険者手帳、国家公務員共済組合若しくは地方公務員共済組合の組合員証又は私立学校教職員共済制度の加入者証（当該自然人の氏名、住居及び生年月日の記載があるものに限ります。）
「国民年金手帳等」	・・・・・国民年金法第13条第1項に規定する国民年金手帳、児童扶養手当証書、特別児童扶養手当証書又は母子健康手帳（当該自然人の氏名、住居及び生年月日の記載があるものに限ります。）
「印鑑登録証明書（取引申込等書類に押印した印鑑）」	・・・・・取引を行うための申込み又は承諾に係る書類に顧客等が押印した印鑑に係る印鑑登録証明書
「印鑑登録証明書（取引申込等書類に押印した印鑑以外）」	・・・・・上記以外の印鑑登録証明書
「戸籍謄本又は抄本」	・・・・・抄本は、戸籍の附票の写しが添付されているものに限ります。
「住民票の写し又は記載事項証明書」	・・・・・住民票の記載事項証明書とは、地方公共団体の長の住民基本台帳の氏名、住所その他の事項を証する書類をいいます。
「その他官公庁から発行又は発給された書類等（写真なし）」	・・・・・官公庁から発行され、又は発給された書類その他これに類するもので、当該自然人の氏名、住居及び生年月日の記載があり、かつ、当該自然人の写真がないもの（個人番号の通知カードを除く。）
「外国政府又は国際機関が発行した書類等」	・・・・・日本国政府の承認した外国政府又は権限ある国際機関の発行した書類その他これに類するもので、当該自然人の氏名、住居及び生年月日の記載があるもの

5　「現在の所在地を確認した書類」、「営業所の場所を確認した書類」、「本人確認書類を補完する書類」欄は、次の分類に従い該当する項目の□にレ点を記入してください。

「他の本人確認書類」	・・・・・「本人確認書類」欄に記載した本人確認書類以外の本人確認書類
「国税又は地方税の領収証又は納税証明書」	・・・・・①自然人の場合は所得税・住民税等の領収証書又は納税証明書 ②法人の場合は法人税・法人住民税・法人事業税等の領収証書又は納税証明書
「社会保険料の領収証書」	・・・・・所得税法第74条第2項に規定する社会保険料の領収証書
「公共料金の領収証書」	・・・・・日本国内において供給される電気、ガス及び水道水その他これに準ずるものに係る料金の領収証書
「その他官公庁から発行又は発給された書類等」	・・・・・官公庁から発行され、又は発給された書類その他これに類するもので、当該自然人の氏名及び住居の記載があるもの（個人番号の通知カードを除く。）
「外国政府又は国際機関が発行した書類等」	・・・・・日本国政府の承認した外国政府又は権限ある国際機関の発行した書類その他これに類するもので、自然人の場合にあってはその氏名及び住居、法人の場合にあってはその名称及び主たる事務所の記載があるもの

6　「本人確認書類」、「現在の所在地を確認した書類」、「営業所の場所を確認した書類」、「事業の内容を確認した方法及び書類」、「ハイリスク取引の場合」及び「本人確認書類を補完する書類」欄に記載する書類は、当該書類の詳細を「名称」、「発行者」及び「記号番号」欄に記入してください。
ただし、当該書類が
ⅰ）個人番号カードの場合には、「記号番号」欄に個人番号を記入せず、有効期間を記入して下さい。
ⅱ）国民年金手帳の場合には、「記号番号」欄に年金番号を記入せず、交付年月日を記入して下さい。

7　営業所の場所を確認したときは、当該営業所の名称及び所在地を「営業所の名称」及び「営業所の所在地」欄に記載してください。

8　事業の内容を確認した書類は、次の分類に従い該当する項目の□にレ点を記入してください。

「定款」	・・・・・法人の目的、内部組織、活動等に関する根本規則
「その他法令により法人が作成する書類」	・・・・・法令の規定により当該法人が作成することとされている書類で、当該法人の事業の内容の記載があるもの
「登記事項証明書」	・・・・・当該法人が設立の登記をしていないときは、当該法人を所管する行政機関の長の当該法人の事業の内容を証する書類を用いてください。
「その他官公庁から発行又発給された書類」	・・・・・官公庁から発行され、又は発行された書類その他これに類するもので、当該法人の事業の内容の記載があるもの

9　代表者等（取引関係担当者）関係の「本人確認書類」欄に記載する書類のうち、次に掲げる書類は、原本の提示を受けた場合でも、他の本人確認書類又は補完書類（備考5に掲げる「他の本人確認書類」以外の書類）の提示又は送付を受けるか、取引関係文書の送付が必要となります。
(1)「各種健康保険証」
(2)「国民年金手帳等」
(3)「印鑑登録証明書（取引申込等書類に押印した印鑑）」

10　代表者等（取引関係担当者）関係の「本人確認書類」欄に記載する書類のうち、次に掲げる書類は、原本の提示を受けた場合でも取引関係文書の送付が必要となります。
(1)「印鑑登録証明書（取引申込等書類に押印した印鑑以外）」
(2)「戸籍謄本又は抄本」
(3)「住民票の写し又は記載事項証明書」
(4)「その他官公庁から発行又は発給された書類等（写真なし）」

11　「現在の所在地を確認した書類」、「営業所の場所を確認した書類」、「本人確認書類を補完する書類」欄に記載する書類は、領収日付の押印又は発行年月日の記載のあるもので、その日が事業者が提示又は送付を受ける日前6ヶ月以内のものに限ります。（「本人確認書類を補完する書類」欄の「他の本人確認書類」を除く。）

12　商業登記法の規定により電子証明が行われた特定取引等に関する情報の送信を受ける方法等により本人特定事項の確認を行ったときは、当該方法により本人特定事項の確認を行ったことを証明するに足りる電磁的記録を、確認記録の添付資料とする必要があります。

13　「資産及び収入の状況」関係の欄は、200万円を超える財産の移転を伴うハイリスク取引を行う場合に記入してください。

14　「実質的支配者が外国ＰＥＰｓに該当する顧客との取引」の欄は、顧客の実質的支配者が外国の重要な公的地位にある者等に該当する場合に記入してください。

15　「対面取引」欄で「原本の提示」にある「時刻」は、原本の写しを添付する場合には記入の必要はありません。

16　「非対面取引」に該当する場合は、必ず本人確認書類（写し）を確認記録に添付しなければなりません。

【公証人法施行規則13条の４】

（平成30年10月12日法務省令第26号により新規追加され、平成30年11月30日から施行）

第十三条の四　公証人は、会社法（平成十七年法律第八十六号）第三十条第一項並びに一般社団法人及び一般財団法人に関する法律（平成十八年法律第四十八号）第十三条及び第百五十五条の規定による定款の認証を行う場合には、嘱託人に、次の各号に掲げる事項を申告させるものとする。

一　法人の成立の時にその実質的支配者（犯罪による収益の移転防止に関する法律（平成十九年法律第二十二号）第四条第一項第四号に規定する者をいう。）となるべき者の氏名、住居及び生年月日

二　前号に規定する実質的支配者となるべき者が暴力団員による不当な行為の防止等に関する法律（平成三年法律第七十七号）第二条第六号に規定する暴力団員（次項において「暴力団員」という。）又は国際連合安全保障理事会決議第千二百六十七号等を踏まえ我が国が実施する国際テロリストの財産の凍結等に関する特別措置法（平成二十六年法律第百二十四号）第三条第一項の規定により公告されている者（現に同項に規定する名簿に記載されている者に限る。）若しくは同法第四条第一項の規定による指定を受けている者（次項において「国際テロリスト」という。）に該当するか否か

2　公証人は、前項の定款の認証を行う場合において、同項第一号に規定する実質的支配者となるべき者が、暴力団員又は国際テロリストに該当し、又は該当するおそれがあると認めるときは、嘱託人又は当該実質的支配者となるべき者に必要な説明をさせなければならない。

事項索引

【た】

【な】

【は】

[著者略歴]

末光　祐一（すえみつ・ゆういち）

昭和63年	司法書士試験合格、土地家屋調査士試験合格、行政書士試験合格
昭和64年	愛媛大学工学部金属工学科中退
平成元年	司法書士登録・土地家屋調査士登録、行政書士登録
平成11年	愛媛県司法書士会副会長・総務部長
平成12年	社団法人（現：公益社団法人）成年後見センター・リーガルサポートえひめ支部長
平成13年	日本司法書士会連合会司法書士中央研修所副所長
平成15年	日本司法書士会連合会理事
平成16年	簡裁訴訟代理等関係業務認定
平成21年	日本司法書士会連合会司法書士執務調査室執務部会長
平成23年	日本司法書士会連合会司法書士執務調査室執務部会室委員
平成24年	愛媛大学法文学部総合政策学科司法コース不動産登記非常勤講師
平成25年	日本司法書士会連合会司法書士総合研究所業務開発研究部会主任研究員
平成30年	日本司法書士会連合会司法書士執務調査室室委員

Q&A　司法書士のための犯罪収益移転防止法と本人確認の実務

2019年4月7日　第1刷発行

著　者　末光祐一
発行者　倉田　勲
組　版　株式会社径創
印　刷　株式会社
日本制作センター

〒160-8520　東京都新宿区南元町19
発 行 所　一般社団法人 金融財政事情研究会
編 集 部　TEL 03(3355)1713　FAX 03(3355)3763
販　　売　株式会社 き ん ざ い
販売受付　TEL 03(3358)2891　FAX 03(3358)0037
URL http://www.kinzai.jp/

ISBN978-4-322-13457-5